武蔵武士を歩く

重忠・直実のふるさと
埼玉の史跡

北条氏研究会［編］

勉誠出版

序言

「武蔵武士を歩く」、これがこの本のテーマである。対象となる「武蔵武士」とは、平安時代末期から南北朝時代にかけて武蔵国内を本拠として活躍した武士たちの総称である。その出自は多様であるが、この中には、坂東八平氏の一部や武蔵七党、古代の郡司の系統を引く氏族などが含まれている。武蔵武士というと、鎌倉幕府成立の時に活躍した畠山重忠や熊谷直実が思い出される。彼等は源平合戦を描いた『平家物語』や鎌倉幕府の記録である『吾妻鏡』に生き生きと描写されている。その子孫は、鎌倉将軍の直臣として承久の乱でも活躍し、関西から中国地方、果ては九州までその活躍の場を広げている。このように武蔵武士は、源平合戦で活躍し、鎌倉幕府の発展にも寄与した武士といえよう。

本書は、北条氏研究会の面々が、十年余にわたって、埼玉県内の武蔵武士に関わる史跡を、伝承や地名をもとに探し求めて歩いた成果である。その史跡に立つ時、文字史料だけではわからないさまざまな武蔵武士の姿を想起することができる。潔さや素直さをもって強固な一族の結びつきを確立し、新たな時代のパイオニアとして、開拓者として活躍したイメージをふくらますことができるのではなかろうか。武蔵武士は時代の主役ではなかったが、その史跡に立った時、鎌倉幕府を発展させた武士としてイメージをふくらませ、その生き様を体感していただければと思う。

この本は、武蔵武士が、武蔵国内（埼玉県域）に残した史跡やその伝承地を紹介し、読者の史跡等を見学する際の参考とすることを目的としている。武蔵武士の史跡・伝承地は、現在は城館跡・神社・寺院等として伝えられる場合が多い。そこで本書では、それを各郡ごとに分類し、最初に全体を概観する総説、次に城館・城郭、寺院・神社、石造物や、その他古道・渡し場・古戦場等の項目を立てて説明した。

この史跡や伝承地等は、個人の私有地に所在するものもあり、すべて公開されているわけではない。そのため、史跡等を見学する際のマナーや注意事項、史跡や遺物を見る際の基礎的な知識なども記載した。さらに、末尾には見学コースの見本も提示し、計画を立てる際の参考とした。

なお、武蔵国は二十一郡（古代～近世）からなる広く大きな国である。そこで今回は、武蔵国の北半分（北武蔵）、すなわちほぼ埼玉県域にあたる地域の十五郡を対象にしている。なお、この時代に使用された郡名を用いた。

武蔵武士とはどのような存在の武士だったのか。読者の武蔵を巡る際の手引きとなれば幸いである。

菊池紳一

序言 ―― ii

◆武蔵武士を歩くために

凡例

・本文中の表記「河越館跡（↓270）」などは、該当の語句を詳説している頁数を示す。
・図版の説明文末尾の「※番号」は、巻末の図版転載元一覧番号に対応している。
・「武蔵武士の史跡」項は、北から順に史跡を掲載した。

武蔵武士を歩くために

「武蔵武士」とは

武蔵武士とはどのような武士だったのであろうか。以下、武蔵武士の活躍も含め、本書の対象となる北武蔵を中心に簡単に説明しておきたい。

武蔵国

武蔵国《むさしのくに》は、現在の埼玉県および東京都のほとんどと、神奈川県の川崎市と横浜市の大部分にまたがる大国であったが、京の都からは遠く離れており、東国の果てに位置する辺境の国のひとつであった。都からの道は、最初近江《おうみ》・美濃《みの》・信濃《しなの》・上野《こうずけ》を経て武蔵国に至る東山道《とうさんどう》であったが、のちに、伊賀《いが》・伊勢《いせ》・尾張《おわり》・三河《みかわ》・遠江《とおとうみ》・駿河《するが》・伊豆《いず》・相模《さがみ》を経て武蔵国に至る東海道《とうかいどう》に変更されている。武蔵国には京都の朝廷から、国司《こくし》という役人が派遣されて統治にあたり、多摩郡（東京都府中市）に国府《こくふ》（役所）が置かれていた。

こうした広大さや多様さのため、武蔵武士は、様々な性格を持ち、なかなか一国規模の大きな武士団は生まれなかった。

埼玉県

今回本書で対象とした埼玉県には、武蔵国二十一郡のうち、十五郡が含まれる。県域のうち古利根川以東の東部地域が下総国《しもうさのくに》葛飾郡《かつしかぐん》だった。左記の一覧は、この十五郡とそれに該当する現在の市町村との対象を示したものである（武蔵武士分布図も参照→20）。

郡名	市町村名［（　）内はもとあった旧市町村名］
賀美郡	上里町　神川町
児玉郡	本庄市（児玉町）　神川町（神泉村）　美里町
秩父郡	長瀞町　皆野町　東秩父村　小鹿野町（両神村）　秩父市（吉田町　大滝村　荒川村）　横瀬町　飯能市（名栗村）
那珂郡	美里町
榛沢郡	深谷市（岡部町　花園村　川本町）　寄居町
幡羅郡	熊谷市（妻沼町）
大里郡	熊谷市（大里村　江南村）
男衾郡	寄居町　深谷市（川本町）　熊谷市（江南村）
比企郡	小川町　ときがわ町（玉川村）　嵐山町　鳩山町　滑川町　東松山市　川島町
吉見郡	吉見町
埼玉郡	行田市　羽生市　鴻巣市（川里村）　加須市（騎西町　北川辺町　大利根町）　久喜市（鷲宮町　菖蒲町） 白岡町　蓮田市　さいたま市岩槻区越谷市〈元荒川右岸〉　八潮市
足立郡	鴻巣市（吹上町）　北本市　桶川市　伊奈町　上尾市　さいたま市北区（大宮市）　同西区（大宮市） 同大宮区（大宮市）　同見沼区（大宮市）　同中央区（与野市）　同桜区（浦和市）　同浦和区（浦和市） 同南区（浦和市）　同緑区（浦和市）戸田市　蕨市　川口市（鳩ヶ谷市）　草加市（足立郡南部は東京都足立区）
入間郡	越生町　毛呂山町　坂戸市　東松山市〈正代付近〉　川島町　日高町鶴ヶ島町　川越市　狭山市　入間市 所沢市　三芳町　ふじみ野市（上福岡市　大井町）　富士見市　志木市〈北部〉

高麗郡	飯能市　日高町　狭山市　入間市
新座郡	志木市〈南部〉　新座市　朝霞市　和光市

ちなみに、埼玉県内の元下総国葛飾郡であった地域は左記のようになる。

久喜市（栗橋町）　幸手市　杉戸町　宮代町　春日部市（庄和町）　松伏町　越谷市（古利根川左岸）

吉川町　三郷市

地形と景観

武蔵国の地形は多様で起伏《きふく》に富《と》んでいる。本書の対象とする武蔵国の北半分をみると、西部には秩父《ちちぶ》山地《さんち》を代表とする山地が聳《そび》え、その東側に丘陵地帯《きゅうりょうちたい》がある。その東側に広がる平野部には、武蔵野台《むさしのだい》地《ち》や大宮台地《おおみやだいち》などの微高地《びこうち》があり、それを浸食《しんしょく》しつつ荒川《あらかわ》・入間川《いるまがわ》等の河川《かせん》が流れている。東部は、中世以前は荒川や利根川《とねがわ》等の多くの河川が流れる低湿地帯《ていしつちたい》で、池沼《ちしょう》や自然堤防《しぜんていぼう》が多く存在していた。すなわち全体的には西高、東低の地形である。山地と丘陵地帯を画するのが、八王子構造線《はちおうじこうぞうせん》といわれる大断《だいだん》層線《そうせん》で、東京都八王子付近から埼玉県飯能《はんのう》、東松山《ひがしまつやま》、小川《おがわ》、寄居《よりい》、児玉《こだま》を通って、群馬県高崎《たかさき》に達する。はぼこの断層に沿ってJR八高線《はちこうせん》が走っているが、鎌倉時代にはここを鎌倉街道上道《かまくらかいどうかみつみち》が通っていた。

鎌倉時代の地形・景観と現在のそれとを比較するのは容易なことではない。ただ当時から現代までの間に人工的に加えられた地形の変化や流通・交通手段等の変化を加味しつつ想定することはある程度可能であろう。そこで最初に、大きな変化が見られるところを紹介しつつ、概観《がいかん》してみたい。

秩父郡を中心に山地を見ると、ダムとそれによって形成された湖（ダム湖）が地形や景色を変容させている。秩父地方荒川水系にはダム、浦山《うらやま》ダム、合角《かっかく》ダム、滝沢《たきざわ》ダムが水資源開発のため建設されている。しかし、そのためダム湖ができると、川沿いの道やそこに住む人々の住居が水没することになり、景観が大きく変容した。寺社や石像物などの史跡や文化財も、水没するか移転を余儀《よぎ》なくされている。道を考えても、中世は歩き、あるいは馬で移動することが原則であり、秩父盆地《ちちぶぼんち》から谷に沿って上り、峠を越える道であった。現代の幹線道路はトンネルを穿《うが》ち、舗装した道が主となっている。ただ注意しなければならないのは、現在舗装道路がないからといって中世に道が無かったとは言えない点であろう。秩父から甲斐国や信濃国への通行は峠道を越えて行われていた。戦国時代甲斐の武田軍は山を越えて秩父から関東平野に向かうこともあったのである。

東部の低湿地帯を見ると、江戸時代前期に大きな地形・景観の変容があった。その要因は利根川と荒川の瀬替《せが》えである。利根川は、文禄《ぶんろく》三年（一五九四）に流路の東遷《とうせん》工事が行われて以降、元和七年（一六二一）には流れをさらに東に導いて渡良瀬川《わたらせがわ》に合流させ、承応《じょうおう》三年（一六五四）には利根川を銚子《ちょうし》に流すことに成功した。一方荒川は、寛永《かんえい》六年（一六二九）久下《くげ》（熊谷市）から小八林《こやつばやし》（熊谷市〈旧大里村〉）の和田吉野川《わだよしのがわ》への瀬替え工事によって流れを変えられた。これは治水《ちすい》工事の進歩によるものであった。

この瀬替え以前の中世、この地域には荒川や利根川などの大きな河川が流れ込んでいた。現在のような人工の堤防はなく、増水期には川の水があふれて乱流し、洪水になることが多かったと考えられる。当時はまだ大中河川流域の開発は進んでおらず、谷々の湧水《ゆうすい》や小河川《しょうかせん》を堰《せ》き止めて灌漑《かんがい》する程度の治水技術しかなかった。乱流する河川は流路の周囲に土砂を堆積《たいせき》させる。それが自然堤防として残された。人はその上に耕地を開発し住み着いていたと考えられる。道もまたこうした自然堤防を繋ぐように続いていたが、洪水のためしばしば遮断され、新たなルートに替わることもあった。現在、鎌倉街道といわれる道に立ってみると、道の左右が低くなっていることが多いのはそのためである。

江戸時代前期の瀬替えはこの地域に流れ込む水量を減少させた。それは、江戸を水害から守るためであった。さらに農業用水の普及・安定化は水田の開発を容易にし食糧を確保する。また流路の整備には江戸近辺の物資を河川や水路を利用して運搬する目的があった。近代には上流にダムが建設され、河川流量の調整が行われるようになる。すなわち中世に比べるとこの地域の水量は大きく減少し、その景観は現在とは異なっていたと考えられる。

鎌倉時代に遡《さかのぼ》る館跡や南北朝期の城館を見ると、大体において台地上に築かれており、その台地から流れる小河川の穿った谷に水田を営んだ。これを谷田《やとだ》（谷戸田とも書く）という。城館（方形館《ほうけいかん》）の四囲《しい》を巡る堀は、防御施設というより農業用水の確保と下流の水量の管理を目的としたものも多かった。このように水田と居館《きょかん》が密接不可分《みっせつふかぶん》の関係にあったことに注意する必要がある。こうした城館も戦国期には大々的な改変を受けていることが多い。

鎌倉時代の史跡に立ったとき、上記のような自然の、あるいは人工の変化を考慮に入れ、そのひとつひとつを加味して中世の景観をイメージするのも史跡を巡る楽しみといってよかろう。なお、地形や景観の見方については、「城館・城郭の見方」「神社の見方」「寺院の見方」「石像物の見方」などで触れているところもあるので参照されたい。

武士とは

最近の研究によると、武士について、殺生を業《せっしょうなりわい》とする狩猟民《しゅりょうみん》などがその源流と考えられている。すなわち、乗馬して弓を射る、「弓馬《きゅうば》の芸」を身につけた、一種の職能《しょくのう》を持つ人々のことで、武器・武具を具備して殺生・殺人を職分《しょくぶん》とする。彼らは様々な身分から構成されており、上は、清和源氏《せいわげんじ》や桓武平《かんむへい》氏《し》などの軍事貴族《ぐんじきぞく》であり、下は、山野《さんや》で狩りをする狩猟民まで含まれた。

これら諸身分の武士をまとめて武士団《ぶしだん》として機能させたのが「武家の棟梁《とうりょう》」といわれた軍事貴族である。彼らは、「堪武芸之輩」・「武勇之人」と呼ばれ、十世紀前半に起きた承平《じょうへい》・天慶《てんぎょう》の乱《らん》（平将門《たいらのまさかど》の乱・藤原純友の《ふじわらすみともの》乱）の時に反乱者将門や純友を鎮圧した武士の子孫である。彼らのほとんどは貴族の末端に連なってはいたが、ほとんどが低い官位《かんい》の下級官人《かきゅうかんじん》であった。彼らはこの時の恩賞《おんしょう》によって、五位《ごい》はまた六位《ろくい》を与えられ、地方官《ちほうかん》である受領《ずりょう》クラスの中・下流貴族に昇進した。そして承平・天慶の功労者《こうろうしゃ》とその子孫は、軍事に特化した家系（「兵《つわもの》の家」）として認知されるようになる。この「兵の家」の中から軍事貴族が生まれてくる。河内源氏の源義家は「武士之長者」と呼ばれたが、具体的には、下記の家系である。

・藤原北家秀郷流《ふじわらほくけひでさとりゅう》…平将門の乱で活躍した藤原秀郷の子孫
・桓武平氏貞盛流《かんむへいしさだもりりゅう》（伊勢平氏《いせへいし》）…平将門の乱で活躍した平貞盛の子孫
・清和源氏頼義流《せいわげんじよりよしりゅう》（河内源氏《かわちげんじ》）…藤原純友の乱で活躍した源経基の子孫

彼らは、平安時代後期、中央では摂関家《せっかんけ》や皇室（院・女院）などの荘園領主《しょうえんりょうしゅ》と結びつき、一方、国司権力や国衙《こくが》と結びついて、所領《しょりょう》を経営して発展していった。

このうち、河内源氏の子孫が源義朝《みなもとのよしとも》・頼朝《よりとも》父子であり、伊勢平氏の子孫が平清盛《たいらのきよもり》である。いずれも武蔵武士とおおきな関わりを持っていた。

武蔵武士とは

武蔵武士とは、平安時代末期から南北朝《なんぼくちょう》時代にかけて活躍した武蔵国の武士の総称《そうしょう》である。その出《しゅつ》自《じ》は多様であるが、この中には、坂東八平氏《ばんどうはちへいし》の一部や武蔵七党《むさししちとう》、古代の郡司《ぐんじ》の手続を引く氏族《しぞく》などが含まれている。本書に関わる武蔵武士については一覧表（表I↓22）にしたので参照されたい。

武蔵武士というと、どのような人物を頭に描くであろうか。私は、鎌倉幕府成立の時に活躍した畠山《はたけやま》重忠《しげただ》や熊谷直実《くまがいなおざね》を思い出す。彼らは『平家物語《へいけものがたり》』に記される戦いの中でも生き生きと描写《びょうしゃ》される存在である。では、どの様な出自を持つ武士がいたのであろうか、簡単に紹介しておきたい。

板東八平氏は、桓武天皇の曾孫高望王《そうそんたかもちおう》の子孫で、高望王は平姓《へいせい》を賜《たまわ》って臣籍降下《しんせきこうか》し、上総介《かずさのすけ》となって下向《げこう》する。王は、天皇の裔孫《えいそん》という貴種姓《きしゅせい》や軍事貴族であることを背景に、在地豪族と婚姻関係を結び、その子孫は関東各地に広がっていった。天慶の乱を起こした平将門もその子孫の一人である。

将門の叔父良文《よしぶみ》の子孫は、相模《さがみ》・武蔵《むさし》・上総《かずさ》・下総《しもうさ》等の国々に盤踞《ばんきょ》し勢力を張った。三浦《みうら》・大庭《おおば》・梶《かじ》原《わら》・秩父《ちちぶ》・千葉《ちば》・上総《かずさ》等の豪族《ごうぞく》は、その子孫で、鎌倉幕府の成立にも大きく寄与した。

このうち、秩父氏が武蔵武士である。秩父平氏とも称され、子孫には豊島《としま》・葛西《かさい》（下総国、東京都）・渋谷《しぶや》（相模国、神奈川県）・河崎《かわさき》氏（神奈川県）が出、秩父重綱《しげつな》の子から畠山《はたけやま》・河越《かわごえ》・江戸《えど》・高山《たかやま》（上野国、群馬県）などの氏族が別れた。畠山氏からはさらに小山田《おやまだ》（東京都）・長野《ながの》・稲毛《いなげ》（神奈川県）・榛谷《はんがや》（神奈川県）・小沢《おざわ》（神奈川県）などの一族に別れ、武蔵国内をはじめ周辺諸国に盤踞した。

一方、武蔵国には武蔵七党と呼ばれる武士団があった。彼らは、平安時代後期から鎌倉時代・室町時代にかけて、武蔵国を中心として周辺の相模《さがみ》・上野《こうずけ》・下野《しもつけ》といった近隣諸国に勢力を伸ばしていた中小規模の同族的武士団の総称である。

「武蔵七党」の名称は『平家物語』（流布本《るふぼん》）に見え、「畠山が一族、河越・稲毛・小山田・江戸・葛西・その他七党の兵ども」（巻五）と秩父氏一族以外の中小武士団の意味で用いられている。その他、『保暦間記』にも「畠山次郎重忠参ル、其後、武蔵七党参リタリ」と、『太平記』にも「江戸・豊島・葛西・河越・坂東八平氏、武蔵ノ七党」（巻十）などと同様に記されている。なお、『吾妻鏡《あずまかがみ》』では「武蔵の党々」と表記され、「七党」という数字は出てこない。以上の点から、「武蔵七党」の名称は「武蔵七党系図」の成立時期、南北朝・室町初期からと考えられている。これら七党の数え方については諸説があるが、左記が代表的なものである。

①丹治《たんじ》・私市《きさい》・児玉《こだま》・猪俣《いのまた》・西《にし》・横山《よこやま》・村山《むらかみ》（「節用集《せつようしゅう》」一五世紀）

②野与《のよ》・村山《むらかみ》・横山《よこやま》・猪俣《いのまた》・児玉《こだま》・丹《たん》・西《にし》（「武蔵七党系図《むさししちとうけいず》」）

③横山《よこやま》・猪俣《いのまた》・児玉《こだま》・丹《たん》・西《にし》・私市《きさい》・綴《つづき》

このうち埼玉県域を中心に分布するのは、丹・児玉・猪俣・野与・私市・村山党で、横山党の一部も分布する（表Iあるいは各郡所載の一覧表を参照されたい）。武蔵七党は、党全体を統率する惣領《そうりょう》の存在が明確ではなく、同一の祖先から分岐したと信じる在地領主《ざいちりょうしゅ》のゆるやかな同族意識による結合であった。そこには姻戚関係《いんせきかんけい》や擬制《ぎせい》的な関係（養子《ようし》、猶子《ゆうし》など）も含まれた。なかには、一定の地域に分布する党もあれば、数郡に散在する党もあった。

丹党は、宣化天皇《せんかてんのう》の曾孫多治比古王《たじひこおう》の子孫丹治峯時が秩父郡石田《いわた》牧の別当となり、「丹貫主」と称したと伝える。秩父平氏、児玉党との関わりも深く、秩父《ちちぶ》郡・賀美《かみ》郡・児玉郡、峠を越えた入間《いるま》郡にも分布する。

児玉党は、有道姓《ありみちせい》で、関白藤原道隆《ふじわらのみちたか》の家司《けいし》有道維広《ありみちこれひろ》の子武蔵介維能《むさしのすけこれよし》の子孫と伝え、阿久原牧《あぐのはらまき》（↓105・335）の別当（管理者）となり、児玉荘《こだまのしょう》を開発、土着《どちゃく》したと伝える。児玉荘は、阿久原牧が荘園化したもので、児玉郡から本庄市一帯の地域と推定されている。秩父平氏との姻戚関係もあり、児玉郡を中心に入間郡・秩父郡や上野国にも分布する。有氏神社（↓101）を奉斎する。

猪俣党は、小野姓。横山党の祖義孝《よしたか》の弟武蔵介時資《ときすけ》の子時範《ときのり》が児玉郡猪俣に土着したのに始まると伝える。東流《とうりゅう》する荒川と北の利根川に挟まれた那珂《なか》・榛沢《はんざわ》・男衾《おぶすま》・大里《おおさと》郡あたりの北武蔵に分布する。

野与党は、桓武平氏、平忠常《たいらのただつね》の曾孫基永《もとなが》が野与荘司《しょうじ》となり土着。旧荒川・利根川の流域である埼玉郡（大田荘域）に分布した。久伊豆神社《ひさいずじんじゃ》を奉斎《ほうさい》する。

私市党は、皇后《こうごう》の部民である私市部の部領使《ことりづかい》の子孫と伝え、埼玉郡北部を中心に男衾郡に分布する。鷲宮神社（↓231）の氏人で、久伊豆神社を奉斎する。

村山党は、桓武平氏、野与党の祖基永の弟村山貫首頼任《かんじゅよりとう》の子孫で、狭山の麓から入間郡に渡る肥沃《ひよく》の地や多摩郡に分布した。

横山党は、小野《おの》姓。小野篁《たかむら》の子孫、義孝《よしたか》が武蔵介に任じられて下向し、横山荘に土着して「横山大夫」と称した。その孫経兼《つねかね》は、前九年《ぜんくねん》の役《えき》に従軍、以降清和源氏の譜代《ふだい》の家人となる。多摩川の南側の旧南多摩郡を中心に、北武蔵の大里・比企両郡や相模国、甲斐国に分布した。

その他、古代の郡司の系統を引く比企《ひき》氏（比企郡）、足立《あだち》氏（足立郡）などがいた。比企氏は、比企尼《ひきのあま》が源頼朝の乳母《めのと》であったことから、頼朝に重く用いられ、二代将軍頼家の妻は比企能員《ひきよしかず》の娘であった。足立氏は、足立郡の郡司を継承した豪族で、平治《へいじ》の乱《らん》の際、足立遠元《あだちとおもと》は武蔵武士として唯一右馬允《うまのじょう》に任じられている。

武蔵武士の活躍

埼玉県域にいた武蔵武士の活躍を、描かれる文献（『吾妻鏡』や『保元物語《ほうげんものがたり》』『平治物語《へいじものがたり》』『太平記《たいへいき》』など様々な合戦記）を紹介しつつ、簡単に見てゆきたい。

『吾妻鏡』によれば、平安時代後半の前九年の役（一〇五一～六二）のとき、源頼義《みなもとよりよし》・義家《よしいえ》父子に従って戦った武蔵武士に、横山経兼《よこやまつねかね》がおり、古くからの河内源氏との関係を主張している。秩父氏にも同様の伝承が見られ、武基《たけもと》は前九年の役の際、源頼義・義家父子に従って戦ったと伝え、その子武綱《たけつな》も前九年の役の際、源頼義に従って活躍したと伝える（「佐野本系図」「畠山系図」等）が、確かではない。毛呂山町の出雲伊波比神社（↓275）の流鏑馬神事《やぶさめしんじ》は、この時の戦勝に由来するといわれる。また、さいたま市岩槻区笹久保の篠岡八幡大神社（↓233）、さいたま市中央区の氷川神社（下落合）、草加市の旧下妻街道《しもつまかいどう》などにもこの戦いの伝承が残されている。

平安時代末期に起きた保元《ほうげん》の乱《らん》（一一五六）、平治《へいじ》の乱《らん》（一一五九）は武士の地位を大きく向上させた。『保元物語』には、この戦いに加わったとされる河越氏をはじめ、横山党・丹党・児玉党・猪俣党・村山党・西党など、武蔵武士が数多く記されるが、物語の性格上疑問も多い。ただし、村山党の金子家忠《かねこいえただ》（当時十九歳）の活躍はめざましく、具体的に叙述されている。

『平治物語』によれば、源義朝の長子悪源太義平《あくげんたよしひら》に従って上洛《じょうらく》し、戦いに加わった武蔵武士に、長井《ながい》斎藤別当実盛《さいとうべっとうさねもり》・岡部忠澄《おかべただずみ》・猪俣範綱《いのまたのりつな》・熊谷直実《くまがいなおざね》・平山季重《ひらやますえしげ》・金子家忠《かねこいえただ》・足立遠元《あだちとおもと》など、七名が見える。この時戦いの最中の足立遠元の金子家忠等に対する美談が『平治物語』に記されている。しかし、源氏方は敗戦となり、生き残った武蔵武士は、散り散りになって帰国し、在地に逼塞《ひっそく》した。源氏方の所領の多くは平家領となり、武蔵国は平清盛、次いでその子知盛の知行国《ちぎょうこく》として支配されることになった。長井斎藤別当実盛や熊谷直実をはじめ武蔵武士の多くが平家に臣従《しんじゅう》していった。

治承《じしょう》四年（一一八〇）八月、源頼朝が伊豆（静岡県）で挙兵《きょへい》する。同年十月、源頼朝は相模国鎌倉に入り、本拠《ほんきょ》と定めた。以降、平家との戦いが展開する。はじめのうちは平家方についた河越・畠山・江戸氏等の秩父一族もこの頃には源頼朝に臣従し、武蔵国は頼朝の支配下に入っていた。『吾妻鏡』『平家物語』などによれば、元暦《げんりゃく》元年（一一八四）正月の木曽義仲《きそよしなか》との戦い（瀬田《せた》・宇治《うじ》の合戦《かっせん》）、二月の一《いち》の谷《たに》の戦い、文治元年（一一八五）二月の屋島《やしま》の戦いなどに多くの武蔵武士が従軍し、活躍した様子が見られる。武蔵武士は、源頼朝の指示で、源範頼《みなもとのりより》・同義経《よしつね》の軍に分属《ぶんぞく》していた。

特に、一の谷の戦いでは、平家一門の通盛《みちもり》・忠度《ただのり》・経俊《つねとし》等が討ち取られたが、武蔵武士の活躍はめざましく、猪俣範綱・岡部忠澄・庄高家《しょうたかいえ》・熊谷直実・河越重房《かわごえしげふさ》・畠山重忠郎等本田近常《ほんだちかつね》・玉井資景《たまいすけかげ》などが平家一門や平家家人を討ち取っている。

文治五年（一一八九）、源頼朝は、平泉の藤原泰衡《ふじわらのやすひら》を討つため軍を発した。この時、武蔵武士は、北陸道《ほくりくどう》大将軍《だいしょうぐん》比企能員に付された武士以外は、大手軍として源頼朝に従い、畠山重忠は先陣を務めた。武蔵武士は、頼朝の旗本《はたもと》として、その軍勢の中核であった。

源頼朝は、乳母比企尼の孫女を嫡子頼家の妻に迎え、尼の娘の婿を周辺に配置するなど、次の世代を比企氏に託して、正治《しょうじ》元年（一一九九）正月に亡くなった。

武蔵武士の悲劇

源頼朝が没すると、武蔵武士は幕府の政治抗争に巻き込まれることになる。その多くは北条氏の対抗勢力であったため、滅亡する武士が多かった。

建仁《けんにん》三年（一二〇三）九月二日、仏事に招かれた比企能員が、北条時政《ほうじょうときまさ》のために謀殺《ぼうさつ》された。これは、二代将軍源頼家の外戚《がいせき》であった比企氏と北条氏の権力闘争であった。この結果、比企郡は北条氏の支配下に置かれたと考えられる。

この乱ののち、三代将軍（鎌倉殿）に源実朝が就任し、北条時政は政所別当《まんどころべっとう》、執権別当《しっけんべっとう》として幕府政治を掌握《しょうあく》した。そして、鎌倉殿に代わって武蔵武士を旗下《きか》に置くことにも成功している。武蔵国は、鎌倉時代を通して将軍の知行国であり、時政は執権として、武蔵国の統治と武蔵武士の指揮権を掌握した。

元久二年（一二〇五）四月、畠山重忠が、北条時政の謀略《ぼうりゃく》により滅亡する。また、重忠を陥《おとしい》れようとした稲毛・榛谷氏など他の畠山一族も没落する。武蔵武士はこの戦いを通じて時政に従っていた。

建保元年（一二一三）五月、侍所別当《さむらいどころべっとう》和田義盛《わだよしもり》は、執権北条義時を討つため挙兵するが、敗れて滅亡する。武蔵武士の横山党は、和田氏との姻戚関係から、横山時兼以下が義盛に与力《よりき》した。そのほか、児玉党、村山党、丹党などの一部も和田方として戦い、滅亡している。

このようにして、有力な武蔵武士は、その多くが没落し、北条氏支配に組み込まれていった。

武蔵武士の発展

奥州合戦《おうしゅうかっせん》（一一八九）、承久《じょうきゅう》の乱《らん》（一二二一）などにおける武蔵武士の活躍はめざましく、奥州や西国《さいごく》に恩賞地を与えられ、さらに移住して行く武士も多かった。奥州では、畠山重忠が葛岡郡《くずおかぐん》（宮城県）の地頭《じとう》職、成田氏が鹿角《かづの》郡（秋田県）、中条氏が苅田《かった》郡（宮城県）他を与えられている。

承久の乱は、武蔵武士が西国に進出する最大の画期となった戦いであった。中条家長《ちゅうじょういえなが》には、尾張守《おわりしゅ》護《ご》職や尾張国内海荘《おわりのくにうつみのしょう》・三河国高橋荘《みかわのくにたかはしのしょう》等の地頭職が、熊谷直時《くまがいなおとき》には安芸国三入荘《あきのくにみいりのしょう》（広島県）地頭職が与えられている。

さらに、三浦氏の滅亡した宝治合戦《ほうじかっせん》（一二四七）後には、小代重俊《しょうだいしげとし》が肥後国野原荘《ひごのくにのばらのしょう》（熊本県）地頭職、金子重高《かねこしげたか》が淡路国都志郷《あわじのくにつし》（兵庫県）地頭職を与えられた。

幕府は、蒙古《もうこ》の襲来《しゅうらい》に備え、文永《ぶんえい》八年（一二七一）に鎮西《ちんぜい》に所領を持つ東国御家人《とうごくごけにん》に、下向して異国警固《いこくけいご》にあたるよう命じている。幕府は、弘安《こうあん》の役《えき》（一二八一）後も同様の命令を下しており、前者の際は小代氏、後者の際は児玉氏など、多くの武蔵武士が西国に下向している。

鎌倉幕府滅亡

鎌倉時代後半、北条氏得宗《とくそう》による専制政治《せんせいせいじ》が行われ、武蔵武士も得宗被官《ひかん》として組み込まれる武士も増えていった。霜月騒動《しもつきそうどう》（一二八五）で安達方について死亡した足立直元《あだちなおもと》の一族は、得宗被官となり、加賀国大野荘《かがのくにおおののしょう》の代官《だいかん》であった。徳治《とくじ》二年（一三〇七）五月鎌倉円覚寺《えんかくじ》毎月大斎日結番次第によると、蛭河《ひるかわ》・足立《あだち》・安保《あほ》・浅羽《あさば》等の名が見える。

一方、西国や奥州に所領を得た武蔵武士の中には、幕府の命令もあって、西国や奥州に移住する武士も増えていった。その中には、北条氏による武蔵国支配に対する不満もあったと考えられる。

正中元年（一三二四）の後醍醐天皇《ごだいごてんのう》の倒幕《とうばく》計画は、事前に発覚して失敗したが（正中《しょうちゅう》の変《へん》）、京都を中心とする幕府に対する不満は、倒幕の機運《きうん》を高めていった。『太平記』には、これ以降、南北朝時代にかけての武蔵武士の活躍と没落の様子が記されている。

元弘元年（一三三一）四月、元弘の乱が起きる。鎌倉幕府は討幕の兵を挙げた後醍醐天皇を討つため大軍を京都に送った。その中に河越・安保・高坂・加治・中村などの武蔵武士がいた。しかしその後も畿内《きない》近国《きんごく》の蜂起《ほうき》は収まらなかった。

元弘三年（一三三三）四月、幕府軍の大将足利尊氏《あしかがたかうじ》が、丹波国篠村《たんばのくにしのむら》（兵庫県亀岡市）で挙兵し、京都の六《ろく》波羅《はら》を攻め滅ぼした。武蔵武士の中には、尊氏の挙兵に呼応した者や六波羅探題《ろくはらたんだい》の北条仲時《ほうじょうなかとき》とともに近江国番場《おうみのくにばんば》（滋賀県米原市）で戦死・自害した武士の中にも武蔵武士が見える。

一方、同年五月、新田義貞《にったよしさだ》が上野国（群馬県）で挙兵し、鎌倉に向かって鎌倉街道上道を南下した。児玉から菅谷を抜け、笛吹峠《ふえふきとうげ》を越えて入間川に到着する。戦いは、小手指原（所沢市）の遭遇戦《そうぐうせん》から始まり、数度の戦いを経て、鎌倉に追いつめられた北条氏一族は自害し、鎌倉幕府は滅亡した。この戦いの中でも武蔵武士は敵味方に分かれて戦っている。入間郡内の鎌倉街道上道に沿って、苦林野《にがばやしの》古戦場、三ツ木原《みつぎがはら》古戦場、小手指原《こてさしがはら》古戦場、金井ヶ原《かねいがはら》古戦場、久米川陣跡《くめがわじんあと》などが残るが、鎌倉街道上道が、鎌倉に向かって大軍の移動する幹線道路であり、これ以降室町時代にかけて、多くの戦いが行われたことを示している。また、入間市野田の円照寺《えんしょうじ》は丹党加治氏の創建した寺院で、この時北条氏方に殉じた加治家貞《かじいえさだ》を供養する板碑《いたび》がある。

南北朝の動乱の始まり

元弘三年八月五日、足利尊氏は従三位《じゅさんみ》に叙《じょ》され、武蔵守《むさしのかみ》を兼任《けんにん》した。しかし、建武《けんむ》二年（一三三五）七月の中先代の乱を契機に建武新政府は瓦解《がかい》し、南北朝の内乱が展開する。足利尊氏は鎌倉で後醍醐天皇に対し謀反《むほん》を起こし、新田義貞等の政府軍を破り上洛《じょうらく》する。ついで陸奥《むつ》にいた北畠顕家《きたばたけあきいえ》の上洛、尊氏の九州下向《げこう》、さらに尊氏の上洛、北朝の光明天皇《こうみょうてんのう》の擁立《ようりつ》、室町幕府の創設と推移するが、内乱は収まらなかった。

こうした全国規模の内乱の最中、武蔵武士は後醍醐天皇方、足利尊氏方双方に分かれ戦っている。例えば、箱根・竹下の合戦で新田義貞に従っていたのは、河越・高坂両氏をはじめ、児玉党の庄、猪俣党の藤田、丹党の長浜などの諸氏が見え、足利尊氏方には丹党の安保氏がいた。

観応の擾乱

足利尊氏が上洛したあと、鎌倉には子の義詮《よしあきら》が留まり関東を支配した。貞和《じょうわ》五年（一三四九）、義詮に代わって弟基氏《もとうじ》が鎌倉に下った。基氏は鎌倉公方《かまくらくぼう》と呼ばれ、上杉憲顕《うえすぎのりあき》と高師冬《こうのもろふゆ》は執事《しつじ》として基氏を輔佐《ほさ》する、鎌倉府が成立する。師冬は武蔵守護を兼務していた。

この頃、京都では高師直《こうのもろなお》派と足利直義《ただよし》派の対立が顕在化《けんざいか》し、観応《かんのう》の擾乱《じょうらん》とよばれる北朝方の内乱が起きる。この対立は関東に波及し、高師冬は直義方の上杉憲顕に討たれ、鎌倉府は直義派一色となった。しかし、京都での戦いに敗れた直義は、北陸を経て鎌倉に下り、文和《ぶんな》元年（一三五二）、尊氏・直義両者は和睦し、直義は毒殺された。

この戦いの中でも、武蔵武士の活躍は『太平記』に記されている。西国での戦いでは、足利尊氏・高師直に安保・中条氏、高師泰に足立・熊谷氏、足利義詮に河越・高坂・久下氏、足利直義に藤田・猪俣・阿佐美・吉見氏などが従い、その活躍が見られる。また、関東での戦いでは、武蔵国内が戦場となり、武蔵武士も両者に分かれて戦った。

武蔵野合戦と入間川御所

南朝は、文和元年（一三五二）閏《うるう》二月、上野国の新田一族に、鎌倉にいた足利尊氏討伐を命じた。新田軍は鎌倉街道上道を南下するが、『太平記』では、この時児玉党・丹党・猪俣党などの武蔵武士が呼応している。一方足利方に参陣した武蔵武士には、河越・高坂・江戸などの秩父一族の他、古尾谷・金子・高麗・別府などの武士がいた。新田・足利両軍は武蔵野を舞台に戦い、この時の埼玉県内の古戦場には小手指原（所沢市）、入間河原（狭山市）、高麗原（日高市）などがあり、笛吹峠（鳩山町・嵐山町）でも戦いがあった。この戦いは、苦戦の末足利方の勝利に終わったが、新田方残党の動きは収まらなかった。

文和二年七月、足利尊氏は京都方面の支援のため上洛する。その際、尊氏は基氏に入間川在陣を命じ、畠山国清を執事とした。以降、基氏は九年間入間川に在陣し「入間川殿《いるまがわどの》」と称された。ここは鎌倉街道上道が通り、交通上の要衝であったとともに、武蔵国が関東支配の要となっていたことを示している。

鎌倉府支配

鎌倉公方は、足利基氏のあと、氏満《うじみつ》・満兼《みつかね》・持氏《もちうじ》とその子孫に継承された。その管轄範囲（関東御分国《かんとうごぶんこく》）は、関八州のほか、甲斐《かい》・伊豆、そして明徳《めいとく》三年（一三九二）に陸奥・出羽《でわ》両国も加えられ、十二ヶ国となった。このうち、武蔵国の守護は関東管領 畠山国清《かんりょうはたけやまくにきよ》が兼務することになる。

一方、河越直重《なおしげ》は、武蔵野合戦の勲功《くんこう》を認められ相模国の守護に補任《ぶにん》され、高坂氏重《こうさかうじしげ》は伊豆国の守護に補任されている。しかし、貞治《じょうじ》二年（一三六三）の宇都宮討伐《うつのみやせいばつ》の際、平一揆《へいいっき》が敵方に内通したとして、守護を罷免《ひめん》された。在任期間は約十年間であった。

平一揆の乱

畠山国清が追放されたのち、関東管領には上杉憲顕が就任し、以降上杉氏が歴代継承する。武蔵国の守護も上杉氏が歴代兼務した。守護代《しゅごだい》には、関東管領の子や上杉氏被官の大石・長尾氏が就任する。

南北朝時代の争乱による社会情勢の変化や支配体制の強化は、武蔵武士のあり方にも変化をもたらした。武蔵七党と呼ばれる武士団は、本来同族意識を持った中小武士の連合体であった。南北朝時代には、それに代わって一揆と呼ばれる武士団が見られるようになる。一揆は、国人による地縁《ちえん》的な武士団で、この時代全国各地に見られる武士の結合体であった。『太平記』には、武蔵国の一揆として、八文字一揆《はちもんじいっき》（高麗《こま》氏等）・白旗一揆《しらはたいっき》（別符《べっぷ》氏等）・平一揆《へいいっき》（平氏の流れを汲む武士、河越・江戸・高坂氏等）、『鎌倉大草紙《かまくらおおぞうし》』には、武州中一揆《ぶしゅうなかいっき》（金子氏等）・武州南一揆《ぶしゅうみなみいっき》・武州一揆《ぶしゅういっき》（児玉・猪俣・村山党等）・安保一揆《あぼいっき》などが見えている。

貞治《じょうじ》六年（一三六七）四月、鎌倉公方足利基氏が没し、子の氏満《うじみつ》が継承した。同年十二月、京都の将軍足利義詮が没し、子の義満が三代将軍となった。翌年正月、幼少の氏満の代理として管領上杉憲顕が義満元服《よしみつげんぷく》の賀詞《がし》を述べるため鎌倉から上洛した。その隙をねらって、二月には平一揆の乱が起きる。河越・高坂氏を中心とした平一揆が、河越館に籠《こ》もって反旗《はんき》を翻《ひるがえ》したのである。しかし、急遽帰国して態勢《たいせい》を整えた上杉憲顕によって、平一揆は敗れて没落した。平安時代末期から武蔵武士の中心として活躍した秩父一族の末裔《まつえい》はこうして歴史の表舞台から消えていった。

この後も、小山氏の乱、上杉禅秀《うえすぎぜんしゅう》の乱、永享《えいきょう》の乱《らん》と関東の争乱は続き、鎌倉公方が滅亡する。その中で武蔵武士の活躍は続いていたが、徐々に上杉氏の支配に組み込まれ、その姿はうすれていった。

武蔵武士は、平安時代末期に武蔵国内を開発した領主に位置づけられる。開発した土地の地名を名字とした。源頼朝は鎌倉に政権を樹立すると彼らと主従関係を結び、御家人に位置づけ、直属の武士として活躍の場を与えている。以降も武蔵武士は活躍を続けるが、かれらの活動は武蔵各地に様々な足跡や伝承を残した。本書は、こうした武蔵武士の足跡・伝承を紹介するため作成されたガイドブックである。

（菊池紳一）

武蔵武士分布図──武蔵国北部(埼玉県域)──

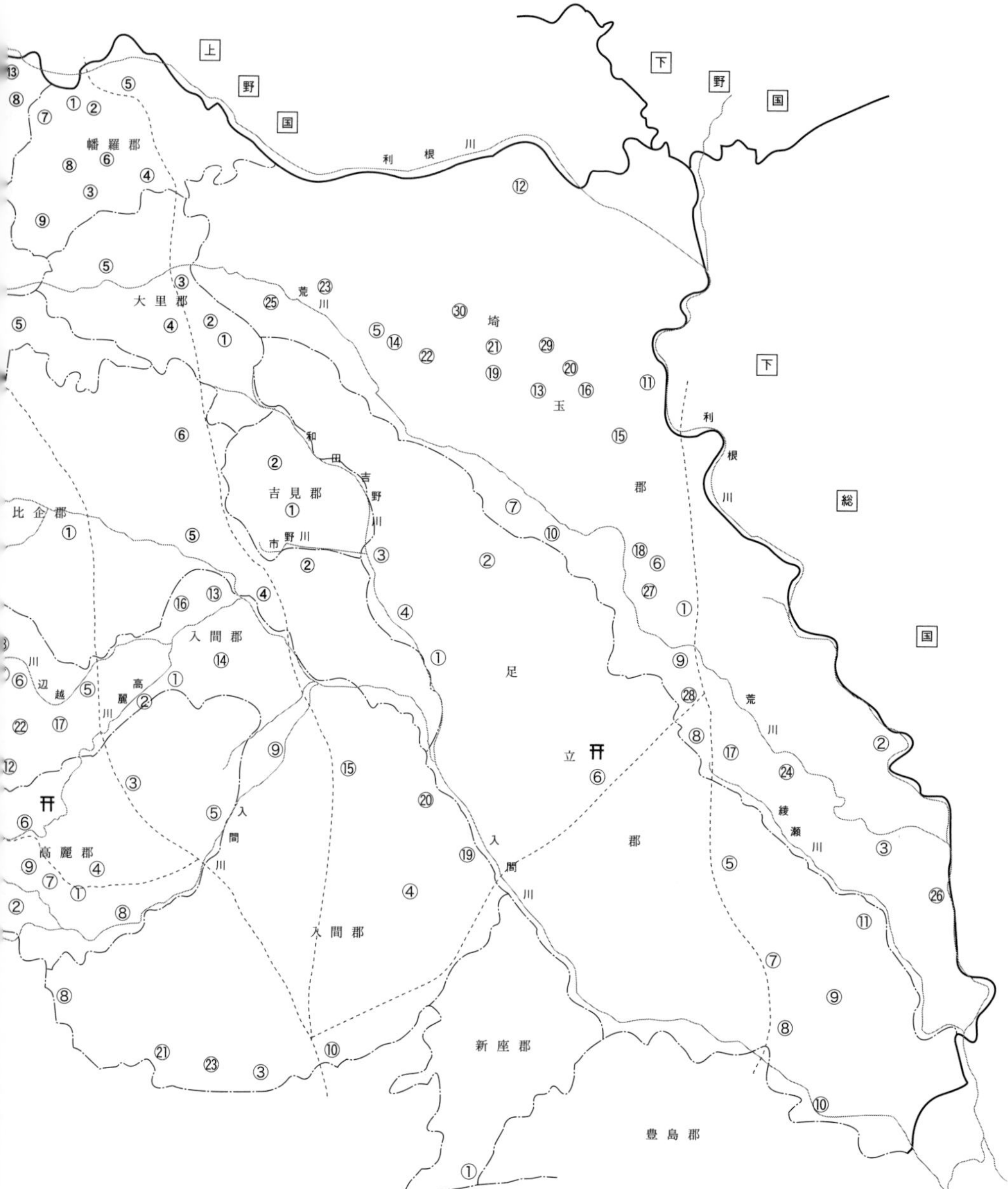

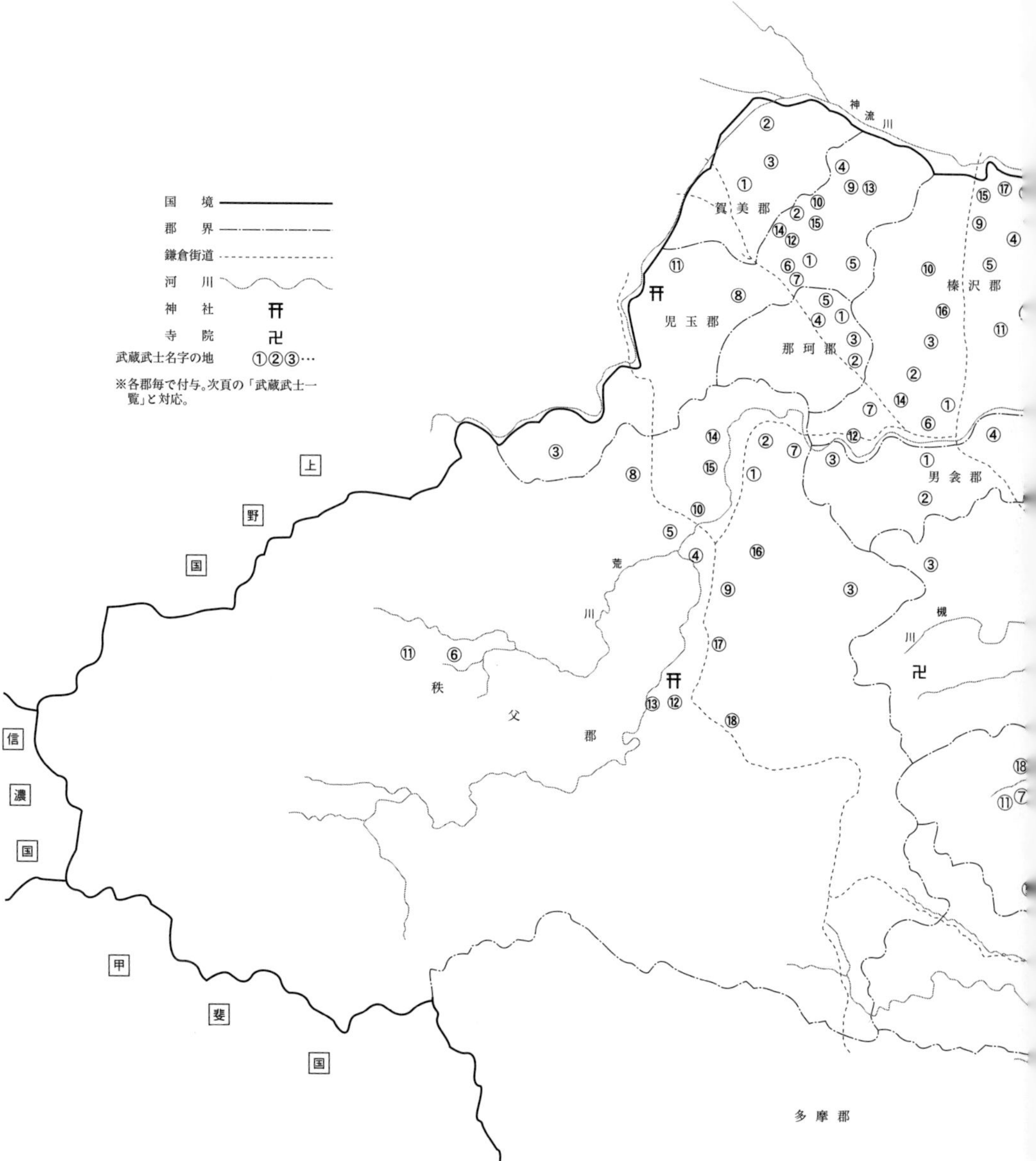

国　境
郡　界
鎌倉街道
河　川
神　社
寺　院
武蔵武士名字の地　①②③…
※各郡毎で付与。次頁の「武蔵武士一覧」と対応。
神流川
賀美郡
児玉郡
那珂郡
榛沢郡
男衾郡
秩父郡
荒川
槻川
多摩郡
上野国
信濃国
甲斐国

表I　埼玉県域武蔵武士一覧

名字	出自	名字の地	現在地	郡名（番号）
児玉党				
粟生田《あおうだ》	児玉党	粟生田郷	坂戸市粟生田	入間郡①（入西郡）
浅羽《あさば》	児玉党	浅羽郷	坂戸市浅羽	入間郡②（入西郡）
阿佐美	児玉党	阿佐美郷	本庄市児玉町入浅見	児玉郡①
今居	児玉党	今井郷	本庄市今井	児玉郡②
大河原	児玉党	大河原	飯能市大河原	高麗郡②
大浜	児玉党	大浜	秩父郡皆野町大浜	秩父郡④
大淵	児玉党	大淵郷	秩父郡皆野町大淵	秩父郡⑤
大類	児玉党	大類	入間郡毛呂山町大類	入間郡⑤（入西郡）
岡崎	児玉党	岡崎	入間郡越生町越生字岡崎	入間郡⑥
越生	児玉党	越生郷	入間郡越生町越生	入間郡⑦（入西郡）
小見野	児玉党	小見野	比企郡川島町上小見野・下小見野	比企郡②
金沢	児玉党	金沢	秩父郡皆野町金沢	秩父郡⑧
騎西（私市）	児玉党	崎西	加須市（旧騎西町）騎西	埼玉郡⑬
吉田《きった》	児玉党	吉田郷（「和名抄」）	本庄市児玉町吉田林	児玉郡⑥
久下塚	児玉党	久下郷	加須市久下	埼玉郡⑯
黒岩	児玉党	黒岩	入間郡越生町黒岩	入間郡⑪

児玉	児玉党	児玉荘	本庄市児玉町児玉付近	児玉郡⑦
塩谷	児玉党	塩谷郷	本庄市児玉町塩谷	児玉郡⑧
宿谷	児玉党	宿谷	入間郡毛呂山町宿谷	入間郡⑫
庄	児玉党	本庄	本庄市本庄付近	児玉郡⑨
小代	児玉党	小代	東松山市正代	入間郡⑬（入西郡）
高坂	児玉党	高坂郷	東松山市高坂	入間郡⑯
竹沢	児玉党	竹沢郷	比企郡小川町竹沢地区	比企郡③
秩父	児玉党	大宮	秩父市大宮	秩父郡⑫
中条《ちゅうじょう》	児玉党	中条保	熊谷市上中条	幡羅郡④
富田	児玉党	富田村	本庄市西富田・東富田	児玉郡⑩
鳴瀬	児玉党	越生郷成瀬村	入間郡越生町成瀬	入間郡⑱（入西郡）
新里	児玉党	新里	児玉郡神川村新里	児玉郡⑪
蛭河	児玉党	蛭川郷	本庄市児玉町蛭川	児玉郡⑫
本庄	児玉党	本庄	本庄市本庄付近	児玉郡⑬
真下	児玉党	真下	本庄市児玉町上真下・下真下	児玉郡⑭
牧西《もくせい》	児玉党	目西	本庄市牧西	榛沢郡⑮
四方田《よもた》	児玉党	四方田村	本庄市四方田	児玉郡⑮
丹党				
青木	丹党	青木	飯能市青木	高麗郡①

安保	丹党	安保郷	児玉郡神川村元阿保	賀美郡①
井戸	丹党	井戸郷	秩父郡長瀞町井戸	秩父郡①
岩田	丹党	岩田郷	秩父郡長瀞町岩田	秩父郡②
大河原	丹党	大河原（御堂）	秩父郡東秩父村御堂	秩父郡③
岡田	丹党	岡太郷（「和名抄」）（中世の太駄郷付近カ）	本庄市児玉町	児玉郡③
小鹿野	丹党	小鹿野	秩父郡小鹿野町小鹿野	秩父郡⑥
小島	丹党	小島村	本庄市小島	児玉郡④
織原	丹党	織原	大里郡寄居町折原	男衾郡③
加治	丹党	加治郷	飯能市下加治・中居付近	高麗郡④
柏原	丹党	柏原郷	狭山市柏原	高麗郡⑤
黒谷	丹党	黒谷	秩父市黒谷	秩父郡⑨
高麗	丹党	高麗郷	日高市高麗本郷	高麗郡⑥
白鳥	丹党	白鳥	秩父郡長瀞町・皆野町北部一帯	秩父郡⑩
薄	丹党	薄村	秩父郡両神村薄	秩父郡⑪
滝瀬	丹党	滝瀬郷	本庄市滝瀬	榛沢郡⑨
勅使河原	丹党	勅使河原	児玉郡上里町勅使河原	賀美郡②
長浜	丹党	長浜郷	児玉郡上里町長浜・児玉郡神川町四軒在家の付近	賀美郡③
中村	丹党	中村郷	秩父市大宮	秩父郡⑬
中山	丹党	中山	飯能市中山	高麗郡⑦

新里	丹党	新里	児玉郡神川村新里	児玉郡⑪
野上	丹党	野上村	秩父郡長瀞町本野上・中野上・野上下郷辺り	秩父郡⑭
野田	丹党	野田	入間市野田	高麗郡⑧
榛沢	丹党	榛沢郷	深谷市（旧岡部町）榛沢	榛沢郡⑩
判乃	丹党	飯能	飯能市飯能	高麗郡⑨
藤矢淵	丹党	藤矢淵	秩父郡長瀞町藤矢淵	秩父郡⑮
古郡	丹党	古郡	児玉郡美里町古郡	那珂郡⑤
三沢	丹党	三沢	秩父郡皆野町三沢	秩父郡⑯
南荒居	丹党	南荒居（「和名抄」の新居郷）	本庄市	榛沢郡⑬
山田	丹党	山田村	秩父市山田	秩父郡⑰
横瀬	丹党	横瀬郷	秩父郡横瀬町横瀬	秩父郡⑱
猪俣党				
甘糟	猪俣党	甘糟	児玉郡美里町甘粕	那珂郡①
荒河	猪俣党	荒河之郷	深谷市（旧花園村）荒川	榛沢郡①
飯塚	猪俣党	飯塚	深谷市（旧花園村）武蔵野	榛沢郡②
猪俣	猪俣党	猪俣村	児玉郡美里町猪俣	那珂郡②
今泉	猪俣党	今泉	深谷市（旧岡部町）今泉	榛沢郡③
内島	猪俣党	内ヶ島	深谷市内ヶ島	榛沢郡④
荏原	猪俣党	江原	深谷市江原	幡羅郡①

太田	猪俣党	太田	熊谷市（旧妻沼町）永井太田	幡羅郡②
岡部	猪俣党	岡部	深谷市（旧岡部町）岡部	榛沢郡⑤
小栗	猪俣党	小栗村	児玉郡美里町猪俣字小栗	那珂郡③
尾園	猪俣党	小薗	大里郡寄居町小園	男衾郡①
男衾	猪俣党	男衾郡	大里郡寄居町富田の辺カ	男衾郡②
御前田	猪俣党	御前田	深谷市（旧花園村）小前田	榛沢郡⑥
金尾	猪俣党	金尾郷	大里郡寄居町金尾	秩父郡⑦
河匂	猪俣党	川輪	児玉郡美里村関（川輪）	児玉郡⑤
木部	猪俣党	木部	児玉郡美里町木部	那珂郡④
桜沢	猪俣党	桜沢	大里郡寄居町桜沢	榛沢郡⑦
滝瀬	猪俣党	滝瀬郷	本庄市滝瀬	榛沢郡⑨
蓮沼	猪俣党	蓮沼	深谷市蓮沼	幡羅郡⑦
人見	猪俣党	人見郷	深谷市人見	榛沢郡⑪
藤田	猪俣党	藤田	大里郡寄居町藤田・末野	榛沢郡⑫
古郡	猪俣党	古郡	児玉郡美里町古郡	那珂郡⑤
南飯塚	猪俣党	飯塚	深谷市（旧花園村）飯塚	榛沢郡⑭
山崎	猪俣党	山崎	本庄市（旧岡部町）山崎	榛沢郡⑯
横瀬	猪俣党	横瀬郷	深谷市横瀬	榛沢郡⑰

村山党

荒幡	村山党	荒幡	所沢市荒幡	入間郡③
大井	村山党	大井郷	ふじみ野市（旧大井町）大井	入間郡④（入東郡）
金子	村山党	金子郷	入間市金子地区（木蓮寺）	入間郡⑧
久米	村山党	久米郷	所沢市久米	入間郡⑩（入東郡）
須黒	村山党	勝呂郷	坂戸市石井・塚越・紺屋一帯	入間郡⑭（入西郡）
仙波	村山党	仙波郷	川越市仙波町	入間郡⑮（入東郡カ）
多賀谷	村山党	多賀谷	加須市（旧騎西町）内田ヶ谷	埼玉郡⑲
難破田	村山党	難波田	富士見市上南畑・下南畑	入間郡⑲（入東郡）
宮寺	村山党	宮寺郷	入間市宮寺付近	入間郡㉑（入東郡）
山口	村山党	山口郷	所沢市山口	入間郡㉓（入東郡）
横山党				
大串	横山党	大串郷	比企郡吉見町大串	吉見郡①
川口	横山党	大田荘川口郷	加須市川口	埼玉郡⑪
玉井	横山党	玉井	熊谷市玉井	幡羅郡③
中条	横山党	中条保	熊谷市上中条	幡羅郡④
別府	横山党	別府郷	熊谷市東別府・西別府	幡羅郡⑧
矢古宇	横山党	矢古宇郷	草加市住吉町の一部、東町・松江町・手代町	足立郡⑪

私市党				
市田	私市党	市田（「和名抄」の市田郷）	熊谷市久下？	大里郡①
大田	私市党	大田荘	北埼玉郡・久喜市一帯	埼玉郡④
河原	私市党	河原村	行田市北河原・南河原	埼玉郡⑫
騎西（私市）	私市党	崎西	加須市（旧騎西町）騎西	埼玉郡⑬
久下	私市党	久下郷	熊谷市久下	大里郡②
楊井《やない》	私市党	楊井（「和名抄」の楊井郷）	熊谷市大麻生付近カ	大里郡⑤
野与党				
大蔵	野与党	大倉（大蔵）	比企郡嵐山町大蔵	比企郡①
大相模	野与党	大相模	越谷市西方・東方・見田方付近	埼玉郡③（埼西郡）
鬼窪	野与党	鬼窪郷	南埼玉郡白岡町白岡付近	埼玉郡⑥（埼西郡）
笠原	野与党	栢間郷笠原村	鴻巣市笠原	埼玉郡⑦
柏崎	野与党	柏崎	さいたま市岩槻区柏崎	埼玉郡⑧
金重	野与党	金重村	さいたま市岩槻区金重	埼玉郡⑨（埼西郡）
栢山《かやま》	野与党	栢山郷	久喜市菖蒲町上栢山・下栢山	埼玉郡⑩（埼西郡）
渋江	野与党	渋江郷	さいたま市岩槻区渋江町	埼玉郡⑰（埼西郡）
白岡	野与党	白岡	南埼玉郡白岡町白岡付近	埼玉郡⑱
多賀谷	野与党	多賀谷	加須市（旧騎西町）内田ヶ谷	埼玉郡⑲

高柳	野与党	高柳	加須市（旧騎西町）上高柳	埼玉郡⑳
道智	野与党	道智	加須市（旧騎西町）道地	埼玉郡㉑
八条	野与党	八条郷	八潮市八条	埼玉郡㉖
南鬼窪	野与党	鬼窪郷	南埼玉郡白岡町	埼玉郡㉗（埼西郡）
箕匂	野与党	箕匂	さいたま市岩槻区箕輪	埼玉郡㉘
村岡	野与党	村岡	熊谷市村岡	大里郡④
その他				
安須吉	藤原姓足立氏	畔牛郷	上尾市畔吉	足立郡①
足立	藤原北家魚名流 藤原北家高藤流	足立郡	桶川市内	足立郡②
石戸	（不明）	石戸郷	北本市石戸宿	足立郡③
江崎	（不明）	江崎	蓮田市江ヶ崎	埼玉郡①
大河戸	秀郷流藤原氏	大河土御厨	北葛飾郡松伏町大川戸？	埼玉郡②
大田	秀郷流藤原氏	大田荘	北埼玉郡・久喜市一帯	埼玉郡④
忍	（不明）	忍	行田市忍	埼玉郡⑤
女影	（未詳）	女影	日高市女影	高麗郡③
片山	平姓	片山郷	新座市片山	新座郡①
川口	利仁流藤原氏	太田荘川口郷	加須市川口	埼玉郡⑪
河越	平姓秩父氏	河越荘	川越市上戸を中心とした地域	入間郡⑨
河田谷	藤原姓足立氏	河田谷	桶川市川田谷	足立郡④

行田	（未詳）	行田	行田市行田	埼玉郡⑭
清久	秀郷流藤原氏	清久郷	久喜市上清久・清久町	埼玉郡⑮
熊谷	桓武平氏	熊谷郷	熊谷市熊谷	大里郡③
高麗	高麗王子孫	高麗郷	日高市高麗本郷	高麗郡⑥
指間	（不明）	差間	川口市差間	足立郡⑤
新開	桓武平氏土肥氏	新開郷	深谷市新戒	榛沢郡⑧
高坂	平姓秩父氏	高坂郷	東松山市高坂	入間郡⑯
高鼻	（不明）	高鼻郷	さいたま市大宮区高鼻	足立郡⑥
高柳	秀郷流藤原氏	高柳	加須市（旧騎西町）上高柳	埼玉郡⑳
玉井	藤原北家成田氏	玉井	熊谷市玉井	幡羅郡③
秩父	平姓秩父氏	大宮	秩父市大宮	秩父郡⑫
葛貫	平姓秩父氏	葛貫	入間郡毛呂山町葛貫	入間郡⑰
長井	藤原北家利仁流	長井荘	熊谷市（旧妻沼町）一帯	幡羅郡⑤
長野	平姓秩父氏	長野	行田市長野	埼玉郡㉒（埼西郡）
中山	平姓秩父氏	中山	比企郡川島町中山	比企郡④
奈良	藤原北家成田氏	奈良	熊谷市上奈良	幡羅郡⑥
成田	藤原北家成田氏	成田	熊谷市成田地区上之付近	埼玉郡㉓
野島	（不明）	野島	越谷市野島	埼玉郡㉔
野本	藤原北家利仁流	野本	東松山市下野本	比企郡⑤
箱田	藤原北家成田氏	箱田	熊谷市箱田	埼玉郡㉕

畠山	平姓秩父氏	畠山	深谷市（旧川本町）畠山	男衾郡④
鳩谷	（不明）	鳩谷郷	川口市鳩ヶ谷本町付近	足立郡⑦
比企	藤原北家秀郷流	大谷カ	東松山市大谷	比企郡⑥
平柳	藤原姓足立氏	平柳	川口市元郷一～六丁目あたり	足立郡⑧
淵江	藤原姓足立氏	淵江郷	草加市から東京都足立区の一部を含むあたり	足立郡⑨
古尾谷	藤原氏	古尾谷荘	川越市古谷上・古谷本郷付近	入間郡⑳（入東郡）
本田	丹治姓	本田郷	深谷市（旧川本町）本田	男衾郡⑤
瓺尻	（不明）	瓺尻	熊谷市三ヶ尻	幡羅郡⑨
宮城	平姓秩父氏	宮城	東京都足立区宮城	足立郡⑩
毛呂	藤原南家	毛呂郷	入間郡毛呂山町毛呂本郷	入間郡㉒（入西郡）
吉見	清和源氏	吉見	比企郡吉見町吉見	吉見郡②
礼羽	（不明）	礼羽	加須市礼羽	埼玉郡㉙
若児玉	秀郷流藤原氏	若児玉村	行田市若小玉	埼玉郡㉚

◆地名の見方

地名の中に見る武蔵武士とは？　地名は土地に刻まれた歴史だという。現在は何ら痕跡がなくても、残された地名から、かつては歴史的に意味ある土地だったことが知られることもある。埼玉県内の地名を見ると、武蔵武士との関わりに由来すると思われるものが少なからずある。地図中に武蔵武士に関係する地名を探して、刻まれた歴史に思いをはせるのもまた楽しいのではないだろうか。

英雄伝承にみる地名は？　英雄伝承を由来とする地名が見られる。おそらくこの伝承は武蔵武士が武人の象徴として、あるいは戦いの神として崇拝した故に、招来した伝承だろうと思われる。

　県内で最も古い武人の伝承は日本武尊《やまとたけるのみこと》だろう。武蔵武士は日本武尊を軍神として崇敬したと思われ、その東征神話を縁起とする社寺も多い。現存する日本武尊伝承を持つ地名としては、まず長瀞町の「宝登山《ほどさん》」があげられる。日本武尊が東征の戦勝祈願のため山頂に向かったところ、突然の猛火に包まれる。この時、巨犬が現れ火を鎮めたことを吉祥として、山頂に皇祖を始め山神、火神及び神使山犬を祀り、この山を火止山と名付けたことに由来するという。同様に秩父の「武甲山」や皆野町の「笠山」にも日本武尊伝承がついている。また、本庄市神泉の神流川右岸に位置する「矢納《やのう》」は、日本武尊が東征の折、矢を納め満所太神宮を建立したことを由来とする。この地名に関しては、武士勃興期に強烈な印象を世に与えた平将門に由来するとも伝えるが、将門関連の地名は他にも多く見られる。例えば小鹿野町の「父不見山《ててみずやま》」は、将門の戦死後、その子がまだ見ぬ父を慕って嘆いたという伝承に由来し、秩父市大滝の「**大血川**」(→123)は、将門の妃九十九人が自害したため、その血が七日七夜流れ続けたと『新編武蔵国風土記稿』は紹介している。さいたま市の「白《しら》幡《はた》」は藤原秀郷が将門征伐にあたり宿陣した際、八幡様を勧請し勝利を祈願して白幡を立てたからだという。

　嵐山町の「**将軍沢**」(→207)は、藤原利仁の霊を祀ったという伝承に由来する。また県内の古墳中二番目に大きな東松山市の野本将軍塚古墳も、墳丘にある利仁神社にちなんで命名された。この神社は当地に館を構えた野本氏が利仁の末裔を名乗って祀ったものである。利仁は武蔵武士に関わり深い鎮守府将軍だったことから崇拝された。なぜなら、武蔵武士は鎮守府将軍に率いられ、東北の蝦夷との戦いの中で武人として成長したからである。

　武蔵武士と源家との強固な主従関係は、前九年・後三年の役で苦楽をともにした年月の中で生まれた。そして鎌倉幕府の御家人として源家将軍との強い絆を強調するため、前九年・後三年の役の棟梁を自らの土地に刻み込まずにはいられなかった。石清水八幡宮で元服したことから八幡太郎と呼ばれた源義家に関わる地名は県内各所に見られる。熊谷市の「拾六間《じゅうろっけん》」は、義家が前九年の役にあたり八幡宮を祀り十六軒の陣屋あるいはヤグラを建てたことに由来すると言い、深谷市の血洗島《ちあらいじま》も、義家の家臣が利根川の戦いで片腕を切り落とされその血を洗ったからという伝承がある。この時、片腕を埋めた場所が手墓と呼ばれ、「**手計**《てばか》」（→343）という地名として今に残る。また、さいたま市の岩槻区にある「笹久保」も義家が笹の生い茂った窪地に八幡様を勧請したという伝承にちなみ、加須市大利根の「旗井」は、義家が戦勝祈願のため天満自在天神の祠を建て直し、八幡大神を合祀して、白旗を三箱の宝物に添えたという伝承に由来する。

畠山重忠もまた武蔵武士の間で英雄として語り継がれ、関わりある地名も多い。飯能市と横瀬町にまたがる「**妻坂峠**《つまさかとうげ》」（→122）は畠山重忠が鎌倉へ行くとき、妻にこの峠まで見送らせたという伝承をもち、ときがわ町の「弓立山《ゆみたてやま》」も重忠が蟇目《ひきめ》の法を行い弓をたてたことを由来としている。

牧に関わる地名は？　武蔵に武士が発祥したのは、良好な牧《まき》があって良馬が産出したからといわれる。当然埼玉県内にも多くの牧が存在したと考えられる。牧とは、牛馬を飼育するための土地であり、『延喜式』によると、武蔵国に官牧は石川牧・小川牧・由比牧・立野牧の四カ所あったという。このうち石川牧・小川牧・由比牧はいずれも多摩西部に所在したと考えられているが、立野牧は、さいたま市緑区に「大《おお》牧《まき》」・「大間木《おおまぎ》」という地名が現存することからさいたま市に所在したという説もある。また、律令制の衰退にともなって官牧は私牧・荘園化したが、私牧は軍事・運輸の必要から各地で盛んになったとされる。県内の私牧には秩父郡**石田**《いわた》**牧**（→336）と児玉郡**阿久原**《あぐはら》**牧**（→105・335）の二つを合わせた広大な秩父牧があったが、承平三年（九三三）に勅旨牧に編入される。石田牧は皆野町から長瀞町岩田にかけての荒川沿岸一帯に比定されるが、現存する地名としては皆野町に「野巻《のまき》」がある。この地名は村岡五郎良文の孫の武基の子、秩父武綱が牧を開いたことに由来するといわれる。また秩父市の「蒔《まい》田《た》」も牧田の転訛ではないかと考えられる。その他文献上牧の存在を確認することはできないが、本庄市の「牧西《もくさい》」、朝霞・戸田市の「内間木《うちまぎ》」や、加須市の「馬内《もうち》」や「駒場」も牧に関係する地名ではないかと思われる。

荘園が由来の地名は？　武蔵武士は荘園・国衙領の現地管理者として成長した。荘園に関わる地名といえば、まずは本庄市の「本庄」があげられる。武蔵七党の児玉党に庄や本庄を名乗る者がいるが、その名字の地である。また神川町の「丹荘《たんしょう》」も、やはり武蔵七党の丹党に関わる地名だと思われる。滑川町の「月輪《つきのわ》」は、月輪家（九条家）の荘園があったことに由来すると『新編武蔵国風土記稿』にあるが、詳細はわからない。
次に荘園に関わる地名を探すと以下のようなものがある。

領家・地頭　荘園領主をあらわす「領家」の地名は、さいたま市の浦和区・上尾市・川口市にある。上尾市には「領家」「平方領領家」があり、「平方領領家」の東に接する「地頭方」とともに荘園領主と地頭との争論解決として実施された下地中分に由来する地名と思われる。吉見町にも「地頭方」があり、領家方は見られないが同じ由来だろう。他に鴻巣市吹上の「大地頭」、深谷市萱場の「地頭」があり、武蔵武士との関係をうかがわせる。

名《みょう》　名は荘園・国衙領の土地制度上の基礎単位だが、羽生市に「名」がある。室町期には**越生郷**《おごせ》（越生町）内に**是永名**《これなが》・**恒弘名**《つねひろ》・**則次名**《のりつぐ》などがあったが（↓339）、現在はまったくその名称を残していない。

在家《ざいけ》　また、さいたま市浦和の「在家」、坂戸市の「大在家」、深谷市川本の「長在家《ながざいけ》」、行田市南河原の「在家」も荘園に関わる地名である。在家は中世の国衙・荘園で住居とその付属の園・宅地を含めた収取単位を言い、在家役賦課の対象となった農民のことを示す。

別府《べっぷ》　武蔵七党横山党の別府氏が苗字の地としたことで知られている熊谷市の「**別府**」（↓346）や、越谷市の「別府」も荘園・国衙領に関係する地名である。別府とは、官省符荘の周辺が新たに開墾され、荘園として国符で認められた土地という説や、国司・郡司・荘園領主が、本来の郷・荘とは別に許可を得て開発したという説などがある。武蔵国でも、十二世紀ごろ開発領主が登場してくるが、彼らの私領は別符の名すなわち別名と称し、国衙のもとに登録された。この開発領主が武蔵武士へと成長していったのである。

免田《めんでん》　免田は、荘園において領主に対する年貢・公事を免除された田だが、県内では深谷市に「上敷免《じょうしきめん》」や三郷市の「番匠免《ばんしょうめん》」がある。また戸田市美女木の小字にも「番匠免《ばんしょうめ》」がある。上尾市には「壱町目《いっちょうめ》」があり、新補地頭の給与として一町歩の免田となったことに由来すると考えられ、鴻巣市吹上の「三町免《さんちょうめん》」や同じ吹上の小谷の「八丁免《はっちょうめん》」も同じ由来と言われている。その他に、川越市平塚に「鍛冶免」、同市中寺山の「千法免《せんほうめん》」、坂戸市島田の「道免《どうめん》」、同市粟生田の「大免《おおめん》」、東松山市早俣の「合免」と「石免《こくめん》」、同市正代の「北合免」「南合免」、鳩山町須江の「阿弥陀免」、上里町大御堂の「油免」、熊谷市新堀新田の「斗免《はかりめん》」も荘園の免田に関わる地名であろう。

城館が由来の地名とは？　県内の中世城郭の多くは小田原北条氏の滅亡で廃城となり、遺構を残すのみとなったが、かつて地域の拠点であった記憶から多くの城跡は城関係の地名で後世に伝えられた。例えば、坂戸市の**多和目城跡**（↓268）、桶川市の**三ツ木城跡**（↓249）、滑川町の**山田城跡**（↓193）、嵐山町の**越畑城跡**（↓192）、小川町の**青山城跡**（↓188）は「城山」という地名で呼ばれ、嵐山町の**杉山城跡**（↓191）は「雁《がん》城《じょう》」、所沢市の**滝の城跡**（↓273）は「城《しろ》」と呼ばれている。

その他城関係の地名は数多く残るが、以下代表的なものをあげる。

根小屋《ねごや》　山城の麓に置かれた城主や家臣団の居住地をさす根古屋である。加須市騎西の「**根古屋**」（↓225）、吉見町の「根小屋」、横瀬町にも「**根古屋**」（↓116）がある。

郭《くるわ》　城の周囲に巡らされた土堤や石垣、あるいはその内部の地域をさす郭を地名とするものも多い。例えば深谷市大塚島、内ヶ島の「東郭」「西郭」。江南の「宿郭」「台郭」。熊谷市新堀新田の「南廓」「北廓」。熊谷市妻沼の「上郭」「下郭」。上里町の「本郷郭」「小新田郭」「三軒郭」などである。

馬場　馬場は城郭や武士の館に関連した施設であり、地名として現存しているものは数多い。さいたま市緑区・志木市・日高市・川島町・滑川町・寄居町・熊谷市など「馬場」という地名は枚挙にいとまがない。また深谷市川本には「桜の馬場」「柳の馬場」もある。

的場《まとば》　鳩ヶ谷市、川越市、入間市、越生町、毛呂山町、深谷市川本、寄居町などにみられる「的場」も城郭や武士の館に必ず置かれた施設であった。「的場」地名から、かつて城館が存在したことを推測することができる。

堀の内　武蔵武士の館跡に関わる地名として「堀の内」があげられる。この地名も数多く、現在その痕跡をとどめなくても、かつて武家館があったことが推測できる。「堀の内」は滑川町、毛呂山町、深谷市東大沼、同市大谷にみられ、所沢市三ヶ島や深谷市江南には「堀之内」がある。

鉢形城跡にのこる地名　戦国時代の北武蔵最大の城である**鉢形城**（↓168）は、落城後も多くの遺構を残しているが、往時の城下町の繁栄振りは、江戸時代に作成された「鉢形城絵図」にある「鉄砲小路」「殿原小路」「鍛冶小路」「連雀小路」「真小路」「上宿」という地名からもうかがえる。しかし、残念ながらこれらの地名は、時の流れの中でいつしか消えてしまい現存していない。

（池田悦雄）

◆城館・城郭の見方

城跡は全国におよそ四万はあるといわれ、そのうちの九十九%を中世の城館や城郭跡が占める。「城」という文字は「土」と「成」から成り立ち、「成」は「盛」に通じることから、城とは本来「土を盛ったもの」と解釈される。近世の城郭では堅固な石垣が築かれ、周囲には水を満々とたたえた堀が廻らされ、本丸には壮麗な天守閣がそびえていた。一方、中世城郭は※堀切で尾根を切断したり、土塁や空堀で周囲を囲んだりしただけの、まさに「土を盛った」城であり、そこから「※搔揚《かきあげ》城」とも称された。また、**鉢形城**《はちがたじょう》（寄居町）や**松山城**《まつやまじょう》（吉見町）・**岩付城**《いわつきじょう》（さいたま市岩槻区）・**忍城**《おしじょう》（行田市）などのように、歴史上著名な合戦の舞台となった城郭がある一方で、文献史料には登場せず、遺構や伝承・城郭関連地名のみが残された城館も多い。しかしながら、いずれも地域の歴史を物語る貴重な史跡・遺跡として後世に伝えていきたいものである。

近年の調査・研究によって、一躍脚光を浴びるようになった城館・城郭も少なくない。埼玉県では**菅谷館跡**《すがややかたあと》・**杉山城跡**《すぎやまじょうあと》（嵐山町）・**小倉城跡**《おぐらじょうあと》（ときがわ町）・**松山城跡**（吉見町）が、「比企城館跡群」として二〇〇八年に国の史跡に指定された（菅谷館跡は一九七三年指定）。この中にも文献史料上は無名に近いが、考古学上の調査などから注目を集めるようになった城郭が含まれる。

1　見学に最適なシーズンは？　草木が枯れて遺構が確認しやすい秋から冬が適期である。夏場は草木で遺構の確認が困難であるばかりでなく、マムシや虫の害にも遭いやすい。一方、史跡指定され、城址公園などとして復元・保存されている城館・城郭跡ならば通年で見学できる。**菅谷館跡**《すがややかたあと》（→190）や**鉢形城跡**《はちがたじょうあと》（→168）には博物館・資料館もあるので、入門編として訪ねてみるとよい。**滝**《たき》**の城跡**《じょうあと》（→273）や**小倉城跡**《おぐらじょうあと》（→188）、**杉山城跡**《すぎやまじょうあと》（→191）、**松山城跡**（→214）なども遺構の残存状況が良好で、整備も行き届いている。

2　事前準備　中世城館は辺鄙《へんぴ》な所に、ひっそりとその痕跡を留めていることが多い。したがって、準備不足で訪れると、なかなか城跡にたどり着けないことがある。地元教育委員会の文化財担当に、あらかじめ資料の有無や城跡へのアプローチについて問い合わせることも時には必要である。また、地域の博物館・資料館で資料や情報を入手しておけば現地で迷うこともない。公共交通機関を利用する場合は時刻表の確認も忘れずに。

『日本城郭大系』（新人物往来社）や『図説中世城郭事典』（同）、埼玉県であれば『埼玉の中世城館跡』（埼玉県教育委員会）や『中世北武蔵の城』（岩田書院）などが役立つ。城跡の※縄張図《なわばり》（概念図）は見学の際に必携で、わずかに残る遺構を読み解く手がかりになる。都道府県単位や個別の城館の調査報告書が刊行されていることも多い。インターネットで地域の城郭フォーラムや個人の城郭関連サイトを検索して、城跡への行き方や現況など、現地に関する詳しい情報を入手する方法もある。

3 服装・装備 夏でも長袖・長ズボンが原則（防虫及び藪コギによる切傷防止のため）。靴もトレッキングシューズ程度は必要。携行品では帽子や軍手・タオル・防虫スプレー（夏場）は必需品。緊急連絡用の携帯電話や記録用のカメラ・筆記用具も持参しよう。飲料水や絆創膏《ばんそうこう》もあった方が安心である。荷物はリュックに収納して両手の自由を確保することが望ましい。縄張図（概念図）のコピーや磁石、奥深い山城では地形図も必需品である。また、秩父の山域では熊や猪にも要注意。熊除けの鈴やラジオを持参しよう。

4 現地での行動は？ 単独行動は避け、慎重な行動を。本格的な山城はもちろん、草木に覆われた城館跡でも危険は多い。山城の場合は道に迷ったり、熊や猪、狩猟期にはハンターに遭遇したりすることもある。

中世城館を訪ねるときに、意外に手間取るのが城跡へのルートの発見。教育委員会や地元の方々が山道を整備したり、城跡の解説や案内板を立てたりしている場合が多いが、史跡指定がないと（時にはあっても）案内板すら出ていない場合もある。その場合、地元の方（なるべく高齢の方）に尋ねるのが一番だが、「何もありませんよ」と言われることも。それでも来意を説明すると、親切に教えていただけることが多い。特に山城はルートの確認を念入りに行いたい。あらかじめ調べていても、道が荒れていて現地で迷うこともある。筆者も地元の人に尋ねて、別のルートから登ったことがある。

城跡では、縄張図をもとに遺構を確認しながら見学しよう。ただし、史跡として整備されている場合を除いて、私有地であることが多い。立ち入りや写真撮影は、目的を伝えるなど一言断ってから。城跡に至る道が民家の庭先を通っている場合も少なくない。山菜や茸《きのこ》のシーズンは不法採取者と間違われかねないので要注意である。また、断崖や急斜面など危険箇所も多いので、十分に注意して見学しよう。道のない場所を無理に通るのも、地元の方の迷惑になったり、遺構を破壊したりすることになるので避けること。さらに、瓦や陶磁器片、石積《いしづみ》の石などを見つけても、持ち帰るのはもちろん、位置を移動させるのも厳禁である。

山城では城跡からの展望も確認しよう。樹木で展望が利かないことも多いが、眼下の街道や河川・集落を見通すことで、築城の意図や城郭の用途が理解できる。

帰宅後は速やかに写真の整理をしよう。そのためにも、撮影の際に、どこをどの方角から撮ったのかを細かく記録しておくことが肝心である。

5　遺構の見方

①城館は改変されている　鎌倉時代に遡る館跡や南北朝期の城館も、戦国期に大々的な改変を受けていることが多い。鎌倉時代の武士の館（方形館）の四囲を巡る堀は、防御施設というより農業用水の確保を目的としたものとされる。河越《かわごえ》氏の**河越館跡**《かわごえやかたあと》（↓270）も、南北朝以降の動乱期に堀は深く、※土塁は高くして、従来の館を城塞化したものである。また、畠山重忠《はたけやましげただ》ゆかりの**菅谷館**《すがややかた》**跡**《あと》（↓190）も現在の遺構は戦国期のもので、現況から重忠の館跡を偲ぶことはできない。

②城跡にみられる凸凹は？　土塁や堀の跡である。近世城郭では水堀が主であるのに対して、中世では平地の城館などを除き、堀は水を貯えない空堀《からぼり》であった。そして、堀を掘って出た土を掻き揚げて土塁に突き固めた。現在の土塁は崩れ、堀は埋まっていることが多い。城館として使用されていた時期には、もっと土塁は高く、堀は深く、土塁の上には柵や塀が設けられていた。

③平らになっている場所があり、その周囲の斜面が急に落ち込んでいる　平らな場所は※郭《くるわ》（曲輪）と呼ばれ、城郭の一区画を成す。近世城郭では「○の丸」と呼んだ。周囲を土塁や空堀で囲まれていれば間違いない。郭の周囲の斜面が登りにくいように人工的に急角度に削られていれば、それが※切岸《きりぎし》。切岸は敵に攻められそうな所に単独で設けられることもあるが、自然の崖や崩落との見分けが難しい。

④堀や土塁が途切れた所がある　郭への出入口である※小口《こぐち》（虎口）。守備のために狭くして「小口」と称したものが、「猛虎の歯牙」に例えて城の出入口を守るという意味から「虎口」とも表されるようになった。門などの防御施設が施され、堀を掘り残した土橋や木橋で堀を渡って出入りした。まっすぐに入れる単純な構造の平入り小口から、次第に守るに堅く、かつ反撃しやすいように工夫が重ねられ、※喰違い小口や※枡形《ますがた》小口、※馬出《うまだし》小口などさまざまな形態に発展した。

⑤尾根続きの場所が人工的に掘り切られている　敵が侵入しやすい尾根筋を遮断するための※堀切《ほりきり》で、山城では最も基本的な防御ライン。堀切を越えるには、いったん堀底に降りて上る方法と、橋（木橋や土橋）を渡る方法があった。

犬居城の模型[※3]

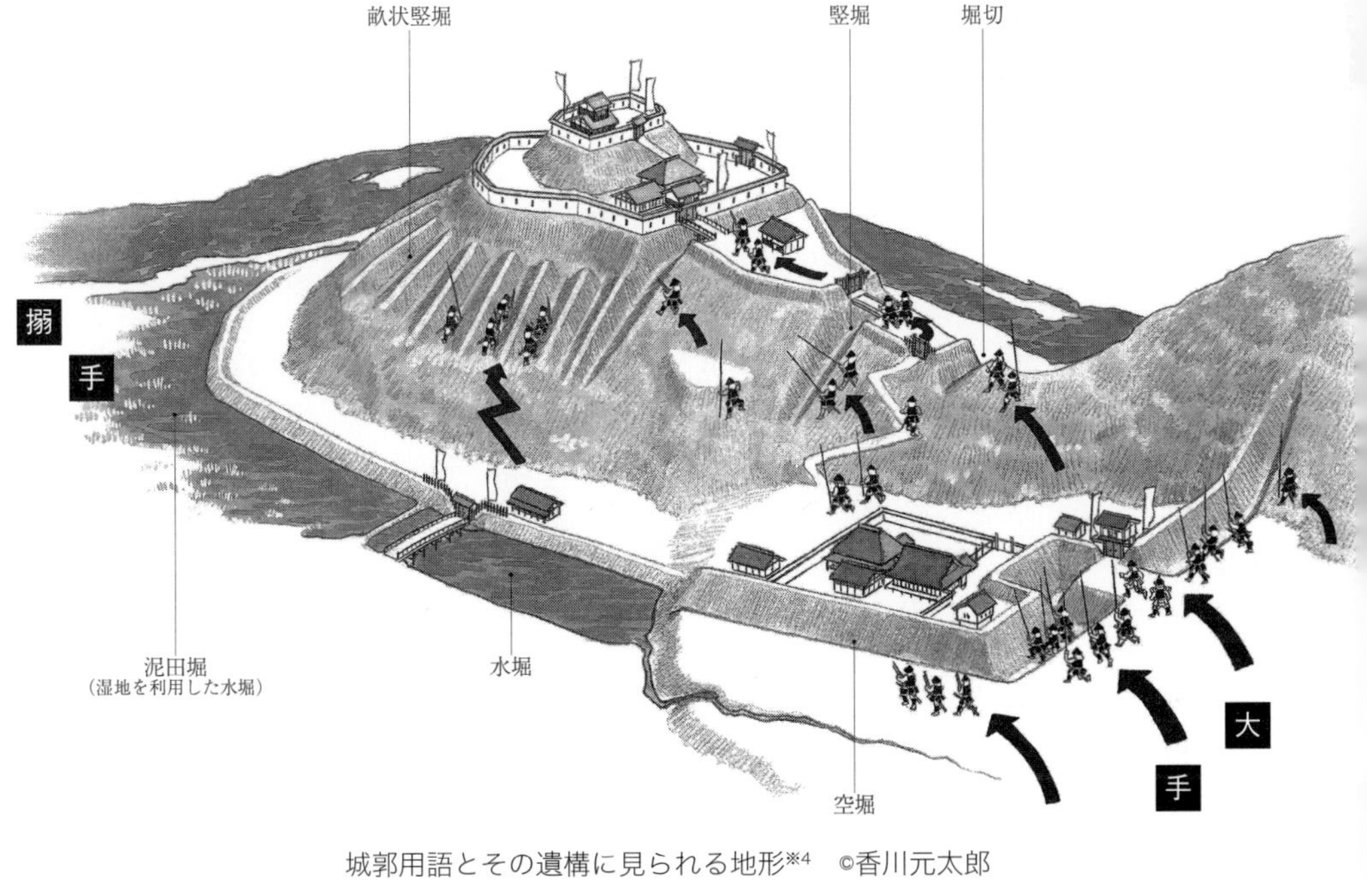

城郭用語とその遺構に見られる地形[※4]　©香川元太郎

⑥斜面に等高線と直角に交わるように掘られた長い空堀がある　斜面を伝って攻め上る敵兵の横移動を妨げるための竪堀《たてぼり》で、戦国期に発達した。堀切がそのまま竪堀に続くものもある。多数の竪堀と土塁を組み合わせてトタン状に並べた※畝状《うねじょう》竪堀では、敵兵は分散を強いられ、さらには城兵の攻撃を左右に避けることもできないので、高い防御性を発揮した。

⑦郭の外縁に沿ってめぐらされた堀がある　平地の城館は郭の周りにすべて堀がめぐらされているのが一般的だが、山城の場合には最も発展した堀がこの※横堀《よこぼり》。防御ラインであると同時に、城兵の通路として使用されることもあった。逆に、敵兵の通行を妨げるために、堀底に畝状の仕切りを設けた※障子堀《しょうじぼり》（畝堀《うねぼり》）もみられる。横堀がある山城は戦国期に手が加えられたとみてよい。

⑧郭の塁線に部分的に突出した箇所や折れひずみがある　攻め寄せる敵兵を正面からだけでなく、側面からも攻撃するための※横矢《よこや》（横矢掛《がかり》とも）。凹状に屈曲させれば三方から攻撃できる。また、連続的に屈曲を設けたものを※屏風折《びょうぶおり》という。横矢は戦国期以降の城郭にみられる。

6　城郭用語

城郭用語は江戸時代に入ってから軍学者によって唱えられたものが多く、戦国期に使用されていたとは限らない。また、城館関連地名にも留意して見学したい（32ページ「地名の見方」参照）。地名から城館の構造や機能、あるいは城館の存在そのものをうかがい知ることができる場合がある。小字名や通称地名として残っていることが多く、『日本城郭大系　別巻Ⅱ』（新人物往来社）に詳しい。ただし、地域差があることに要注意。ある地域では城館と結びついても、他の地域では無関係という場合も多い。

なお、以下の用語解説では、その遺構が顕著に残る埼玉県内の城館を例としてあげた。

石積《いしづみ》（石垣）　「土を盛った」中世城郭にも、郭や土塁の土留めとして小規模な石積が用いられたものもみられる。　青山城跡（↓188）、小倉城跡（↓188）、鉢形城跡（↓168）

犬走り　築地《ついじ》（塀）の外側に帯状に狭く張り出した部分。築地や土塁の崩落防止のために設けられた。

畝状竪堀《うねじょうたてぼり》　5―⑥参照。

馬出《うまだし》　小口《こぐち》を防御するために、その前衛に設けられた小規模な郭《くるわ》。通常は左右二方向に城外への出入り口が設けられた。城兵の出入を確保する役目も。　杉山城跡（↓191）、鉢形城跡（↓168）

大手（追手）　城郭の正面。

丘城　丘陵上の平坦部を利用して築かれた城。中世城郭の典型。

帯郭《おびぐるわ》　主要な郭の側面に付随した細長い郭。

空堀（壕）　5―②参照。滝の城跡（↓273）、菅谷館跡（↓190）、杉山城跡（↓191）、松山城跡（↓214）、鉢形城跡（↓168）

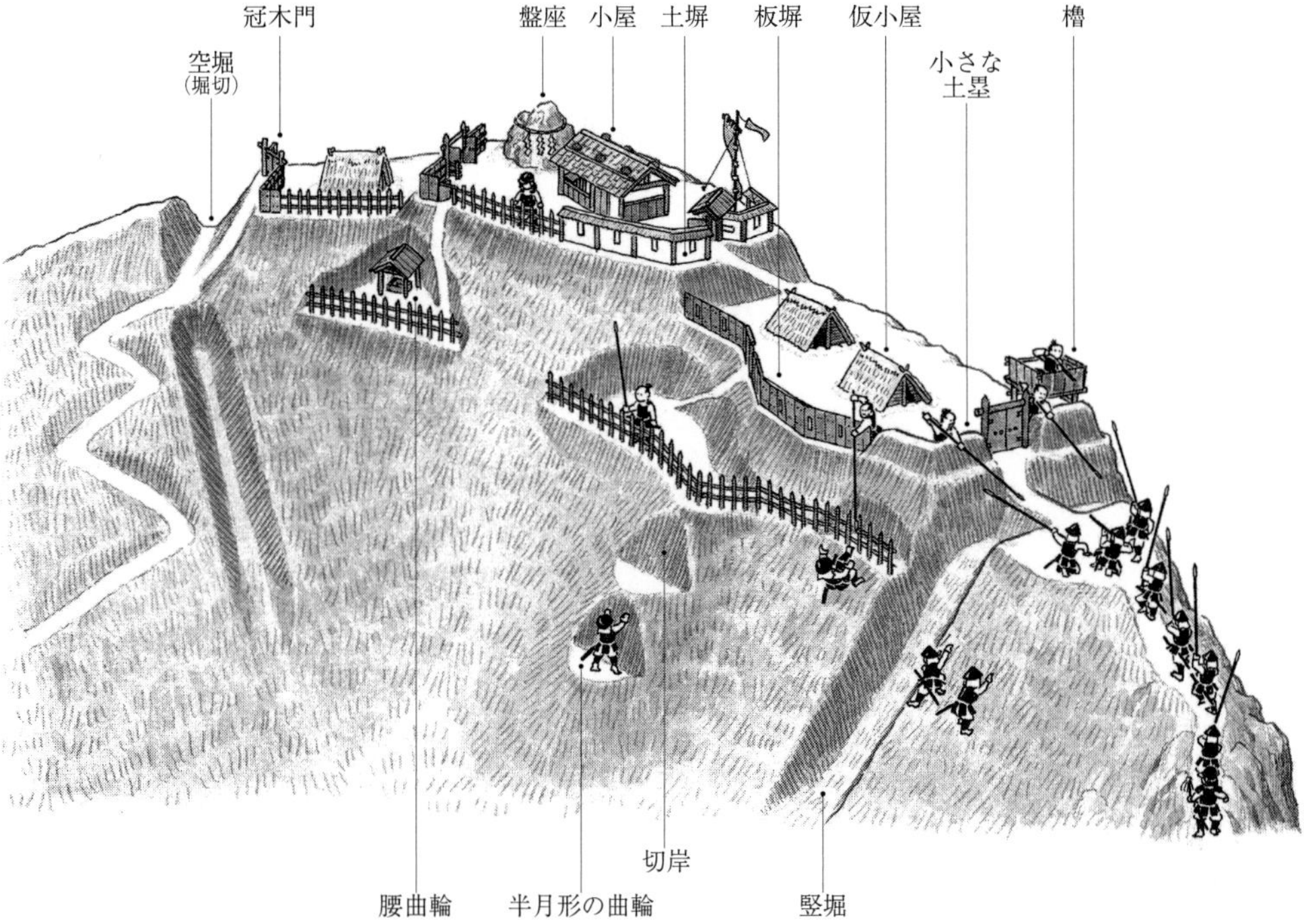

城郭用語とその遺構に見られる地形※4　©香川元太郎

搦手《からめて》　城の裏手。敵に攻められた時の脱出路でもある。
　杉山城跡（→191）、松山城跡（→214）

切岸《きりぎし》　5—③参照。

郭《くるわ》（曲輪）　5—③参照。

小口《こぐち》（虎口）　5—④参照。　杉山城跡（→191）、腰越城跡（→188）、菅谷館跡（→190）、小倉城跡（→188）

腰郭《こしぐるわ》　郭の下の斜面の一部を削って平坦にした小さな半円状の郭。　杉山城跡（→191）、松山城跡（→214）

境目の城　敵と接する領国境の城。街道を押さえる山上などに築かれた。

支城《しじょう》（枝城《えだじろ》）　領域の拠点となる城に対して、その出城として要所に築かれた城。

主郭《しゅかく》（本郭《ほんかく》）　中世城郭の最も主要な郭を便宜上示した呼称。中世では「実城《みじょう》」と呼ぶことも。近世の本丸。

障子堀《しょうじぼり》（畝堀《うねぼり》）　5—⑦参照。

陣城《じんしろ》　戦に伴い臨時に構築された城砦。

惣構《そうがまえ》　城下町全体を堀や土塁で囲い込んだ広大な防御空間。　岩付城跡（→226）

竪堀《たてぼり》　5—⑥参照。　腰越城跡（→188）、花園城跡（→136）

対《たい》の城（付城《つけじろ》・向城《むかいじろ》）　攻城のために攻め手が築いた城。

伝えの城　烽火《のろし》や鐘を用いた連絡用に、見通しのよい山上に築かれた城。「鐘打山《かねうちやま》」などの地名が残る例も。

繋《つなぎ》の城　軍勢の移動の中継基地として設けられた城。伝えの城と同義に用いられることもある。

詰《つめ》の城　平地の城館の背後の、要害堅固な山上に築かれた戦時用の城。　**竜ケ谷城跡（↓111）**

土塁（土居《どい》）　5―②参照。　**滝の城跡（↓273）、菅谷館跡（↓190）、杉山城跡（↓191）、松山城跡（↓214）、鉢形城跡（↓168）**

縄張《なわばり》　郭や小口の配置など城郭の構造、設計プラン。築城の際に縄を張って測量したことが由来。

根小屋《ねごや》（根古谷・根古屋）　「根」は「麓」あるいは「寝る」の意味。城兵の居住区であり、城主の日常の場である麓の館をいうこともある。

馬場　騎射などの鍛錬を行った場所。城郭関連地名として各地に残る。

平城　軍事・政治・経済の中心として平野部に築かれた城。近世城郭の主流。

平山城　軍事性優先の山城に対して、居住性と領国支配を優先して丘陵上に主郭が築かれた城。山麓の平地にその他の郭《くるわ》や城下町を置き、それらを取り込んだ惣構《そうがまえ》えが設けられた。

方形館《ほうけいかん》　一町（約一〇〇m）四方程度の方形の館。鎌倉時代の地頭や戦国時代の土豪の居館に多い。周囲の堀は防御施設であると同時に、灌漑用水の水源でもあった。
大蔵館跡（↓190）、中条氏館跡（↓228・常光院）

堀切《ほりきり》　5―⑤参照。　**岡の城山（↓312）、高見城跡（↓97）、小倉城跡（↓188）、花園城跡（↓136）**

枡形《ますがた》　土塁や石垣をL字状に構えて小口《こぐち》の内側（あるいは外側）を方形に囲み、敵兵の動線を屈曲させた施設。外枡形の場合は城外の敵に対して横矢《よこや》攻撃をかけられ、内枡形の場合は枡形内に入った敵兵に対して城兵は三方から攻撃できる。　**杉山城跡（↓191）、菅谷館跡（↓190）**

的場　弓矢の鍛錬を行った場所。「的場」「松葉《まつば》」で城郭関連地名として残る。

実城《みじょう》　近世の本丸（本城）に相当する。関東地方に多い呼称。中郭を中城《なかじょう》、外郭を外城《とじょう》と呼ぶ例も。

武者走り　土塁の上や築地に沿って、内側に設けられた帯状の平坦地。城兵はここから城外の敵兵に向けて矢や鉄砲を撃ちかけた。

村の城　村人が避難用に山上などに築いた小規模な城。

物見（遠見）　城の中や近辺に設けられた見張り台。

矢倉《やぐら》（櫓・井楼《せいろう》）　物見や射撃のために、城門の上や土塁の隅に設けられた高楼。武器貯蔵庫の役割もあった。

山城　天然の要害を利用して峻険な山上に築かれた城。当初は居館の「詰《つめ》の城」として築かれたが、戦国期には大名や国人領主層の居城として発展し、山麓部に城主の日常の居館や家臣団の屋敷地が設けられた。

要害　「地勢が険しく守りやすい地」の意味が転じて城郭を指す語に。「竜ケ谷《りゅうがい》」「夕貝《ゆうがい》」など城郭関連地名として残る例も。

横堀 5―⑦参照。 杉山城跡（↓191）

横矢《よこや》 5―⑧参照。 杉山城跡（↓191）、菅谷館跡（↓190）、松山城跡（↓214）

（山野井功夫）

参考文献

◆見学の手ほどき・中世城郭概説
千田嘉博・小島道裕・前川要著『城館調査ハンドブック』（新人物往来社・一九九三年）
別冊歴史読本『城の見方・歩き方』（新人物往来社・二〇〇二年）
別冊歴史読本『城を歩く――その調べ方・楽しみ方』（新人物往来社・二〇〇三年）
小和田哲男著『戦国の城』（学研新書・二〇〇七年）
千田嘉博著『戦国の城を歩く』（ちくま学芸文庫・二〇〇九年）
小和田哲男監修『お城の見方・歩き方』（ＰＨＰ研究所・二〇一〇年）
香川元太郎著『歴群［図解］マスター 城』（学研・二〇一二年）
萩原さちこ・西股総生著『超入門 山城へＧＯ！』（学研・二〇一四年）
◆城郭地名・城郭用語
『日本城郭大系・別巻Ⅱ』（新人物往来社・一九八一年）
◆埼玉県内の城郭
『日本城郭大系 第五巻 埼玉・東京』（新人物往来社・一九七九年）
埼玉県教育委員会編『埼玉の館城跡』（国書刊行会・一九八七年）
埼玉県立歴史資料館編『埼玉の中世城館跡』（埼玉県教育委員会・一九八八年）
梅沢太久夫著『城郭資料集成 中世北武蔵の城』（岩田書院・二〇〇三年）
西野博道編著『埼玉の城址30選』（埼玉新聞社・二〇〇五年）
西野博道編著『続・埼玉の城址30選』（埼玉新聞社・二〇〇八年）
『改訂歩いて廻る 比企の中世・再発見』（二〇〇九年・埼玉県立嵐山史跡の博物館）
西野博道編著『埼玉の城址めぐり』（幹書房・二〇一〇年）
峰岸純夫・齋藤慎一編『関東の名城を歩く 南関東編』（吉川弘文館・二〇一一年）
西野博道編『続・埼玉の城址めぐり』（幹書房・二〇一二年）

◆神社の見方

神社の中の「中世」とは？ 武蔵武士を知るためには、現在の神社の中に「中世」を見つけなければならない。そのためには、例えば現在に残る信仰や近代建築、近世の歴史や伝承などの諸相を一枚一枚引きはがして眺めるような作業も必要となる。これは、次項で述べる「寺院の見方」とも共通するが、ここでは、そうした見方について触れておきたい。

武蔵武士と神社との関係は？ 中世の武士は、自らの居住する館を中心に、付近に馬場や的場、さらに寺院・神社や墓所を設けた。神社を訪れる時には、こうした「中世的空間」を頭に入れておくと良い。館跡の近くにある神社には注意を留める必要がある。例えば、陰陽道《おんみょうどう》では艮《うしとら》（北東）の方角は鬼が出入りするといって忌み嫌われていたが、館の鬼門除《きもんよ》けとして建立されたと思われる神社に**白髭《しらひげ》神社**（↓278）がある。また、**大蔵神社**（↓190）や**東別府《ひがしべっぷ》神社**（↓148）のように館跡がそのまま神社になることも多い。

神社に適した立地ってあるの？ 神社を訪れる際にその地形も読む必要がある。すなわち、創建が中世にまでさかのぼる神社は、決して低湿地にはない。というのは、灌漑や水利技術が未熟であった中世では、低湿地は葦《あし》や水草が生い茂って人々が利用ができない土地であった。こうした低湿地が水田に利用されるのは近世以降であると考えて良い。であるから、当然、中世の神社も※丘陵や台地、自然堤防などに建立されていた。現代の地形と異なる場合もあるが、想像力を巡らして中世の地形に思いを馳せることが大切である。

神社と寺院―神仏習合って？ 寺院のよそおいをもった神社や、寺院と隣合わせの神社も少なくない。これらは「※神仏習合（神仏混淆《こんこう》）」の名残である。神仏習合とは、日本固有の神と仏教信仰を融合調和した信仰であり、古くは奈良時代に始まっている。明治時代に神仏分離が行われるまでは、むしろその方が一般的な形態だった。神社に付属して置かれた寺院を「※神宮寺《じんぐうじ》」、「※別当寺《べっとうじ》」という。本書でも**峯ケ岡《みねがおか》八幡神社**（↓255）の新光寺、**古尾谷《ふるおや》八幡神社**（↓277）の灌頂院、**白岡八幡宮**（↓232）の正福院、**井椋《いぐら》神社**（↓170）の満福寺など、その例は多い。

神社の社格とは？ 神社を訪れると、「※官幣社《かんぺいしゃ》」・「※国幣社《こくへいしゃ》」・「※県社」・「※郷社」・「※村社」などという石碑を目にすることがある。これらは明治四年（一八七一）に政府によって定められた比較的新しい社格である。また、「※一宮《いちのみや》」・「※二宮《にのみや》」などという場合もある。本書で挙げた**氷川神社**（↓253）は武蔵国一宮、**金鑽《かなさな》神社**（↓100）は武蔵国二宮と言われている。これは、元来は平安時代中期から中世にかけての社格である。国司の参拝する順番を示したともいう格付けで、※国衙《こくが》（国司の役所）

近くにあってこれと深い関係をもつ神社や、国衙から離れていても古代以来の由緒をもつ神社が指定された。時代の変遷とともに、「一宮」の交替やその呼称を巡る争いもあるので注意が必要である。また、「総社《そうじゃ》」というのは、参拝の便宜のために数社の祭神を一か所に集めた神社のことである。

式内社《しきないしゃ》とは？　「式内社」という呼び方もある。これは平安時代の延喜《えんぎ》五年（九〇五）から編纂を始めた律令の施行細則である「※延喜式《えんぎしき》」に見える神社という意味である。延喜式の一部に神名式《じんみょうしき》＝神名帳《じんみょうちょう》があり、二八六一社が掲載されている。「延喜式」の施行は康保《こうほ》四年（九六七）であるが、いずれにしても平安時代中期以前から存在した古社である。こちらについても「一宮」「二宮」同様に呼称をめぐる争いもあった。武蔵国には四十四座あり、先の氷川神社・金鑽神社のほか、**秩父神社**（↓118）、**出雲伊波比神社**（↓275）、**阿保神社**（↓92）など武蔵武士との関わりの深い神社も多い。

鳥居には様々な形があるの？　鳥居は神社の参道の入口に建てられ、神域を示す施設である。二本の※立柱《たてばしら》の上端を覆う水平材を※笠木《かさぎ》、その下にあって柱をつなぐ材を※貫《ぬき》という。一つの神社の中にも様々な種類の鳥居がある。最も簡素な形式が※神明鳥居《しんめいとりい》である。この変形として、貫が立柱を貫いて外に突出したものを※鹿島鳥居《かしまどりい》という。これを進化させた形式とも言えるのが、※明神鳥居《みょうじんとりい》で、笠木の下に※島木《しまぎ》という横木を持ち、島木と貫の間に※額束《がくづか》を入れる。さらに立柱を内側に傾かせるとともに基礎に※亀腹《かめばら》を設けている。最もよく見る形式である。この変形として、島木を水平にし笠木にわずかに反りをつけた※春日鳥居《かすがどりい》、笠木・島木とも水平にした※八幡鳥居がある。また、二本の立柱の前後に添えの柱をつけ貫で固定したのが※両部鳥居《りょうぶどりい》である。※山王鳥居《さんのうとりい》は、明

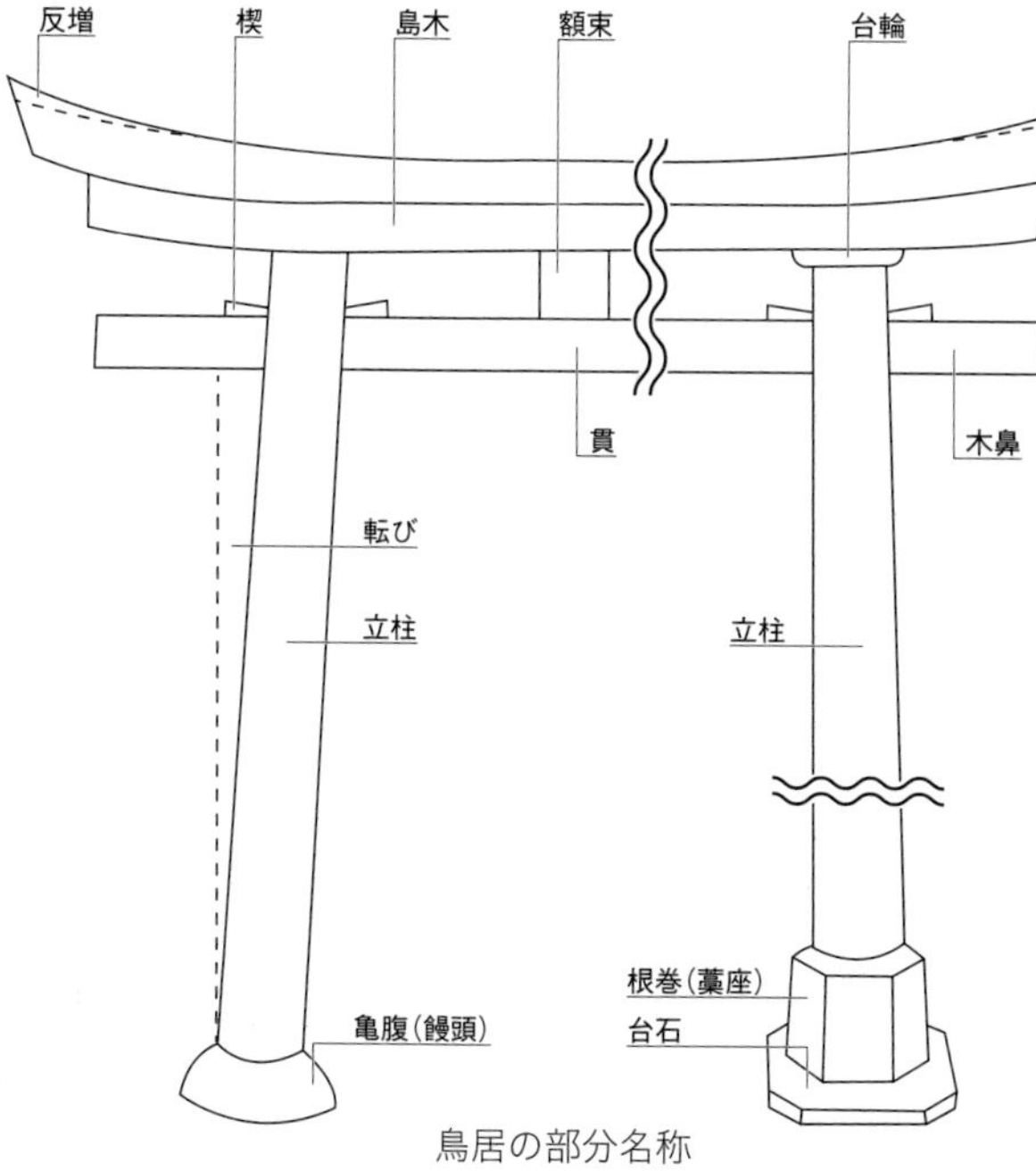

鳥居の部分名称

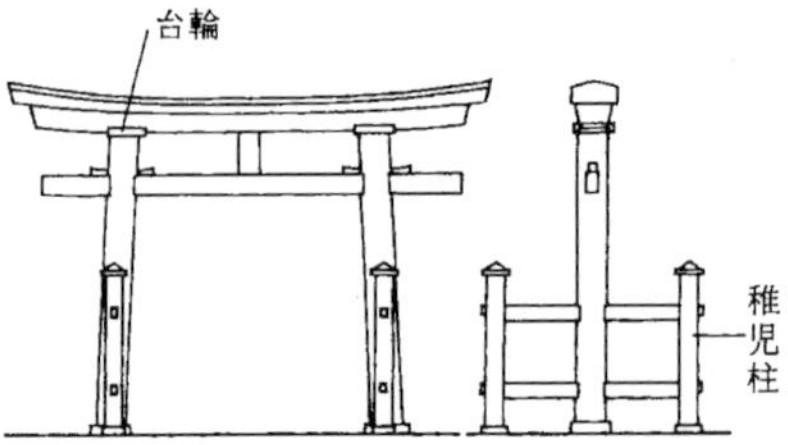

両部鳥居※5

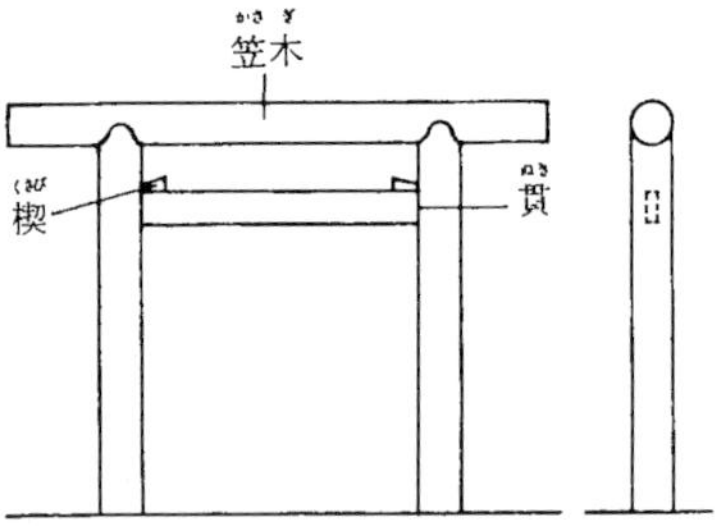

神明鳥居※5

山王鳥居※5

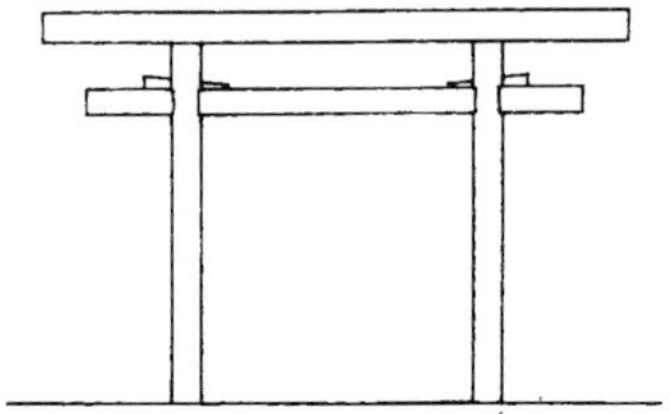

鹿島鳥居※5

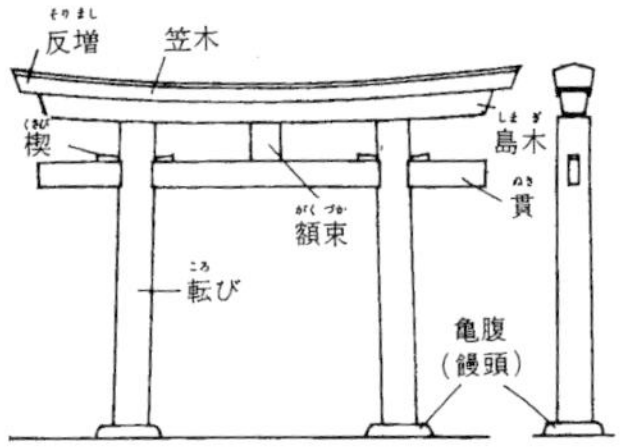

明神鳥居※5

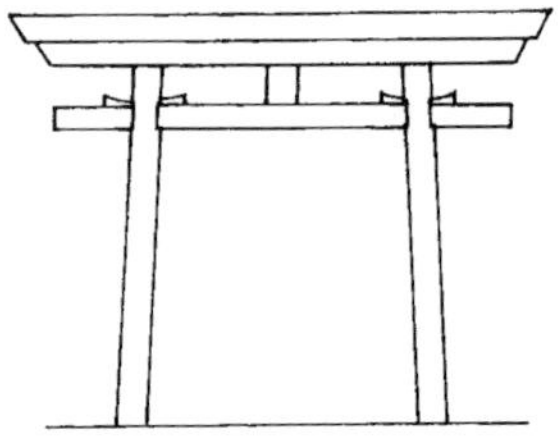

八幡鳥居※5

神鳥居の笠木の上に山形に組んだ合掌形をとりつけた特殊な形式である。中には、**調《つき》神社**（さいたま市浦和区岸町三－一七－二五）のように鳥居のない神社もある。鳥居は、本来は祭神に対応しているものであるが、時代の変遷のなかで必ずしもそうとは言い切れない面もある。

狛犬《こまいぬ》って何？　神社の社頭や社殿の前に据え置かれる一対の獅子に似た獣の像が狛犬である。その起源はエジプト・ペルシャ・インドまでさかのぼるというが、これが中国に入って唐風の獅子になりそれを源流としている。狛犬という名称は朝鮮半島のことを「高麗《こま》」＝「狛」と称したことによる。かつては宮中でも用いられたという守護神で、神社に置かれているようになったのは、平安時代末期からともいう。普通は開口と閉口の阿吽《あうん》の一対とするが、両方とも開口しているものもある。なお、狛犬から転じて稲荷神社の狐、天満宮の牛、摩利子天《まりしてん》天社の猪などの神獣もあるが、これらは近世から始まったと言われている。先に挙げた調《つき》神社は兎である。

狛犬

もっともよく見る流造──神社建築とは？

※切妻造《きりつまづくり》が神社建築でも最も多い。入口の位置によって※平入《ひらい》りと※妻入《つまい》りがある。平入りでは※神明造《しんめいづくり》、妻入りでは※大社造《たいしゃづくり》・※住吉造《すみよしづくり》などがあるが、埼玉県内では、ほとんどが平入りの※流造《ながれづくり》である。これは神明造の変形で、正面側の屋根が前に伸びて※向拝《こうはい》（社殿の正面に張り出した庇《ひさし》）となった様式である。正面の柱の間数により、一間社《いっけんしゃ》・二間社《にけんしゃ》などと呼ぶ。一間社流造では**出雲伊波比神社**（↓275）本殿・**高麗《こま》神社**（↓305）本殿など、二間社流造では**古尾谷《ふるおや》八幡神社**（↓277）旧本殿など、三間社流造では**氷川女体神社**（↓254）本殿など、珍しい五間《ごけん》社《しゃ》では**五社《ごしゃ》神社**（↓232）がある。一間社によく見られるのが、正面の庇の下に供物などをそなえるための板張りの棚を設ける※見世棚造《みせだなづくり》である。**内谷《うちや》氷川神社**（↓253）や**大牧《おおまき》氷川女体神社**（さいたま市緑区東浦和六ー二三ー一）に見られる。

二棟の平入りの切妻造を前後に接続した様式を※八幡造《はちまんづくり》という。宇佐八幡宮（大分県宇佐市）や石清水八幡宮（京都府八幡市）を典型とする。ま

妻入りの※春日造《かすがづくり》としては**三峯神社本殿**（秩父市三峰二九八）がある。

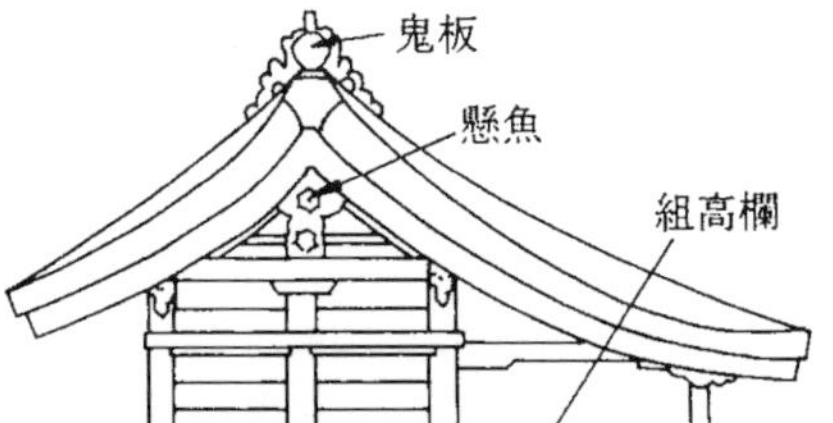

流造※6

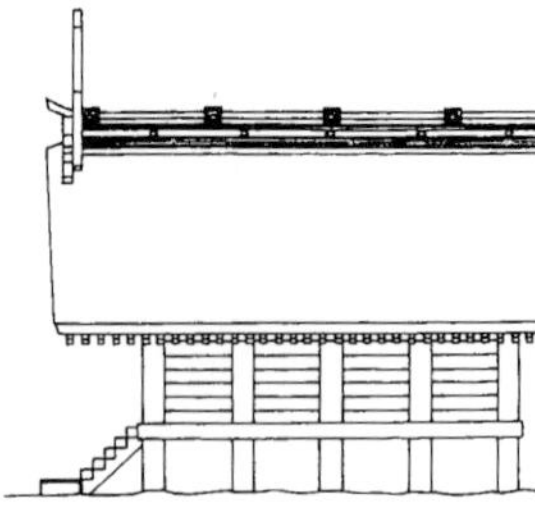

住吉造※6

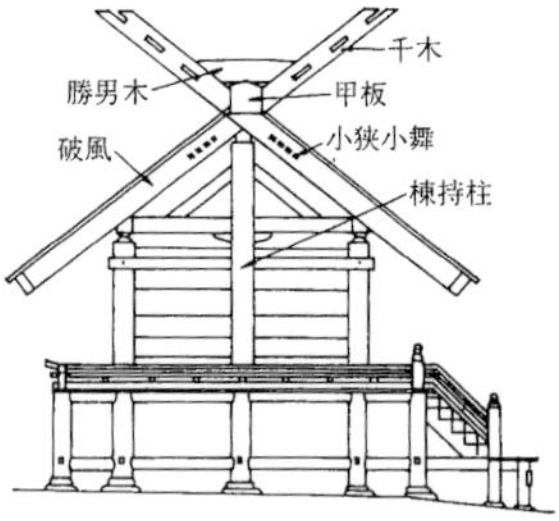

神明造※6

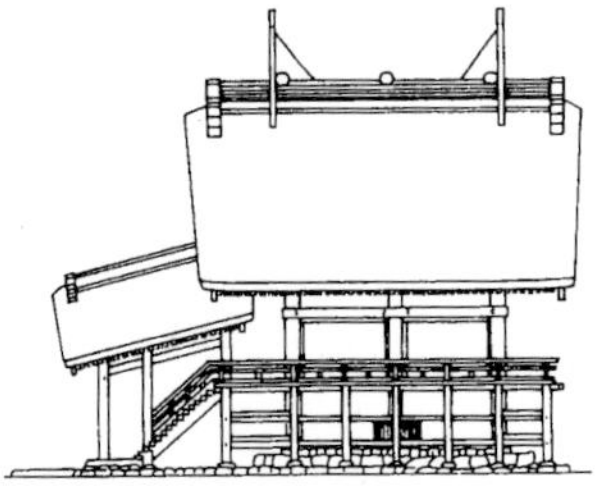

大社造※6

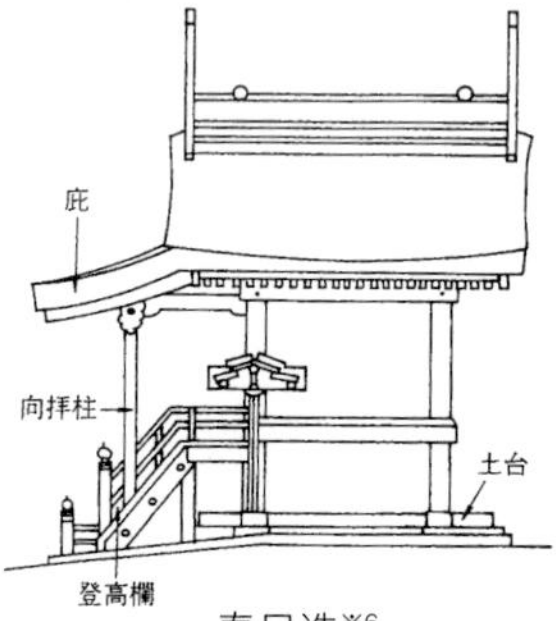

春日造※6

た、切妻造の四方に庇を伸ばしたような形式が※入母屋造《いりもやづくり》で、もともとは寺院建築であったが平安後期から鎌倉初期に神社建築にも使われるようになった様式で、**八坂神社**（川越市宮下町二―一―三）社殿がこの様式である。

神社の祭神別の傾向は？

神社の別では、全国的には伊勢（神明）・八幡・稲荷・天神が多く、今ある神社の三分の二以上がこの四系統に占められているとも言われている。武蔵国（埼玉県域）では、稲荷・氷川・八幡・香取・諏訪が多い。郡ごとの傾向は次の通りである。

足立郡…氷川、稲荷
入間郡…氷川、八幡
新座郡…氷川
比企郡…氷川
横見郡…氷川
高麗郡…白髭《しらひげ》
秩父郡…諏訪、八幡、妙見
児玉郡…金鑚、稲荷、諏訪
賀美郡…金鑚、稲荷、諏訪

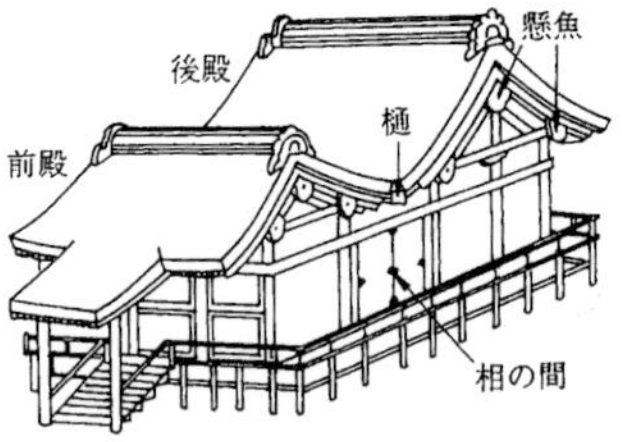

八幡造※6

入母屋造※6

榛沢郡…八幡、稲荷と聖天《しょうでん》
大里郡…八幡
男衾郡…八幡
幡羅郡…諏訪、八幡
埼玉郡…久伊豆《ひさいず》、稲荷、八幡、香取、鷲宮《わしのみや》

こうした祭神の分布は、古代・中世以来の有力寺社の影響によるという。これは、有力な社寺が各地に荘園を拡大したことにも由来しており、武蔵武士との関連も探ることができる。

摂社《せっしゃ》・枝社《えだやしろ》とは何？　神社の境内に小さな祠を見ることがある。これは摂社とか枝社と呼ばれ、本社の祭神とゆかりのある神々を祀っている。摂社は境内の外に独立した敷地を持つ場合もあるので、厳密に言えば「境内《けいだい》摂社」あるいは「境内社」という。ゆかりのある神々とは、祭神の妻子やその土地の地《じ》主神《しゅしん》などのほか、近世や近代の神社統合に伴って祀られたものも多い。

八幡神社とは？　武蔵武士との関係で注目すべきは八幡神社である。八幡神は、応神天皇を主座とする弓矢・武道の神で、九州の宇佐《うさ》八幡宮（大分県宇佐市）に始まる。これが京都近郊の男山《おとこやま》にも勧請されて石清水《いわしみず》八幡宮（京都府八幡市）となり尊崇を集めた。源《みなもとの》義家《よしいえ》はここで元服したので、通称を「八幡太郎《はちまんたろう》」という。鎌倉の鶴岡八幡宮（神奈川県鎌倉市）は、源義家の父頼義《よりよし》が石清水から由比ヶ浜に勧請したのち、源頼朝が現在地に移して社殿を整えた。清和源氏の氏神となったことで、さらに武神的性格を強め、全国に広く分布した。**東石清水八幡神社**（→99）、**篠岡八幡大神社**（→233）、**白岡八幡宮**（→232）には、源頼義・義家父子が前九年の役の戦勝を祈願したり、創建したという伝承が残る。また、**美女木《びじょぎ》八幡神社**（→254）は、源頼朝が奥州合戦の折りに勧請《かんじょう》したとされる。

今に残る中世の武芸（流鏑馬《やぶさめ》）　神社には多くの民俗行事が残っており、その中には中世と結びついているものもある。例えば、**篠岡八幡大神社**（→233）に残る※古式土俵入り（国無民）も前九年の役に勝利した源義家によって奉納されたとの伝承をもつ。しかし、何と言っても圧巻なのが、**出雲伊波比《いずもいわい》神社**（→275）と萩日吉《はぎひよし》神社（ときがわ町西平）に残る「※やぶさめ」（いずれも県無民）であろう。流鏑馬《やぶさめ》とは、馬を走らせながら矢継ぎ早に的を射るもので、鎌倉時代の武士たちによって盛んに行われていた。これが現在では神事として残り、出雲伊波比神社では毎年十一月三日、萩日吉神社では三年に一度、一月十五日に行われている。

用語解説

丘陵《きゅうりょう》…山地より低く、起伏が小さくなだらかな地形。

神仏習合《しんぶつしゅうごう》（神仏混淆《しんぶつこんこう》）…日本固有の神の信仰と仏教信仰との融合で、両者を同じところにまつり信仰する。奈良時代に始まり、明治初年の神仏分離令まで続いた。

神宮寺《じんぐうじ》…神社に附属して置かれた寺院。神仏習合思想に基づいている。

別当寺《べっとうじ》…神宮寺と同じ。別当とは、ここでは神宮寺を管理する僧職のことをいう。

官幣社《かんぺいしゃ》…社格の一つ。古くは神祇官、明治以降は宮内省から幣帛《へいはく》（神前に捧げる供物）を捧げた神社。大社・中社・小社・別格社の別があり、皇室尊崇の神社、天皇・皇族・功臣をまつった神社が大部分を占める。

国幣社《こくへいしゃ》…官幣社に次ぐ社格。古くは国司が捧げ、明治以降も費用は国庫から支出した。大社・中社・小社の別があり、主に国土経営に功績のあった神をまつっている。

県社《けんしゃ》…社格の一つ。国弊社の下で郷社の上に位置する。県から幣帛（神前に捧げる供物）を捧げた。

郷社《ごうしゃ》…社格の一つ。県社の下で村社の上に位置する。郷村の産土神《うぶすながみ》（土地の守護神）をまつることが多い。

村社《そんしゃ》…社格の一つ。郷社の下で無格社《むかくしゃ》の上に位置する。村の鎮守など小規模な神社が多い。

一宮《いちのみや》…平安時代中期以降中世にかけて、その国で第一位に待遇された由緒ある神社。時代の変遷とともに、一宮の交替や一宮争いなども起こった。現在、各地に地名としても残っている。

二宮《にのみや》…諸国の由緒ある神社で、一宮に次ぎ、その国の第二位に待遇された。

国衙《こくが》…律令制度のもと、朝廷から諸国に派遣された地方官である国司の役所。

延喜式《えんぎしき》…醍醐天皇の命により編纂された律令《りつりょう》の施行細則のこと。九二七年完成。以後の公家社会では、行事や儀式、法令研究の典拠として尊重された。

立柱《たてばしら》…鳥居を構成する材木のうち、地面にほぼ垂直に立てた柱のこと。

笠木《かさぎ》…鳥居の上などに渡す横木のこと。

貫《ぬき》…立ち並んでいる垂直材を水平に貫いて構造を固める材木のこと。

神明鳥居《しんめいとりい》…鳥居の形式の一つ。最も簡素な形式の鳥居であり、円柱二本の上に水平の笠木を乗せる。神明造の神社に用いられることが多いのでこの名がある。靖国神社の大鳥居はこの形式である。

鹿島鳥居《かしまとりい》…鳥居の形式の一つ。柱が垂直に立ち円形でそりのない笠木を乗せる。神明鳥居の発展型ともいえ、違いは貫が外部に突出していることである。関東・東北の鹿島神社に多く見られる。

明神鳥居《みょうじんとりい》…鳥居の形式の一つ。笠木をそらせるとともに、両端をたすきに切る。笠木の下に島木を置き、島木と貫との間に額束を入れる。立柱を内側に傾かせ、基礎に亀腹を設けることもある。最もよく見られる鳥居の形式である。

島木《しまぎ》…鳥居の笠木の下に長く横に渡した木のこと。

額束《がくづか》…鳥居の島木と貫との中央部に立てる短い柱のこと。その前に神社名などを記した額を掲げることからこの名がある。

亀腹《かめばら》…鳥居の柱下を漆喰《しっくい》などで丸く固めたまんじゅう型の部分のこと。寺社建築の基礎の部分に多く用いられる。多宝塔の上下両層の間も亀腹である。

春日鳥居《かすがとりい》…鳥居の形式の一つ。明神鳥居と同じ系統とされるが、違いは笠木と島木はそらず、その両端を垂直に切っていることである。春日神社一の鳥居を典型とするのでこの名がある。

八幡鳥居《はちまんとりい》…鳥居の形式の一つ。春日鳥居と類似しているが、違いは笠木と島木の両端を斜めに切っているところである。石清水八幡宮三の鳥居が代表例とされるが、各地の八幡神社の鳥居には必ずしも用いられてはいない。

両部鳥居《りょうぶとりい》…鳥居の形式の一つ。明神鳥居の本柱の前後に稚《ち》児柱《ごばしら》（控柱《ひかえばしら》）をたて、貫で結合させて安定性を増したもので、四脚鳥居とも言われる。両部神道の影響に基づき、神仏習合の神社に立てられることからこの名があるが、それ以外の神社にも見られる。

山王鳥居《さんのうとりい》…鳥居の形式の一つ。笠木の上に木材を山形に交差させた合掌を置いたもので、合掌鳥居ともいう。柱の根本を縄や藁などで巻く根巻も施す。日吉大社の鳥居の形式をもとにし、山王権現関係の神社に用いられる。

切妻造《きりづまづくり》…屋根の形式の一つ。「妻」とは建物の端のことで、そこを切った形式の屋根。

平入り《ひらい》…屋根の大棟に平行な面を正面とし、出入口を置く建築様式。

妻入り《つまい》…屋根の大棟に垂直な面を正面とし、出入り口を置く建築様式。

神明造《しんめいづくり》…神社本殿形式の一つ。切妻造、平入りで、屋根にそりがなく、千木《ちぎ》・鰹木《かつおぎ》をのせる。伊勢神宮正殿が代表例。

大社造《たいしゃづくり》…神社本殿形式の一つ。切妻造、妻入りで、屋根に千木・鰹木をのせる。入口は一方に寄せて設けられる。出雲大社本殿が代表例。

住吉造《すみよしづくり》…神社本殿形式の一つ。切妻造、妻入りで、屋根に千木・鰹木をのせる。大阪府の住吉神社本殿が代表例。

流造《ながれづくり》…神社本殿形式の一つ。切妻造、平入り。前面の屋根を長く伸ばして向拝としたもの。流破風《ながれはふ》造ともいう。上賀茂・下賀茂神社本殿が代表例。分布は多い。

向拝《こうはい》…神社や寺院の正面で、屋根を前に張り出し、ここで参拝者が本殿に向かって礼拝できるようにした場所。

見世棚造《みせだなづくり》…小規模な社殿に用いられる形式。正面に階段がなく、代わりに供物などを置く板や棚を付けたもの。見世棚とは商品を並べる台のこと。

八幡造《はちまんづくり》…神社本殿形式の一つ。切妻造、平入りの社殿を二つ前後に並べ、つないだ形式。宇佐神宮本殿が代表例。

春日造《かすがづくり》…神社本殿形式の一つ。切妻造、妻入りで、屋根に千木・鰹木をのせる。正面の階段上に向拝を置く。春日大社本殿が代表例。

入母屋造《いりもやづくり》…屋根の形式の一つ。上部は切妻造のように二方へ勾配《こうばい》を有し、下部は寄棟造のように四方へ勾配を有する。

古式土俵《こしきどひょう》入り…さいたま市岩槻区に残る国指定重要無形民俗文化財。笹久保の**篠岡八幡大神社**（↓233）と釣上の神明社で、それぞれ秋に奉納される。いずれも小学校六年生までの男児による土俵入りで、子どもの健やかな成長を祈願する神事である。

やぶさめ…乗馬しながら、馬上から鏑矢で的を射る。平安時代末期から鎌倉時代にかけて武士の間で盛行した。現在は神社などで神事として行われる。

（下山忍）

参考文献

井上光貞監修『図説歴史散歩事典』（山川出版社・一九八七年）
石丸正運編『文化財を楽しむために』（淡交社・一九八七年）
國學院大學日本文化研究所編『神道事典』（弘文堂・一九九九年）
外山晴彦著『神社ふしぎ探検』（さきたま出版会・一九九九年）
埼玉県編『新編埼玉県史図録』（埼玉県・二〇〇三年）
埼玉県教育委員会編『埼玉県文化財目録』（埼玉県教育委員会・二〇一〇年）

◆寺院の見方

寺院の中に見る「中世」とは？　「神社の見方」でも述べたが、武蔵武士を知るためには、神社同様、寺院の中に「中世」を見つけなければならない。そのためには、現在の寺院から中世以後の諸相を一枚一枚引きはがして眺めるような見方が必要となる。

武蔵武士と寺院との関係は？　中世の寺院を訪れる時には、「神社の見方」でも述べた「中世的空間」を意識し、館跡の近くにある寺院や神社には特に注意を留める必要がある。例えば、館の鬼門除《きもんよ》けとして、建立されたと思われる寺院に**世《せ》明寿寺《みょうじゅじ》**（→276）がある。また、館跡がそのまま寺院になることも多く、こうした例としては、**青蓮寺《しょうれんじ》**（→275）や**無量《むりょう》寿寺《じゅじ》**（→193）などが挙げられる。

中世寺院の立地と規模は？　これも「神社の見方」に共通するが、中世の寺院を訪れる時には、その地形も読む必要がある。すなわち、中世にまでさかのぼる寺院は、決して低湿地にはないということは押さえておこう。現在の地形から想像力を巡らして中世の地形に思いを馳せることが大切である。

また、現在残る寺院の規模からかつての中世寺院を想像してはいけない。隆盛期には広大な敷地と多くの伽藍をもって

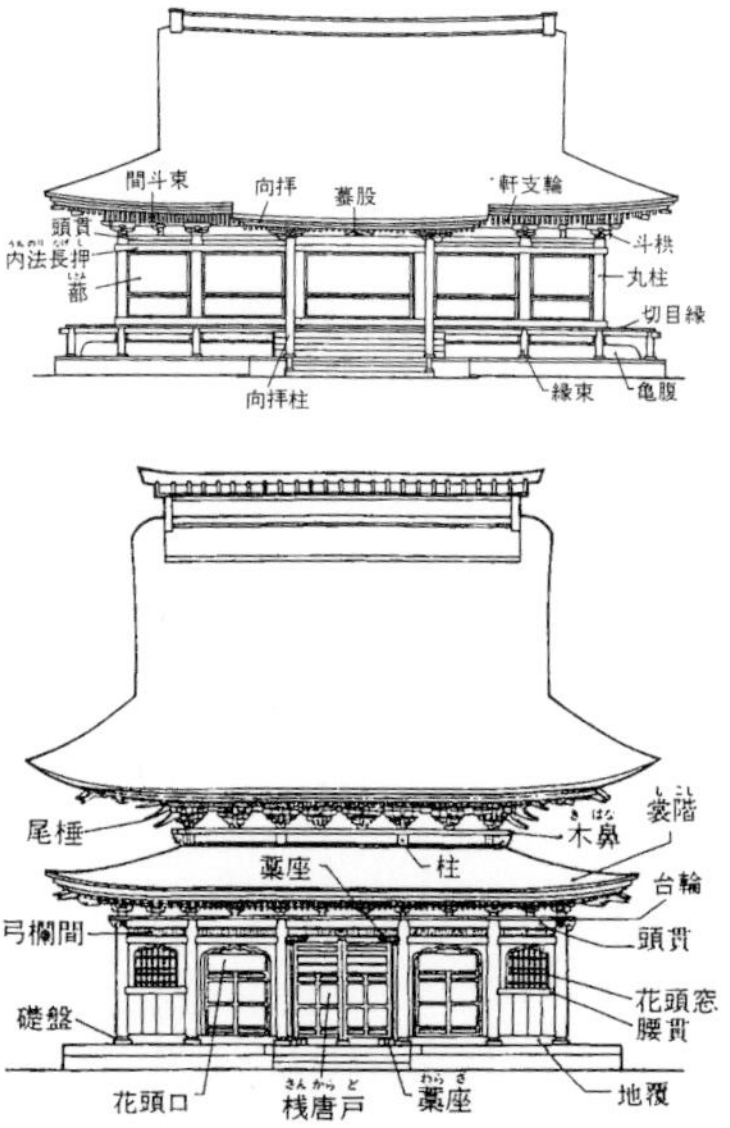

和様建築（上）と禅宗様建築（下）※5

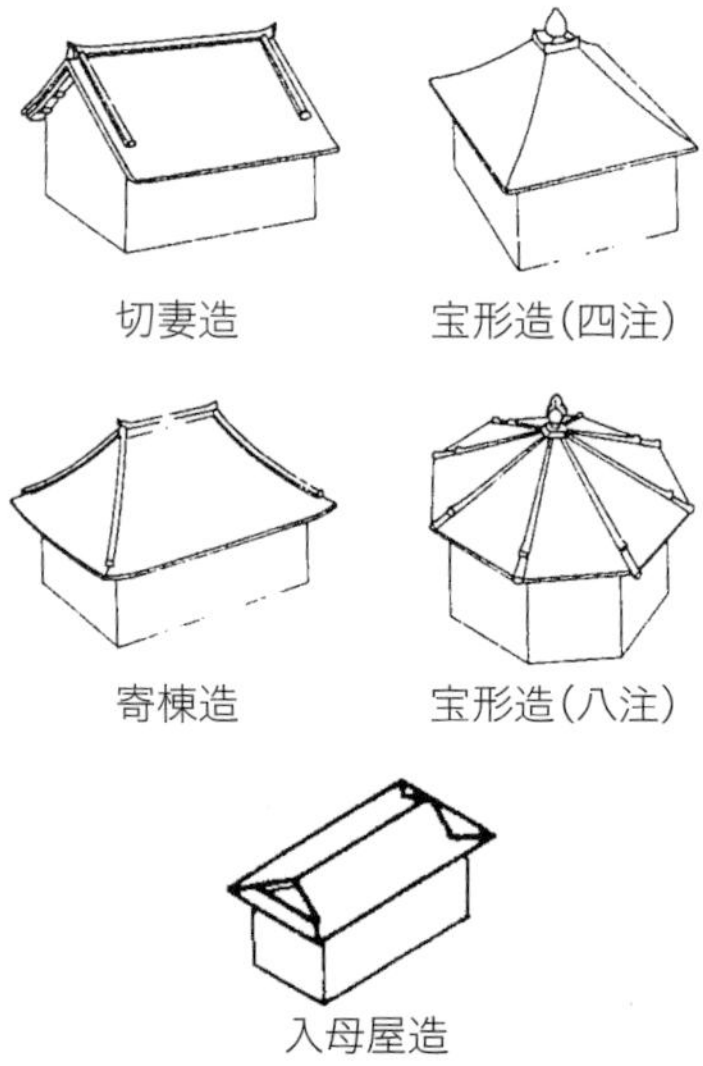

屋根の形式※6

いたことも多いので、その記録や伝承などを参考に思いをめぐらせるとよい。もし絵図などが残っている場合は、その絵図を現在の地図と照合してかつての寺院跡を歩いてみるとよい。

貴重な中世建築を見る　「中世」を見つけるためには、現在に残る中世の建築を見るという方法がある。古い建築が火災や天災、戦争などの被害を受けずに、今あること自体が奇跡とも言える。歴史を愛する人々は、自らが楽しむだけではなく、こうした貴重な財産を次の世代に伝えるために細心の注意を払う必要があるだろう。

武蔵国（埼玉県域）では、鎌倉末期の**福徳寺**《ふくとくじ》（↓304）阿弥陀堂《あみだどう》（国重文）、室町後期の**広徳寺**《こうとくじ》（↓199）大御堂《おおみどう》（国重文）が見事である。福徳寺は※和様《わよう》で※宝形造《ほうぎょうづくり》、広徳寺は※禅宗様《ぜんしゅうよう》で※寄棟造《よせむねづくり》という違いはあるが、ともに※三間四面《さんげんしめん》の典型的な阿弥陀堂建築で、近世以降の建築とは違った重厚感がある。禅宗様建築の屋根は急勾配で軒反《のきぞ》りが強いのに対して、和様建築は緩《ゆる》い勾《こう》配《ばい》の屋根に特徴がある。また、禅宗様の「※花頭窓《かとうまど》」と和様に多く見られる「※連子窓《れんじまど》」も見分けるポイントである。

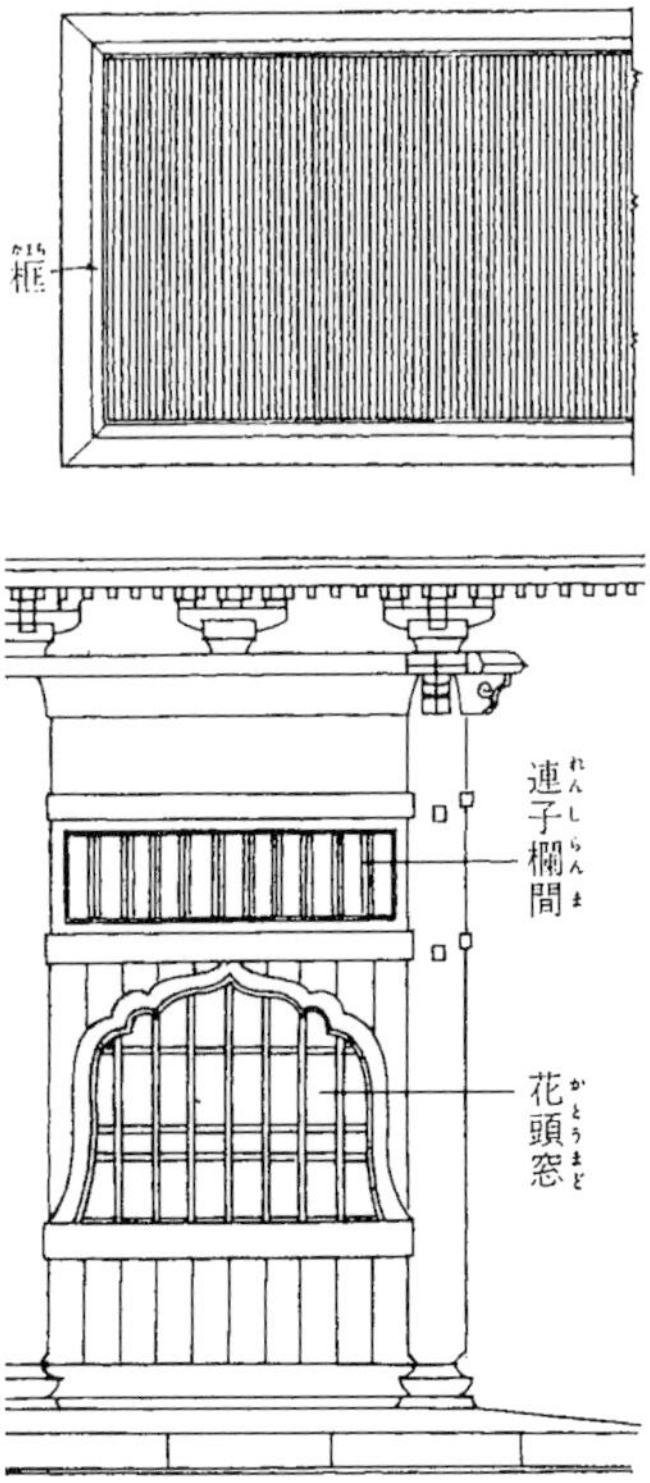

連子窓（上）と花頭窓（下）※5

福徳寺・広徳寺に匹敵するのが**高倉寺**《こうそうじ》（↓278）観音堂《かんのんどう》（国重文）である。阿弥陀堂ではないが、同じ三間四面の室町前期禅宗様の建築である。さらに、時代は下るが、室町末期に建築された**法養寺**《ほうようじ》（↓118）薬師堂《やくしどう》（県文化）もある。

優美な塔　塔建築としては、天文《てんぶん》二十五年（弘治二年）（一五五六）銘をもつ**慈光寺**《じこうじ》（↓195）開山塔《かいさんとう》（国重文）がある。これは形式的には「※宝塔《ほうとう》」と呼ばれる単層の仏塔で、円筒形の塔身に方形の屋根、その上に相輪《そうりん》を立てている。こうした単層の宝塔の下層に裳階《もこし》をつけると「※多宝塔《たほうとう》」となる。多宝塔は密教寺院に多く、天文三年（国重文）銘のある**金鑽神社**《かなさなじんじゃ》（↓100）多宝塔《たほうとう》はとても優美な塔である。宝塔や多宝塔は石造物にも多く見られる。

なお、中世の三重塔・五重塔は、武蔵国（埼玉県域）にはない。近世の三重塔としては、**安楽寺**《あんらくじ》（↓149）三重塔のほか、元禄六年（一七〇三）建立の**西**《さい》**福寺**《ふくじ》三重塔（県文化）、享保十三年（一七二八）建立の**成就院**《じょうじゅいん》三重塔（県文化）を紹介しておきたい。

禅宗様の伽藍《がらん》**配置って？**　「七堂伽藍《しちどうがらん》」という言葉もあるように、※伽藍とは寺院内の多くの建物

三重塔

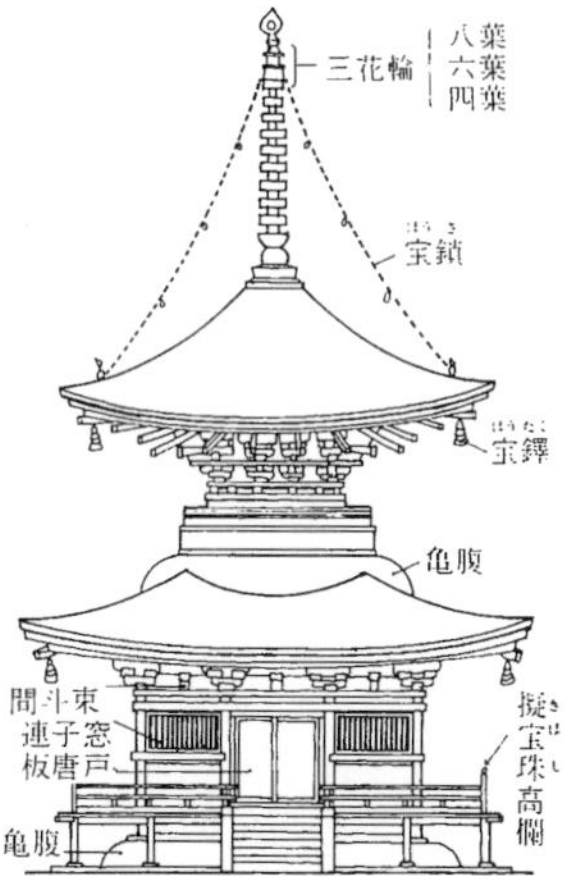

多宝塔※5

宝塔

の総称である。宗派によって異なり、そこから信仰を垣間見ることもできる。古代寺院では、飛鳥寺式、四天王寺式、法隆寺式、薬師寺式、東大寺式などがある。焼失等で伽藍の多くを失っている寺院がほとんどであるが、そうした中で、**平林寺**《へいりんじ》（↓313）や、**長光寺**（↓304）は、近世建築ながら、惣門《そうもん》・山門・仏殿などが一直線に並ぶ禅宗様の伽藍配置をよく伝えている。禅宗は、鎌倉幕府執権北条時頼《ときより》・時宗《ときむね》以降の北条氏に始まり、室町幕府将軍や鎌倉公方の足利氏にも篤く信仰されたこともあって、武蔵武士の間にも広まったものである。

阿弥陀堂と浄土庭園　浄土教の阿弥陀信仰は平安時代後期から盛んであり、武蔵武士も禅宗以前には阿弥陀信仰が強かった。板碑などもその影響が非常に強い。「一所懸命」の言葉通り死と背中合わせの武士にとって、死後、極楽浄土に往生することは切なる願いだったのであろう。中世建築のところで述べた阿弥陀堂もこうした信仰に基づいて建立された。阿弥陀堂の前には中之島のある池を持つ※浄土庭園が造られることが多かった。武蔵国（埼玉県域）の寺院では、平等院鳳凰堂《びょうどういんほうおうどう》（京都府宇治市）や毛越寺《もうつうじ》（岩手県平泉町）のような浄土庭園を見ることはできないが、**正法寺**《しょうほうじ》（↓198）、**吉祥院**《きちじょういん》（↓91）、**龍福寺**《りゅうふくじ》（↓194）、**平澤寺跡**《へいたくじあと》（↓197）などではかつての浄土庭園の名残をうかがうことができる。

寺院の宗派　禅宗や浄土教という説明に関連して寺院の宗派についても触れておきたい。各寺院にはそれぞれの宗派があり、拠りどころとする経典も異なっている。これは祀っている本尊（仏像）や建築の違いなどにもつながっている。

各宗派は大別して十三宗ある。奈良時代に中国から伝えられた華厳《けごん》・法相《ほっそう》・律宗、平安時代に開かれた最澄の※天台宗・空海の※真言宗、鎌倉時代に開かれた良忍の融通念仏宗《ゆうずうねんぶつ》・法然の※浄土宗・親鸞の※浄土真宗・一遍の※時宗、栄西の※臨済宗・道元の※曹洞宗・日蓮の※日蓮宗、そして江戸時代に明《みん》僧隠元《いんげん》によって伝えられた※黄檗《おうばく》宗の十三宗である。現在ではこれら十三宗がさらに細分化されている。このうち、融通念仏宗・浄土宗・浄土真宗・時宗の四宗が浄土教系、臨済宗・曹洞宗・黄檗宗の三宗が禅宗系である。ただし、長い寺院の歴史の中では様々な理由で宗派が変わることも多いので、現在の宗派が寺院開創以来のものでない場合も多い。

武蔵武士にまつわる伝承　武蔵武士にまつわる伝承を残す寺院もあり、中には民俗行事として残っていることもある。例えば、**高台院**《こうだいいん》（→131）付近で毎年八月十五日に行われる猪俣《いのまた》の百八燈《ひゃくはっとう》（国無民）は猪俣範綱《いのまたのりつな》一族の霊を慰める盆行事といわれ、**大光寺**（→91）で毎年四月二十三日に行われる**蚕影山**《こかげさん》**祭**《まつり》も勅使河原《てしがわら》氏を慰霊するためのものであるという。このような伝承の一つ一つに武蔵武士が息づいているとも言える。

札所《ふだしょ》**との関わり**　札所についても触れておきたい。札所とは、仏の霊場として参拝者が札を納めたり受けたりする複数の寺院である。菅笠《すげがさ》に白装束の巡礼者を見かけることもあるだろう。武蔵国（埼玉県域）には、「※坂東三十三観音」の第九番**慈光寺**（→195）、第十番**正法寺**《しょうほうじ》（→198）、第十一番**安楽寺**《あんらくじ》（→149）、第十二番**慈恩寺**《じおんじ》（さいたま市岩槻区）の四ヶ寺がある。坂東《ばんどう》札所は、西国《さいごく》札所を模して鎌倉時代に成立したと言われている。平氏追討のために西国に赴き、その観音信仰に触れた武蔵武士たちとの関連も考えられる。また、「※秩父三十四観音」は、秩父盆地とその周辺を範囲としており、この地域を支配していた丹党《たんとう》の中村氏が開創に深く関わっていたという指摘もあ

系統	宗派	開祖
奈良仏教系	法相宗	
	律宗	
	華厳宗	
密教系	真言宗	空海
	天台宗	最澄
法華経系	日蓮宗	日蓮
浄土経系	浄土宗	法然
	浄土真宗	親鸞
	融通念仏宗	良忍
	時宗	一遍
禅宗系	臨済宗	栄西
	曹洞宗	道元
	黄檗宗	隠元

仏教13宗派と開祖

る。その成立は室町時代と考えられ、**法性寺**《ほうしょうじ》（↓117）には長享二年（一四八八）の番付も残されている。ちなみに、この「坂東三十三観音」と「秩父三十四観音」に「西国三十三観音」を加えると百観音になり御利益があるとされた。このほか各郡規模をエリアとする霊場巡りもある。いずれにしても、こうした札所についても、どこまでさかのぼれるかという発想で見つめ直すことも意味のあることであろう。

建築物以外の文化財　さて、ここで述べた以外にも寺院は建築以外にも多くの文化財を所蔵している。例えば、境内や墓地に建つ※板碑や※五輪塔などの石造物、堂内に鎮座する仏像や※銅鐘《どうしょう》・※鰐口《わにぐち》などの鋳造物である。寺宝という性格から非公開ということもあるが、拝観できるものも少なくない。これらの建築物以外の文化財の見方については、後のページを見てみよう。

用語解説

和様《わよう》…鎌倉時代にもたらされた大仏様・禅宗様などに対して、前代以来の日本的建築様式をいう。水平性の強い穏やかなデザインを特徴とし、長押《なげし》を用い、床を張る。蓮華王院《れんげおういん》本堂（三十三間堂）・石山寺《いしやまでら》多宝塔《たほうとう》などが代表的建築。

宝形造《ほうぎょうづくり》…屋根の形式の一つ。正方形の隅棟《すみむね》が頂上に集まり、その頂点には露盤《ろばん》や宝珠《ほうじゅ》をのせる。

禅宗様《ぜんしゅうよう》…鎌倉時代に宋から輸入された建築様式で唐様《からよう》ともいう。禅宗寺院に多い。堂内は土間とし、裳階《もこし》や貫《ぬき》を用いる。細かい材木を用いた組物が特徴で、整然とした美しさがある。円覚寺舎利殿《えんがくじしゃりでん》・正福寺地蔵堂《しょうふくじじぞうどう》などが代表的建築。

寄棟造《よせむねづくり》…屋根の形式の一つ。大棟の両端から四隅にふきおろした屋根。

三間四面《さんげんしめん》…こうした示し方を「間面記法《けんめんきほう》」といい、日本の古建築の規模を示す表記法である。「三間四面」とは、三間の一辺が四面ある正方形の建物をいう。なお、一間は、かつては文字通り柱と柱の間という意味で用いられ、必ずしも一・八mというわけではない。

花頭窓《かとうまど》…上部が尖頭アーチの曲線になっている釣鐘《つりがね》型の窓。禅宗建築とともに日本にもたらされた。

連子窓《れんじまど》…縦または横に一定間隔に細い角材をはめこんだ窓。和様建築に多く用いられる。

宝塔《ほうとう》…仏塔の形式の一つ。円柱形の塔身に笠を置き、その上に相輪をのせる。ここでは木造の**慈光寺**（↓195）開山塔を挙げたが、石造物に作例が多い。

多宝塔《たほうとう》…仏塔の形式の一つ。下層が方形、上層が円柱形で、これを亀腹《かめばら》でつなぐ。上層部が宝塔で、これに裳階をつけた形式である。石山寺多宝塔が現存最古で、密教寺院に多く見られる。また、石造物にも作例が多い。

浄土《じょうど》**庭園**《ていえん》…仏教の浄土思想を背景に、仏堂とともに極楽浄土を表現するために造られた庭園。平泉毛越寺《もうつうじ》の大泉池が好例。

天台宗《てんだいしゅう》…仏教宗派の一つ。六世紀に中国の智顗《ちぎ》が大成。日本には八〇五年に最澄が伝えた。本山は比叡山延暦寺。法華経を中心経典とし、広く密教・禅・戒律も修める。

真言宗《しんごんしゅう》…仏教宗派の一つ。平安時代に空海が中国から伝えた。大日経《だいにちきょう》・金剛頂経《こんごうちょうきょう》などを中心経典とし、大日如来を根本仏とする密教の教え。中心寺院は高野山金剛峰寺や京都の東寺。

浄土宗《じょうどしゅう》…仏教宗派の一つ。鎌倉時代に法然によって開かれた。厳しい修行や難解な教義の理解、あるいは造寺造仏《ぞうじぞうぶつ》よりもただひたすらに南無阿弥陀仏《なむあみだぶつ》を唱えること（専修念仏《せんじゅねんぶつ》）を主張。中心寺院は京都の知恩院。

浄土真宗…仏教宗派の一つ。一向宗ともいう。鎌倉時代に、法然の弟子親鸞によって開かれた。阿弥陀仏の救いにすがる絶対他力《ぜったいたりき》を強調し、煩悩深い悪人こそ救われるという悪人《あくにん》正機説《しょうきせつ》を展開した。中心寺院は京都の西本願寺・東本願寺。

時宗《じしゅう》…仏教宗派の一つ。鎌倉時代に一遍によって開かれた。各地を遊行《ゆぎょう》して、念仏を唱えながら踊る「踊念仏《おどりねんぶつ》」により布教した。中心寺院は神奈川県藤沢市の清浄光寺《しょうじょうこうじ》。

臨済宗《りんざいしゅう》…仏教宗派の一つ。九世紀に中国僧臨済が大成した禅宗の一派。鎌倉時代に栄西が伝えた。幕府の保護を受け、室町時代には京・鎌倉の五山を中心に発展した。中心寺院は京都の建仁寺。

曹洞宗《そうとうしゅう》…仏教宗派の一つ。九世紀に中国で始まった禅宗の一派。鎌倉時代に道元が伝えた。ただひたすらに坐禅すること（只管打坐《しかんたざ》）によって悟りに達することを主眼とする。中心寺院は福井県の永平寺。

日蓮宗《にちれんしゅう》…仏教宗派の一つ。鎌倉時代に日蓮によって開かれた。法華経を中心教典とし、南無妙法蓮華経《なむみょうほうれんげきょう》と題目《だいもく》を唱えれば救われると説く。中心寺院は山梨県の身延山久遠寺《みのぶさんくおんじ》。

黄檗宗《おうばくしゅう》…仏教宗派の一つ。江戸時代に中国僧隠元《いんげん》が来日して伝えた禅宗の一派。中心寺院は京都宇治の黄檗山万福寺《おうばくさんまんぷくじ》。

坂東三十三観音…坂東（関東地方）における三十三カ所の観音霊場。観音の三十三身に由来し、西国三十三カ所にならう。神奈川県の九ヵ寺（杉本寺・岩殿寺・安養院・長谷寺・勝福寺・長谷寺（飯山観音）・光明寺・星谷寺・弘明寺）、埼玉県の四ヵ寺（**慈光寺**（→195）・**正法寺**（→198）・**安楽寺**（→149）・**慈恩寺**（→230））、東京都の一ヵ寺（浅草寺）、群馬県の二ヵ寺（長谷寺、水沢寺）、栃木県の四ヵ寺（満願寺・中善寺・大谷寺・西明寺）、茨城県の六ヵ寺（日輪寺・佐竹寺・観世音寺（旧正福寺）・楽法寺・大御堂・清滝寺）、千葉県の七ヵ寺（円福寺・龍正院・千葉寺・高蔵寺・笠森寺・清水寺・那古寺）。

秩父三十四観音…秩父における観音霊場。四萬部寺・真福寺・常泉寺・金昌寺・語歌堂・卜雲寺・法長寺・西善寺・明智寺・大慈寺・常楽寺・野坂寺・慈眼寺・今宮坊・少林寺・西光寺・定林寺・神門寺・龍石寺・岩之上堂・観音寺・童子堂（永福寺）・音楽寺・法泉寺・久昌寺・円融寺・大渕寺・橋立寺・長泉院・

法雲寺・観音院・法性寺・菊水寺・水潜寺。

板碑《いたび》…石塔の一形態。中世に造られた卒塔婆。緑泥片岩を材料とする武蔵型板碑が典型。

五輪塔《ごりんとう》…石塔の一形態。万物の五大要素とされる地・水・火・風・空の五部分からなり、密教信仰に基づき造立された。

銅鐘《どうしょう》…銅で造られた梵鐘《ぼんしょう》。寺院で用いるつりがねのこと。

鰐口《わにぐち》…社殿・仏殿の軒下につるす金属製の音響具。

（下山忍）

参考文献

井上光貞監修『図説歴史散歩事典』（山川出版社・一九八七年）

石丸正運編『文化財を楽しむために』（淡交社・一九八七年）

峰岸純夫監修『東国武士と中世寺院』（高志書院・二〇〇八年）

埼玉県教育委員会編『埼玉県文化財目録』（埼玉県教育委員会・二〇一〇年）

◆仏像の見方

仏像の種別　仏像と一口に言うが、大別して如来《にょらい》・菩薩《ぼさつ》・明《みょう》王《おう》・天《てん》・垂迹部《すいじゃくぶ》・羅漢《らかん》及び高僧《こうそう》等に分類される。それぞれについて簡単に説明し、本書で扱う仏像についても触れたい。

如来　如来は、最高の仏で、頭部の※肉髻《にくけい》・※螺髪《らほつ》や、身体に身に付けた粗末な※衲衣《のうえ》などの特徴を持つ。悟りを開いた後の釈迦をモデルにしていると言われている。それぞれの如来は、※印相《いんそう》（手指の結び方）や※持物《じもつ》（手にもつ物）などで見分ける。埼玉県内に残る仏像では阿弥《あみ》陀《だ》如来が最も多く、その他の如来では、例えば**灌頂院《かんじょういん》**（↓278）などに薬師《やくし》如来も残る。薬師如来は衆生《しゅじょう》の病苦を救う仏で、左手に薬壺《やっこ》を持つ。また、大日《だいにち》如来は、密教の根本仏であり、宝冠《ほうかん》をいただき、身に飾りをつけている。金剛界《こんごうかい》大日如来は智拳印《ちけんいん》、胎蔵界《たいぞうかい》大日如来は法界《ほっかい》定印《じょういん》を結ぶ。**医王寺**（↓253）の大日如来は胎蔵界である。

菩薩　菩薩は如来になるために自ら修行しながら衆生を救う諸尊である。髪を宝髻《ほうけい》に結って宝冠をいただき、長い天衣《てんね》を垂らし、多くの飾りを身につけている。一見すると、如来よりも美しいお姿であるが、これは出家前の

仏像の基本的体系

- **如来**
  - 釈迦如来
  - 阿弥陀如来
  - 薬師如来
  - 大日如来
    - 金剛界
    - 胎蔵界
- **菩薩**
  - 観音菩薩
    - 聖観音
    - 変化観音
      - 十一面観音
      - 千手観音
      - 不空羂索観音
      - 如意輪観音
      - 馬頭観音
  - 勢至菩薩
  - 日光菩薩・月光菩薩
  - 文殊菩薩・普賢菩薩
  - 弥勒菩薩（弥勒如来）
  - 地蔵菩薩
- **明王**
  - 不動明王（中央）
  - 降三世菩薩（東）
  - 軍荼利明王（西）
  - 大威徳明王（南）
  - 金剛夜叉明王（北）
  - 愛染明王
- **天部**
  - 梵天・帝釈天
  - 四天王（持国天など四尊）
  - 毘沙門天（四天王のうち多聞天が独立）
  - 天龍八部衆（阿修羅など八尊）
  - 十二神将（宮毘羅大将など十二尊）
  - 金剛力士（仁王）
- **垂迹部**
  - 僧形八幡神・神功皇后
  - 蔵王権現
- **羅漢・高僧部**
  - 十大弟子（大迦葉ら釈迦十人の弟子）
  - 十六羅漢（賓頭盧尊者ら十六人の聖者）
  - 五百羅漢（仏典の編集会議に集まった五百人の聖者）
  - 祖師（達磨・鑑真・聖徳太子・最澄・空海ら）

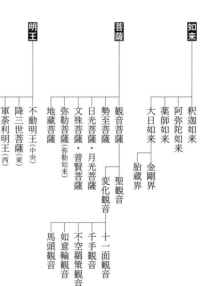

金剛界大日如来
の智拳印

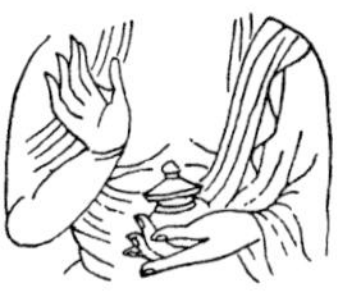

薬師如来の薬壺

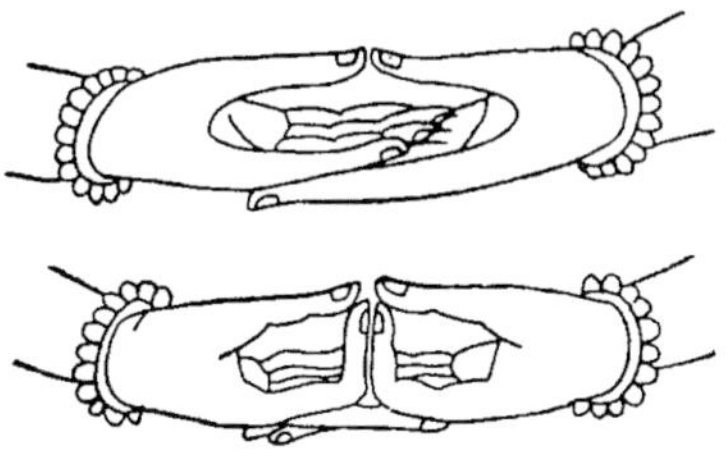

（上）胎蔵界大日如来の法界定印
（下）阿弥陀如来の定印（上品上生印）※7

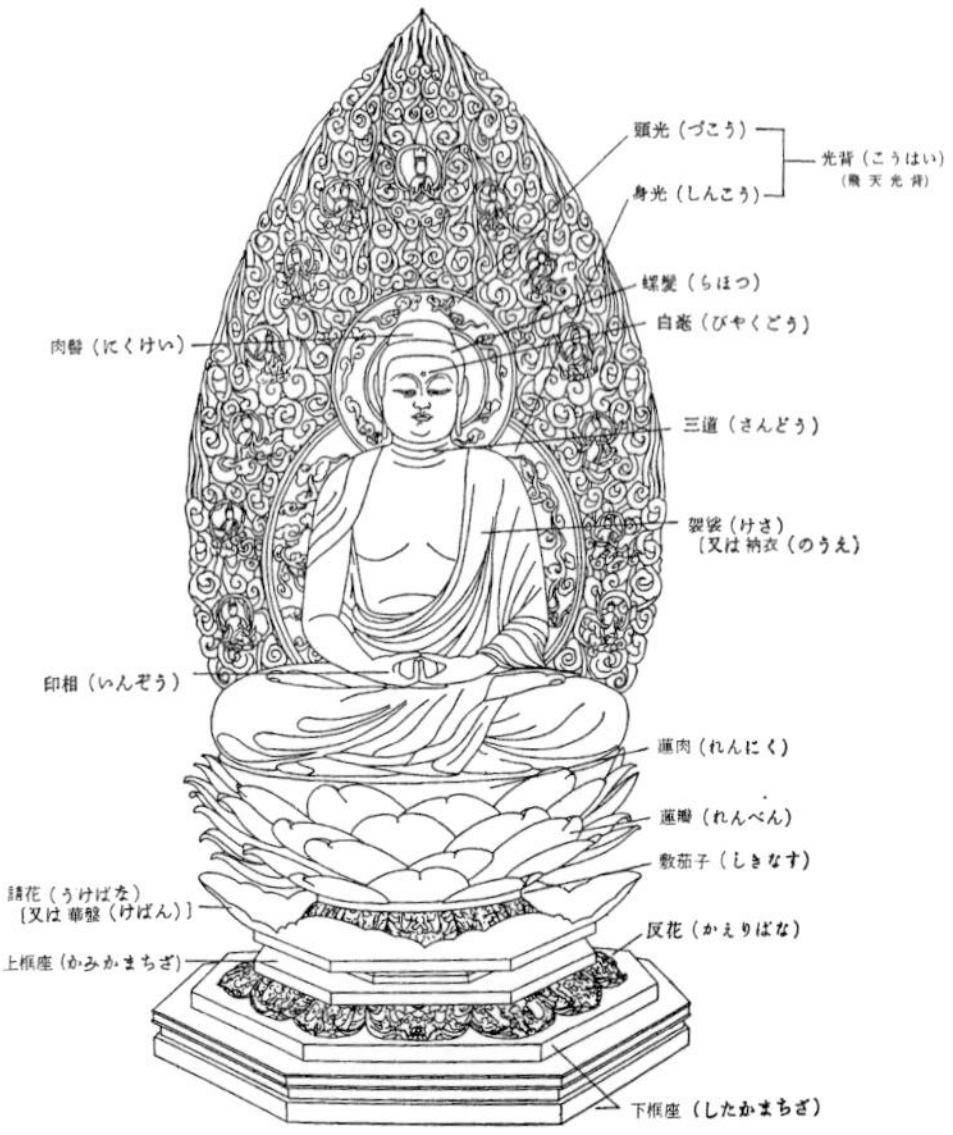

如来（阿弥陀如来）※7

千手観音像※8

不動明王像※8

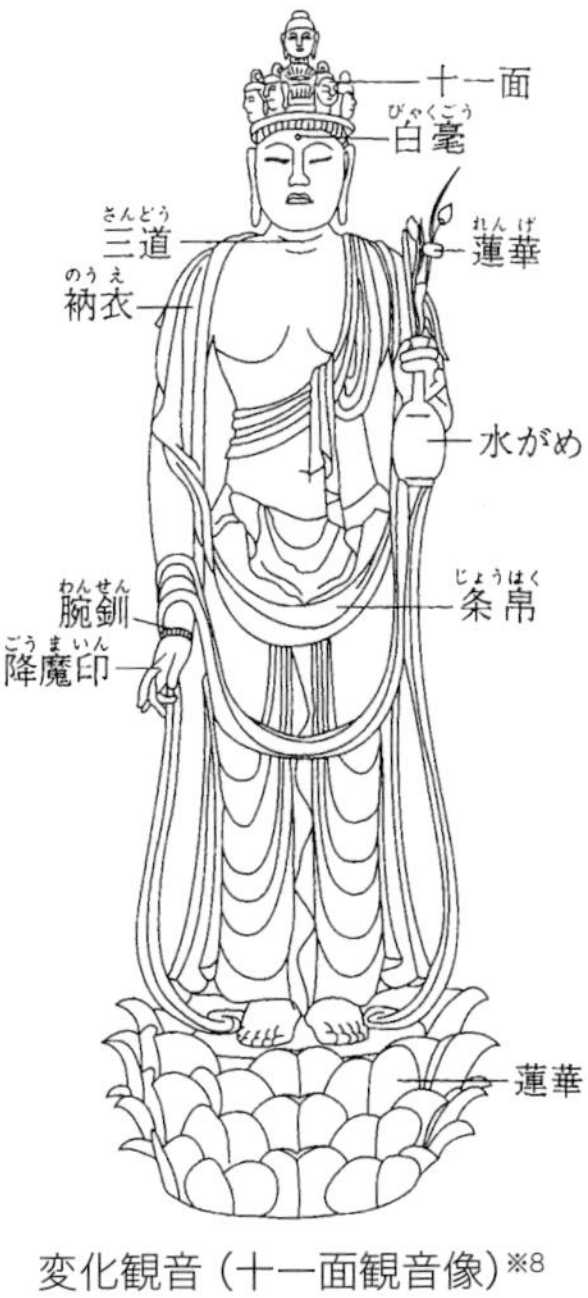

変化観音（十一面観音像）※8

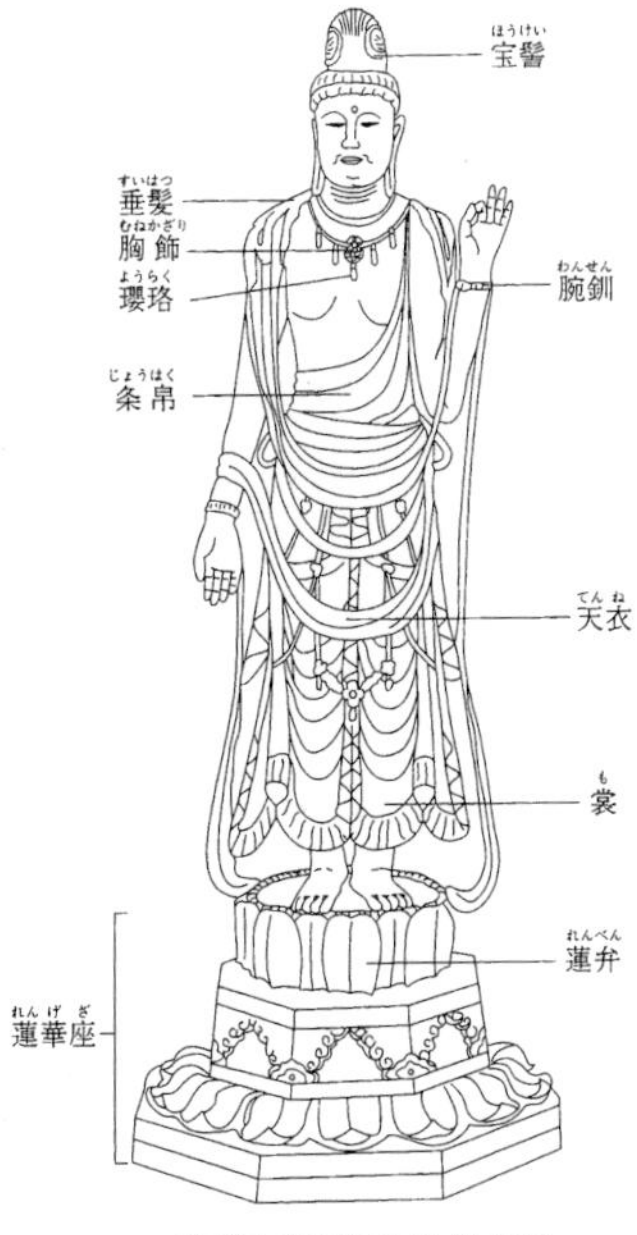

菩薩（聖観音菩薩）※8

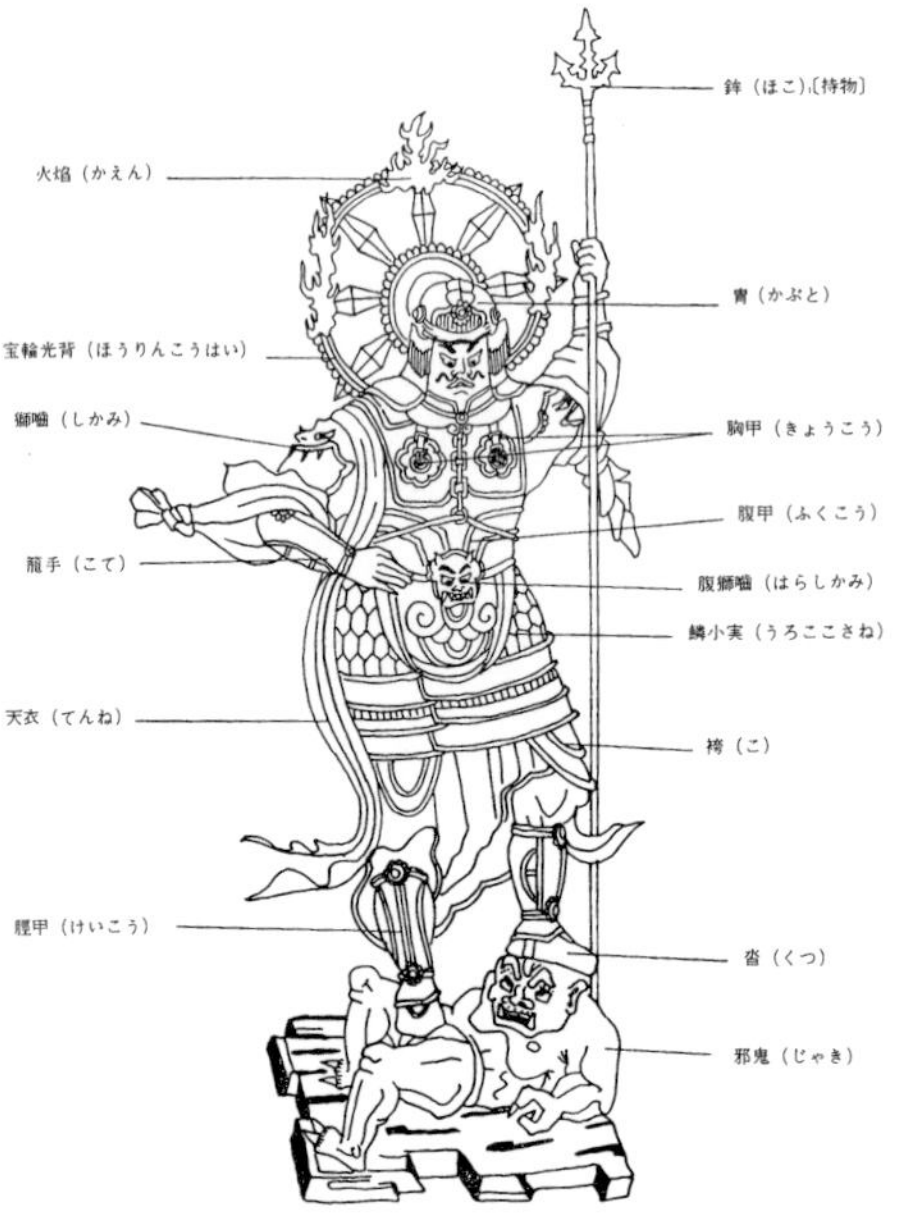

天部（十二神将）※7

地蔵菩薩※10

天部（金剛力士像）※8

王子時代の釈迦の姿をモデルにしていると言われている。如来の※脇侍《わきじ》として付き従うことも多い。例えば、阿弥陀如来は観音《かんのん》・勢至《せいし》の両菩薩を脇侍とする。薬師如来の脇侍は日光《にっこう》・月光《がっこう》の両菩薩であり、釈迦如来の脇侍は、普賢《ふげん》・文殊《もんじゅ》の両菩薩である。こうした三尊《さんぞん》形式（如来と菩薩のペア）は覚えておくと良い。

ただし、菩薩の中には如来の脇侍となるだけではなく、※独尊《どくそん》（単独の仏像）として信仰されるものもある。例えば、観音菩薩は独尊で信仰されることも多く、聖《しょう》観音のほか十一面観音・千手観音・如意輪《にょいりん》観音などの※変《へん》化《げ》観音も見られる。変化観音は密教の色彩が強い。**慈光《じこう》寺《じ》**（↓195）には聖僧文殊菩薩も残る。そのほかの菩薩としては地蔵菩薩があり、**法光寺《ほうこうじ》**（↓120）にも残る。多くの菩薩の中で地蔵菩薩だけは※僧形《そうぎょう》（僧侶の姿）に造られるという特色がある。地蔵信仰が広まり、近世になると石仏の地蔵が多く造立された。

明王　明王は密教で信仰される諸尊で、悪魔を降伏《ごうぶく》するため忿怒《ふんぬ》の表情に造られる。密教とは経典《きょうてん》を学ぶことではなく、秘密の呪法《じゅほう》によって悟りを開こうとする仏教の教えであり、※加持祈祷《かじきとう》を重んじた。そのため、仏像も神秘的に造られた。不動明王がよく知られているが、これを含めた五尊を五大明王と呼んだ。武蔵国（埼玉県域）では**黒岩寺**（越生町黒岩字明王谷三〇三－二）には五大明王像が伝来した。

また、**常楽院**（飯能市高山三四六）には軍荼利《ぐんだり》明王も残る。

天部 天部の諸神は、元来はインドのバラモン教・ヒンドゥ教の神々であったが、のちに仏教を守る護法神になったものである。戦いの神々とも言え、梵天《ぼんてん》・帝釈天《たいしゃくてん》や四天王など甲冑《かっちゅう》姿に制作されることもある。金剛力《こんごうりき》士《し》は仁王ともいい、上半身裸体の忿怒像に造られ、寺院の山門を守っている姿はよく見かける。十輪寺《じゅうりんじ》（↓117）などに残る。**法養寺**《ほうようじ》（↓118）薬師堂《やくしどう》などに見られる十二《じゅうに》神将《しんしょう》は、薬師如来や日光・月光菩薩を守る眷属《けんぞく》（付き従う諸尊）である。十二神将はのちに十二支と結びついて生まれ年による守り本尊とされる信仰も生まれた。また、二十八部衆《にじゅうはちぶしゅう》は、観音菩薩を守る眷属であり、京都の三十三間堂（京都市東山区三十三間堂廻町六五七）のものが有名であるが、埼玉県内では**世明寿寺**《せみょうじゅじ》（↓276）にも残る。

垂迹部《すいじゃくぶ》 仏教の広まりの中で神仏習合の思想が進んだ。このうち、日本の神は仏が仮に姿を変えているという考え方が※本地垂迹説《ほんじすいじゃくせつ》である。例えば、天照大御神《あまてらすおおみかみ》は大日如来の化身《けしん》であるとされた。これらの考え方に基づいて制作された仏像（神像）を垂迹部と分類している。武神である八幡神を僧体《そうたい》（僧侶の姿）にするという僧形《そうぎょう》八幡神《はちまんしん》像も多く造られ、埼玉県内では**峯ケ岡八幡神社**《みねがおかはちまんじんじゃ》（↓255）にも伝来した。

羅漢・高僧 羅漢は釈迦の高弟のことで、十六羅漢、五百羅漢などという言い方をする。この分類には、こうした羅漢や釈迦の十代弟子、あるいは各宗派の祖師《そし》などの高僧の像を含める。埼玉県内では**法台寺**《ほうだいじ》（↓312）には、時宗の他阿真教《たあしんきょう》上人像が残る。他阿真教は時宗の開祖一遍の弟子で、死後その後継者となった僧である。また、俗人ではあるが僧体姿の安達藤九郎盛長《あだちとうくろうもりなが》像が**放光寺**《ほうこうじ》（↓251）に残る。

浄土教と阿弥陀信仰って? さて、阿弥陀如来は、西方《さいほう》極楽浄土にいて一切の衆生を救う仏である。浄土《じょうど》とは仏や菩薩の住む世界のことを言い、様々な仏の浄土があったが、阿弥陀如来の極楽浄土が最も信仰を集めた。そこで、浄土教と言えば阿弥陀信仰を指すようになった。我が国では平安時代後期から盛んになった。「一所懸命」の言葉通り死と背中合わせの武蔵武士やその家族たちにとって、死後、極楽浄土に往生することは切なる願いだったのであろう。石造物の板碑にも阿弥陀如来の種子《しゅじ》（仏を標示する梵字《ぼんじ》）を刻んでいるものが多いが、仏像にも阿弥陀如来が多い。埼玉県内の国指定重要文化財の仏像九体のうち七体が阿弥陀如来である。

阿弥陀如来の印相には何がある? 頭部の肉髻・螺髪や、身体に身に付けた粗末な衲衣《のうえ》などの特徴から「如来」ということは分かるが、いずれの如来であるかについては、印相で見分けることが多い。阿弥陀如来の印相は九品印《くほんいん》といって上品《じょうぼん》上生《じょうしょう》から下品下生《げほんげしょう》の九種類の印相がある。このうち、最も多いのは最高の上品上生印であり、東叡山泉福寺《とうえいざんせんぷくじ》（↓251）像（足立郡桶川市）、西光寺《さいこうじ》（↓252）像、八幡山泉福寺《はちまんさんせんぷくじ》（↓197）像（比企郡滑川町）もその印相である。上品下生印は「来迎印《らいごういん》」とも呼ばれ、龍蔵寺（↓230）像など立像に多い。坐像にも時折見られ等覚院《とうがくいん》（↓198）像は上品下生印である。九品印のうち、以上の二種類以外の印相はそう見られない。

善光寺式《ぜんこうじしき》阿弥陀三尊とは？　金銅製（まれに鉄製）の阿弥陀三尊像のうちで、像高五〇cm弱の中尊《ちゅうそん》（中央の仏像）と三〇cm強の脇侍が一つの大きな光背を背負っている形式を「善光寺式」と呼んでいる。その名のとおり信濃善光寺（長野市）の本尊を模したもので、元来は飛鳥時代にわが国に伝来した時の仏像の形式であるという。鎌倉時代に盛んに制作され、甲斐善光寺像（山梨県甲府市）をはじめその作例は多い。埼玉県内では向徳寺《こうとくじ》（↓196）、光明寺《こうみょうじ》（↓99）、善光寺《ぜんこうじ》（↓255）にも伝えられている。

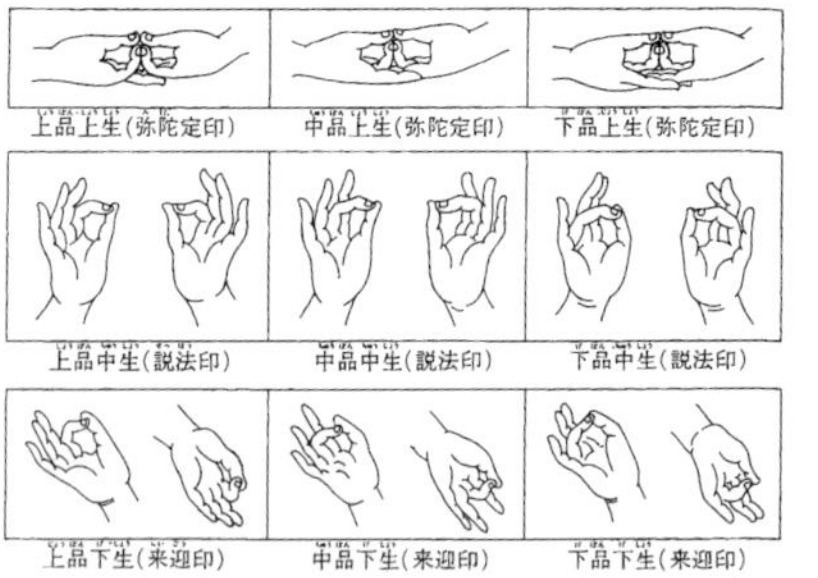

善光寺式阿弥陀三尊（甲斐善光寺蔵）※9

仏像の材質って？　全国的にも平安時代初期からの仏像は木彫が主流となっている。平安時代後期の仏像から現存している埼玉県内では、「善光寺式」などの金銅仏を除けば、材質的には木彫が大部分で、ヒノキ材が多いのが特徴と言える。

平安時代の「定朝様《じょうちょうよう》」とは？　平安時代後期には京都の大《だい》仏師《ぶっし》定朝が※寄木造《よせぎづくり》（多くの木を集めて造る仏像制作法。※一木《いちぼく》造《づくり》に対していう。）の技法を完成し、王朝貴族の好みにかなった優美な様式を創造した。これを「定朝様」と呼び、平等院《びょうどういん》鳳凰堂《ほうおうどう》（京都府宇治市）阿弥陀如来坐像がその典型とされる。定朝様は地方にも伝播し、埼玉県内では西光寺（↓252）阿弥陀如来坐像など数体見られる。

鎌倉時代の「慶派《けいは》」の作例は？　鎌倉時代になると、運慶《うんけい》・快慶《かいけい》で知られる慶派の仏師たちが活躍する。埼玉県内の保寧《ほねい》寺《じ》（↓229）阿弥陀如来坐像は、運慶と同世代の仏師である宗《そう》慶《けい》によって制作され、運慶の制作した浄楽寺《じょうらくじ》（神奈川県横須賀市）阿弥陀三尊像ともよく似ている。また、天洲寺《てんしゅうじ》（↓229）聖徳太子

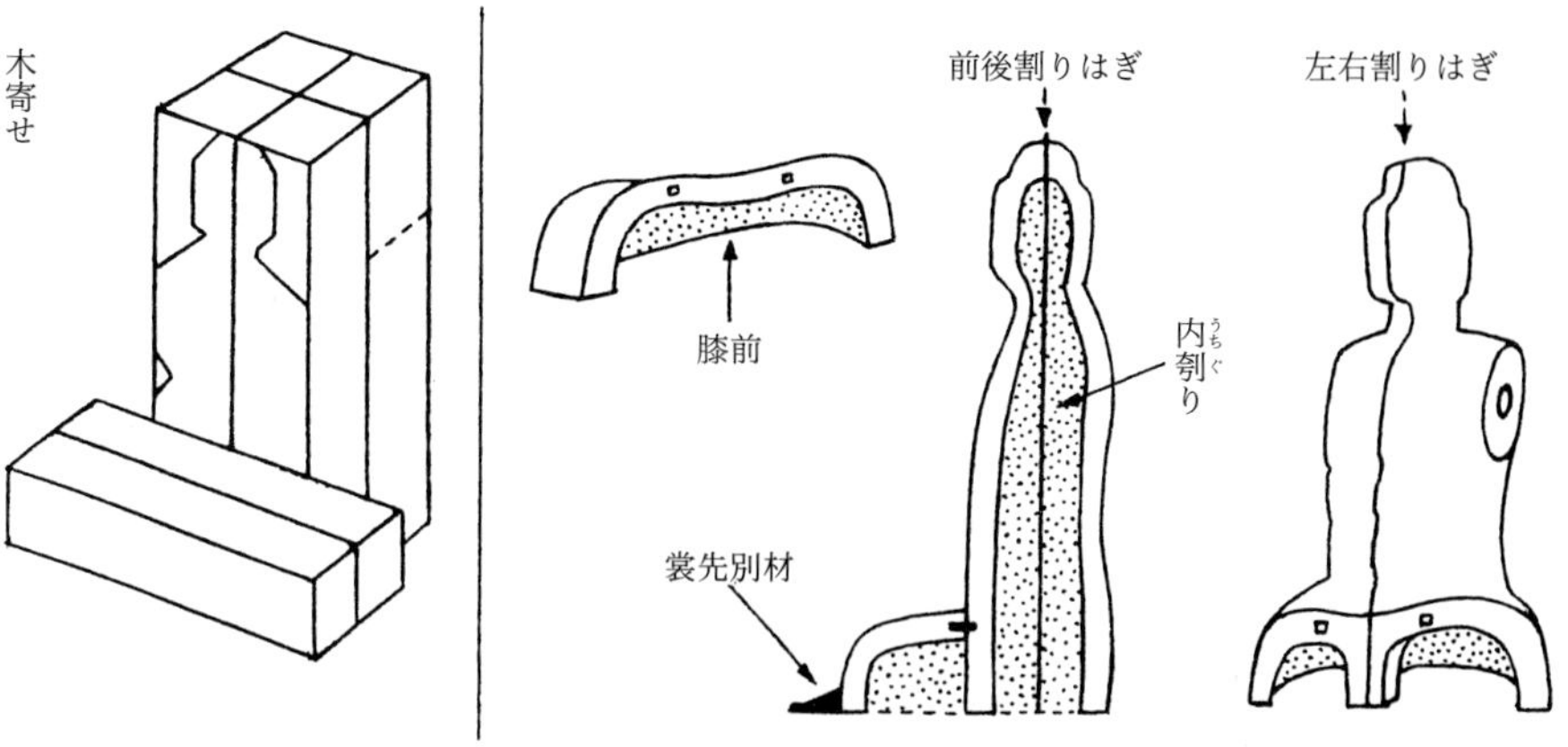

寄木造（平等院鳳凰堂阿弥陀如来像）※5

仏像の見分け方

主尊	印相・持仏・乗物など※1	脇侍	眷属
釈迦如来	左が与願印で、右が施無畏印。※2	普賢菩薩 文殊菩薩	
阿弥陀如来	九品印のうち、上品上生（定印）と下品下生（説法印）が多い。	観音菩薩 勢至菩薩	
薬師如来	左に薬壺、右に薬師三界印。光背に七仏がある。	日光菩薩 月光菩薩	十二神将
大日如来	金剛界の場合は、智拳印で、胎蔵界では、法界定印をしている。		
聖観音菩薩	蓮華を持つ。		二十八部衆
如意輪観音	六本の手を持ち、立て膝である。宝珠を持つ。		
文殊菩薩	剣、蓮華を持ち、獅子に騎乗している。		
普賢菩薩	剣を持ち、象に騎乗している。		
弥勒菩薩	宝珠を持つ。		
地蔵菩薩	僧形で右に錫杖、左に宝珠をもつ。		
不動明王	弁髪で右に剣を、左に羂索（縄のようなもの）を持つ。	矜羯羅童子 制吒迦童子	
愛染明王	弓や矢を持つ。		
梵天	鵞鳥に騎乗している。		
帝釈天	象に騎乗している。		

※1まれにこれらの見分け方と違うこともあります。
※2仏像側からみて右、左であるので、要注意です。

立像は、鎌倉で慶派仏師によって制作され、当地にもたらされたことが知られている。鎌倉時代からは、仏像の目に水晶を用いる「玉眼《ぎょくがん》」という技法が用いられるので、時代を鑑定する一つの目安になる。

仏像の大きさはどれくらい？ 仏像は本来一丈《じょう》六尺《しゃく》（約四八〇cm）に造るのが基本とされた。かなり大きいが、お釈迦様の身体が大きかったという伝承から、そのように決まったという。唐招提寺（奈良市）など奈良の寺院には実際にこの大きさの※立像《りゅうぞう》（立ち姿の仏像）もある。この仏が坐ると半分になるということで、※坐像《ざぞう》（すわっている姿の仏像）は二八〇〜三〇〇cmに造り、これらを「※丈六仏《じょうろくぶつ》」と呼ぶ。こうした大きな仏像を制作するには資金も必要なので、京都・奈良以外では丈六仏は少ない。また、時代的に言っても鎌倉時代以降になると丈六仏は珍しいようである。この半分の一四〇〜一五〇cm程度の坐像を「※半丈六仏《はんじょうろくぶつ》」、八〇cm程度の坐像を「※等身仏《とうしんぶつ》」という。もちろん、それよりも小さい仏像も多い。本書で紹介する仏像には「丈六仏」はなく、「等身仏」が多かったが、**灌頂院《かんじょういん》**（→278）薬師如来坐像のように「半丈六仏」もある。また、一m程度の阿弥陀如来の立像は「※三尺阿弥陀《さんじゃくあみだ》」といい、鎌倉時代、快慶によって創始され、その後も継承された形式である。

用語解説

肉髻《にくけい》…如来の頭頂にある髻《もとどり》のように突起した肉のこぶ。仏の三十二相の一つ。

螺髪《らほつ》…縮れて巻き毛になっている如来の頭髪。仏の三十二相の一つ。

衲衣《のうえ》…捨てた布を縫い集めて作った粗末な衣で、如来が着用する。糞掃衣《ふんぞうえ》ともいう。

印相《いんそう》…「いんぞう」ともよむ。仏像（如来・菩薩・明王・諸天など）が手や指でつくる形。その役割や意志などを示している。

持物《じもつ》…「じぶつ」ともよむ。仏像（如来・菩薩・明王・諸天など）が手にしている道具。その役割や意志などを示している。

脇侍《わきじ》…「きょうじ」ともよむ。三尊《さんぞん》形式の仏像で、中尊《ちゅうそん》をはさんで左右に立つ仏像のこと。

独尊《どくそん》…脇侍や眷属《けんぞく》を伴わず、単独に造られたり、祀られたりする仏像のこと。

変化観音《へんげかんのん》…仏が衆生《しゅじょう》を救うために様々に姿を変えることを「変化身《へんげしん》」という。観音が最もよく知られ、六観音・三十三観音などがある。

僧形《そうぎょう》…髪をそり、袈裟《けさ》を着た僧の姿のこと。

加持祈祷《かじきとう》…密教の儀式で、手に印を結んだり、呪文を唱えたりして神仏に祈ること。病気や災難から身を守るために行われた。

本地《ほんじ》垂迹説《すいじゃくせつ》…神は仏が姿を変えてこの世に現れたとする考え方。日本の神々と仏教信仰を融合させる神仏習合の思想に基づいている。逆に仏は日本の神が姿を変えたとする考え方も生まれ、これを「反本地垂迹説」という。
寄木造《よせぎづくり》…仏像制作の技法で、平安時代中期以降に完成した。多くの材を用いて部分ごとに制作し、後で組み合わせて完成させる。一体の仏像を複数の仏師《ぶっし》で担当できることから、制作の迅速さと量的拡大を可能にし、貴族の造仏需要に応えた。
一木造《いちぼくづくり》…仏像制作の技法。頭部と胴体が一本の木材でつくられている。平安時代初期の木像はこの技法による。
立像《りゅうぞう》…「りつぞう」ともよむ。立っている姿に制作した仏像。
坐像《ざぞう》…坐っている姿に制作された仏像。
丈六仏《じょうろくぶつ》…一丈六尺（約四・八m）の仏像。坐像の場合は、その半分の八尺（二・四m）とされた。釈迦の身長に由来するといい、仏像制作の基本とされた。なお、大仏というのは丈六仏りゅう以上の大きさの仏像を称する。
半丈六仏《はんじょうろくぶつ》…丈六仏の半分の大きさの仏像。立像は八尺（二・四m）、坐像は四尺（一・二m）。
等身仏《とうしんぶつ》…等身大に制作された仏像。立像は一・六m、坐像は〇・八mほどの大きさ。
三尺《さんじゃく》阿弥陀《あみだ》…三尺（約〇・九m）に制作された阿弥陀如来の立像。

（下山忍）

参考文献

佐和隆研編『仏像図典』（吉川弘文館・一九六二年）
西村公朝著『仏像の再発見』（吉川弘文館・一九七六年）
浅井和春監修『仏像の世界（文化財探訪倶楽部９）』（山川出版社・二〇〇〇年）
水野敬三郎監修『日本仏像史』（美術出版社・二〇〇一年）
松濤弘道著『仏像の見方がわかる小事典』（ＰＨＰ出版・二〇〇三年）
宮元健次著『すぐわかる図説日本の仏像』（東京美術・二〇〇三年）
真鍋真照編『日本仏像事典』（吉川弘文館・二〇〇四年）
青木忠雄著『埼玉の仏像巡礼』（幹書房・二〇一一年）

◆石造物（板碑・五輪塔・宝篋印塔）の見方

石造物とは

中世にはさまざまな石造物が全国各地に数多く作られた。五《ご》輪塔《りんとう》・宝篋印塔《ほうきょういんとう》・層塔《そうとう》・多宝塔《たほうとう》・宝塔・板碑・無縫塔《むほうとう》などの石塔類をはじめ、神社にある石鳥居・狛犬や石壇・石橋などの構造物まで含めると膨大な数になる。その多くは野外で観察することが出来ることから、形態変化の知識さえあれば歴史をひもとく格好の素材となる。なかでも卒塔婆《そとば》の一種である板碑・五輪塔・宝篋印塔（以下この三種類を併記する場合は石塔と表記）は各地に数多く分布している。これらの石造物を調べることで在地武士層や中世人の信仰のあり方、さらに石工や石造物の流通などを解き明かす手がかりを得ることができる。

個々の説明に入る前に石塔に共通する事柄を述べる。石塔を見つけたら石塔を含む地理的な景観を把握して、周囲に板碑片や五輪塔・宝篋印塔の部材などの中世石造物があるかを観察することからはじめたい。さらに、周囲を注意深く見わたして寺院・神社・小祠・墓地・城館跡・塚など中世の痕跡があるか観察したい、うまくいけば中世の景観を復元する手

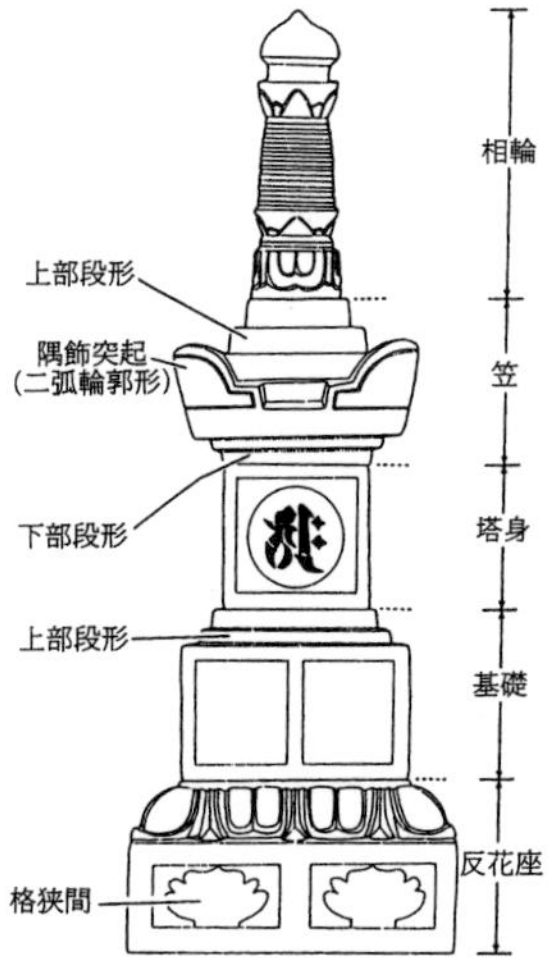

宝篋印塔模式図[※1]

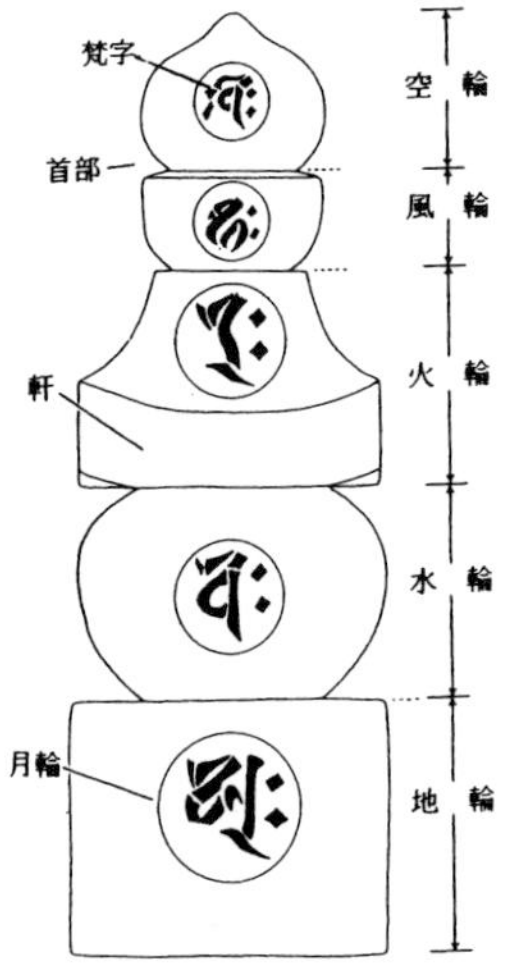

五輪塔模式図[※1]

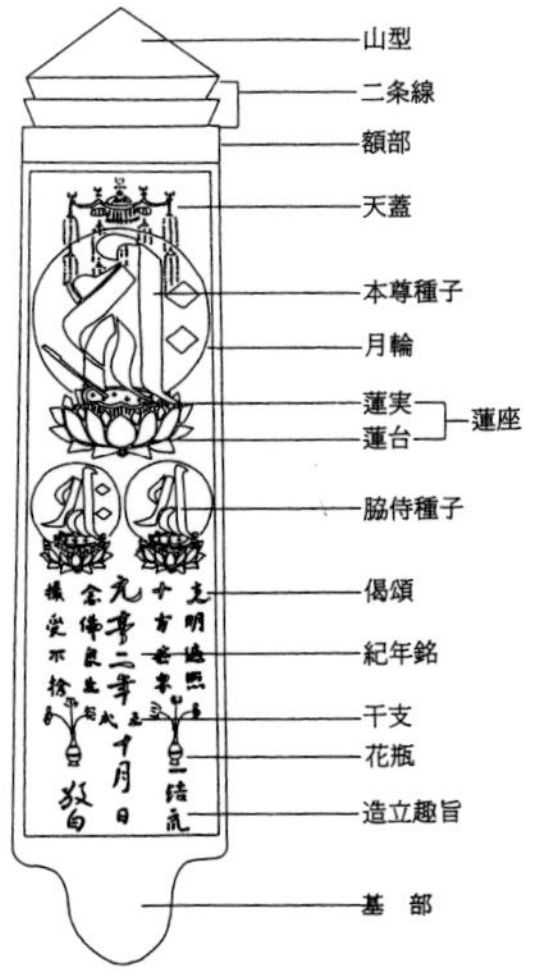

板碑模式図[※1]

掛かりをつかむことが出来るかも知れない。

　たいていの場合、銘文のない五輪塔・宝篋印塔の部材や板碑片が無造作に転がっているのだが、彫刻するかわりに墨で紀年銘が書かれた板碑や五輪塔が報告されている。数多く残る銘文のない石塔を考えるヒントになる。保存状態のよい石塔には、希に金泥が残っている場合がある、造られた当初は金色に輝いていたのであろう。建てられた当時の景観や様子を思い描きながら石塔を見学すると理解が一層深まる。

　武蔵国では板碑が最も数が多く五輪塔・宝篋印塔と続いているので、記述もこの順番に従う。

板碑とは

　墓地や路傍の祠《ほこら》に青色の平たい板状の石を見かける。よく見ると梵字《ぼんじ》や年号が刻まれている、これが板碑（この場合は武蔵型板碑）である。板碑とは中世に作られた石製の卒塔婆《そとば》の一種である。武蔵国にある板碑は頭部を山形に成形して、二条の線を刻んだ下に本尊を梵字や図像で彫り込み、その下に紀年銘を刻むのが一般的である。丁寧な場合には供養の趣旨や、これに関わる人名、経文の一節などを刻んだものもある。板碑の解説板には「板石塔婆《いたいしとうば》」「青石塔婆」という名称も見られるが、これは板碑の銘文に「石塔婆」「青石卒都婆」などと刻まれていることに由来している。ここでは一般に広く使用されている名称である「板碑」を用いた。ちなみに板碑の中ほどを塔身と呼び習わしているが、これは板碑が五輪塔・宝篋印塔と同じく「卒塔婆《そとうば》」すなわち「塔」であることに由来している。

　埼玉県・東京都・神奈川県の東部などかつての武蔵国といわれた地域では、槻川（入間川上流）の比企郡小川町や荒川上流の秩父郡長瀞町野上下郷《のがみしもごう》（↓125）から産出する緑泥片岩《りょくでいへんがん》（青石）を用いて板碑を作っている。この石材で作られた板碑を武蔵型板碑と呼び、その数は現在までに約四万基が確認されている。

　その後、板碑は北海道から鹿児島県の硫黄島まで広がり、各地で近くの石材を用いて造られるようになった。

　板碑は鎌倉時代から戦国時代まで造り続けられた中世に特有の石造物であるといわれる。板碑の背後に中世の人々の営みが見えるからである。文献史料に乏しい中世の地域社会を解明するうえで、板碑を史料として活用する方法が追究されている。

　実際に板碑の見学を行うと、板碑が完全な形で残っていることは少ない。欠損して一部分が残っていることのほうが多い。そこで破片から板碑の年代を読み取ることが求められる。

立地・地名・伝承から読みとく

立地を見る　墓地か、寺院跡か、塚か、路傍にあるかを見る。板碑はもともと建てられた場所にあれば歴史資料として貴重な情報を伝えてくれる。

多くの板碑は移動していると考えられるので、どこから移動してきたか、もとからそこにあったのか聞き取ることも重要である。墓地の場合は旧家の祖先として祀られている事例もある。板碑をともなう塚には古墳と経塚などがある。神聖な場所としての意識が継承されたのであろう。板碑が一カ所に数十基ある場合は付近に中世墓があった可能性がある。

地名　板碑の立っている場所の地名（小字名）はその板碑を調べる上で重要な手がかりを与えてくれる。ラントウバ（乱塔婆）は墓地、ダイニチ（大日堂）・ネンブツドウ（念仏堂）・イタボトケ（板仏）などは宗教施設である。

伝承　板碑にはさまざまな言い伝えが付加されている場合がある。有名な武将に因《ちな》む供養塔であるとか、あるいは霊験《れいげん》があるといった民間信仰の対象とされている場合もある。

南河原観福寺の河原兄弟を供養したとされる南河原石塔婆（→234）・龍福寺（→194）の伝曾我兄弟供養板碑などは前者の好例である。また、本来の目的が忘れられて橋や井戸枠などに転用された板碑もある。例えば坂戸市北浅羽万福寺の徳治二年（一三〇七）銘板碑（→280）も橋に転用されていた。

数量・保存状態・高さから読みとく

一つの板碑から出来るだけ沢山の情報が得られるように観察したい。言うまでもないが所蔵者または、土地の人にひと声掛けて見学の了解（許可）を取ることが望ましい。

数量　破片を含めて数える。例えば単独か、複数か、群を形成しているか。

完形か一部欠損か破片か？　破片の場合は板碑の上部・中央部・下部のどの部分に当たるか、さらに他に接合できる破片があるか調べ、およその形状と大きさを推測する。

高さ、横幅、厚みは？　時代や地域によって違いが顕著に現れる。

最大のものは台上五三七cmという長瀞町野上下郷《のがみしもごう》の応安《おうあん》二年（一三六九）銘板碑（→121）から小さいものは二〇cm余りのものと様々である。この大小二つの板碑は埼玉県立歴史と民俗の博物館にはレプリカが対比して展示されている。

高さ、横幅、厚みからは次のようなことがわかる。

・十三世紀中頃までの板碑は大きく、横幅があり、厚みがある。
・十四世紀初頭から十五世紀中頃までの板碑は大きく、細身の板碑が造られるが、これと平行して一m以下の小型の板碑が出現する。
・十五世紀中頃以降になるとさらに小型で薄く、粗雑な彫りになる。

同時代の板碑を地域別に比較すると、埼玉県の荒川・入間川流域は板碑の素材となる緑泥片岩が入手しやすいために大型で厚みのある板碑が造られるが、産地から遠い多摩川・鶴見川流域では比較的小さく、横幅も狭い板碑が造られている。

形態と技法から読みとく

全体の印象　板碑一つ一つについて大きさ、石の色調、石面の状態（磨かれているか粗れているか）、ずんぐりしているか細身か、主尊や銘文の配置などに特色があるかなど印象をつかみ取る。

側面は？　丁寧に調形されているか、割り成形のままか。丁寧に調形されたものは①割った後に②ノミで削りを加えて整形し③さらに磨きを加えているもので古い時代（鎌倉〜南北朝期）の板碑である。割り成形のままは新しい時代（室町〜戦国期）の板碑である。

背面は？　板碑の背面の状態を観察する。背面には加工痕跡がそのまま残っているので、これを見れば丁寧に作られたのか、粗雑に作られたのかがわかる。制作方法や制作過程を知る上で板碑の背面観察は必要である。また背面には彫刻がないものが一般的である。背面に彫刻した特殊な事例として、蓮田市馬込の延慶四年（一三一一）銘板碑（→236）には「銭已上佰五十貫」の銘が裏面に刻まれている。また、行田市斎条宝泉寺阿弥陀三尊種子地蔵一尊図像板碑の背面には宝塔と「弘長元年（一二六一）辛酉七月五日」銘が刻まれている。このように特殊な板碑はその制作意図を考える必要がある。

正面は？　二条線・主尊・銘文は正面にしか刻まれない。これは板碑が正面から礼拝する目的で作られているからであり、このことを「一観面《いっかんめん》」という。

額《がく》は？　板碑の塔頂部には額と二条線がある。二条線の上にある方形の張り出しを額という。額は板碑の格式を表わしているばかりでなく、板碑の起源を巡る論議に関わる。額のある板碑は丁寧な作り方で古い時代のものにみられる。

山形は？　ほとんどの武蔵型板碑の塔頂部は山形である。山形の角度はおおむね一二〇度前後とされる。入間川・新河岸川流域の初発期板碑には二条線上の額が張り出し、頭部の山形の角度が鋭く尖った板碑がある。この板碑を「尖頂有額《せんちょうゆうがく》板碑」と呼び、飯能市から川越市、ふじみ野市、富士見市、東京都板橋区などに分布している。一般的に時代が降るとともに板碑の幅が狭くなり、このために角度が鋭くなる傾向にあるといわれる。

二条線とは？　ほとんどの武蔵型板碑には塔頂部山形の下に二条の刻込が入っている。側面に刻み込みがあるものは初期の板碑かあるいは終末期の板碑である。

枠線とは？　塔身部の面を一重か二重の線で囲った線をいう。聖域を表示して荘厳する役割をはたしている。二重枠線は鎌倉中〜後期の板碑に多い。偈《げ》や真言が刻まれているとか、主尊が荘厳体であるとか、長文の願文があるなど、極めて丁寧に作られた板碑に多く見られる。埼玉県では枠線を刻む板碑が比較的多いが、東京都・神奈川県ではこれが少ないという地域差がある。

彫刻手法のちがいは？　薬研彫《やげんぼり》か線彫の彫刻方法の違いを見てみよう。薬研彫は文字などを彫刻するときにV字形に彫る彫り方のことで、種子や蓮座はこの彫り方をしているものが多い。また、底面を平らなにする箱彫りがある。

線彫は紀年銘や装飾等の細かいものを彫るときに使う。

主尊と銘文から読みとく

主尊にみる表現方法　板碑には必ず本尊が刻まれているが、その表現方法は、種子・図像・文字の三種である。

Ⅰ　種子《しゅじ》は仏・菩薩を梵字（サンスクリット文字）で表わしたものである。主尊種子《しゅじ》にはキリーク（阿弥陀如来）、バク（釈迦如来）、バン（金剛界大日如来）、バーンク（同）、ア（胎蔵界大日如来）、アーンク（同）等がある。このうち武蔵型板碑では「キリーク」が圧倒的に多く、全体の八〇％を占めている。阿弥陀如来には観音菩薩の「サ」、勢至菩薩の「サク」を脇侍とした阿弥陀三尊形式がある。キリーク一尊を用いる方が三尊形式より専修念仏の傾向が強く、鎌倉新仏教的な色彩が強いという説がある。

Ⅱ　図像は仏像そのものを半肉彫り（レリーフ）または陰刻風にあらわしたものがある。

Ⅲ　文字は「南無阿弥陀仏」を刻む名号《みょうごう》板碑、「南無妙法蓮華経」を刻む題目《だいもく》板碑がある。

名号板碑は鎌倉末期から南北朝期に集中してつくられ、坂戸市・川越市・川島町・新座市などに偏って分布している。一方、法華宗（日蓮宗）系統の信仰をあらわす題目板碑は東京都大田区・目黒区、千葉県市川市、埼玉県南部地域の川口市・戸田市・和光市や東松山市・加須市（旧騎西町）などに集中している。

偈《げ》・真言・願文《がんもん》から見る　偈《げ》は仏教の経典などの中で、仏徳を讃え、あるいは法理をのべたもので、一定の字数を一句とした詩文の形式をとったものである。このうち一番多いのは『観無量寿経《かんむりょうじゅきょう》 真身観《しんしんかん》』を出典とする「光明遍照《こうみょうへんじょう》　十方世界《じっぽうせかい》　念仏衆生《ねんぶつしゅじょう》　摂取不捨《せっしゅふしゃ》」偈で、「光明はあまねく十方の世界を照らし、念仏を唱える人々を必ず救い、捨て去ることはない」といった意味である。

Ⅰ　真言は、仏菩薩の偽りのない真実の言葉をいい、特に長いものを陀羅尼《だらに》とよんでいる。

多くの真言の中で板碑に最も多く刻まれているのが光明真言である。光明真言は亡者の滅罪、極楽往生を助ける真言といわれている。

Ⅱ　願文《がんもん》は板碑造立の目的を刻んだもので、例えば、入間市野田円照寺文永七年（一二七〇）銘板碑（→307）に刻まれた「右志者為丹治泰家成等正覚　丹治宗泰孝子丹治氏敬白」はこの板碑が丹治泰家追善供養のために建てられたことを示した願文である。

紀年銘《きねんめい》と干支から見る　紀年銘は板碑の造立または供養の年月日であると考えられる。彼岸日あるいは時正（中日）とある場合は彼岸の供養に建てられた事を示している。十五世紀に盛んに作られた月待《つきまち》供養《くよう》の板碑では旧暦の二十三日を刻むものが多い。干支（えと）は十干十二支の略で、鎌倉期から室町期の干支の表し方は「年」と月数の間に縦または左右分かち書きに刻まれる。戦国期から江戸期は年「数」と「年」の間に刻まれるので時代判定の手がかりになる。特に江戸期の干支は斜めに彫られているので判別しやすい。干支は紀年銘の部分や年号の一部欠けている場合には、その年号を推定することが出来るので便利である。

　南北朝期には北朝年号と南朝年号が併存した。武蔵国ではほぼ北朝年号で統一されているが、正平六年（一三五一）十月から同七年十月（正平の一統）までの短期間だけ南朝年号のある板碑が残されている。また、正長年号は正長元年（一四二八）だけで、翌年には永享と改元されているが、関東公方足利持氏は室町幕府に敵対し引き続き正長四年（一四三一）まで同年号を使用し続けた。このため埼玉県川口市・和光市・さいたま市大宮区・新座市・東京都北区には正長四年までの板碑が存在する。

人名（供養者と被供養者）から見る　例えば初期の板碑に刻まれた人名は加治氏、児玉党の小代氏・浅羽氏、野与党の道智氏など武蔵七党といわれる武士や僧侶である。次に、室町期

代表的な本尊（種子）一覧※1

に入ると小型の板碑に「妙全禅尼」「道全禅門」など法名だけを刻むものが多くなる。さらに十五世紀中頃になると一枚の板碑に「七郎十郎」「ひこ四郎」など数人から数十人の人名を刻む結衆板碑《けつじゅういたび》があらわれる。俗名で苗字を持たない農民が主体となって村落内に結衆（講集団）を営み、月待《つきまち》・庚申待《こうしんまち》などの板碑を立てるようになった。

装飾とデザインから読みとく

蓮座《れんざ》とは？　主尊を荘厳する道具である。彫刻の方法としては、薬研彫か線彫のどちらかである。鎌倉期は写実的で力強く描かれている。次に南北朝期は形が整って美しいが形式的になる。さらに室町期は写実性が失われ形式化している。線彫で蝶の羽根を広げたような蓮座（蝶型蓮座）が多摩川下流域を中心に現れる。戦国期に入るとあたかも釘で彫ったかのような弱々しく稚拙な蓮座になる。

天蓋《てんがい》とは？　蓮座と同様に主尊を荘厳する道具である。薬研彫か線彫である。鎌倉期には美しく端正に描かれている。次に南北朝期には整った美しいタイプと線彫で形式化したタイプがある。室町期には線彫で平板なデザインになる。

花瓶《けびょう》　蓮座や天蓋と同様に主尊を荘厳する道具である。南北朝期から室町期に盛んに刻まれた。鎌倉期には写実的で生き生きと描かれている。南北朝期は形が整って美しいが形式的になる。室町期には線彫で花弁及び葉の形が著しく簡略化される。

五輪塔とは

五輪塔は石塔の一形態である。五輪塔は中世において最もポピュラーな石塔として数多く造立された。塔の形は密教信仰に基づいて作り出されたもので、万物の五大要素である地・水・火・風・空の五部からなり、下から通常、方形の地《ち》輪《りん》、球形の水輪《すいりん》、三角形の火輪《かりん》、半球形の風輪《ふうりん》、宝珠形の空《くう》輪《りん》を積み上げ、各輪に梵字でキャ・カ・ラ・バ・アの五大種子を上から刻む。多くの五輪塔は風輪と空輪を一石で造り、これを空風輪と呼んでいる（→80〜81）。

鎌倉時代中期から末期には大型で意匠も優れた五輪塔が沢山造立された。特に律宗系寺院に残る五輪塔は見るべきものが多い。鎌倉市極楽寺の忍性《にんしょう》塔や浄光明寺の覚賢《かくけん》塔も律宗系の大型五輪塔である。基本的には梵字を刻む場合は、各輪の四方に発心門《ほっしんもん》（東方）・修行門《しゅぎょうもん》（南方）・菩提門《ぼだいもん》（西方）・涅《ね》槃門《はんもん》（北方）の四門の五大種子を刻む。書体は、刷毛《はけ》書の規格的な書体が普及し、薬研彫の刻字技法とよく合致して美しく整った梵字が見られる。

鎌倉時代中期以降には、わが国の石塔の主流となり、宗派に関係なく造立された。

県内では所沢市の嘉暦《かりゃく》四年（一三二九）の妙善院五輪塔（→284）が銘文の明らかな五輪塔としては最古のものである。

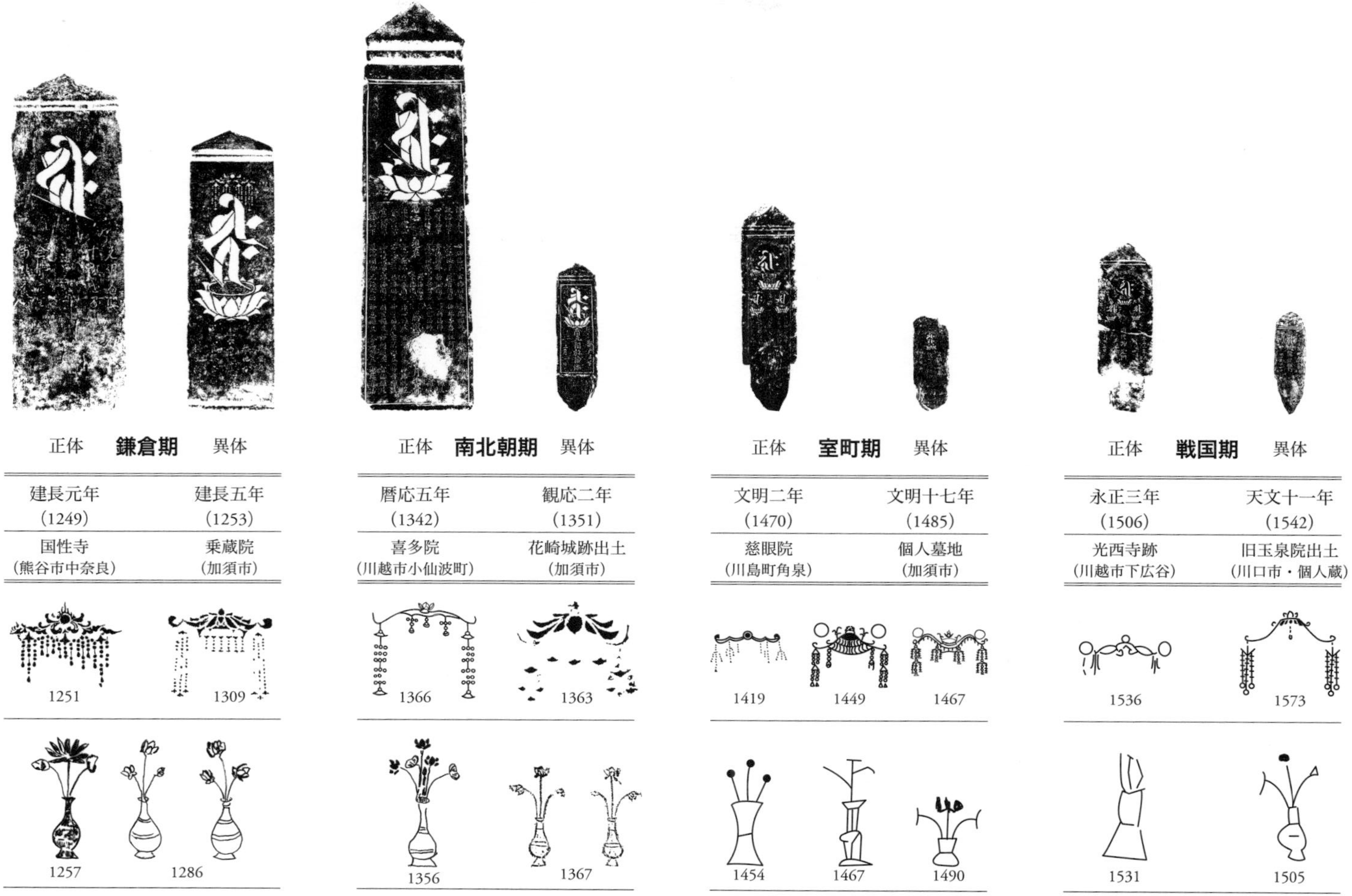
正体
鎌倉期
異体
建長元年
(1249)
国性寺
(熊谷市中奈良)
建長五年
(1253)
乗蔵院
(加須市)
1251
1309
1257
1286
正体
南北朝期
異体
暦応五年
(1342)
喜多院
(川越市小仙波町)
観応二年
(1351)
花崎城跡出土
(加須市)
1366
1363
1356
1367
正体
室町期
異体
文明二年
(1470)
慈眼院
(川島町角泉)
文明十七年
(1485)
個人墓地
(加須市)
1419
1449
1467
1454
1467
1490
正体
戦国期
異体
永正三年
(1506)
光西寺跡
(川越市下広谷)
天文十一年
(1542)
旧玉泉院出土
(川口市・個人蔵)
1536
1573
1531
1505

板碑の変遷

忍性に従った西大寺系石工が関東に下る以前にも、比較的柔らかい石材を利用して五輪塔や層塔を造立している。深谷市（旧川本町）**畠山重忠五輪塔**（↓172）３号塔や深谷市（旧岡部町）**普済寺**（↓139）**岡部六弥太忠澄《ただすみ》墓**（↓142）などの凝灰岩製のものは群馬県天神山石材を用いている。天神山石材が主に利根川や荒川の水運を利用して武蔵国に流通したことが考えられる。ちなみに**大蔵館跡**（↓190）**源義賢《よしかた》墓（五輪塔）**（↓202）は地元産の石材を利用していることが知られている。

　南北朝時代になると形式の固定化が始まり迫力がなくなる。室町時代になると小型の五輪塔が数多く造られるようになる。これは造立階層が徐々に下の階層の人々まで普及したためである。こうした需要を満たすために北武蔵では利根川流域に産する角閃石《かくせんせき》安山岩の塔が大量に普及した。

　多くの五輪塔は部材がバラバラな姿で残っているため造立当初の姿を残しているものは極めて少ない。また、五輪塔は時代変化の特徴が掴みにくいので注意を要する。個々の部材の形態変化をあげると、以下のようになる。

地輪の変化は？　横長の方形は古く、時代が下がるに従い幅に対する高さの割合が大きくなる。十六世紀以降は水輪の接地面が上にやや盛り上がる。

水輪の変化は？　球形に近い下ぶくれのものがあり、量感のあるものが古く、時代が下がるに従い量感を失い、最大径が上がる傾向になり、丸みを失いそろばん玉形になる。

火輪の変化は？　上下の軒反りが平行に近く、緩やかであり、軒口は垂直、屋だるみも緩やかなものが古く、時代が下がるに従い、高さを増し上側の軒反りが強くなる。軒口は外開き、屋だるみも強くなる。

空と風輪の変化は？　空輪部が宝珠形・風輪部が半円形を呈するものが古く、時代が下がるに従い空輪と風輪の境が浅くなり、丸みがなくなり先端部が突起する。全体の中で空風輪の大きさが大きくなる傾向になる。

　十五世紀の塔の高さは七〇cmから八〇cm、幅は最大で二五cm前後の小型のものが多くなる。

　また、各部分の高さをみると、時代が下がるに従い空風輪の比率があがる。従って塔は「小型化」するが空風輪は「肥大化」する傾向になる。

　十六世紀に入ると、七〇cm前後の小型のものと、全高一〇〇cm以上最大幅三〇から五〇cmの大型のものに二分化する。全高に対する空風輪の比率はさらに高くなり一対〇・四程度になる。また、古い物はほぞの彫りが丁寧であるが、時代が下がるに従い退化する傾向が見られる。

石材の変化は？　五輪塔は板碑に比べて碑面が狭いために銘文が少ない。また、複数の石材を積み上げて作成されるだけに、長い年月の間に地震などによる倒壊や埋没により造立当初の姿を伝えるものは希である。そのほとんどが笠部や塔身、基礎などの各部材がバラバラの状態で遺されている。また、小型の塔の大部分には銘文（紀年銘）を欠くことも板碑と違い年代判定を難しくしている。

年代判定の手がかりは石材と意匠（デザイン）である。ここでは石材の概要を示す。

◎五輪塔の石材
凝灰岩《ぎょうかいがん》…鎌倉期（十四世紀前半）灰白色
安山岩…鎌倉後期〜戦国期（十四〜十六世紀）暗灰色
角閃石《かくせんせき》安山岩…
　室町期〜戦国期（十五〜十六世紀）褐黒色・緑黒色
砂岩…室町期〜戦国期（十五〜十六世紀）

宝篋印塔《ほうきょういんとう》とは

宝篋印塔は一切如来心秘密全身舎利宝篋印《ほうきょういん》陀羅尼《だらに》経を納めるための塔である。関東における宝篋印塔の造立と普及は、五輪塔同様に、律宗の僧、忍性《にんしょう》に負うところが大きい。忍性に従って関東に下った大和西大寺の石工大蔵安氏《おおくらやすうじ》が箱根の磨《ま》崖石仏群《がいせきぶつ》とともに宝篋印塔や五輪塔を造立しており、花崗岩や安山岩などの硬質の石材加工技術が関東にもたらされたことによって、鎌倉時代末期以降に急速に宝篋印塔・五輪塔などの石造物が関東各地に広まったと考えられている。

鎌倉時代には丁寧な彫刻を施した大型の塔が造られる。南北朝時代に造塔のピークを迎え、二重式宝篋印塔といわれる地域ごとに特色のある塔があらわれる。室町時代には小型の塔が数多く造られるようになる。これは造立階層が徐々に下の階層の人々まで普及したためである。戦国期には小型の塔が造られる一方で、戦国期宝篋印塔といわれる大型の塔も造られた。

中世の宝篋印塔は大別すると関西形式と関東形式に分けられる。著しい相違は、前者は基礎の上面に二段の段型を装飾化して反花座《かえりばなざ》とし、塔身は全体から見て大型に造り、後者は反花座の上に基礎を置き、塔身は小型で細長い印象を与える。東松山市岡光福寺の所在の**光福寺宝篋印塔**（↓205）は、関東では珍しく関西形式のものである。関東形式は関東一円とその周辺部にみられる。塔身部には「金剛界四仏種子」「胎蔵界四仏種子」などを刻むものも多いが、像容を表現したものもある。川口市**善光寺**（↓255）の元亨二年（一三二二）銘宝篋印塔（↓257）は関東形式のものである。相輪を欠くが、摩滅・欠損がほとんどない。塔身に金剛界四仏種子を刻んでいる。関東形式はさらに相模型（相模国全域と武蔵国南部、現在の川口市と飯能市を結ぶラインを北限とする）と、それよりもさらに北側に位置する北関東型に分けられる。北関東型の代表が群馬県南部から埼玉県北部にかけて作られた二重式宝篋印塔である。これは通常の関東形式の基礎と塔身の間に軸部にあたるものと、段形がなく低い隅飾りを勾欄《こうらん》のように刻んだ笠をいれ二重にしたもので、吉見町**金蔵院**（↓216）の**永和《えいわ》二年**（一三七六）**銘宝篋印塔**（↓217）がある。

年代判定　宝篋印塔の年代判定のポイントは「笠部の段数」と「隅飾突起《すみかざりとっき》」にあるといわれている。笠は四隅に馬の耳のような「隅飾突起」が付いている（下図参照）。この「隅飾突起」の文様と笠の上段の段数に時代相と地域差があらわれる。「隅飾突起」の形態は弧の数と文様からなっている。「隅飾突起」の周囲を縁取る輪郭の弧の数は一弧か二弧で、文様は「蕨手形」（1b・2b）か「パルメット形」（1c・2c）である（ただの縁取りは文様に加えず輪郭形とする）。最初に出現した形態は「二弧輪郭形」で、「隅飾突起」の周囲を二弧の輪郭に縁取る形式である（2a・2a'・2a"）。「蕨手形」は弧の先端が軒のところで蕨手状に一回巻かれている形式である。「パルメット形」は「蕨手形」から変化したもので、「隅飾突起」に美しい唐草文様がえがかれている形式である。

　二重式宝篋印塔には「蕨手形」文様が付いている。この文様は南北朝時代以降北武蔵の塔を特徴づけている。さらに、「パルメット形」は深谷市から熊谷市という限られた地域に現れた文様である。南武蔵では中世を通じて「二弧輪郭形」の塔が造られている。このような地域差は笠の段数においても同じ傾向がいえる。北武蔵では古い塔は五段で造られているが、時代が下がるに従い四段で造られるようになる。これに対して南武蔵では中世を通じて五段で造られる。

　この「隅飾突起」の彫刻は時代と共に次第に退化する傾向になる。「二弧輪郭形」を例にとっての変化をみると、古い塔は輪郭の内側を浅く均一に掘り下げて表面を均している。室町時代になると輪郭の内側に並行して浅く線を刻むだけで内部を掘り下げないようになる。さらに時代が下がると線も彫らず無地のままに退化する。また、隅飾突起は時代が降るとともに外側に開く傾向にあり、江戸時代に入るとこの傾向はさらに顕著になるので、時代を識別する有力な手掛かりといえる。

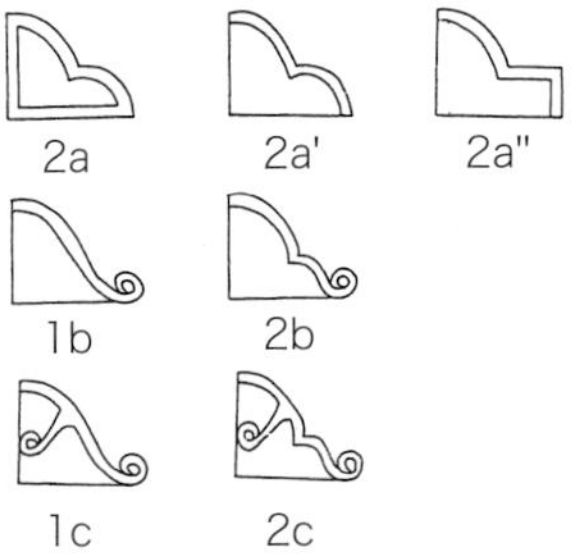

隅飾突起の変遷

　北武蔵では十六世紀になると基礎に短冊状《たんざくじょう》の意匠や笠部に手連子《れんじ》・菱型《ひしがた》文様などが刻まれた戦国期宝篋印塔が現れる。相輪にある九本の輪が省略され、伏鉢が大きくなる傾向が顕著になる（天文二十四年銘→80）。

　また、年代判定をするために、石材に注目することも必要である。五輪塔同様に板碑に比べ碑面が狭いという難点もあるものの、石材を手がかりに年代判定をしてみよう。

◎宝篋印塔の石材

安山岩…鎌倉後期〜戦国期（十四〜十六世紀）

角閃石《かくせんせき》安山岩…室町期〜戦国期（十五〜十六世紀）

砂岩…室町期〜戦国期（十五〜十六世紀）

（中西望介）

参考文献

『埼玉県板石塔婆調査報告書』（埼玉県教育委員会 一九八一年）
『埼玉県中世石造遺物調査報告書』（埼玉県教育委員会 一九九八年）
『新編埼玉県史資料編九 中世五』（金石文・奥書 埼玉県 一九八九年）
庚申懇話会編『日本石仏事典』（雄山閣出版 一九七五年）
川勝政太郎『日本石造美術辞典 新装版』（東京堂出版 一九九八年）
坂詰秀一編『板碑の総合研究 増補改訂版』（柏書房 一九九一年）
千々和到『板碑とその時代』（平凡社選書 一九八八年）
庚申懇話会・小花波平六等共著『石仏研究ハンドブック』（雄山閣出版 一九八五年）
石井真之助『板碑遍歴六十年』（木耳社 一九七四年）
千々和到『日本史リブレット31 板碑と石塔の祈り』（山川出版社 二〇〇七年）
三宅宗議「新河岸川流域における初期板碑の形態」『上福岡の板碑』（上福岡市教育委員会 二〇〇〇年）
栗岡眞理子「埼玉県の中世五輪塔編年案」『研究紀要第23号』（埼玉県立歴史資料館 二〇〇一年）
栗岡眞理子「埼玉県における中世石造宝篋印塔の変遷について」『研究紀要第24号』（埼玉県立歴史資料館 二〇〇二年）

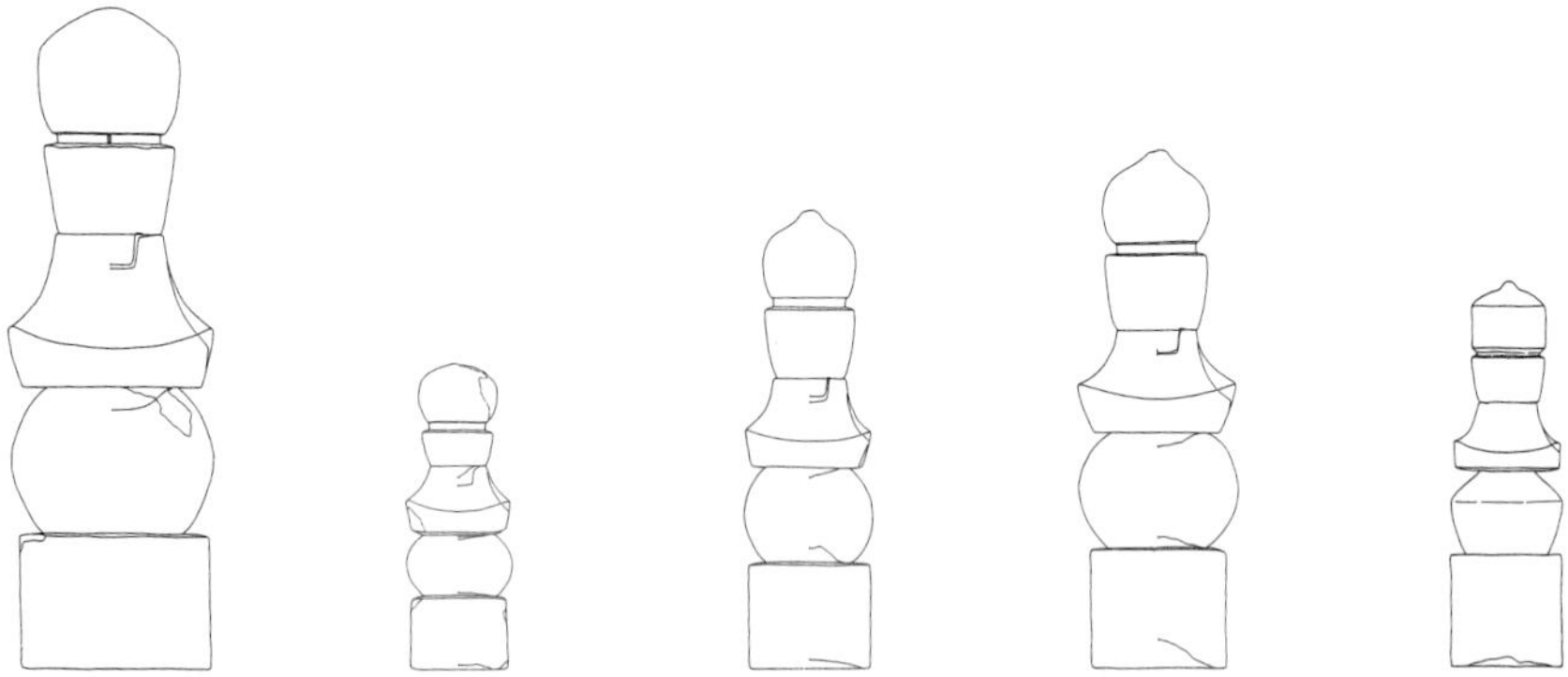

16 世紀前半		16 世紀後半		17 世紀初頭
天文十五年銘 (1546)	文亀元年銘 (1501)	天正五年銘 (1577)	天正五年銘 (1577)	慶長十九年銘 (1614)
134×38	62×22	93×22	105×30	78×33
砂岩	褐黒色・緑黒色 角閃石安山岩	砂岩	砂岩	砂岩
真福寺 (上里町)	個人墓地 (鳩山町)	千手院跡 (児玉町)	正龍寺 (寄居町)	智観寺 (飯能市)

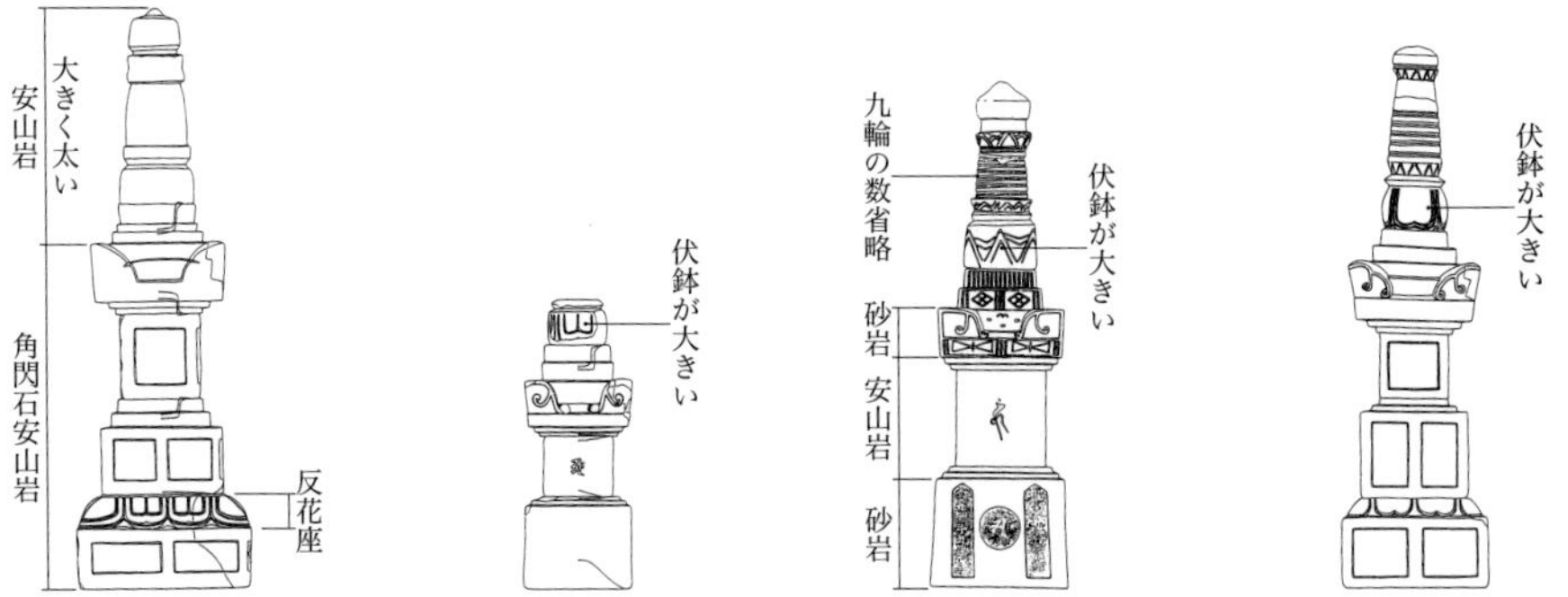

16 世紀前半		16 世紀後半	
大永二年銘 (1522)	天文十二年銘 (1543)	天文二十四年銘 (1555)	天正十年代の 紀年銘
総高 138 ㎝ 相輪は大きく太い	戦国期宝篋印塔と 共通する特徴 砂岩	短冊状意匠 伝藤田康邦墓 笠と基礎は砂岩	伝成田長泰墓
養竹院 (川島町)	本庄市栗崎所在	正龍寺 (寄居町)	龍淵寺 (熊谷市)

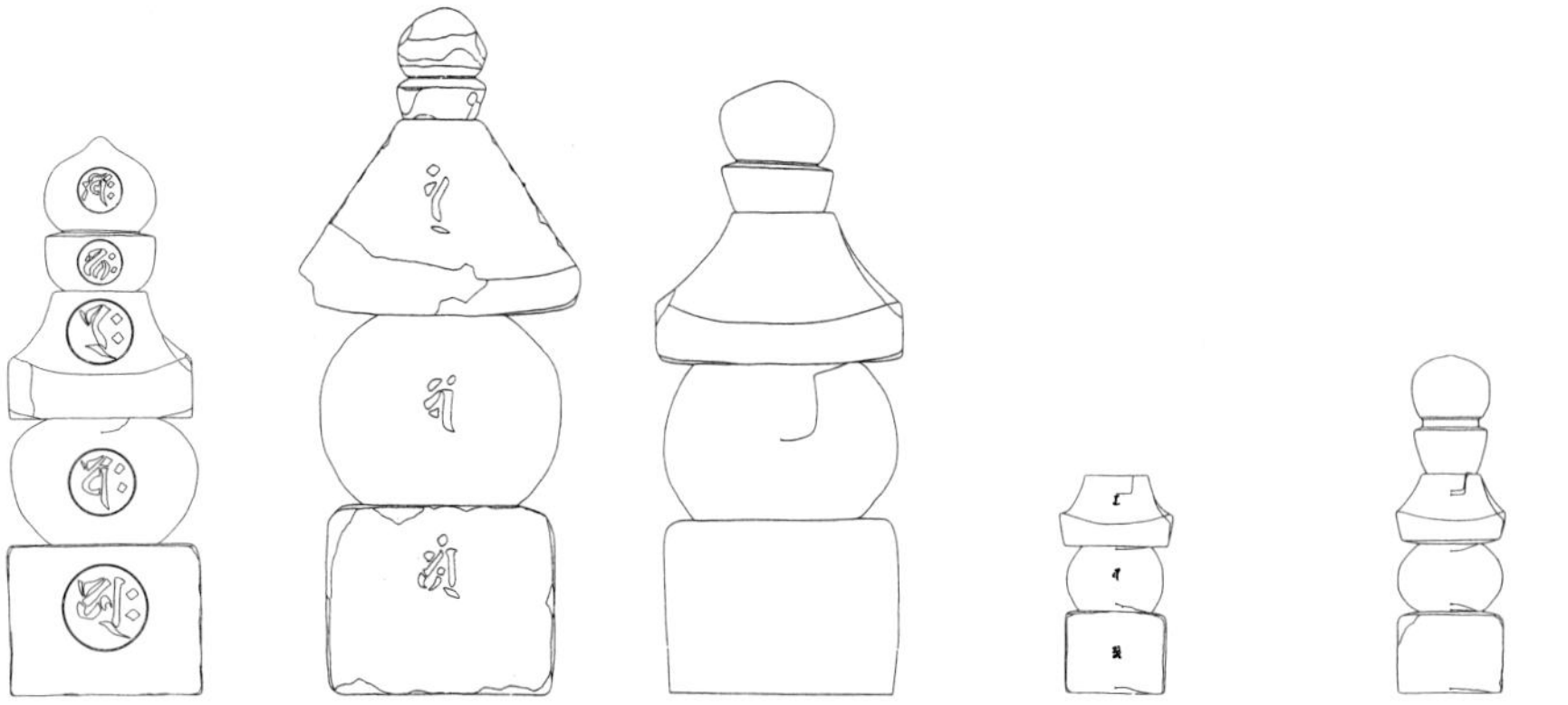

	14世紀前半		14世紀後半	15世紀	
	嘉暦四年銘（1329）	銘なし（鎌倉期とする見解あり）		文明三年銘（1417）	明応四年銘（1495）
高×幅	117×37	144×61	130×54	46×24	61×23
	黒色安山岩（群馬県産）	凝灰岩（群馬県笠懸野天神山産）	凝灰岩（群馬県笠懸野天神山産）	砂岩	褐黒色・緑黒色角閃石安山岩
	妙善院（所沢市）	正福寺（川島町）	個人墓地（深谷市）	甘粕原墓地出土（寄居町）	普光寺（寄居町）

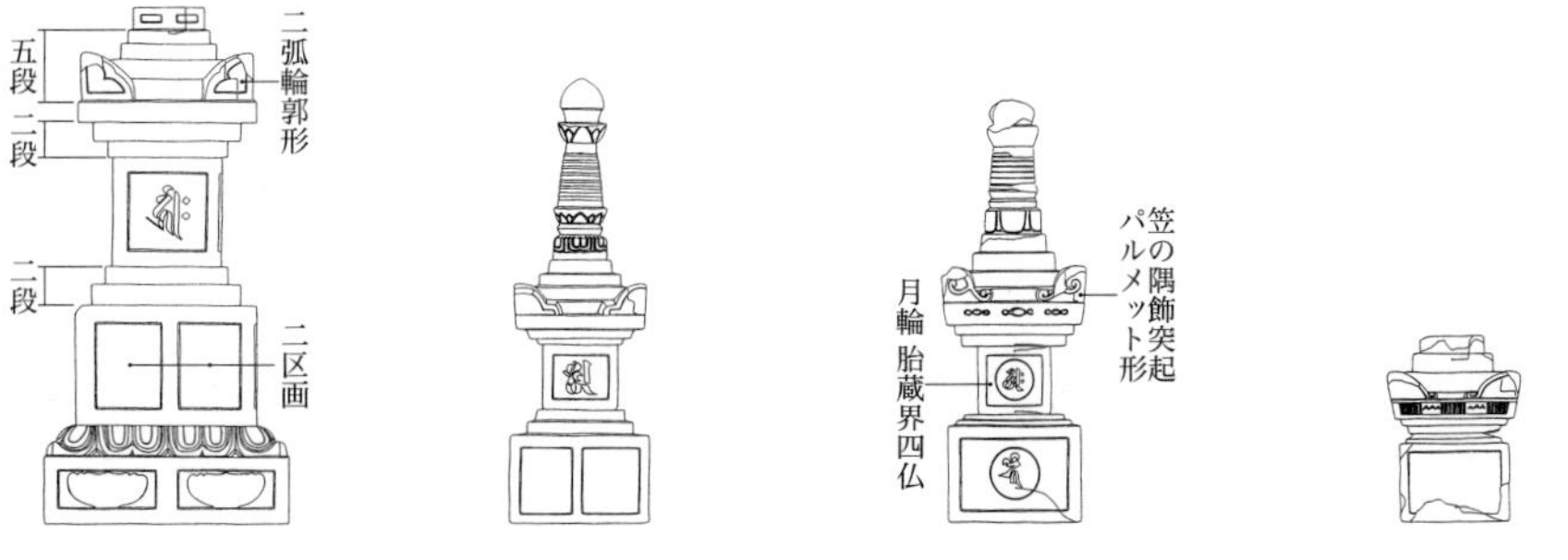

14世紀前半	14世紀後半	15世紀前半	15世紀後半
元亨二年銘（1322）	永徳辛酉銘（1381）	応永十一年銘（1404）	長享三年銘（1489）
金剛界四仏 基礎 妙序上人 安山岩	完形品 光明真言 安山岩	国済寺殿憲英 大宗興公大禅定門 伝上杉憲英墓 角閃石安山岩	紀年銘資料が 激減 角閃石安山岩
善光寺（川口市）	（寄居町桜沢所在）	国済寺（深谷市）	国済寺（深谷市）

五輪塔（上段）・宝篋印塔（下段）の変遷

◆梵鐘《ぼんしょう》等の見方

梵鐘とは　寺院を訪れると必ず目に付くのが梵鐘である。梵鐘は、材料が主に青銅であることから「銅鐘《どうしょう》」と呼ぶことも多い。俗に「銘《めい》は神護寺、姿は平等院、音は園城寺」というが、この言い方から「銘」「姿」「音」が梵鐘の価値や魅力を判断する基準であったことがわかる。太平洋戦争中に金属回収の対象とされたことから、失われた梵鐘も多く、現存する梵鐘は貴重な文化財であると言える。ここでは、梵鐘の見方について少し説明したい。

神社の梵鐘〜神仏習合　寺院ばかりでなく神社にも梵鐘がある場合もある。例えば、**美女木八幡神社**（↓254）銅鐘がそれであるが、これは「神仏習合（神仏混淆《こんこう》）」の名残である。本書でも「神社の見方」のところで、寺院のよそおいをもった神社や、寺院と隣合わせの神社について触れたが、それと同様のことである。神仏習合とは、日本固有の神と仏教信仰を融合調和した信仰であり、古くは奈良時代に始まっている。明治時代に神仏分離が行われるまでは、むしろその方が一般的な形態であった。

古い梵鐘　我が国には飛鳥時代に中国から伝来したとされるが、その頃の梵鐘は残っていない。現存する最古の梵鐘は、「戊戌《ぼじゅつ》年」（六九八）の紀年銘をもつ京都市・妙心寺《みょうしんじ》銅鐘（国宝）である。大鐘としても有名な奈良市・東大寺銅鐘（国宝）は天平勝宝四年（七五二）の鋳造という。奈良時代までの古い梵鐘は十六口《こう》しかないが、いずれも大きく優作である。形態上の特徴としては、撞座《つきざ》が位置が高いことである。撞座は平安時代中期以降低い位置となる。埼玉県内には平安時代にさかのぼる古い梵鐘は残っていない。九世紀、在原業平《ありわらのなりひら》に「野《の》寺《でら》の鐘」と詠まれたという**満行寺《まんぎょうじ》**（↓313）銅鐘の話もあるが、現在の鐘は昭和に入ってからの鋳造である。紀年銘のある古い梵鐘は、寛元三年（一二四五）銘の**慈光寺《じこうじ》**（↓195）銅鐘（国重文）や文応元年（一二六〇）銘の**養寿院《ようじゅいん》**（↓276）銅鐘（国重文）など鎌倉時代まで下る。

大きい梵鐘　かつて、大きい順に「南都《なんと》（東大寺）太郎」「高《こう》野《や》（金剛峯寺《こんごうぶじ》）次郎」「吉野（金峯山寺《きんぷせんじ》）三郎」「出羽（出羽神社）四郎」などと称したという。大きさは総高《そうこう》ではなく口径《こうけい》を比べたらしい。ちなみに太郎とされた東大寺銅鐘の口径は二七七cm・総高は三八六cmである。しかし、この順番は近世以前のものであるらしく、江戸時代鋳造の京都市・知恩院銅鐘（国重文）の口径は二八〇cm（但し、総高は三三三cm）とこれを凌いでいる。「国家安康《こっかあんこう》」で有名な京都市・方広寺《ほうこうじ》銅鐘（国重文）も総高四二二cm・口径二二七cmと大きい。埼玉県内の梵鐘はこれらに比べると小さい。最も大きいものでも、総高一四八cm・口径八八・四cmの**慈光寺**（↓195）銅鐘（国重文）である。他はおおむね総高一m前後の梵鐘が多い。

各部の呼び名　各部の呼び名は図の通りである。一番上に付く釣り手を竜頭《りゅうず》、竜頭の付く上部を笠型《かさがた》、梵鐘の本体を鐘身《しょうしん》と呼んでいる。鐘身は横方向の上帯《じょうたい》・中帯《ちゅうたい》・下帯《かたい》と縦方向の縦帯《じゅうたい》によって区画される。上帯に接して乳《にゅう(ちち)》の間《ま》があり、乳が配される。その下を池の間といい、銘文を入れる場合はここにが入る。中帯と下帯に挟まれた細長い区画を草の間と呼ぶ。鐘身の下端は厚みを増し、駒の爪という。

梵鐘に刻まれた銘文　梵鐘を見る上で、形の美しさや大きさのほかに、刻まれた銘文がある。銘文は多くは池の間にあるが、中には縦帯や草の間、あるいは鐘の内側にある場合もある。出来上がった梵鐘に鏨《たがね》で彫り込む陰刻《いんこく》と、鋳型に文字を彫り込んで字を浮き上がらせる陽鋳《ようちゅう》がある。陰刻は梵鐘の鋳造後ならいつでも入れることができる。直後に刻んでいるのを原銘《げんめい》というが後世に追加して刻んだものを追銘《ついめい》という。**浄蓮寺**（↓116）銅鐘（県文化）は、正慶《しょうきょう》二年（一三三三）の鋳造であるが、文明十一年（一四八〇）と文明十三年（一四八二）の追銘があり、梵鐘の移動の経緯が記されていて興味深い。その他、銘文には発願の趣旨、寺院名、制作時期、願主、檀那《だんな》、鋳工《ちゅうこう》などの名前が刻まれる。

河内鋳物師《かわちいもじ》の足跡　銘文に刻まれた鋳工（鋳物師）としては、埼玉県内では、**慈光寺**（↓195）銅鐘の物部重光《もののべしげみつ》、**聖天院**（↓305）銅鐘の物部季光《もののべすえみつ》、**養寿院**（↓276）銅鐘の丹治久友《たんじひさとも》・大江真重、**喜多院**（↓277）銅鐘の源景恒《みなもとのかげつね》らの名が知られる。このうち、物部氏や丹治氏は河内鋳物師である。河内鋳物師は十二世紀中頃には朝廷から特権を認められて鋳物の製作や販売にあたっていたが、建長四年（一二五三）、鎌倉（高徳院）大仏の鋳造開始に伴って幕府から召集された。その後、丹治氏は河内国に戻って行ったが、物部氏はそのまま相模国にとどまった。同じ河内鋳物師の広階《ひろしな》氏や大中臣《おおなかとみ》氏も上総国に残ったというが、こうした河

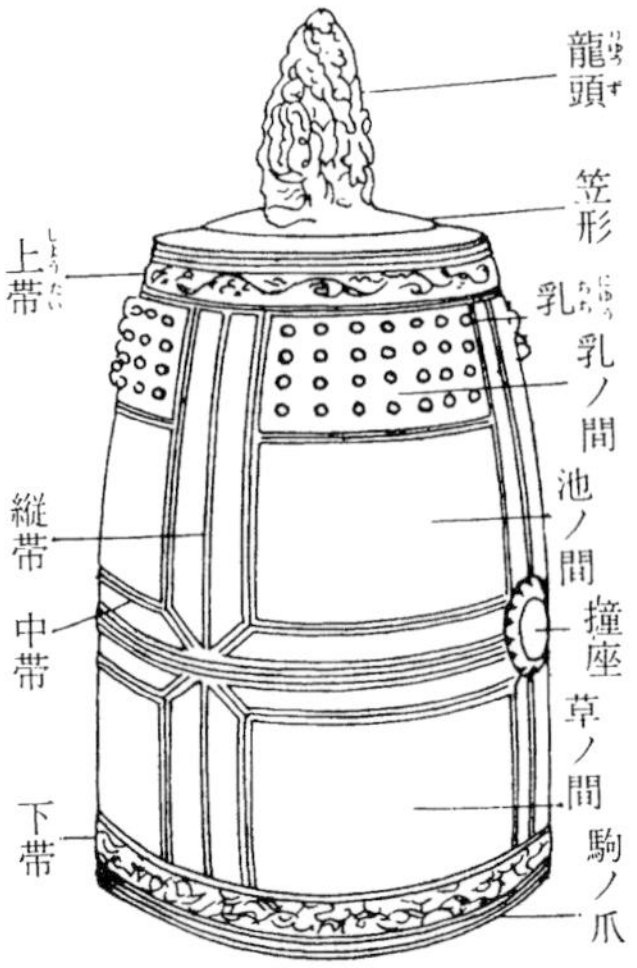

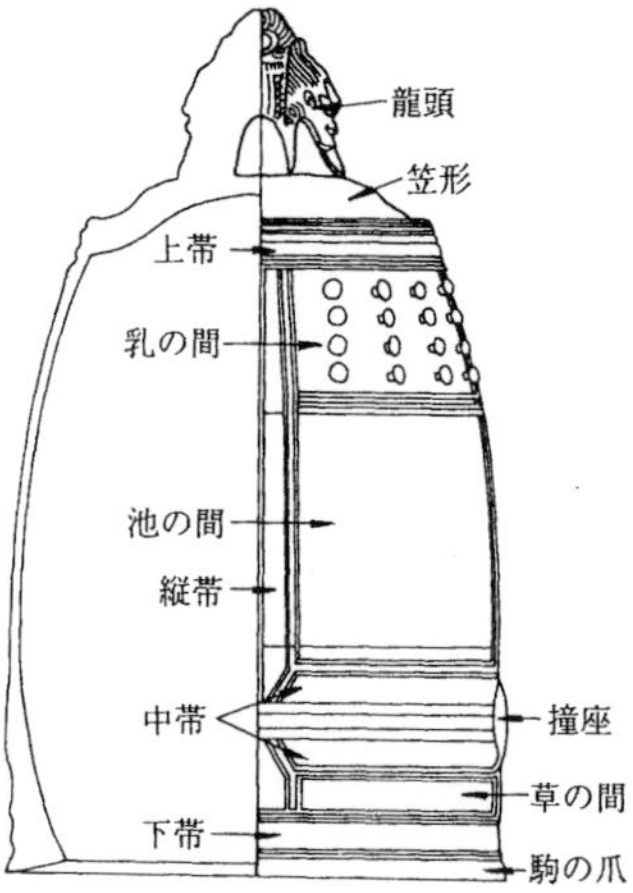

梵鐘の部分名称※5,6

内鋳物師の土着が関東地方の梵鐘の増加につながることになった。なお、丹治久友や物部重光は鎌倉（高徳院）大仏鋳造の中心的存在であるが、そうした鋳物師の名が埼玉県内の梵鐘に見られるのは大変興味深い。さらに言えば、物部重光は、鎌倉（高徳院）大仏のほか、建長七年（一二五五）銘の鎌倉市・建長寺銅鐘（国宝）の制作でも知られるが、これらに先立つ寛元三年（一二四五）に**慈光寺**（→195）銅鐘を鋳造していることが分かる。なお、**喜多院**（→277）銅鐘に見る源景恒は、相模国を本拠としていた源姓鋳物師の一人と言われている。

移動する梵鐘　梵鐘が今ある場所に鋳造された当時からあったとばかりは言えない。表に示したように移動している梵鐘も多い。**養寿院**（→276）銅鐘や**聖天院**《しょうでんいん》（→305）銅鐘のようにゆかりの寺社間で移動する場合もあるが、そうでないこともある。例えば、**喜多院**（→277）銅鐘はもとは筥崎山地蔵院（鳩ヶ谷市）にあったが、戦乱による混乱の中でもたらされたという。おそらく合戦で兵の進退などを指図する「陣鐘《じんがね》」に転用されたのではないだろうか。軍勢の移動に伴い鐘楼からはずして担ぎ出されて移動した梵鐘も多かったにちがいない。

梵鐘にまつわる伝承　伝承を伴う梵鐘もある。例えば、**常楽**《じょうらく》**院**《いん》（飯能市）銅鐘は「無間《むげん》の鐘」と呼ばれているが、これは撞くと無間地獄に落ちるということから来ている。かつて撞くたびに暴風や洪水が起こったという。似たような伝承は、**美女木八幡神社**（→254）銅鐘にもある。撞くために造られた梵鐘を撞いてはならないという禁忌（タブー）は非常に興味深い。寺宝や社宝として珍重されたためであろうが、あるいは「陣鐘」等に転用されることを防ぐための方便に始まるのかもしれない。そのほか、梵鐘にまつわる伝承を探してみるのもよいだろう。

梵鐘以外の仏具　寺院の境内で梵鐘以外にも見られる仏具についても触れておきたい。

◎雲版《うんぱん》　雲版とは、起床や食事の合図としてうち鳴らすために用いた禅宗の法具で、軸部を雲形にすることからこの名がついた。例えば、**長光寺**（→304）雲版（国重文）は、正和二年（一三一三）銘をもつ見事なものである。

◎鰐口《わにぐち》　鰐口とは、金鼓《きんこ》ともいい、社殿や仏堂の軒下につるし、参拝者が綱を振り動かして打ち鳴らすために用いた。篇円・中空で、下方に横長い口を開いた形が鰐（鮫の古名）に似ていることからこの名がある。**聖天院**（→305）応仁鰐口には、渋江鋳物師《しぶえいもじ》によって鋳造されたという銘文が残されてい

雲版※6

鰐口（奈良・長谷寺所蔵）※10

る。渋江鋳物師は、室町時代から戦国時代にかけて活動した鋳物師で、工房跡として**渋江鋳金遺跡**《しぶえちゅうきんいせき》（↓239）が残る。

◎**懸仏**《かけぼとけ》　懸仏とは、銅などの円板上に神像や仏像を半肉彫りや線刻したもので、内陣にかけて拝んだ。鏡に神像を線刻する「御《み》正体《しょうたい》」に始まり、神仏習合の信仰から本地仏やその種子を表現するようになり、鎌倉時代・室町時代に流行した。（下山忍）

懸仏※11

参考文献

坪井良平『梵鐘』学生社　一九七六年

『新編埼玉県史・通史編　二（中世）』埼玉県　一九八八年

杉山洋『梵鐘（日本の美術№三五五）』至文堂　一九九五年

川越市教育委員会『川越市の文化財』二〇〇二年

立正大学博物館『梵鐘（第五回企画展カタログ）』二〇〇八年

埼玉県内に現存する中世の梵鐘

名称	制作年代	制作者（鋳物師）	総高（cm）	備考
慈光寺銅鐘（国重文）	寛元三年（1245）	物部重光	148	ときがわ町　（願主）栄朝
養寿院銅鐘（国重文）	文応元年（1260）	丹治久友 大江真重	97	川越市　旧・新日吉山王宮銅鐘（大檀那）河越経重
聖天院銅鐘（国重文）	文応二年（1261）	物部季重	81.2	日高市　旧・高麗勝楽寺銅鐘
喜多院銅鐘（国重文）	正安二年（1300）	源景恒	114	川越市　旧・箕崎山地蔵院（鳩ヶ谷市）銅鐘
正法寺銅鐘（県文化）	元亨二年（1322）		146.3	東松山市
浄蓮寺銅鐘（県文化）	正慶二年（1333）	沙弥浄円	99.5	東秩父村　旧・円光寺（藤岡市）銅鐘、文明十一年、十三年の追刻
吉定寺銅鐘（県文化）	文禄二年（1593）		127	寄居町
美女木八幡神社銅鐘（県文化）	南北朝時代		111	戸田市立郷土博物館所蔵
常楽院銅鐘	室町時代		90	飯能市　通称「無間の鐘」
大宝八幡神社銅鐘	嘉慶元年（1378）	沙弥道善	108.1	旧・平林寺銅鐘　茨城県下妻市

（参考：新編埼玉県史・通史編２（中世））

武蔵武士の史跡

賀美郡

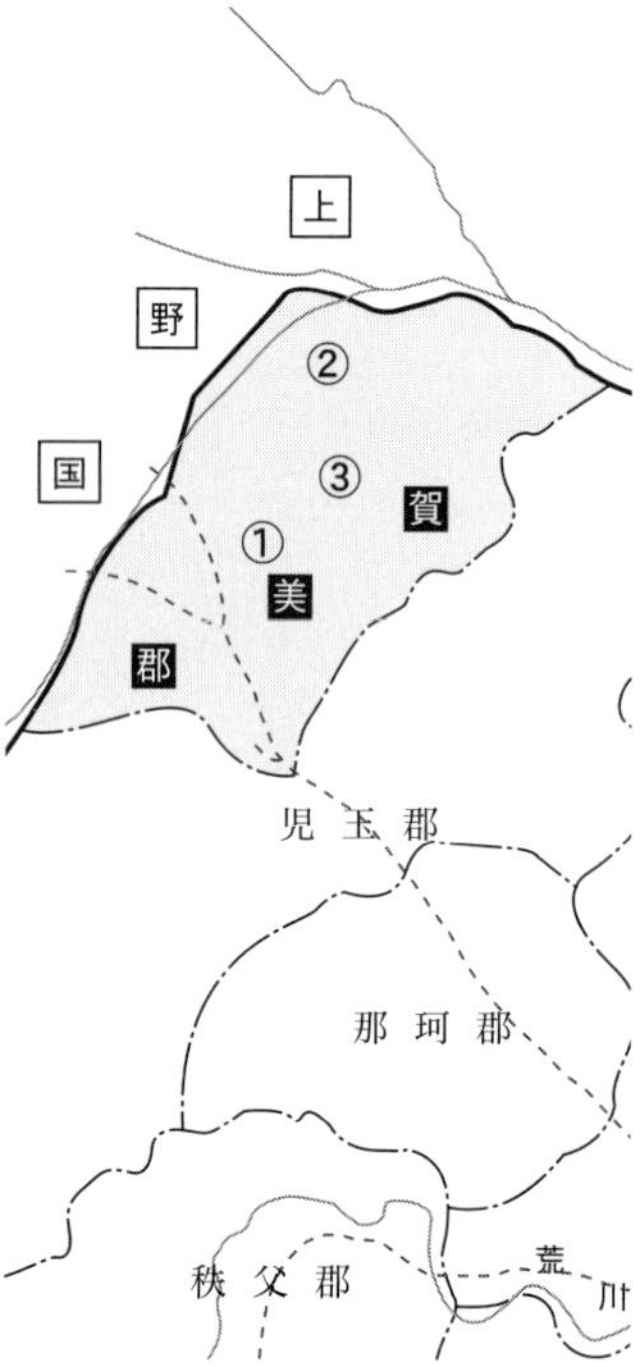

奈良時代から見える郡名で、武蔵国の最北端にあり、北流する神流川《かんながわ》の右岸と神流川に合流する烏川の右岸に位置する。川沿いの地域は河川の堆積作用によってつくられた沖積低地で、その南へ次第に高くなり、神流川の古い扇状地として形成された本庄台地に至る。周囲は、西・北を上野国、東・南を児玉郡に接するが、河川の流路の移動があり、郡界はしばしば変動した。古代は本庄市小島付近も賀美郡内に含まれたが、中世以降は現在の上里町と神川町の一部（旧神川町の一部と旧神泉村を除いた地域）にあたる。

武蔵武士　鎌倉時代当郡内には武蔵七党のうち丹党に属する武士が盤踞《ばんきょ》していた（別表と地図を参照）。神流川下流右岸に位置する安保郷は丹党の安保氏の名字の地で、神川町元阿保には安保氏の館跡（→90）や鍛冶屋敷と称された橋菅沼の居館址があり、同町関口には元応二年（一三二〇）安保忠実の創建と伝える幸春院がある。安保氏は鎌倉時代から戦国時代にかけてこの地域に勢力を持ち、南に接する児玉郡にもその活躍を示す史跡が残る。その所領は安保領と称された。その活躍は、『吾妻鏡』や『太平記』に見られ、家伝の安保文書（埼玉県立文書館、横浜市立大学等架蔵）も残っており、武蔵武士の中でも具体的な活動を知ることのできる武士である。

上里町勅使河原は丹党勅使河原氏の名字の地で、『源平盛衰記』に、勅使河原有直・有則兄弟が木曽義仲追討に活躍した様子が描かれ、承久の乱の際も北条泰時が鎌倉を出陣した時に従った十八騎の中に勅使河原小次郎がいる（『吾妻鏡』）。勅使河原の大光寺（→91）は建保三年（一二一五）勅使河原有直の開基と伝え、有直や一族の墓がある。また長浜郷は丹党安保氏の一族長浜氏の名字の地である。

南北朝時代、郡内の武士の多くは新田氏に従って各地を転戦した。関東にいた足利尊氏を討伐するため新田義貞に従って京都を発した軍勢の中には長浜六郎左衛門がおり、建武三年（一三三六）後醍醐天皇が比叡山に脱出する時、勅使河原直重父子は殿《しんがり》を勤め、討ち死にしている（『太平記』）。長浜氏は、一族の由良氏（新田氏被官）と関わりが深かった。延元元年

名字	出自	名字の地	現在比定地
①安保	丹党	安保郷	児玉郡神川村元阿保
②勅使河原	丹党	勅使河原	児玉郡上里町勅使河原
③長浜	丹党	長浜郷	児玉郡上里町長浜・児玉郡神川町四軒在家の付近

（一三三六）新田方の秩父郡の土豪畑時能は越前国鷹巣城（福井県福井市）で討ち死にするが、その家臣児玉光信はその首級を持ち帰り、金久保に埋葬し（陽雲寺畑児塚）、のちに金久保の**陽雲寺**（→91）の境内に移されたと伝える。また、観応三年（一三五二）勅使河原丹七郎は、新田義宗に従って鎌倉に攻め入っている。金久保にあった金窪城跡（→90）は畑時能の居城と伝える。

中世地名　郡内で鎌倉時代から見える郷村名は安保郷内別所村（安保郷は神川町元阿保付近）、長浜郷内赤洲村（長浜郷は上里町長浜・神川町四軒在家付近）、室町時代から見える村名は石神村（上里町大字神保原町のうち）、戦国時代から見える村名は植竹村（神川町植竹）、金窪（上里町金久保）、小浜（神川町小浜）、ひさいと原（上里町毘沙吐）、黛之郷（上里町黛）などがある。

鎌倉街道　鎌倉街道上道は、郡内南部を南東から北西に貫通する。上道は、神川町八日市熊野神社南の二股を西に進み、神川町役場（神川町植竹）の南を通り、植竹の東郷橋を経て、神流川の流路を渡り、群馬県藤岡市本郷に至る。一方、神川町八日市熊野神社南の二股を北西に進む道は、元阿保の安保氏館跡の南を通り、四軒在家の西側を抜けて神流川を渡河し、群馬県藤岡市小林に至る。延元二年（一三三七）南朝支援のため、陸奥国府（宮城県多賀城市）を発して南下し、鎌倉に向かった北畠顕家は、郡内の阿保原で足利軍と戦い、これを破り、鎌倉に向かった。

板碑　郡内には多くの板碑が確認されているが、南北朝時代の年紀を有するものが大半を占めている。最古のものは弘長四年（一二六四）の年紀を有する上里町七本木にある西福寺境内の板碑（→92）である。

明治二十二年（一八八九）の市制町村制施行により、賀美郡内の村は神保原《じんぼはら》・賀美・七本木《しちほんぎ》・長幡《ながはた》・丹荘《たんしょう》の五村となり、明治二十九年（一八九六）の郡制施行により賀美郡は廃止され、郡域は児玉郡に含まれた。

なお、この地域の武蔵武士の活動を詳しく知るには、左記の市町村史が参考になる。

参考文献

①『神川町史』（平成元年刊）
②『上里町史　通史編上巻』（平成八年刊）

金窪館跡《かなくぼやかたあと》

上里町金久保一六二六—四ほか
金窪城址公園

県旧跡。太椰《たや》城《じょう》跡とも呼ばれ、神流《かんな》川《がわ》に臨む崖上に残る平城である。金久保地区の萌美保育園裏側に**金窪城址公園**があり、石碑や説明板も公園内にある。城は丹党《たんとう》の加治家季《かじいえすえ》が築き、新田義貞《にったよしさだ》が修築、家臣の畑時能《はたときよし》が居城したともいわれるが定かではない。その後、室町期の寛《かん》正《しょう》年間（一四六〇〜一四六六）には、斎藤実盛《さねもり》の子孫といわれる盛光《もりみつ》の居城であった。城の規模は東西三七〇×南北二〇〇m程と考えられ、民家裏の城跡の碑のところに土塁を見ることができる。

　金窪館は天正十年（一五八二）六月に起きた神流川《かんながわ》合戦では、織田方の拠点であった。本能寺の変による情勢の変化から、北条氏直《うじなお》が織田氏の勢力下にあった上野国《こうずけのくに》に侵攻してきた。そこで、上野国支配を任されていた織田氏の家臣、滝川《たきがわ》一益《かずます》が金窪に入り、六月十八・十九両日に神流川で合戦が行われた。この戦いで織田軍は大敗して金窪館も焼かれ、一益は伊勢長島《いせながしま》に引き上げた。その後、天正十九年に武田信玄の甥にあたる河窪《かわくぼ》（武田）信俊《のぶとし》が徳川氏の旗本として陣屋を置いたが、元禄十一年（一六九八）に知行替えによって廃城となった。

金窪城跡と石碑

安保氏館跡《あぼしやかたあと》

神川町元阿保《もとあぼ》字上宿
一七六一—一

町史跡。丹党《たんとう》安保氏の館跡といわれる。丹二郎大夫経房《たんじろうたいふつねふさ》が児玉郡安保を本拠としたことに始まる。現在遺構はなく、館の存在した場所には、嘉永元年（一八四八）に建てられた石碑と案内板があるのみである。しかし、この地は鎌倉街道上道《かみつみち》が近くを通り、また馬場・馬出し・女堀などの地名が残り、かつて館があったことをしのばせる。

　館跡をめぐって流れる用水は**楠川**《くすがわ》といい、中世から近世にかけて重要な役割を

安保氏館跡

果たした。この用水は、関口付近で神流川《かんながわ》から取水し、安保氏の館に含まれると推定される**幸春院**（神川町関口四〇一一）の西側を通り、**阿保神社**（↓92）、安保氏館跡を囲むように流れている。開削時期や主体は不明であるが、南北朝期の安保氏の譲状の中には「楠川」（「安保文書」）と見え、安保氏との関わりが推定される。

神社・寺院

大光寺《だいこうじ》

上里町勅使河原一八六四

建保《けんぽう》三年（一二一五）に丹党の勅使河原《てしがわら》二郎有直《ろうありなお》が創建し、栄西を迎えて開山したと伝えられる臨済宗寺院である。勅使河原有直は、寿永《じゅえい》三年（一一八四）、源頼朝の命を受けた範頼《のりより》・義経に従って京都に攻め上り、六条河原で源（木曾）義仲を追撃した。また、境内には有直の孫にあたる直重《なおしげ》父子の墓と伝える**大光寺板碑**（**不背碑・親子地蔵**）（↓92）も残る。これと並んで永正《えいしょう》六年（一五〇九）銘の**大光寺石幢《せきどう》**が建っている。相輪部《そうりんぶ》は失われているが、笠石の下の龕部《がんぶ》には六地蔵が彫られており、幢心には結集《けつじゅう》である二十六名の法名が刻まれている。当寺では、毎年四月二十三日には勅使河原氏を慰霊するという「蚕影山祭《こかげさんさい》」が行われ、境内に市が立つ。板碑と石幢の隣には鎌倉時代の建立という**勅使門《ちょくしもん》**も残る。

陽雲寺《ようううんじ》

上里町金久保七〇一

元久《げんきゅう》二年（一二〇五）創建と伝えられる曹洞宗寺院である。元弘《げんこう》三年（一三三三）に新田義貞が鎌倉幕府打倒を祈願して不動堂を寄進し「新田勝軍不動堂《にったしょうぐんふどうどう》」と呼ばれていたという。

陽雲寺・畑時能供養祠

参道脇に**畑時能供養祠《はたときよしくようし》**（**県旧跡**）という石祠《せきし》もある。秩父の長瀞出身という畑時能は新田義貞に従ってしばしば軍功を挙げたが、延元《えんげん》四年（一三三九）に越前国（福井県）で戦死したので、家臣の児玉光信《こだまみつのぶ》がその首級を持ち帰り供養したという。児玉光信の石祠も傍らにあり、あわせて「畑児塚《はたごづか》」という。また、天正《てんしょう》十九年（一五九一）、武田信玄の甥にあたる河窪《かわくぼ》（武田）信俊《のぶとし》が当地を領有し、寺伝によれば、養母である信玄夫人陽雲院《よういんいん》（三条氏）を伴って入封《にゅうほう》したという。陽雲院は当寺に居住し、天和《てんな》四年（一六一八）に亡くなったとされるが、寺名はその法名に由来し、境内には**陽雲院の墓**も残る。

吉祥院《きちじょういん》

上里町大御堂《おおみどう》一一五一

大同《だいどう》年間（八〇六～八一〇）創建、のちに丹党の安保実光《あぼさねみつ》が中興したと伝えられる真言宗智山派の寺院である。安保実光は、寿永三年（一一八四）の平氏追討軍にその名が見え、文治五年（一一八九）の奥州合戦でも活躍するが、承久三年（一二二一）の承久の乱において、宇治川合戦で討死した。ここには、かつて荘厳な阿弥陀堂があったといい、「大御堂《おおみどう》」という地名の由来となった。現在多くの植栽で見る人を楽しませる「梅苑」は、かつての阿弥陀堂池の跡地であるという。山門付近には五輪塔・宝篋印塔《ほうきょういんとう》の残欠を集めた石塔類も残る。

阿保神社《あぼじんじゃ》

神川町元阿保一

延暦《えんりゃく》三年（七八四）創建と伝える古社であり、この辺りは丹党安保《あぼ》氏の本拠地であった。道沿い一〇〇mほど東南に**安保氏館跡**（→92）もある。安保氏は、丹党秩父基房《ちちぶもとふさ》に系譜をもつ新里恒房《にいさとつねふさ》の次男実光《さねみつ》が安保を名乗ったのに始まるという。その子実員《さねかず》の女《むすめ》が北条泰時《ほうじょうやすとき》に嫁し、北《ほう》条《じょう》得宗《とくそう》家とのつながりも強くなって勢力を伸長した。

阿保神社・社殿と狛犬

石造物

大光寺板碑《だいこうじいたび》

上里町勅使河原一八六四
大光寺

町文化（親子地蔵）。**大光寺**（→91）の本堂の裏手に立っている。高さ一一五cm、幅五七cmで、紀年銘などは残されていないが、形式から鎌倉時代に建立されたものと考えられる。表と裏の両面に地蔵画像が刻まれているのが特徴で、これらを合わせて親子地蔵と称している。背面がないので不背碑《ふはいひ》と呼ばれる。地蔵像を刻んだ板碑としては、比較的早い事例である。また、丹党の勅使河原直重《てしがわらなおしげ》の父子を供養した墓とも伝えられている。

大光寺板碑

弘長四年銘板碑《こうちょうよねんめいいたび》

上里町七本木五九四一一
西福寺

町文化（板石塔婆）。**西福寺**の境内にある覆屋《おおいや》のなかに立っている。弘長四年（一二六四）の銘があり、高さは一二一cm、幅は五九cmである。やや荒削りながら、三尊の種子が薬研彫りで表現されており、鎌倉時代の様相をよく伝えている。

帯刀先生義賢墓《たてわきせんじょうよしかたのはか》

上里町帯刀三〇九－二
福昌寺

町史跡。**福昌寺**は、寛正五年（一四六四）に陽雲寺僧の天英祥貞《てんえいしょうてい》が、源義賢の菩提を弔って建立したという曹洞宗の寺院である。久寿《きゅうじゅ》二年（一一五五）の大蔵合戦で敗れた義賢が、ここまで落ち延びてきて亡くなったという伝承があり、本堂の裏手には、義賢の墓と伝えられる石塔が立っている。この石塔は、宝篋印塔の塔身や相輪、五輪塔の部材などを組み合わせたもので、各々年代は異なっている。とくに最下段の塔身は、胎蔵界四方仏が刻まれた南北朝時代の所産で、かつては立派な宝篋印塔だったと想像される。なお、「帯刀」という地名も、義賢の通称である「帯刀先生」に由来するものと考えられる。

児玉郡

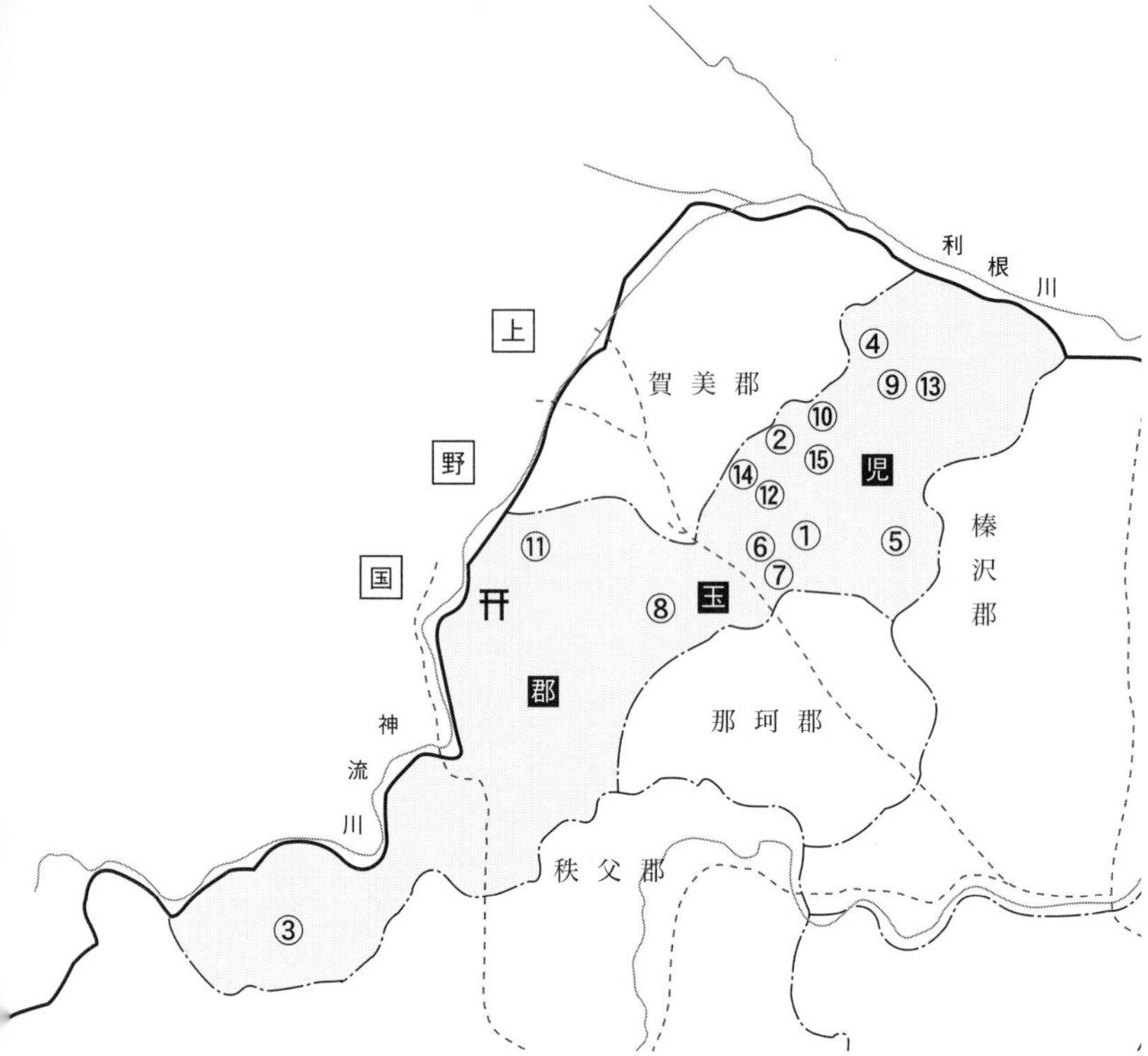

奈良時代から見える郡名で、武蔵国の西北端に位置する。郡内を西南から東北に流れる小山川（旧身馴《みなれ》川）の流域一帯の地で、小山川は中流部で志戸川、女堀川などを合わせて深谷市域に入り、東流して利根川に合流する。四囲の境は、北を賀美郡、南を榛沢郡・那珂郡、西を秩父郡および上野国と接している。ほぼ、現在の本庄市、神川町の一部（旧神泉町）にあたる。

武蔵武士　神川町二の宮に鎮座する金鑽神社（↓100）は、「延喜式」所載の金佐奈神社にあたる。児玉党の氏神であり、丹党安保氏の信仰も篤かった。郡内には、武蔵七党の内、児玉党の阿佐美・今居・吉田《きった》・児玉・塩谷《しおや》・庄・富田・新里・蛭《ひる》河《がわ》・本庄・真下・四方田《よもだ》の諸氏、丹党の岡田・小島・新里の諸氏、猪俣党の河匂氏などが盤踞《ばんきょ》していた（別表と地図を参照）。郡内に金鑽神社系の神社が多く分布するのも、児玉党の分布と関わりがあると考えられている。

平安時代末期、十二世紀の浅間山噴火の際には、郡内には火山灰が降り、被災したと考えられる。再開発に従事したのが児玉党や丹党であったと考えられ、小山川の扇状地から東方や女堀川の流域にこれらの武士の名字の地が分布する。

児玉党は、清和源氏との関係が深く、後三年の役では児玉弘行が源義家に従って清原勢と戦ったと伝え、保元の乱・平治の乱、治承・寿永の内乱（源平合戦）や奥州合戦では、源義朝、同頼朝に従って活躍し、承久の乱では塩谷家経と庄忠家が戦

名字	出自	名字の地	現在比定地
①阿佐美	児玉党	阿佐美郷	本庄市児玉町入浅見
②今居	児玉党	今井郷	本庄市今井
③岡田	丹党	岡太郷（『和名抄』）（中世の太駄郷付近カ）	本庄市児玉町
④小島	丹党	小島村	本庄市小島
⑤河匂	猪俣党	川輪	児玉郡美里村関（川輪）
⑥吉田《きった》	児玉党	吉田郷（『和名抄』）	本庄市児玉町吉田林
⑦児玉	児玉党	児玉荘	本庄市児玉町児玉付近
⑧塩谷	児玉党	塩谷郷	本庄市児玉町塩谷
⑨庄	児玉党	本庄	本庄市本庄付近
⑩富田	児玉党	富田村	本庄市西富田・東富田
⑪新里	児玉党・丹党	新里	児玉郡神川村新里
⑫蛭河	児玉党	蛭川郷	本庄市児玉町蛭川
⑬本庄	児玉党	本庄	本庄市本庄付近
⑭真下	児玉党	真下	本庄市児玉町上真下・下真下
⑮四方田	児玉党	四方田村	本庄市四方田

死した。児玉・塩谷・庄氏等は西国に所領を得て、蒙古襲来を契機に移住した一族もあった。

中世地名　平安時代に勅旨牧となった秩父牧を構成する阿久原牧（→105）は、神流川右岸の上武山地にあり、立野・番場・馬出・政所・白馬背・駒形などの字名が残る。牧の中には、児玉党の祖有道維行を祀る駒形神社（→98）・有氏神社（→101）があり、維行は牧の管理者であったと伝える。児玉郡は、児玉党の武士が盤踞《ばんきょ》し、その拠点となった郡で、現在の「本庄」という地名は、児玉党の嫡流が累代居住したことによると伝える（『新編武蔵国風土記稿』）。秩父牧全体を管轄した秩父氏との関係が深く、婚姻関係や養子関係を結んでいた。

平安末期に児玉荘が見えるが（『玉葉』）、郡内のどこに比定できるかは未詳である。鎌倉時代に、郡内の地名として見えるのは、阿名志村（美里町阿名志）、薦田（美里町小茂田）、新里（神川町新里）、保木野村〈児玉町保木野〉である。

南北朝期以降、郡内には安保氏の所領が散在していた。安保文書には、「児玉郡枝松名内宮内郷」（児玉町宮内）、「児玉郡枝松名内長茎郷」（現在地未詳）、「児玉郡枝松名内塩谷郷」（児玉町塩谷）、「児玉郡太田郷」（児玉町太駄）、「児玉郡蛭河郷」（児玉町蛭川）などが見え、郷村が名に編成されていた。また、児玉氏の所領としては児玉郡池屋・同宿在家が確認できる。

戦国時代には、五十子（本庄市東五十子・西五十子）、今井郷（本庄市今井）、入阿佐美（本庄市入浅見）、小島郷（本庄市小島）、栗崎（本庄市栗崎）、河内村（児玉市河内）、十条（美里町南十条・北十条）、沼上郷（美里町沼上）、本庄（本庄市）などが見えるが、中に武蔵武士の名字の地が含まれ、古くからの地名であったと考えられる。

鎌倉街道　鎌倉街道上道は、荒川を渡り、深谷市南部（旧岡部町）の花園インターの南に至り、ここで二手に分かれる。左手（本道）は、寄居町花園から美里町を経て、児玉郡（旧児玉町）に入り、賀美郡（神川町）を経て上野国（群馬県藤岡市）に向かう。一方、寄居町内の八高線用土駅手前で分岐した道は北上し、深谷市（旧岡部町）今泉、榛沢を経て、小山川を渡り児玉郡に入り、本庄市西五十子（五十子陣の西部）に至る。道はここで左折し、北堀を経て女堀川を渡り、本庄市末広町を経て小島に至る。

これは、鎌倉幕府滅亡の際、新田義貞が鎌倉に向かって南下した道や、陸奥国多賀城から鎌倉に向かった北畠顕家が通った道で、軍事的に重要な街道であった。後者の時は、利根川渡河の際や安保原・浅見山でも合戦があった（『太平記』）。

明治二十二年（一八八九）の市制町村制施行によって、児玉郡内の町村は本庄町・児玉町他十五か村となったが、明治二十九年（一八九六）の郡制施行により賀美・那珂の二郡が廃止され、その区域はすべて児玉郡に含まれた。

なお、この地域の武蔵武士の活動を詳しく知るには、左記の市町村史が参考になる。

参考文献

①『神川町史』（一九八九年刊）
②『本庄市史　通史編Ⅰ』（一九八六年刊）

雉岡城跡《きじがおかじょうあと》

本庄市児玉町八幡山四四六ほか

県史跡。八幡山城《はちまんやまじょう》とも呼ばれる。上武《じょうぶ》山地より本庄《ほんじょう》台地に突き出した丘陵の先端部に築かれた平城。現在は城域の一部は市立児玉中学校、県立児玉高校の敷地となり、推定される城跡の範囲は南北四四〇×東西二六〇mである。なお、東南部の外郭が城跡公園として整備され、公園の南西には**塙保己一《はなわほきいち》記念館**（本庄市児玉町八幡山四四六）が建てられている。築城者は関東管領《かんとうかんれい》山内《やまのうち》上杉氏とも、山内上杉氏の家臣夏目実基《さねとも》とも伝えられる。現在残る城跡は本丸を中心に、二の丸、三の丸、ほうき郭などで構成されている。また、城跡公園内では大手門の跡や、本丸の一部、土塁、水堀の跡を見ることができる。

児玉は鎌倉街道沿いの要衝に位置しており、山内上杉氏にとって重要な場所であったと考えられる。その後、戦国期には鉢形城の北条氏邦《うじくに》の持城となり、徳川家康の関東入国後は松平清宗《きよむね》が入るが、慶長六年（一六〇一）に子の家清《いえきよ》が三河国吉田に転封となり、廃城となる。

雉岡城跡

四方田館跡《よもだやかたあと》

本庄市四方田《しほうでん》七八

児玉党四方田氏の館跡といわれる。庄《しょう》三郎広長《ひろなが》が児玉郡四方田に移り住んだことに始まる。関越道本庄児玉ＩＣの東にある**光明寺《こうみょうじ》**（→99）が館跡の目印である。立地は女堀川《おんなぼりかわ》右岸、浅見山より北へ伸びる低台地の最先端部に築かれている。館の特徴は幅三〜六m程の堀が二重にめぐらされている点である。館の規模は、内郭は東西七〇×南北五五m、外郭は東西一九〇×南北一二〇mとされる。館の範囲は「堀の内」と呼ばれる光明寺から産泰《さんたい》神社付近とされている。

御嶽城跡《みたけじょうあと》

神川町渡瀬《わたらせ》

高《たか》見《み》城《じょう》跡とも呼ばれ、**金鑚神社《かなさなじんじゃ》**（→100）の西、御嶽山の頂上に築かれている山城。文明十二年（一四八〇）に丹党の安保吉兼《あぼよしかね》によって築かれたとされている。安保氏とも関わりの深い金鑚神社を抜け、**御嶽の鏡石《みたけのかがみいし》**（特別天然）を通り、尾根に出て少し歩くと城跡に到着する。遺構は山頂を本郭とし、東西南北と北東に五方向に伸びた尾根筋に郭が配されている。本郭は東西二〇×南北三〇mほどで、北の尾根には二の郭、西の尾根には西郭がある。各尾根には郭の他にも堀切、腰郭などが設けられている。また、東側の尾根を下ったところには**弁慶穴**があり、近くの岩山展望台からは赤城山、榛名山などを眺めることができる。更に下ると本山派修験の寺院、**法楽寺跡**《ほうらくじ》がある。この地域は上野《こうずけ》・武蔵国境にあたることから、しばしば戦場となった。天文《てんぶん》二十一年（一五五二）の御嶽城合戦で安保泰広《やすひろ》の守る御嶽城を北条氏康《ほうじょううじやす》が攻略したことで小田原北条氏の支配下となる。その後、境目の城として武田氏と小田原北条氏によって合戦がたびたび行われた。

虎ケ岡城跡《とらがおかじょうあと》

美里町大字円良田字城山
長瀞町矢那瀬字城下ほか《ながとろまちやなせ》

円良田城《つぶらだじょう》とも呼ばれ、標高三三七mの通称「城山」に築かれた山城である。美里《みさとまち》町と長瀞町の両方にまたがっており、南側半分が長瀞町に属する。北条氏邦《うじくに》の家臣猪俣範直《いのまたのりなお》が築いたともいうが、詳しいことは不明である。城跡は現在ハイキングコースとなっていて、円良田特産センターの北九〇〇mほどの所から林道陣見山線に入って登って行くと、峠に駐車場がある。一五〇mほど戻ると山に入る道があり、最初の山裾を過ぎたところで道がV字型に分かれているので、右手に進んでいくと最初の堀切に至る。東屋が建っているのが本郭で、遺構はほぼ完存している。山頂から三方に延びる峰に沿って三方向に郭を配置し、要所を堀切で分断した構造である。わずかに石積《いしづみ》がみられ、城域の東端には岩山をえぐった井戸跡も残る。

神社・寺院

宥勝寺《ゆうしょうじ》

本庄市栗崎一五五

早大本庄キャンパスの東側に位置する真言宗智山派の寺院である。寿永《じゅえい》三年（一一八四）一の谷合戦で戦死した庄小太郎頼家《しょうこたろうよりいえ》（依家）の菩提を弔って妻の妙清《みょうせい》禅尼《ぜんに》が建立したといい、境内西北の墓地に**荘（庄）小太郎頼家供養塔**（県旧跡）と伝える五輪塔も残る。庄太郎家長《しょうたろういえなが》の子であり、庄頼家は、家長ら児玉党は治承《じしょう》・寿永《じゅえい》の内乱で源氏方として大活躍をした。なお、近接した地に**大久保山寺院跡**（県遺跡）もあり、瓦・瀬戸蔵骨器が出土した。

宥勝寺・
荘（庄）小太郎頼家供養塔

駒形神社《こまがたじんじゃ》

本庄市児玉町蛭川《ひるがわ》二一四

駒形神社は、近世の蛭川村の鎮守であり、中世この地は児玉党蛭川氏の名字の地である。庄四郎高家の子定重は蛭川太郎を称している。さて、神社に隣接する**釈迦堂墓地**に**平重衡首塚**《たいらのしげひら》がある。三位《さんみの》中将《ちゅうじょう》平重衡は、寿永《じゅえい》三年（一一八四）一の谷合戦で庄四郎高家《しょうしろうたかいえ》に生け捕られた。重衡は、鎌倉に送られ源頼朝と面会した後、かつて自らが指揮して焼亡させた南都の僧兵たちに引き渡されて木津川《きづかわ》（奈良県）で斬られた。高家がその首級を自らの所領に持ち帰り、ここに手厚く供養したという伝承がある。現在の供養塔は、昭和六十年（一九八五）に建立された五輪塔である。

東石清水八幡神社《ひがしいわしみずはちまんじんじゃ》

本庄市児玉町児玉一九八

社伝によれば、永承《えいしょう》六年（一〇五一）、源頼義・義家父子が**金鑚神社《かなさなじんじゃ》**（↓100）に参詣した際に、この地に斎場を設けて前九年の役の戦勝を祈願、康平《こうへい》六年（一〇六三）に凱旋の帰途、石清水八幡宮《いわしみずはちまんぐう》（京都府八幡市）を勧請し「東石清水白鳩峯《ひがしいわしみずはっきゅうほう》」と称したのが始まりという。そののち、児《こ》玉六郎時国《だまろくろうときくに》によって社殿が再建された。当初は児玉町内の八幡山《はちまんやま》に鎮座していたが、戦国時代になって**雉岡城《きじがおかじょう》**（↓97）の築城に伴い現在地に移転したという。**八幡神社社殿及び銅製鳥居**（県文化）は、いずれも享保《きょうほう》年間（一七一六～三六）の建築である。社殿は、本殿・幣殿《へいでん》・拝殿の連結した複合社殿という形式である。

東石清水八幡神社

玉蓮寺《ぎょくれんじ》

本庄市児玉町児玉二〇二

東石清水八幡神社（↓99）に近接し、児玉党の児玉六郎時国《こだまろくろうときくに》の開基と伝える日蓮宗寺院である。ここにはかつて児玉時国の館があり、文永《ぶんえい》八年（一二七一）に日蓮が佐渡に配流された時と、文永十一年（一二七四）に赦免を得て鎌倉に帰る時にも宿泊し、時国が日蓮に教えを乞うたという伝承がある。日蓮死後の弘安《こうあん》九年（一二八六）に、館に草庵を建て日蓮木像を安置したのが当寺の始まりという。境内に高さ二四〇cmの**玉蓮寺板碑《ぎょくれんじいたび》**（↓102）があり、時国の供養塔と言われている。

実相寺《じっそうじ》

本庄市児玉町児玉一〇〇

延久《えんきゅう》二年（一〇七〇）創建と伝える浄土宗寺院である。本堂には**木造阿弥陀三尊像《もくぞうあみださんぞんぞう》**（県文化）がある。像高八六cmの阿弥陀如来を中尊《ちゅうそん》に、観音・勢至《せいし》の両菩薩を脇侍《わきじ》とする三尊形式で、いずれも檜《ひのき》の寄木造で玉眼《ぎょくがん》を嵌入《かんにゅう》している。作風は定《じょう》朝様《ちょうよう》であるが、鎌倉時代に流行した作風もあわせて見られ、鎌倉時代中頃の守旧派の仏師による製作と推定されている。本堂前には高さ一三〇cmの**阿弥陀一尊種子板碑《あみだいっそんしゅじいたび》**もある。

光明寺《こうみょうじ》

神川町新里《にいさと》一八二八—一

真言宗豊山派《ぶざんは》の寺院で、**銅造阿弥陀如《どうぞうあみだにょ》**

来立像《らいりゅうぞう》（**国重文**）を所有することで知られている。脇侍《わきじ》は失われているが、善光《ぜんこう》寺式《じしき》阿弥陀三尊の中尊《ちゅうそん》である。像高四八・八㎝で、背面に「永仁三年（一二九五）」の銘がある。善光寺（長野県長野市）の本尊に似ているとされ、「神川の善光寺如来」として信仰された。そのため、本堂の屋根瓦などに善光寺と同じ「立ち葵《あおい》」の紋が見られる。丹党の新里四郎光明《にいさとしろうみつあき》が守護仏としたとも言われている。仏像は、現在**県立歴史と民俗の博物館**（さいたま市大宮区高鼻町四―二一九）に貸出中であり、本堂には「お前立ち」の阿弥陀如来が祀られている。

金鑽神社《かなさなじんじゃ》

神川町二ノ宮七五〇

延喜式神名帳《えんぎしきじんみょうちょう》に記載のある古社で、武蔵国二宮《にのみや》とも称されている。拝殿《はいでん》のみで本殿がなく背後の御室ケ岳《みむろがだけ》を御神体としている。日本武尊《やまとたけるのみこと》が東征の折、伯母の倭姫命《やまとひめのみこと》からもらった火打金《ひうちがね》を御室ケ岳に祀ったことに始まるという。延暦《えんりゃく》二十年（八〇二）に坂上田村麻呂《さかのうえのたむらまろ》が蝦夷征討を祈願したといい、永承六年（一〇五一）には源頼義・義家父子が前九年の役の戦勝を祈願したという。その伝承に基づいて、境内には**義家橋**、**駒つなぎ石**、**旗掛《はたかけ》杉《すぎ》**もある。中世には児玉党の尊崇を集め、その勢力範囲と推定される九郷用水《くごうようすい》流域には二十数社の金鑽神社の分布が見られる。また、丹党安保《あぼ》氏の尊崇も受け、天《てん》文《ぶん》三年（一五三四）に安保全隆《あぼぜんりゅう》は境内に**多宝《たほう》塔《とう》**（**国重文**）を建立した。社叢の中に建つ高さ一八mの優美な塔である。

金鑽神社・多宝塔

大光普照寺《だいこうふしょうじ》

神川町二ノ宮六六七一

金鑽神社《かなさなじんじゃ》（↓100）の北東に位置し、「元三大師《がんさんだいし》」とも呼ばれ、天台宗別格本山の格式をもつ寺院である。もとは金鑽神社の別当寺《べっとうじ》であった。寺伝では、聖徳太子の開基、舒明天皇《じょめいてんのう》の勅願寺で、円仁の中興開山と伝える。源義家による戦勝祈願と寺領安堵の伝承もある。鎌倉中期に、河越の無量寿寺《むりょうじゅじ》の尊海《そんかい》の弟子豪海《ごうかい》が入山して僧侶の修学所として整え、**無量寿寺**（川越市）、**宗光寺《そうこうじ》**（栃木県真岡市）とともに天台の関東三談義所《かんとうさんだんぎじょ》と言われた。ここでは、応永《おうえい》三年（一三九六）に丹党の安保光泰《あぼみつやす》が大般若経《だいはんにゃきょう》の写経をしたことも知られている。

有氏神社《ありうじじんじゃ》

神川町下阿久原《しもあぐはら》三四

児玉党の祖有道維行《ありみちこれゆき》を祀る神社で、神流川峡谷沿いにあり、対岸は群馬県藤岡市鬼石《おにし》である。有道維行は**阿久原牧**（↓105・335）の管理者としてこの地に居住し、その子孫が児玉党として発展した。小さな社殿であるが、その破風《はふ》に児玉氏の家紋「軍配団扇《ぐんばいうちわ》」が使われるなど由緒を感じさせる。当社では、毎年十一月十九日に行われる**有氏神社の盤台祭り《ばんだいまつり》**（県無民）が有名である。「はだか祭り」とも呼ばれ、白褌《ふんどし》姿になった氏子が赤飯入りの盤台を神輿のようにもみあいながら上下させ、盤台の中の赤飯を四方にまく。これを食べることで、安産、子孫繁栄、疫病退散の御利益《ごりやく》があるという。また、神社に隣接した畑の中には**有道氏の祖廟《そびょう》**と名付けられた石塔も残る。

有氏神社・社殿の破風に見える軍配団扇

石造物

宝治元年銘板碑《ほうじがんねんめいいたび》

本庄市小和瀬《こわぜ》一七八
薬師堂

市文化（小和瀬《こわぜ》薬師堂自然石塔婆）。**薬師堂**の境内にある。宝治元年（一二四八）八月の銘がある。いわゆる武蔵型の板碑ではないが、ここでは板碑の一種として紹介しておく。高さは一九〇cmで、三尊仏が刻まれている。県内では珍しく赤城山の安山岩が使用されており、この板碑を造立した勢力が、上野国と緊密な関係を持っていたことが想定できる。

康元二年銘板碑《こうげんにねんめいいたび》

本庄市西五十子《にしいかっこ》四二五

市史跡（西五十子《にしいかっこ》板石塔婆）。小山川の堤防に隣接する地点に、柵に囲まれて数基の板碑が並んでいる。そのなかに、高さ八九cm、幅三七cmの板碑がある。銘文によれば、康元二年（一二五七）正月十六日の建立で、当初は父の成仏を祈るための供養塔であった。しかし、右脇には文政八年（一八二五）の後刻《こうこく》があり、裏面には「二十二夜塔」という後刻があるので、この時期になると二十二夜供養の石塔に転用されて、月待供養の信仰のために利用されていたことがわかる。板碑の利用状況や信仰形態の変遷などが具体的に読みとれる好例といえるだろう。。

正嘉二年銘板碑《しょうかにねんめいいたび》

本庄市児玉町元田《げんだ》二六三
元田公民館

県文化（板石塔婆）。**元田公民館**にある保存庫に収蔵されており、誰でも見学することができる。正嘉二年（一二五八）二月二十日の銘があり、高さは二〇四cm、幅は一三七cmである。一石に三基分の板碑を刻んだ特徴的な形態で知られている。中央の種子は阿弥陀如来、右の種子は観音菩薩、左の種子は勢至菩薩を示しており、全体として阿弥陀三尊を構成している。また、三尊を乗せた蓮華座も下方にめくれた形状をしており、きわめて個性的な板碑である。

玉蓮寺板碑《ぎょくれんじいたび》

本庄市児玉町児玉二〇二
玉蓮寺

市文化（玉蓮寺の板石塔婆）。**玉蓮寺**（→99）の広大な境内に入って、多宝塔の裏手に回ったところに立っている。嘉元二年（一三〇四）の銘がある板碑は、高さ二四〇cm、幅五四cmで、釈迦一尊の種子がある。地主の能宗や成阿ら四人が中心になって建立したことが銘文から読みとれる。また一説には、児玉党の児玉時国を供養したという伝承がある。元徳二年（一三三〇）の銘がある板碑は、高さ九八cm、幅五三cmで、こちらも児玉党の一族によって建立されたものと考えられる。

乾元二年銘板碑《けんげんにねんめいいたび》

本庄市児玉町
保木野三七四

市文化（円形光背板石塔婆）。民家の前庭に立っており、個人宅地内なので事前に一声かけてから見学しよう。乾元二年（一三〇三）閏四月の銘があり、高さは一一七cm、幅は三二cmである。中央には、丸い光背を帯びて蓮華に立つ阿弥陀仏の画像が刻まれている。その下の左右には、花を生けた花瓶《けびょう》の画像が配置されている。あたかも一枚の絵画を見ているような整った構図の板碑である。

玉蓮寺板碑

古道

藤田小学校西側の古道

関越自動車道花園IC南側から鎌倉街道上道を分岐し、榛沢瀬《はんざわせ》（↓143）を経て本庄市小和瀬《こわぜ》に至る道が伝えられているが、その道では、本庄市牧西《もくさい》の藤田小学校（本庄市牧西一一七一）の西側に幅一m程の古道が約七〇m間隔で二本並行して残っている。

小島氏居館跡西側の古道

鎌倉街道上道を寄居町用土《ようど》から分岐して本庄市西五十子《にしいかっこ》・小島《おじま》に通じる道では、丹党小島氏の居館跡と伝えられる長松寺《ちょうしょうじ》（本庄市小島五―四―一二）と、その北側の唐鈴神社《とうれいじんじゃ》（本庄市小島五―四―二三）の西側を南北に通る古道が伝えられている。長松寺西側から北上しながら途中国道一七号線を横切るが、交差点付近から西寄りにカーブし岡田橋で元小山川を渡るまでの泉坂《いずみざか》は幅一m余りの堀割状遺構が残り、古道の状態がよく保たれている。

小島氏居館跡西側の古道

産業

九郷用水堀《くごうようすいぼり》

本庄市内

九郷用水堀は、神流川《かんながわ》より取水し、児玉郡の水田地帯を広く灌漑しているが、成立時期等については明確ではない。しかし、流域に児玉党が勧請したといわれる金鑽神社《かなさなじんじゃ》（↓100）が分布し、灌漑地域は鎌倉幕府成立以前の児玉党が所領としていた地域と一致していることなどから、平安末期ごろまでに児玉党によって開削されたと推定されている。

女堀川《おんなぼりがわ》

本庄市内

女堀川は九郷用水堀の支流と考えられる。「女堀」とは一般に使われなくなった堀につけられる名称なので、女堀川という名称から一時期廃溝となったものと考えられる。北堀《きたぼり》、西五十子《にしいかっこ》地内の条里制残存遺構の条里制の地割りに沿って東に流れていることから、条里制水田を灌漑していたことが分かっている。それが、古代から中世にかけて流れていた蛭川とつながっていたことが発掘調査で明らかになっており、中世のある時期に蛭川に水を流し牧西《もくさい》地区を灌漑したことにより、水を失い廃溝になったと推定されている。再び「女堀」に水が流れたのは児玉党の牧西氏であろう。

は、十五世紀中頃に五十子陣《いかっこのじん》（↓104）を構えた際、その北西側の堀に利用したためであろう。

渡し場

舟附稲荷神社《ふなつきいなりじんじゃ》と舟出稲荷神社《ふなでいなりじんじゃ》

深谷市榛沢《はんざわ》の大寄八幡大神社《おおよりはちまんだいじんじゃ》（深谷市榛沢二五六一）東側の道を四〇〇m程北上した東側に舟附稲荷神社《ふなつきいなりじんじゃ》（深沢市榛沢二〇四一付近）、本庄市西五十子集落の南端、小山川《こやま》（旧名身馴《みなれ》川）左岸の崖際の塚の上には舟出稲荷神社《ふなでいなりじんじゃ》（本庄市西五十子四五一一付近）がある。この二つの稲荷神社の間に鎌倉街道の渡し場があったとの言い伝えがある。鎌倉街道上道を寄居町用土から分岐して本庄市小島《おじま》に至る道の渡し場であろう。

古戦場

五十子陣《いかっこのじん》

本庄市東五十子・西五十子一帯

五十子陣は、合戦の時だけに使う陣城《じんじろ》で、本庄台地の最東端にあたる。南側は小山川（旧名身馴《みなれ》川）、北側は女堀川が流れ、台地の東側で合流しており、台地の周囲は急な崖に囲まれ、周囲の低地を一望するのに適していた。地元では台地の先端にある東五十子小字城跡を五十子《いかっこ》城《じょう》と呼んでおり、一般には五十子陣はその付近を指している。しかし周辺の発掘調査が進み、西五十子・東五十子・鵜《うの》森《もり》・深谷市榛沢《はんざわ》まで、東西二km弱、南北一km強の範囲にわたっていることが分かってきた。享徳三年（一四五四）から始まった享徳の乱に際して、古河公方方に対抗するため山内上杉氏方が構築したもので、付近を鎌倉街道が通っており、上杉方にとって重要な防御線を形成していた。乱の収束までの二十年余りの間、五

舟附稲荷神社

舟出稲荷神社

本庄かるたの碑

十子から東の岡部原にかけての地で戦が繰り広げられた。

五十子陣について記述のある文献資料の一つ「松陰私語《しょういんしご》」を書いた松陰は、五十子陣内にあった増国寺《ぞうこくじ》（本庄市東五十子六二二）の住持であった。国道一七号線沿いのビジネスホテル二番館（旧城山館）付近が本丸跡で、二の丸との間の空堀跡など断片的に遺構が残る。二番館の前庭に、**本庄かるたの石碑**「桑茂る　五十子合戦　古戦場」と記載されている。

駒形神社にある「阿久原牧阯」の石碑

水殿瓦窯跡

その他

阿久原牧跡《あぐはらのまきあと》　神川町上阿久原・下阿久原

県旧跡。阿久原牧の推定地の北にあたる**駒形稲荷**（神川町下阿久原五七八付近 下阿久原交差点付近）には「阿久原牧」の石碑、西にあたる**駒形神社**（神川町上阿久原五三二から南へ約一〇〇m）には「阿久原牧阯」の石碑が建てられている。『政事要略』（平安中期に成立した故実書）によると承平三年（九三三）に朱雀院領秩父牧が勅旨牧とされている。秩父牧は「児玉郡阿久原牧」と「秩父郡石田牧《いわたのまき》」からなっていた。駒形稲荷は児玉党の祖有道維行《ありみちこれゆき》によって創建されたと伝える。

水殿瓦窯跡《すいでんかわらかまあと》　美里町沼上字水殿四二八—一

国史跡。見馴川《みなれがわ》公園の南方にある。この窯跡は、鎌倉期のもので、現在四基の窯跡が確認されている。ここから出土した瓦は、文治五年（一一八九）に源頼朝が建立したといわれる鎌倉二階堂永福寺《ようふくじ》跡出土の瓦と似ているので、永福寺修理の際に使用された瓦がここで生産されたと考えられている。

秩父郡

利根川
賀美郡
児玉郡
那珂郡
神流川
男衾郡
荒川
秩父郡
比企郡
入間郡
高麗郡
多摩郡
①
②
③
④
⑤
⑥
⑦
⑧
⑨
⑩
⑪
⑫
⑬
⑭
⑮
⑯
⑰
⑱
国

奈良時代から見える郡名。武蔵国西北部の山岳地帯に位置する。四囲は、東は榛沢郡・男衾郡・比企郡・入間郡・高麗郡に、南は多摩郡と甲斐国、西は信濃国、北は上野国と児玉郡・那珂郡と接している。

　中世の郡域は、ほぼ現在の長瀞町・皆野町・東秩父村・小鹿野町・秩父市・横瀬町の他、飯能市の一部（旧名栗村）や寄居町の一部（荒川右岸の大字金尾・風布）が含まれた。

　地形は、秩父山地とその中央にある秩父盆地（一辺一〇kmほどのほぼ四角形の盆地）からなり、東側にある外秩父山地が関東山地東縁と関東平野西縁を隔てる断層（八王子構造線）を境として関東平野に接する。奥秩父の甲武信岳に源を発する荒川の源流（真の沢）は、山地を東流し、二瀬付近で大洞川、大滝付近で中津川、白久付近で谷津川を合わせて秩父盆地に入る。さらに日野付近で安谷川、久那付近で浦山川を合わせた荒川は、北に向きを変え、横瀬川・赤平川を合わせて、皆野に至る。さらに長瀞町野上下郷付近で東に向きを変え、寄居町（旧男衾郡）に入る。

伝説　平将門が藤原秀郷に追われて秩父まで逃げたという史実はないが、秩父には将門伝説が多く残る。また、畠山重忠が秩父出身とする伝承があり、秩父の山地や寺社に重忠伝説が多く見られる。

武蔵武士　鎌倉時代郡内には武蔵七党のうち丹党・児玉党・猪俣党の武士が盤踞《ばんきょ》していた（別表と地図を参照）。丹党は平安時代に関東に下った丹治氏の子孫と伝え、秩父盆地を中心に盤踞《ばんきょ》し、北の賀美郡や鎌倉街道秩父道を越えて東の高麗郡・入間郡にも進出した。丹党は中村氏（永田城跡）（→115）が中心的存在で、大宮郷（秩父市大宮）を本拠とし秩父神社（→118）を信仰した。中村氏から分かれた大河原氏の館跡が東秩父村御堂にあり（浄蓮寺）（→116）、播磨国に移住した大河原時基が短刀などを奉納した。

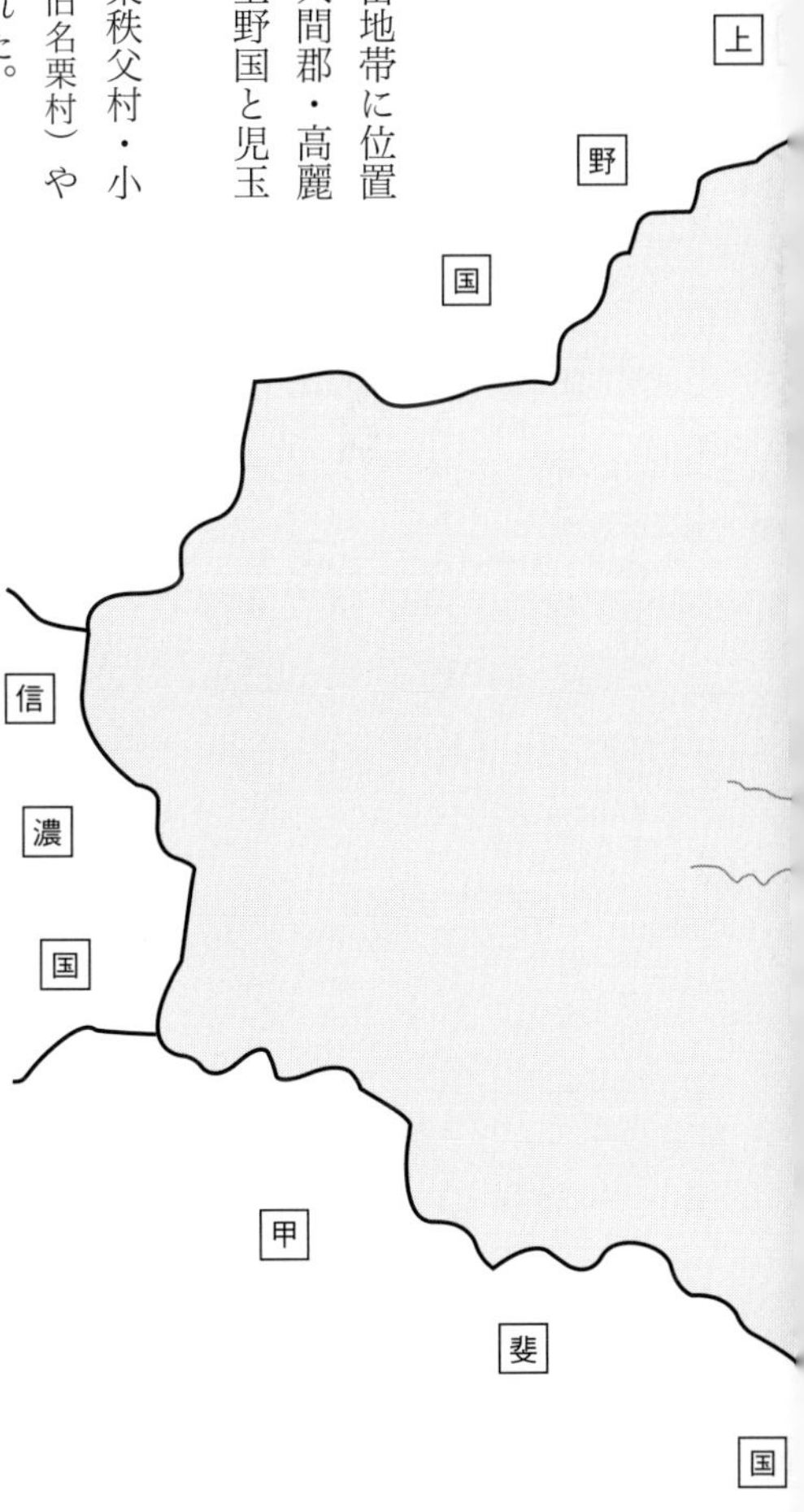

名字	出自	名字の地	現在比定地
①井戸	丹党	井戸郷	秩父郡長瀞町井戸
②岩田	丹党	岩田郷	秩父郡長瀞町岩田
③大河原	丹党	大河原（御堂）	秩父郡東秩父村御堂
④大浜	児玉党	大浜	秩父郡皆野町大浜
⑤大淵	児玉党	大淵郷	秩父郡皆野町大淵
⑥小鹿野	丹党	小鹿野	秩父郡小鹿野町小鹿野
⑦金尾	猪俣党	金尾郷	大里郡寄居町金尾
⑧金沢	児玉党	金沢	秩父郡皆野町金沢
⑨黒谷	丹党	黒谷	秩父市黒谷
⑩白鳥	丹党	白鳥	秩父郡長瀞町　皆野町北部一帯
⑪薄	丹党	薄村	秩父郡両神村薄
⑫秩父	秩父平氏・児玉党	大宮	秩父市大宮
⑬中村	丹党	中村郷	秩父市大宮
⑭野上	丹党	野上村	秩父郡長瀞町本野上・中野上・野上下郷辺り
⑮藤矢淵	丹党	藤矢淵	秩父郡長瀞町藤矢淵
⑯三沢	丹党	三沢	秩父郡皆野町三沢
⑰山田	丹党	山田村	秩父市山田
⑱横瀬	丹党	横瀬郷	秩父郡横瀬町横瀬

平安時代に勅旨牧となった秩父牧を構成する石田《いわた》牧は、皆野町下田野から長瀞町岩田にかけての荒川流域一帯の地に比定されている。桓武平氏良文流の忠頼の子平将恒が秩父郡に入り秩父氏（秩父平氏）を称したと伝え、丹党との関わりを想定させる。将恒の子武基はこの秩父牧の別当に補任され、吉田郷（秩父市上吉田東・上吉田西・下吉田一帯、旧吉田町）**秩父氏館跡**（→114）に居住した。ここには武基の子武綱が建立したとされる**金剛院**（→118）もある。平安時代末期、秩父氏は、

児玉郡に盤踞《ばんきょ》する児玉党と姻戚関係を結び、吉田郷は児玉党の秩父氏に継承された。それに伴って秩父盆地の出口付近（皆野町）に大浜・大淵・金沢氏が進出した。

中世地名　郡内で中世に見える郷村名としては、平安時代末期から見える吉田郷、鎌倉時代から見える大宮郷・金尾郷（寄居町金尾）・名栗郷（飯能市上名栗・下名栗）、南北朝時代から見える岩田郷（長瀞町岩田）・白鳥郷（長瀞町と皆野町北部一帯）・三沢郷（皆野町三沢）・横瀬郷（横瀬町横瀬）がある。

名栗郷は、那栗郷とも書き、元亨四年（一三二四）十月の造営料木注文（秩父神社文書）によれば、金尾郷とともに、秩父神社造営のための料木（柱・垂木ほかの木材）が宛課《あてか》されている。また、岩田郷は、古代の石田牧に由来すると伝える。

南北朝時代、郡内に安保氏が勢力をのばし、「横瀬郷」や「秩父郡三沢郷并同郡内寺尾次郎跡・同郡大河原郷内闕所分地頭職」などがその所領となっている（安保文書）。室町時代には、井戸郷（長瀞町井戸）・大浜（皆野町・皆野字大浜）も安保氏の所領として見える。

その他、室町時代から見える大淵郷（皆野町大淵）、戦国期から見える大滝谷大輪村（秩父市大滝、旧大滝村）・薄谷（小鹿野町両神薄、旧両神村）・野上（長瀞町本野上・中野上）・皆野（皆野町・皆野一帯）・山田村（秩父市山田）などがある。

鎌倉街道　鎌倉から秩父に至る鎌倉街道は幾筋かあるが、主要道は鎌倉街道上道から町田で分岐し、西部丘陵地帯を北に向かい、八王子市西部、あきる野市網代、青梅市二俣尾、飯能市名栗名郷で山伏峠経由と妻坂峠経由に分岐し、横瀬町を経て秩父市（大宮郷）に至る道で、山ノ道（秩父道）と称される。その他、鎌倉街道上道から所沢市秋津で分岐し、飯能を経て、名栗で山ノ道に合流する道もある。

板碑　郡内には多くの板碑が確認されているが、長瀞町野上下郷には、日本最大の**応安二年銘板碑**（↓121）があり、ここから少し登った山手には板碑の素材となる緑泥片岩の採石場である**板石塔婆石材発掘遺跡**（↓125）がある。

明治二十二年（一八八九）の市制町村制施行によって、秩父郡内の町村は大宮町・小鹿野町など二町三十一村となった。大正十年には、吾野・名栗の両村が入間郡に編入され、現在の秩父市（旧吉田町荒川村・大滝村を含む）、および皆野・長瀞・小鹿野（旧両神村を含む）・横瀬の各町、東秩父村がその郡域となった。

なお、この地域の武蔵武士の活動を詳しく知るには、左記の市町村史が参考になる。

参考文献

①『吉田町史』（一九八二年刊）
②『秩父市誌』（一九六二年刊）
③『皆野町誌　通史編』（一九八八年刊）

小田原北条氏の北武蔵進出の結果、北条氏康《うじやす》の四男氏邦《うじくに》が**天神山城**《てんじんやまじょう》（↓110）の藤田氏の女婿となってその地盤を引き継いだ。氏邦は、**鉢形城**《はちがたじょう》（↓168）を拠点に、秩父郡・男衾郡《おぶすまぐん》・児玉郡・榛沢郡《はんざわぐん》一帯に広がる広大な鉢形領を支配し、越後の上杉謙信や甲斐の武田信玄に対抗した。そのため、両者の侵攻ルートに防御拠点、あるいは物見・烽火台《ほうかだい》として数多くの城郭を配置し、**鉢形城**を中心とした支城網を構築した。

天神山城跡《てんじんやまじょうあと》

長瀞町岩田字城山一八七一

天文《てんぶん》年間（一五三二〜五五）に藤田泰邦《やすくに》（康邦）が築城し、**花園城**《はなぞのじょう》（↓136）から居城を移した。藤田氏が小田原北条氏に従属した後、泰邦の女婿となった北条氏邦が家督を継いで入城した。氏邦が**鉢形城**（↓168）に居城を移すと、天神山城は弟の氏光《うじみつ》の居城となり、鉢形城の開城とともに廃城となったと伝えるが、その歴史については諸説ある。

白鳥神社《しらとりじんじゃ》（長瀞町岩田一八八一）の裏手が城跡で、神社の左手から搦手《からめて》を登ると本郭に至る。比高八〇mほどの山頂から中腹にかけて、南北に細長く本郭や二の郭、三の郭を配置し、東側中腹には大規模で複雑な構造の出郭を伴う。二の郭から三の郭にかけて、かつての開発による削平を受けているが、遺構の遺存状態は概ねよく、堀切や土塁・石積《いしづみ》などが残る。ただ、全体的に荒廃していて、遺構の確認は困難を伴う。昭和四十五年（一九七〇）に建設された二層の模擬天守閣（往時の天神山城とは無関係のもの）も廃墟となっている。

仲山城跡《なかやまじょうあと》

長瀞町野上下郷三一八ほか

城主は阿仁和兵助《あにわへいすけ》　橘《たちばなの》　基保《もとやす》とその長子直家《なおいえ》と伝えられる。基保は北面の武士であったが、関東に下向して新田義貞に仕え、仲山城を築城したとされる。直家が樋口河原《ひぐちがわら》の合戦で敗死して、仲山城も落城したと伝えられる。周辺には経塚《きょうづか》、御殿池《ごてんいけ》、馬廻《うままわ》し、馬場平《ばばだいら》などの関連地名が残る。縄張は単純で、本郭を中心に稜線を数本の堀切で断ち切っただけである。詰《つめ》の城か、あるいは展望のよさから物見台か烽火台として使用されたのであろう。

仲山城跡の遠景

国内最大の**応安二年銘板碑**（↓121）前の道を五〇〇ｍほど進むと県営団地があり、その先五〇ｍほどを右に小道に入り、諏訪神社の前を通り過ぎて民家の庭先を抜けると城跡への表示がある。そこから山道に入って行くと、切り通しのすぐ手前の右手に表示があり、あとは踏み跡をたどって行くと本郭に至る。近くには**板**《いた》**石塔婆石材採掘遺跡**《いしとうばせきざいさいくついせき》（↓125）があり、城域にも各所に緑泥片岩《りょくでいへんがん》片が露出している。

竜ヶ谷城跡《りゅうがやじょうあと》

皆野町三沢字茗荷沢二一九八〇ほか

県遺跡。千馬山城《せんばやまじょう》ともいう。『新編武蔵国風土記稿』は用土正光《ようどまさみつ》（重連《しげつら》とも。藤田泰邦《やすくに》の子）の居城と伝える。直下の三沢川左岸の戦場《せんば》には合戦の伝承があり、千馬山は戦場山の転訛《てんか》と思われる。皆野寄居有料道路の皆野長瀞ＩＣ入口の先、有料道路をくぐってすぐ左手にあり、かつては**鉢形城**から荒川を渡らずに三沢、高篠、横瀬と続くルートを押さえる要地であった。強石橋を渡ってすぐ左折すると案内板があり、その先四〇〇ｍほどの所に城跡への案内表示が出ている。ここから本郭まで二〇分ほどである。城は岩山に築かれ、本郭（標高三六〇ｍ）も多く岩が露出している。本郭の南面には横堀で防御された二の郭があり、何段もの腰郭が付設される。遺構は主に東側斜面に展開し、三の郭や堀切、竪堀、土塁、小口《こぐち》、石積《いしづみ》などの遺構が完存し、その巧みな縄張は見応えがある。北側は急崖で自然の要害となっている。麓の**妙音寺跡**《みょうおんじあと》（皆野町下田野一四二九）では、五〇〇ｍにわたって石積遺構や戦国期と見られる五輪塔・供養塔、緑泥片岩を敷いた方形井戸などが残り、根古屋《ねごや》の可能性が指摘されている。

竜ヶ谷山城跡の堀切

小池氏館跡《こいけしゃかたあと》

皆野町皆野一四三

町史跡。秩父市から国道一四〇号線で

皆野町に入ってすぐ、大塚交差点手前右手が館跡である。『新編武蔵国風土記稿』に秩父郡内第一の庭と記述された庭園が残り、平成十一年（一九九九）に発掘調査が行われた。東は蓑山《みのやま》の裾を利用し、背面北側は堀を巡らし、土塁をかきあげた中世の遺構をよく残している。小池氏については諸説があり、甲斐より移住し北条氏邦に仕えたと伝えられる。江戸時代の小池氏は名主《なぬし》となり、この庭園を作ったり一帯を開拓したりした

安戸《やすど》城跡《じょうあと》

東秩父村御堂《みどう》一五二九―七ほか

村史跡。城山保育園の裏手に位置する。**浄蓮寺《じょうれんじ》**（→116）の開基である大河原《おおがわら》氏の城とされる。大河原氏は武蔵七党の丹《たん》党《とう》中村氏の出身で、浄蓮寺のある地を館としてその東方七〇〇mに安戸城を築いた。その後、大河原氏が衰退すると、同じ丹党出身で**腰越城《こしごえじょう》**（→188）の山田氏がこの地を支配する。山田氏は松山城主上田氏の家老で、永禄年間（一五五八〜七〇）の初め、上田朝直《ともなお》（案独斎《あんどくさい》）が松山城合戦で太田資正《すけまさ》（三楽斎《さんらくさい》）に敗れた際に安戸に退却したとされるが、この時に朝直が拠った城は腰越城ではないかとする説もある。安戸城は本郭と二の郭、帯郭からなり、極めて小規模で簡単な構造から、その役割は詰《つめ》の城、あるいは物見台であったと理解される。保育園の東の斜面を登ると踏み跡があり、城山大神の石碑と文化財の標柱が建つ本郭へと至るが、全体的に未整備の状態である。

大河原氏館跡➡浄蓮寺（116）

日尾《ひお》城跡《じょうあと》

小鹿野町《おがのまち》飯田字城山二二三六ほか

県遺跡。記録上の初見は永禄四年（一五六一）、関東管領山内《やまのうち》上杉氏が城を整備したとある。本来は上杉氏が小田原北条氏から上野《こうずけ》方面を防衛するための城であったが、北条氏のもとでは**鉢形城**（→168）の支城に位置づけられ、上野

牛首峠

方面から侵入する甲斐の武田勢に備えた。永禄十二年から元亀二年（一五七一）にかけて西秩父は武田勢の侵攻を度々受け、諏《す》訪部《わべ》定勝《さだかつ》と嫡男定吉《さだよし》が城を守った。その後、豊臣勢の攻撃による**鉢形城**の開城とともに、**日尾城**は廃城となった。

札所三十一番観音院の駐車場から沢沿いのルートを登って行くと、十五分ほどで牛首峠《うしくびとうげ》に着く。城は牛首峠から東に続く尾根上に築かれた天然の要害である。尾根は切り立った屏風岩が直線的に続く痩せ尾根で、屏風岩の中央に幅二m程で切れ目が開けているのが牛首峠である。山頂に向かって尾根の右手の南西に開けた三段の平場が本郭で、本郭を取り囲むように北に最高部（標高約五六〇m）の八《はち》幡郭《まんぐるわ》、東に物見台、南に出郭が存在する。城の北側の日尾集落から登るルートもあり、集落には根古屋《ねごや》、殿谷戸《とのがいと》、馬上《もうえ》などの城郭関連地名が残る。また、麓の**倉尾ふるさと館**（小鹿野町日尾一五二二－一）では日尾城に関する展示を行っている。

塩沢城跡《しおざわじょうあと》

小鹿野町両神薄《りょうかみすすき》字柏沢《かしわざわ》谷四四八六ほか

県遺跡。『新編武蔵国風土記稿』に長尾景春《かげはる》が一時籠城した城かと記される。周囲には夜討沢《ようちさわ》、駒繋《こまつな》ぎ松、調馬場など景春に関係する伝承や地名が残る。城跡は柏沢と塩沢の両集落の間の城山頂上付近にあたり、**塩沢《しおざわ》宇《う》賀《が》神社（町文化）**（小鹿野町両神薄五六〇）の駐車場から、尾根筋の道を三十分以上登ると城跡に到達する。標高五二〇～七五〇mにかけての尾根の北斜面に本郭、帯郭、平場、切り落としなどの遺構が確認される。本郭の先の平場には不動・三宝荒神《さんぼうこうじん》・歓喜天《かんぎてん》の石碑が建立され、さらに山頂部にかけて修験《しゅげん》関係の石碑が多数建立されている。地元ではここを「鐘撞場《かねつきば》」と呼んでいる。山奥であり、城域も広いので、十分な装備が必要。熊にも要注意である。

奈倉館跡《なぐらやかたあと》

小鹿野町下小鹿野一八ほか

町史跡。おがの化石館の北四〇〇m、奈倉橋手前右手の赤平川河岸段丘上の一〇〇m四方が館跡と推定され、段丘の先端部に約七〇mの石塁がL字形に残る。石塁は幅三～五m、高さ約一mで、中央部に小口がある。文明年間（一四六九～一四八七）頃、秩父氏の一族が館を築き、姓を奈倉と名乗って行家《ゆきいえ》、重家《しげいえ》、重則《しげのり》の三代が居住したとされる。永禄十三年（一五七〇）の武田勢による秩父侵攻の際に攻め落とされたという。

奈倉館跡・石塁

隣接して、奈倉氏が**秩父神社**（↓118）より勧請したという**妙見宮**《みょうけんぐう》があり、「奈倉氏お茶水の跡」と伝えられる小祠も残る。また、一五〇mほど西には奈倉重家によって創建されたという**大徳院**《だいとくいん》（小鹿野町下小鹿野二二二）があり、堂内の**阿弥陀如来坐像**（**町文化**）は奈倉氏の持仏と伝えられる。像高五二・四cmの小像だが、定朝《じょうちょう》様《よう》の作風を残している。

仏像拝観には町教育委員会（0494-75-0063）への事前連絡が必要である。

秩父《ちちぶ》氏《し》館《やかた》跡《あと》

秩父市下吉田三八二三

県旧跡。鶴窪《つるがくぼ》城《じょう》とも。吉田小学校が建つ高台が秩父氏館跡である。秩父氏は坂東八平氏《ばんどうはちへいし》の一つで、秩父の中村に居館を構え、秩父牧《ちちぶのまき》の別当になってから吉田に居館を移し、武基《たけもと》・武綱《たけつな》・重綱《しげつな》・重《しげ》弘《ひろ》・重能《しげよし》と五代にわたってここに居住したとされる。館跡は明治三十四年（一九〇一）の学校建設によって破壊され、遺構を確認することはできない。畠山重能が大里郡畠山（深谷市）の館に移ってからは、平児玉《ひらこだま》系統の吉田氏が根拠としたといわれる。

吉田小学校内の石碑

竜《りゅう》ヶ《が》谷《や》城《じょう》跡《あと》

秩父市吉田久長字竜谷山

久長但馬守《ひさながたじまのかみ》の築城と伝える。永禄十二年（一五六九）、阿佐見慶延《あさみよしのぶ》が武田軍の侵入を早朝に察知し、「吉田の楯《たて》」に連絡し事なきを得て北条氏邦から感状を得た。『新編埼玉県史通史編二』は竜ヶ谷城をこの「吉田の楯」に比定している。標高三四〇〜三四七mの尾根先端部に築かれ、吉田の町を西方に望む天然の要害である。細長い尾根を三本の掘切で区切り、連郭式に造る。縄張りは整っているものの、全体的に粗雑な作りであることから、『埼玉の中世城館跡』は急造されたものか、あるいは造成途中の放棄かと指摘する。白砂公園の北東に位置し、別荘地の中の細い道を登って行くと行き止まりに給水タンクがある。その裏手から城跡に進むが、岩場もあり足場はあまり良くない。

熊《くま》倉《くら》城《じょう》跡《あと》

秩父市荒川日野
呑《のん》だ熊《くま》一二八五ほか

県遺跡。日野《ひの》城《じょう》ともいう。熊倉山《くまくらさん》（標高一四二七m）の北側の峰続きに位置する、標高六四七mの日野山頂に築かれた山城である。城跡へは秩父鉄道白久駅から熊倉山登山道城山コース入口まで入り、城山へ尾根伝いに山道を登る。築城者や築城の時期ははっきりしないが、熊倉城が歴史の舞台に登場するのは長尾景春《かげはる》の乱

熊倉城跡の空堀

の時である。文明八年（一四七六）、景春が主家山内《やまのうち》上杉氏と争い、**鉢形城**（↓168）に入って秩父地方にその勢力を拡大した。しかし、文明十年、扇谷《おうぎがやつ》上杉氏の家宰であった太田道灌《どうかん》率いる上杉軍に攻められ、景春は鉢形城を捨て、**長尾城**《ながおじょう》（秩父市黒谷）、**塩沢城**《しおざわじょう》（小鹿野町両神）などの城を転々とし、次第に秩父の奥へと追い込まれていった。そして、文明十二年、熊倉城が道灌に落とされると、景春は古河公方《こがくぼう》足利成氏《しげうじ》を頼って落ち延びていったという。小田原北条氏が秩父地方を支配下に置くと、熊倉城は鉢形城の支城となり、甲斐の武田勢に対する守りの城としての役割を果たしたが、北条氏の滅亡で廃城となった。

城は山頂の平場を二本の空堀で大きく区切り、本郭を挟んで二の郭と三の郭を配置する。斜面部は数本の竪堀を配置するだけだが、南北の尾根は極端に狭く、東西の斜面部も急崖をなし、天然の要害を利用して築城されている。本郭は五〇×三〇mで北・西・南の肩部に土塁を配する。二の郭から南に続く上幅二mの瘦せ尾根が大手口で、途中、二本の堀切で遮断されている。

諏訪城跡《すわじょうあと》　秩父市大野原字蓼沼《たでぬま》三二二八ほか

県遺跡。『新編武蔵国風土記稿』は北条氏邦《うじくに》家臣諏訪民部《すわみんぶ》の居城と伝え、蓼沼《たでぬま》城《じょう》・大野原城《おおのはらじょう》ともいう。荒川に横瀬川が合流する地点の比高約三〇mの急崖上、二五〇×二〇〇mほどの三角形状の台地の先端部分に位置する。二つの河川に削られて細くなった台地の先端が本郭で、北側にある和銅大橋から見れば城が要害であることが実感できる。現在、本郭には諏訪神社が建ち、城跡を秩父鉄道が縦断している。線路に沿ってある水路は谷になり、城内を二の郭と三の郭に二分する。南側の台地の続き部分が城の正面で、二の郭・三の郭とも二重の屏風折りの空堀によって防御線を構築している。

永田城跡《ながたじょうあと》　秩父市上寺尾字永田三六〇〇ほか

県遺跡。現在、城域には札所二十二番永福寺《えいふくじ》（童子堂《どうじどう》）がある。『秩父風土記』

には永田氏や諏訪氏が城主として記される。近くの**光正寺**《こうしょうじ》（秩父市寺尾二〇六一）に丹党《たんとう》中村氏に関係する**延慶三年銘板碑**《えんきょうさんねんめいいたび》（県文化）（↓122）が残ることから、中村氏の居館であったとも考えられている。遺構が明瞭なのは西側の台地基部との間にある堀と土塁で、堀は底が平坦になっていて本来は水堀であったとも考えられる。単郭の単純な構造であるが、奥行きが二七〇mもあるので、かつては複数の郭が存在した可能性も否定できない。

根古屋城跡《ねごやじょうあと》

横瀬町横瀬七九一六

町史跡。『新編武蔵国風土記稿』などによれば北条氏邦が武田勢に備えて築いた城で、阿佐見《あさみ》（浅見、朝見とも）慶延《よしのぶ》が在城するが、鉢形開城とともに廃城となったという。西武秩父線のトンネル上に位置し、郭の一部や土塁、空堀などが現存する。発掘調査とともに遊歩道の整備が進められ、国道二九九号から札所八番（西善寺）入口を入って一〇〇mほどの所に遊歩道北口の表示がある。

神社・寺院

円福寺《えんぷくじ》

皆野町皆野二一九三

平将門《たいらのまさかど》の弟将平《まさひら》が創建し、のち畠山《はたけやま》重能《しげよし》が中興したと伝える真言宗智山派の寺院である。墓地には、古い五輪塔の残欠を重ねている**平将平の墓**が残る。また、同じ墓地には**畠山重能の墓**もある。重能は秩父氏の系譜を引くが、畠山庄司《はたけやまのしょうじ》と称し秩父郡から男衾郡《おぶすまぐん》畠山郷（深谷市畠山）に進出した。その子が有名な畠山重忠である。当寺に重能の墓があるのは、中興したという伝承との関係であろうか。

円福寺・平将平の墓

円福寺・畠山重能の墓

浄蓮寺《じょうれんじ》

東秩父村御堂三二六二

正応《しょうおう》元年（一二八八）に日蓮の弟子日朗《にちろう》が開山したという日蓮宗の寺院である。丹党の大河原光興《おおかわらみつおき》が館内に建立した法華堂に始まるという。この辺りは、中世の大河原郷の中心地であったと思われる。天文年間（一五三二〜五五）には松山城主上田氏の菩提寺となり、境内には**上田朝直墓**《うえだともなお》（県史跡）も残る。**正慶**《しょうきょう》**二年**（一三三三）**銘の銅鐘**（県文化）には、もとは円光寺（群馬県藤岡市）にあり、**鎌形八幡神社**（↓196）を経て当寺に至った旨が追刻されており興味深い。また、歴代住職の墓所には、文《ぶん》禄《ろく》四年（一五九五）銘の珍しい**七基連立板石《しちきれんりついたいし》塔婆《とうば》**（板碑・県文化）もある。表面に「妙法蓮華経」と書かれた七本の塔婆が図示され、その中に法華経《ほけきょう》の偈《げ》や造立《ぞうりゅう》の願文《がんもん》などが刻まれている。

浄蓮寺・七基連立板石塔婆

十輪寺《じゅうりんじ》

小鹿野町小鹿野一八二三

真言宗智山派の寺院で、室町時代の制作と推定される**金剛力士立像**（県文化）を所蔵している。像高は阿形《あぎょう》一八七・七cm、吽形《うんぎょう》一八七・〇cm。彫眼《ちょうがん》でヒノキ材の寄木造である。山門に安置され、自由に拝観できる。材木は町内伊豆《いず》沢《さわ》から伐り出したといい、その地には今も「仁王平」の地名が残る。

法性寺《ほうしょうじ》

小鹿野町般若《はんにゃ》二六六一

秩父三十二番札所である曹洞宗寺院。奥の院には長さ二〇〇m、高さ八〇mの船形をした巨大な岩石があり「お船」と呼ばれている。これは、岩石を補陀落渡《ふだらくと》海《かい》の船に見立てており、熊野信仰の影響を受けるものとされる。熊野信仰については、院政時代の上皇（法皇）や貴族らによる熊野詣《くまのもうで》が有名であるが、鎌倉時代以降、東国の武士たちの間にも広まったという。それとの関係が窺われて興味深い。「お船」までは本堂から二十分ほどの登山である。その途中にある観音堂は近世の舞台造《ぶたいづくり》で、堂内前立《まえだ》ちの通称**お船《ふね》観音《かんのん》**は、笠をかぶり櫂《かい》を手にする珍しい姿である。なお、当寺に伝来する**長享《ちょうきょう》二年（一四八八）秩父札所番付**（県文化）は、秩父札所の成立を知る上で重要である。

法性寺観音堂にあるお船観音の奉納額

両神神社《りょうかみじんじゃ》

小鹿野町両神薄二三〇一

もとは丹生明神《たんしょうみょうじん》といい、丹党薄《すすき》氏の氏神であった。境内には昭和六十二年（一九八七）に岡山県在住の子孫たちによって建立された**備前国須々木《すすき》氏発祥之地**の碑文もある。また隣接して**法養寺《ほうようじ》**がある。**法養寺薬師堂**（**県文化**）は、戦国時代に北条氏邦《ほうじょううじくに》が古堂を移築したものと伝え、室町時代建築を伝える寄棟造《よせむねづくり》である。堂内には像高九〇cmほどの**木造《もくぞう》十《じゅう》二《に》神将《しんしょう》立像《りゅうぞう》**（**県文化**）があり、墨書銘《ぼくしょめい》から北条氏邦とその家臣団が天正十三年（一五八五）から奉納したものであり、戦国武将の信仰を知る上で貴重な資料である。

椋神社《むくじんじゃ》

秩父市下吉田七三七七

椋神社は、吉田の龍勢祭りや秩父困民党決起の地として知られるが、拝殿に向かって右の覆屋《おおいや》の中に鎮座する**八幡神社旧本殿**は、大正七年（一九一八）に吉田小学校の校庭から移された社殿である。吉田小学校は**秩父氏館跡**（↓114）とされており、この八幡神社は、治承四年（一一八〇）に畠山重忠が館に鶴窪《つるくぼ》八幡宮を祀ったことに始まるという。なお、火薬を詰めた筒をつけた青竹が白煙を引いて天高く飛翔する**龍勢《りゅうせい》**（**県無民**）は、毎年十月第二日曜日に当社の例大祭で行われる行事である。

椋神社・境内にある八幡神社旧本殿

金剛院《こんごういん》

秩父市下吉田四六九〇

慈覚大師円仁がここで没したという寺伝を持つが、室町時代に天台宗から曹洞宗に改宗した。秩父《ちちぶ》十郎《じゅうろう》武綱《たけつな》が亡父を弔うために建立した秩父氏の菩提寺である。その後、畠山重忠が中興した。**秩父武綱墓**と伝えられる五輪塔のほか、「當山開基重忠院殿龍岳雲公大居士」という**畠山重忠の位牌**も伝来する。

秩父神社《ちちぶじんじゃ》

秩父市番場町一－一

「延喜式《えんぎしき》」神名帳《じんみょうちょう》にのる古社で、秩父開拓の祖、知知武彦命が、その祖八意《やごころ》思兼命《おもいかねのみこと》を祀ったとされる。秩父平氏の祖である平良文《たいらのよしぶみ》が、天慶《てんぎょう》三年（九四〇）に平将門を打ち破るにあたって、妙見菩《みょうけんぼ》薩《さつ》の加護を得たことから、それ以降信仰するようになったという。中世から近世にかけては秩父妙見宮として信仰されてきた。良文の孫将恒《まさつね》（将常）が秩父氏を称して勢力をふるっていたが、その後は丹党の勢力が強まり、当社も秩父の丹党によって信仰された。伝来した**秩父神社文書**（**県文化**）は、鎌倉末期における中《なか》村行郷《むらゆきさと》ら丹党中村氏による秩父神社造営の実態をよく伝えている。なお、**埼玉県立歴史と民俗の博物館**（さいたま市大宮区高鼻町四－二一九）が所蔵する元亨《げんこう》三年（一三二三）銘、備前《びぜん》長船《おさふね》景《かげ》光《みつ》作の**短刀**（**国宝**）は、丹党中村氏の一族で所領を得て播磨国《はりまのくに》三方西《みかたにし》（兵庫県宍粟市《しそう》）に移住した大河原時基《おおかわらときもと》が、この時の造営を機に、遠く離れた当社に奉納したものである。秩父神社から流出し現在は御物となっている正中二年（一三二五）銘の太刀も同様である。さらに、広峰神社（兵庫県姫路市）に奉納された嘉暦四年（一三二九）銘の太刀（国宝）も大河原時基が造らせたものであり、現在は**埼玉県立歴史と民俗の博物館**が所蔵している。三振りの短刀や太刀の銘文からは故郷に思いを寄せる武蔵武士の心情をうかがうことができて興味深い。なお、有名な「秩父夜祭り」は、十二月三日の例大祭で行われる当社の行事である。

秩父神社・拝殿

円融寺《えんゆうじ》

秩父市下影森三四八

秩父第二十六番札所である臨済宗寺院。寺伝によれば、畠山重忠の祖父にあたる秩父重弘《ちちぶしげひろ》を開基とするという。本堂には、高さ一二一cmの鎌倉時代に制作された**勝軍地蔵《しょうぐんじぞう》**がある。また、明和元年（一七六四）に狩野派の絵師烏山石燕《からすやませきえん》が描いた**景清牢破り《かげきよろうやぶり》**（県文化）の絵画額もある。これは平家方の武将悪七兵衛景清《あくしちひょうえかげきよ》が牢を破って立ち回るという歌舞伎のひとこまを描いたものである。ここから七〇〇mほど南東の山中に奥の院の**岩井堂《いわいどう》**がある。舞台風の懸崖造《けんがいづくり》の建物である。昭和電工の敷地内となるので、立ち入るには正門の警備員に断る必要がある。敷地内の琴平神社《ことひらじんじゃ》の右の道を入り、大師堂《たいしどう》裏に十台ほど止められる駐車場がある。ここから三〇〇段ほどの苔むした急階段を約十分登ると岩井堂に至る。

円融寺・岩井堂

大陽寺《たいようじ》

秩父市大滝四五九

正和《しょうわ》二年（一三一三）に後嵯峨天皇《ごさがてんのう》の第三皇子である仏国国師《ぶっこくこくし》（鬚僧大師《ひげそうだいし》）によって開山された臨済宗建長寺派の寺院である。本堂には、畠山重忠木像や重忠誕生の間などがある。寺号の「大陽」が「胎養」に通じ、三峯神社に登ることのできない女性の参拝を認めたことから近世には「東女人高野《ひがしにょにんこうや》」とされて信仰を集めた。

法光寺・山門

権五郎神社・両部鳥居

応安二年銘板碑

法光寺《ほうこうじ》

飯能市坂石町分《さかいしまちぶん》三三三一

至徳《しとく》三年（一三八六）に岡部《おかべ》妙高《みょうこう》が開眼《かいげん》供養《くよう》したとの銘をもつ**木造地蔵菩薩坐像（県文化）**があり、事前連絡（042-978-0038）すれば法事と重ならない限り拝観できる。岡部妙高とは、岡部《おかべ》六弥太《ろくやた》忠澄《ただすみ》の子孫岡部《おかべ》忠高《ただたか》のことで、榛沢郡《はんざわぐん》（深谷市）を本拠とした岡部氏の一流が南北朝期にこの地に入部してきたと考えられている。

権五郎神社《ごんごろうじんじゃ》

飯能市南一二五一

平安時代後期の武士である鎌倉権五《かまくらごんご》郎景政《ろうかげまさ》を祀っている。景政は、永保《えいほ》三年（一〇八三）に始まる後三年の役に源義《みなもとのよし》家《いえ》に従って勇名をはせた。桓武平氏の血筋を引き、その子孫は大庭《おおば》氏・梶原《かじわら》氏・俣野《またの》氏・長尾《ながお》氏などに分かれて発展した。この地に相模国の武士である景政を祀っているのは非常に興味深い。「御霊《ごりょう》神社」の「御霊」が五郎に転じたという説もある。

応安《おうあん》二《に》年《ねん》銘《めい》板碑《いたび》

長瀞町野上下郷三九

国史跡（野上下郷石塔婆）。応安二年（一三六九）十月の銘が刻まれている。高さ五三七cm、幅一一〇cmで、日本で最大の高さを誇る板碑である。銘文によると、道観が願主となって、行阿や比丘尼妙円を大檀那として、三十五人で結縁して建立したという。一説には、近くにある**仲山城**（↓110）の城主だった阿仁和直家を供養するために建てたという伝承もある。この板碑のすぐ上の山手には、板碑の材料となる緑泥片岩の原産地である**板石塔婆石材採石遺跡**（県旧跡）（↓125）があり、関東地方に多い緑泥片岩製の板碑は、この地域から切り出され、荒川の流れを利用して運搬されたと考えられている。

地蔵堂石幢《じぞうどうせきどう》

長瀞町矢那瀬九五八　地蔵堂

県文化（矢那瀬の石どう）。地蔵堂の境内の一角に建てられている。高さは一六〇cmである。中台に十二の種子、龕部に六地蔵が刻まれており、全体として十三仏を表わしている。また、基礎の部分には、胎蔵界四仏の種子が刻まれている。幢身には、「南無阿弥陀仏」と陰刻した車石が付いており、これを回せば諸願が成就するといわれている。明応八年（一四九九）の銘があり、戦国時代の庚申信仰によって、十数名が結縁して建立したことがわかる。

文永《ぶんえい》四《よ》年《ねん》銘《めい》板碑《いたび》

東秩父村安戸七二

村文化（文永四年の板石塔婆）。民家の裏畑に広がる山のそばに立っている。文永四年（一二六七）十月五日の銘があり、東秩父村で最古の板碑である。高さ一〇七cm、幅三〇cmで、阿弥陀一尊の種子が刻まれている。なお、『新編武蔵国風土記稿』によれば、この付近には山田伊賀守の屋敷があったとされており、松山城主の上田氏に仕えた山田氏が、戦国時代に拠点を構えた要衝の地でもあった。

文永四年銘板碑（拓本）※1

鷲窟《しゅうくつ》磨崖仏《まがいぶつ》

小鹿野町飯田二二二六―一　観音院

県史跡。秩父三十一番札所の**観音院**の境内にある。礫質砂岩の崖面に、高さ一八cmほどの小仏像が重層的に刻まれており、俗に「十万八千仏」といわれている。長年の風雪によって摩滅しており、像の形態や年代などは確定できないが、おそらく室町時代ごろに製作されたものと考えられる。関東地方には、平安時代から鎌倉時代にかけての磨崖仏がいくつか確認されているが、埼玉県では極めて事例が少ないため、貴重な遺跡といえる。

延慶三年銘板碑（拓本）※1

観応二年銘板碑（拓本）※1

延慶三年銘板碑《えんきょうさんねんめいいたび》

秩父市寺尾二〇六一

県史跡（延慶の青石塔婆）。秩父二十番札所**岩之上堂**から北西に小道を進むと、民家に囲まれた一角に立っている。高さは一六〇cm、幅は五五cmである。だいぶ摩滅が進んでいるが、延慶三年（一三一〇）八月二十日という造立年代や、「中村四郎時光」「長田次郎入道」「長田丹内右衛門入道」らが二尊寺廟堂を建立したことなどが、銘文によって確認できる。したがって、この板碑は、丹党の中村氏や長田氏が、祖先を供養するために建立したものだったと考えられる。

観応二年銘板碑《かんおうにねんめいいたび》

秩父市堀切四七六

市史跡（堀切の青石塔婆）。「観□卯辛」という銘があり、観応二年（一三五一）に建立されたものと推定されている。途中で補強されているのが痛々しいが、高さ二〇五cm、幅五三cmの大きさがあり、堂々とした風格のある板碑である。この地域の有力者が、供養塔として建立したものと考えられる。

観音窟石龕《かんのんくつせきがん》

飯能市坂石一一六四—一

県史跡。吾野駅のそばにある**法光寺**（→120）の裏山を登ると、**岩殿観音窟**と呼ばれる洞窟があり、そこに貞和《じょうわ》二年（一三四六）に比丘元灯《びくげんとう》が作ったという石龕が祀られている。これは、秩父産の緑泥片岩を利用して組まれた厨子である。かつては行基菩薩が彫ったと伝える十一面観音像が安置されていたという。法光寺の本堂には、貞和二年と刻まれた石板が保管されており、この石龕の扉と考えられている。ちなみに、観音窟の付近には、畠山重忠の馬蹄跡などの伝承も残されている。

古道

妻坂峠《つまさかとうげ》北側の古道

横瀬町横瀬

鎌倉街道秩父道は、飯能市上名栗名郷《なごう》で山伏峠経由と妻坂峠経由の二ルートに分岐する。後者のルートでは峠の北側標高六五〇m付近から下、生川《うぶがわ》へ合流する沢の右岸に、部分的に荒れてはいるが、道幅が一m余りに保たれた多くの掘割状遺構が続く。

ちなみに妻坂峠は、畠山重忠の妻がこの峠まで見送りに来たから、またこの峠を越えたところの名栗村で妻と落ち合ったから、妻の坂と名付けられたと伝えられている。

姥神橋《うばがみばし》付近の古道

飯能市上名栗湯の沢

鎌倉街道秩父道のうち、名栗《なぐり》から山伏《やまぶし》峠《とうげ》経由で秩父市大宮に至るルートは県道青梅秩父線に沿っているが、飯能市上名栗の湯の沢集落を抜け山伏峠の手前、姥神橋を渡ったところで古道は県道から左に分かれる。ここからの上り坂は水平距離一五〇mで三〇mを登る急坂に箱薬《はこや》研《げん》状の遺構が残る。県道がこの急坂を避け大きく迂回したため、遺構が残った。

平将門伝承

平将平《たいらのまさひら》の墓《はか》

皆野町皆野二九三　円福寺

町史跡。円福寺（↓116）墓地内にあり、五輪塔の一部を残すのみである。平将平は将門の弟で、城ヶ峰の城主であったので、城ヶ峰二郎将平ともよばれたという。当寺に伝来する「円福寺由来記」によれば、城峯山《じょうみねさん》（秩父市吉田石間）で源経基《みなもとのつねもと》に討たれた将平を寺僧が葬ったとされている。『新編武蔵国風土記稿』では将門の墓としている。なお、墓地内には**畠山重能の墓**（町史跡）という五輪塔の一部がある。

十二御前神社《じゅうにごぜんじんじゃ》

小鹿野町小鹿野字春日町

小鹿野小学校（小鹿野町小鹿野二六七八）の西、徒歩で約一分のところにある。平将門の愛妾十二御前らの一団が藤原秀郷に追われて、十二御前はここで自害した（又は殺害された）ので、神として祀られたという。

秀郷《ひでさと》の矢に引き裂かれた岩

秩父市吉田阿熊九四八

岩崎神社（秩父市吉田阿熊九四八）の付近にこの岩は聳《そび》える。伝説によると、平将門が城峰山《じょうみねさん》に立てこもったとき、追討の命を受けて下吉田に赴いた藤原秀郷は、鶴ヶ窪台《つるがくぼだい》（**秩父氏館跡**↓114）に陣を張ったという。この時、秀郷は**椋神社**（↓118）に戦勝祈願をし、陣地のある高台から城峰山の方角に悪魔払いの矢を放った。その矢は阿熊の大岩に当たり、この岩を引き裂いた。秀郷の軍勢はこの弓の勢いに敬服し、大いに勇気づけられたという。

将門八幡《まさかどはちまん》

秩父市大滝大達原《おおだわら》五三四付近

国道一四〇号線の大達原バス停から大達原区内へ約一km向かうと、大達原区集会所の隣にある。大達原稲荷神社に合祀されている八幡神社が将門八幡である。この神社は、この地へ落ち延びた平将門の娘たちが将門を祀ったものという。

桔《き》梗《きょう》塚《づか》と九十九《つくも》神社《じんじゃ》と大血川《おおちがわ》

秩父市大滝

国道一四〇号線の大陽寺入口バス停から大陽寺方面に約二・三km向かうと、「石塔平」という所の、大血川沿いの畑の斜面に桔梗塚がある。桔梗塚は平将門

将門八幡

の妃《き》桔梗姫《ききょうひめ》の墓といわれる。
九十九神社は桔梗塚から約三〇〇mのところにある。連妃社ともよばれ、平将門の愛妾九十九人が祀られている。現在の社殿は新しいものである。大血川の名の由来は、九十九人がこの地で自害し、川が七日七夜血で染まったことによるという。

桔梗塚

畠山重忠伝承

荒神堂《こうじんどう》の地蔵尊《じぞうそん》

長瀞町長瀞一〇二二
長瀞上区公会堂敷地内

畠山重忠が若くして亡くなった乳母の供養のために、三間四面のお堂を建てて地蔵尊を祀ったものという。この地蔵尊は安産・子育ての信仰を集め、乳母地蔵尊とも呼ばれている。

重忠公《しげただこう》お手植《てう》え七本《ななほん》

東秩父村坂本一五四一
坂本八幡大神社

坂本八幡大神社は、建久年間（一一九〇〜九九）に畠山重忠が鎌倉の鶴岡八幡宮を勧請したものという。かつて境内には、五色楓、時雨桜、樟《くすのき》、モチ、タラヨウ、銀杏、金木犀《きんもくせい》の七本があり、畠山重忠のお手植えと伝えられている。現在石段右手にある樟は「タマ樟」と呼ばれ、よく保護されている。

鷲窟山観音院《しゅうくつざんかんのんいん》

小鹿野町飯田観音山
二二一一

畠山重忠がある時狩りに出かけ、大木の上に大きな鷲の巣を見つけた。家臣で岩山をも貫く強弓で知られた本田次郎親常にその巣を射落とすことを命じたが、何度射ても矢がはね返されてしまう。木に登ってみると巣の中に聖観音像があったが、これは将門の乱で失われていた行基作の観音像だったという。重忠は観音堂を建ててこれを祀ったのが、鷲窟山観音院の始まりであるという。また東奥の洞窟には重忠が愛馬を休める際にできた馬の蹄跡とされる窪みがあり、洞窟の上から落ちてそこに溜まった水は眼病に効能があるという。

お牧ざくら

秩父市寺尾

秩父中央病院（秩父市寺尾一四〇四）の南隣にある。伝説によると源平合戦の頃、敗れた平氏方の官女が「秩父の庄司畠山重忠の手の者」と名乗る源氏方の若武者に助けられた。その官女の名をお牧といい、秩父に行けばその若武者に会えるかもしれないと京から秩父に落ち延びたが、村人たちは源氏をはばかって、お堂を住家として貸し与えただけだったという。お牧は雑役などをして露命をつないでいたが、日に日にやつれて病に倒れ亡くなった。人々がその霊を慰めるために植えたのが寺尾の「お牧ざくら」だという。

お牧ざくら

乳母神様《うばがみさま》

秩父市荒川白久

秩父市荒川白久と同市荒川日野の境付近の、秩父鉄道沿いの道の北側の杉林の中に、小さな石の祠があり、乳母神様（オバッコ神様・ババア神様）と呼ばれている。これには次の伝説が残されている。大滝の**大陽寺**（→119）の住職と大蛇が化身した娘との間に生まれた子供が荒川に流され、川本（深谷市）の土豪に拾われ後の畠山重忠となったという。この時大滝からこの子を養育するための乳母が遣わされた。重忠が元服し、役目を終えた乳母が大滝に帰る途中、この地で風邪による高熱のため息絶えた。その後荒川白久《しろく》で風邪が大流行し、人々はこの乳母の祟りではないかと恐れ、石の祠を建てて菩提を弔った。それ以来風邪を治す神様として信仰をあつめたという。

生川《うぶがわ》

横瀬町横瀬

武甲山を源として流れる川で、畠山重忠の母が懐妊したとき、この川の神に立派な子が生まれるよう祈ったところからこの名がつけられたという。地元の人は「オボッ川」と呼んでいる。

その他

板石塔婆《いたいしとうば》石材採掘《せきざいさいくつ》遺跡《いせき》

長瀞町野上下郷一〇八二

県旧跡。秩父鉄道の樋口駅から北西の山腹を約一・五㎞登った標高約三〇〇ｍの地にある。国道一四〇号線の樋口駅近くに大きな看板が出ているが、見学する際には場所が分かりにくい。事前に場所

板石塔婆石材採掘遺跡

をよく調べて行くことをお薦めする。樋口駅から徒歩で約四五分かかる。

この遺跡は石切場と呼ばれ、緑泥片岩《りょくでいへんがん》(秩父青石《あおいし》ともよばれる)の採石場所のことである。緑泥片岩が切り出された跡がよく分かるが、現状の切り出した跡が中世のものであるかは不明である。

丹党《たんとう》中村《なかむら》氏《し》の墓《はか》

秩父市中村町二四二二―一井上家墓所

市史跡。当地に居住した丹党中村氏の墓で、近世に建てられた。総高八五㎝、幅二九・五㎝の砂岩製の板碑型墓石には「永昌院殿茂林常繁大居士」の銘がある。この墓所から南西の台地上が中村氏の館跡とされている。

駒形神社《こまがたじんじゃ》

秩父市堀切三六八

前九年の合戦の際、源頼義・義家父子が陸奥国胆沢《いさわ》郡の駒形神社に祈願して勝利したことから、この戦いに従軍した秩父武綱《たけつな》が勧請したといわれている。

中野《なかの》地蔵尊《じぞうそん》

秩父市荒川白久二四六〇

奥州藤原氏の滅亡後その家人佐藤庄司の一族が当地に落ち延びて将軍地蔵を氏神として祀ったという。「身替わり地蔵」「延命地蔵」とも呼ばれ、毎年九月二十八日の縁日には、参道にたくさんの行灯が灯る。白久駅と三峰口駅の中程、線路の南側の道路に「地蔵尊入口」の道標がある。

妙見信仰と将門伝説

妙見信仰とは、北極星・北斗七星を神格化した妙見菩薩に対する信仰で、奈良・平安時代の怨霊思想の流行下、国土を守護し災厄を除くとして重んじられた。中世以降は北斗七星のうちの第七星が破軍星《はぐんせい》だったため、戦勝祈願と結びついて武士の間で広まるようになる。また、北極星は方位や時刻を示す星であり、大陸の大草原で暮らす遊牧民が信仰したことから、馬飼いの技術とともに展開したことも武士に信仰された理由とされる。

埼玉県内では、『延喜式』にも掲載される**秩父神社**（↓118）が、中世以降、秩父妙見宮として隆盛を極めた。もともと秩父神社は、第十代崇神天皇の御代に知知夫《ちちぶ》国の初代国造に任命された八意思兼命《やごころおもいかねのみこと》の十世の子孫である知知夫彦命《ちちぶひこのみこと》が、祖神を祀ったことに始まる式内社だが、中世の秩父においては、式内社秩父神社が忘れられ妙見社に交代する。そもそも秩父神社と妙見信仰との関係は、『新編武蔵国風土記稿』によれば平姓秩父氏の祖である平良文にさかのぼる。

すなわち天慶年間、平将門と常陸大掾《ひたちだいじょう》・鎮守府将軍であった平国香が戦った上野国染谷川《そめやがわ》の合戦で、国香に加勢した平良文が、同国群馬郡花園村（群馬県高崎市）に鎮座する妙見菩薩の加護を得て、将門の軍勢を撃ち破る。以来、良文は妙見菩薩を厚く信仰し、後年秩父に居を構えた際、花園村から妙見社を勧請した。これが秩父神社の妙見宮の創建の由来である。

この由来から推量すれば、秩父神社の妙見信仰は平良文の後裔であり、秩父牧の別当となった平姓秩父氏が当地に持ち込んだのは明らかである。ただもともとこの地域には流星信仰があり、妙見信仰受け入れにさほどの抵抗は無かったと思われる。秩父郡域の流星伝説は、飯能市上名栗の星宮のものが『新編武蔵国風土記稿』に上名栗妙見社縁起之伝説として記述されている。

> 元暦年中（一一八四〜一一八五）頃民家稀ニシテ此所古木立茂リタル栗林成然ルニ八月廿三日ノ夜ヨリ丸キ光物悉天下リ人々アヤシミヌ十一月三日ノ夜右ニ同シ猶以不思議ニ思シヤ翌年八月十一日共ニ右ノコトクナリ依之誠ニ清浄霊地成事ヲ感シ少シノ社ヲ立テ星宮ト名付當村惣鎮守トアガメ奉候　凡三百餘年ヲ経其後…山城国紀伊郡伏見邊ヨリ大己貴命ノ霊神ヲ同社ニ移シ則妙見宮ト奉勧請

元暦年中に流星の落ちた地を清浄霊地として社を建て星宮として祀り、その後妙見宮と改称したというのである。他にも飯能市南の我野《あがの》神社も流星伝説を持ち、上名栗の星宮から直線上に並ぶ借宿《かりやど》、三輪、春日、出雲伊波比の諸社もそれぞれ流星伝説があるという。

こうして秩父郡に広まった妙見信仰は秩父妙見宮を中心として、平姓秩父氏をはじめ丹党や児玉党など秩父土着の武士団からは守護神として、庶民からは憑き落としや養蚕倍盛の神として尊崇され、長く隆盛を極める。しかし明治維新の神仏分離を機に、秩父神社の旧号に戻り、祭神も八意思兼命、知知父彦命の二柱となり、妙見社祭神であった妙見大菩薩は天之御中主神として配祀される。それでも「秩父夜祭」で知られる秩父神社の例祭は、毎年十二月三日の夜の神幸祭《しんごうさい》で、武甲山の男神と妙見様の女神が年に一度だけお花畑で出会うという妙見様にちなんだ祭礼であり、妙見信仰は今もしっかり生き続けている。

ところで、妙見信仰と平将門とが分かちがたく関係していることは、平良文と妙見菩薩の出会いの場面からも知られる。また、『源平闘諍録《とうじょうろく》』は良文が将門の伯父（叔父カ）でありながら養子となったこと、もともと将門の守護神であった妙見菩薩を受け継いだことを記す。秩父郡に将門伝説が多いのは、妙見信仰のもたらしたものといえるのではないか。以下郡内の将門伝説を紹介する。

下総で敗れた将門は、秩父へと逃れてきて城峯山に砦を築いた。一方、将門を追ってきた藤原秀郷は、吉田の椋神社に陣を構えて攻めたが、なかなか落ちない。そこで秀郷は**椋神社**（→118）に戦勝祈願をこめ、悪魔払いの矢を放つ。するとある夜、城峰山にねずみの大群が現れて将門方の武具などを食いちぎってしまった。そこを秀郷の軍が攻めたので、城はなんなく落ちてしまった。敗れた将門は、頂上付近の岩穴にかくれたが、愛妾桔梗姫《ききょうひめ》のうらぎりによりみつけられ、首をはねられる。城峰山で敗れた将門の残党は、さらに下吉田で秀郷軍と激戦をくりひろげ、多くの兵が殺傷された。その折、付近に生えていた芝が血で真っ赤に染まった。それからは、この地の芝は毎年赤かったので、「**赤芝**」と呼ぶようになった。他にも、小鹿野には将門残党が最後の決戦をしたという「**勝負沢**」があり、この戦死者に団子を供えたという「**団子坂峠**」もある。大滝の大達原《おおたはら》には将門の娘が創建したという円通寺があった。この寺には、将門の甲冑像があったといわれている。寄居の**花園城**（→136）の家来某が将門に味方して横瀬に落ち延びて亡くなった。しかし悪心をもって将門に味方したため牛に生まれ変わってしまう。後にその妻がこの地を訪ね秩父札所七番法長寺の観音に祈願したところ、夫の苦しみは終わった。そこで妻は比丘尼となって後世を弔ったことから「**牛伏観音**」の名が付けられた。

このように史実とは言えないが、将門伝説が秩父郡内には数多く残っている。

（池田悦雄）

那珂郡

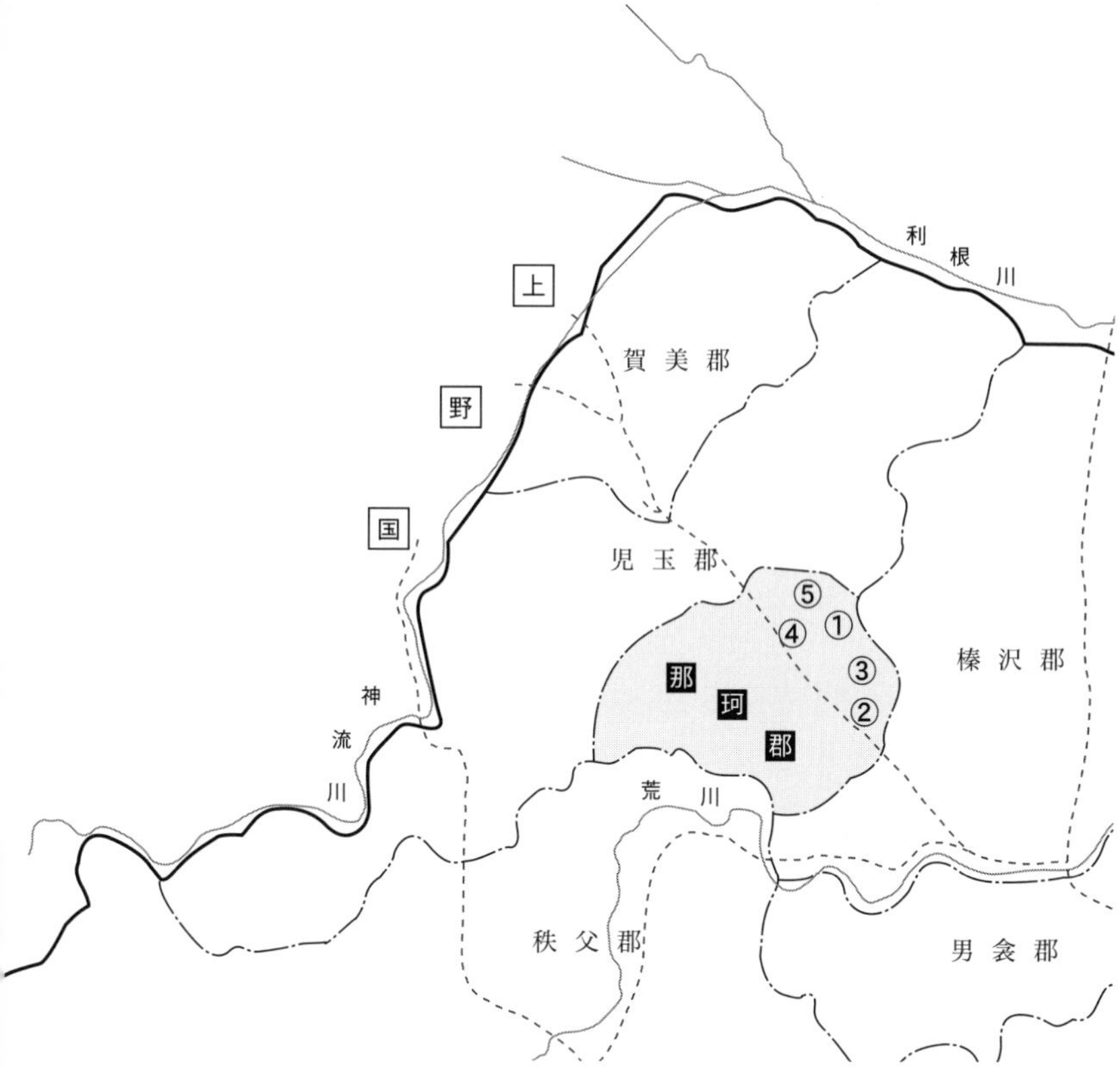

奈良時代から見える郡名で、武蔵国の北西部に位置し、西・北は児玉郡、南は秩父郡、東・南は榛沢《はんざわ》郡と接する。「那賀郡」とも書かれた。ほぼ現在の美里町と本庄市児玉町の一部にあたる。群馬県西南部と埼玉県北西部にまたがる上武山地の陣見山・鐘撞堂《かねつきどう》山を南界とし、それに続く松久丘陵と、そこから流れ出る志戸川とその支流天神川、北堺を流れる小山川によってつくられた低地からなる。小山川と志戸川沿いには、古代の条里制が施行されており、開発の古さを示している。また、平安時代「延喜式」に左馬寮牧として見える檜前馬牧を美里町駒衣付近に比定する説もある。

武蔵武士　郡内南部にある猪俣村（美里町猪俣）は、猪俣党の拠点となった場所で、横山時資が武蔵介として入部ののち当地に居住し、猪俣氏の祖となったとされ、猪俣党は主に那珂郡から榛沢郡に勢力をのばした。平安時代末期から存在した地名であろう。村内には猪俣範綱の居館と伝える館跡や、室町時代猪俣氏の居城と伝える猪俣城跡（↓131）があり、中世創建と伝える高台院（↓131）には猪俣範綱の墓がある。範綱は、保元・平治の乱で活躍した。その他、猪俣党の甘糟・小栗・木部・古郡氏、丹党の古郡氏などが郡内に分布している。甘糟広忠の子忠綱は、法然に帰依したと伝える。木部村には、猪俣党木部氏の館址があった。

中世地名　文献上鎌倉時代から見える地名はないが、南北朝時代から見える伊豆国三嶋社領の小栗村（美里町猪俣字小栗）、

名字	出自	名字の地	現在比定地
①甘糟	猪俣党	甘糟	児玉郡美里村甘粕
②猪俣	猪俣党	猪俣村	児玉郡美里村猪俣
③小栗	猪俣党	小栗村	児玉郡美里町猪俣字小栗
④木部	猪俣党	木部	児玉郡美里村木部
⑤古郡	猪俣党・丹党	古郡	児玉郡美里村古郡

室町時代から見える建長寺宝珠庵領の広木郷秋山村（本荘市児玉町秋山）・広木郷（美里町広木）、戦国時代から見える甘粕（甘糟・天粕とも書いた）（美里町甘粕）・猪俣村（美里町猪俣）・木部村（美里町木部）・白石村（美里町白石郷）などがある。

鎌倉街道　鎌倉街道上道は、ほぼ寄居町用土から美里町猪俣字小栗に入る県道一七五号線を北西に進み、普門寺の南側を通過し、野中の交差点から国道二五四号線を西に進み、天神橋（天神川に架かる）を渡って国道から分かれ左の砂利道に入り、国道のほぼ西、白石字大仏から中里との境界付近を北西に進む。街道はさらに、広木の松久丘陵とそれに続く平地との間を進み、児玉郡との堺の一里塚に至る。

明治二十二年（一八八九）の市制町村制施行によって、那珂郡内の村は秋平《あきひら》・松久《まつひさ》・大沢の三村となった。明治二十九年（一八九六）の郡制施行により那珂郡は廃止され、郡域は児玉郡に合わされた。

なお、この地域の武蔵武士の活動を詳しく知るには、左記の市町村史が参考になる。

参考文献

①『美里町史　通史編』（一九八六年刊）
②『本庄市史　通史編Ⅰ』（一九八六年刊）

城館・城郭

美里町猪俣字城下

猪俣城跡《いのまたじょうあと》

室町期に猪俣氏によって築かれたといわれる山城。上武《じょうぶ》山地の東端部、鐘撞堂《かねつきどう》山《やま》から北に延びる尾根の山頂に城跡はある。尾根全体に遺構が展開しており、本郭は尾根の頂部にあり、南には二の郭、北には三の郭がおかれている。本郭と二の郭の間は土橋が設けられ、三の郭と本郭の間の道はS字に屈曲している。他にも、堀切や空堀の遺構が見られる。猪俣城の役割は、本郭に大きな窪みがあることから、烽火台を兼ね備えた物見の砦だった可能性がある。近くには**虎ケ岡《とらがおか》城跡《じょうあと》**（美里町円良田字城山）（↓98）があり、猪俣城と道を挟んで向かい合っている。城からは鎌倉街道を一望することができる。

神社・寺院

美里町猪俣一五七五

高台院

高野山真言宗の寺院で、猪俣党の菩提寺と言われ、少し離れた墓地の一角に**猪《いの》俣《また》小《こ》平六《へいろく》の墓**（県旧跡）がある。空・風輪・火輪を欠き、風化の激しい五輪塔である。猪俣小平六範綱《のりつな》（則綱）は、この地に住み着いたという横山（小野）時資《ときすけ》から数えて五代目にあたるという。範綱は保元・平治の乱では、源義朝《みなもとのよしとも》に従って参戦。特に内裏《だいり》の待賢門《たいけんもん》を守り、平《たいらの》重盛《しげもり》と戦った悪源太《あくげんた》義平《よしひら》以下の十七騎にも数えられている。治承・寿永の内乱においては、寿永《じゅえい》三年（一一八四）の、一の谷合戦で平氏方の越中前司《えっちゅうのぜんじ》平盛俊《たいらのもりとし》を討ち取る手柄を挙げた。この地で、毎年八月十五日の夜に行われる**猪俣の百八燈《ひゃくはっとう》**（国無民）は、建久三年（一一九二）に没した猪俣範綱とその一族の霊を慰める盆行事とされ、墓前と前方の堂前山《どうぜんやま》の尾根に百八の灯火がともされて幻想的な光景が見られる。

高台院・猪俣小平六の墓

石造物

美里町白石一九五三
宗清寺

応安六年銘板碑《おうあんろくねんめいいたび》

町文化（應安板碑）。本堂手前の覆屋《おおいや》に立つ。高さ二一八cm、幅五一cmで、中程で二つに割れているが、阿弥陀三尊を画像で丁寧に表現している。阿弥陀如来の頭部の周辺には円相が描かれており、衣の襞《ひだ》も美しい。阿弥陀如来の左右に光明真言を漢字で表して、下部に「地獄天宮／皆為浄土／有性無性／斉成仏道」の偈《げ》と造立の主旨が刻まれている。それを読むと応安六年（一三七三）に、亡くなった人々の追善供養のために建てられたことがわかる。

古道

当郡内には大里郡寄居町用土から北上した鎌倉街道上道が美里町猪俣から、ほぼ国道二五四号線にそって賀美郡に向かっており、案内板等も多数設置されている。美里町内の遺構としては、国道二五四号線の駒衣《こまぎぬ》交差点付近で国道の西側に並行して、竹藪に覆われている部分もあるが、掘割状遺構がみられる。

応安六年銘板碑（拓本）※1

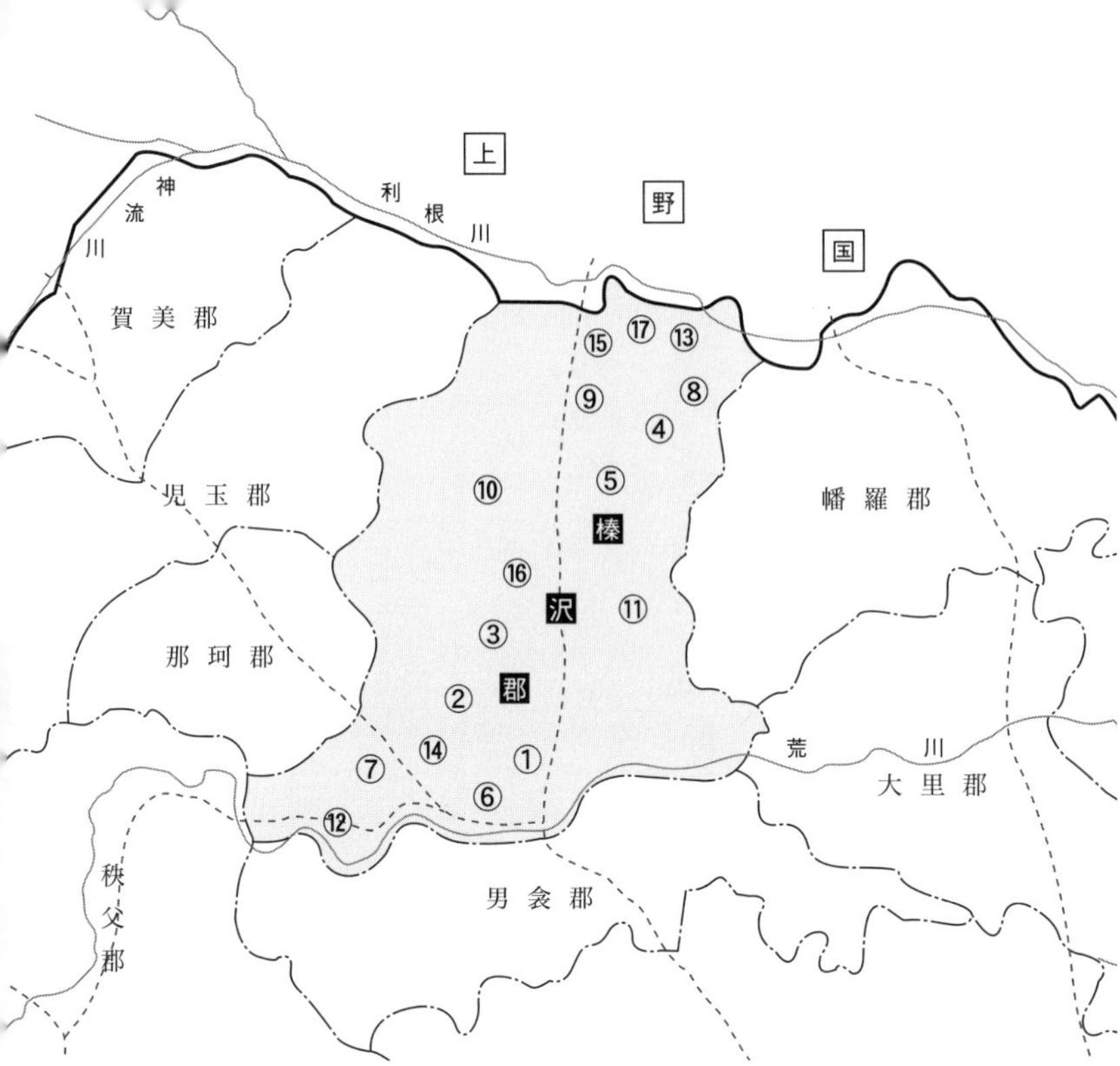

榛沢郡

平安時代から見える郡名。半沢郡とも書いた。武蔵国の北部に位置する。西側は児玉・那珂・秩父郡、南は荒川を挟んで男衾郡、東は幡羅・大里郡、北は上野国と接しているが、郡界はしばしば変動した。北側の利根川と元小山川の間は低地（沖積扇状地）で、その南は本庄台地（関東ローム層）である。この台地の東端が五十子で、北を女堀川、南を小山川が東流し、五十子の東側で合流する。合流した小山川の流域は妻沼低地の一部となっている。小山川を挟んだ五十子の南側は、櫛引大地（洪積台地）で那珂郡と接している。その南側を荒川が東流し、荒川を挟んで南部には江南台地と河岸段丘がある。荒川流域は、寄居町付近を扇のかなめ（扇央）とする扇状地の一部となっている。

郡域は、ほぼ現在の深谷市（旧岡部町、旧花園村、旧川本町の一部）と寄居町の地域であるが、戦国時代になると、鉢形城付の地域を鉢形領と称し、同領付の荒川左岸の藤田郷（寄居町藤田付近）や末野郷（寄居町藤田付近）などは男衾郡に移った。

武蔵武士　鎌倉時代当郡内には武蔵七党のうち猪俣党を中心とし丹党・児玉党等の武蔵武士が盤踞《ばんきょ》していた（別表と地図を参照）。猪俣党は、那珂郡猪俣を名字の地とするが、一族はその東に位置する当郡に進出した。猪俣党に属する武士としては、岡部・今泉・山崎（以上旧岡部町）・荒河・飯塚・御前田・南飯塚（以上旧花園村）・内島・滝瀬・横瀬（以上旧深谷

名字	出自	名字の地	現在比定地
①荒河	猪俣党	荒河之郷	深谷市（旧花園村）荒川
②飯塚	猪俣党	飯塚	深谷市（旧花園村）武蔵野
③今泉	猪俣党	今泉	深谷市（旧岡部町）今泉
④内島	猪俣党	内ヶ島	深谷市内ヶ島
⑤岡部	猪俣党	岡部	深谷市（旧岡部町）岡部
⑥御前田	猪俣党	御前田	深谷市（旧花園村）小前田
⑦桜沢	猪俣党	桜沢	大里郡寄居町桜沢
⑧新開	桓武平氏土肥氏	新開郷	深谷市新戒
⑨滝瀬	猪俣党・丹党	滝瀬郷	本庄市滝瀬
⑩榛沢	丹党	榛沢郷	深谷市（旧岡部町）榛沢
⑪人見	猪俣党	人見郷	深谷市人見
⑫藤田	猪俣党	藤田	大里郡寄居町藤田・末野
⑬南荒居	丹党	南荒居（「和名抄」の新居郷）	本庄市
⑭南飯塚	猪俣党	飯塚	深谷市（旧花園村）飯塚
⑮牧西	児玉党	目西	本庄市牧西
⑯山崎	猪俣党	山崎	本庄市（旧岡部町）山崎
⑰横瀬	猪俣党	横瀬郷	深谷市横瀬

市）・桜沢・藤田（以上寄居町）の各氏がいる。他に丹党に属する武士としては、滝瀬・榛沢・南荒居の各氏、児玉党の牧西氏、桓武平氏土肥氏の新開氏がいる。

岡部六弥太忠澄は、保元の乱、平治の乱で活躍し、『保元物語』『平治物語』では坂東武者の典型として描かれている。元暦元年（一一八四）二月の一の谷合戦では、薩摩守平忠度を討ち取ったことで著名である（『平家物語』）（**清心寺**↓138）。忠澄の建立した**普済寺**（↓139）には**岡部六弥太忠澄墓**（↓142）が残る。

畠山重忠の乳母子で、元久二年（一二〇五）、二俣川（神奈川県

横浜市）で運命を共にした榛沢成清の建立したと伝える東光寺（↓139）や人見泰国の創建と伝える一乗寺（↓138）、藤田氏に関わる善導寺（↓140）などがある。藤田能国は、源頼朝に弓馬の芸を賞され、「文博士」と賞された文章にも通じた人物であった。その子孫は文化面でも秀でており、戦国時代までこの地域に勢力を保持した。

中世地名　郡内で鎌倉時代から見える村名に手墓村（深谷市上手計・下手計付近）、南北朝時代から見える郷名に人見郷（深谷市人見）、滝瀬郷（深谷市滝瀬）、戦国時代から見える郷村名・地名に荒河之郷（深谷市［旧花園町］荒川）、飯塚之原（深谷市［旧花園町］武蔵野）、大屋（深谷市大谷）、鬼口（深谷市折ノ口）、沓かけ（深谷市［旧岡部町］沓掛）、黒田郷（深谷市［旧花園町］黒田）、新開郷（深谷市新戒）、末野（寄居町赤野）、菅沼（深谷市［旧川本町］菅沼）、瀬山（深谷市［旧花園町］瀬山）、野辺郷（深谷市［旧岡部町］周辺）、原（深谷市［旧川本町］上原）、針ケ谷（深谷市［旧岡部町］針ケ谷）、蒔田（寄居町蒔田）、牧西（本庄市牧西）などがある。このうち荒河・飯塚・新開・藤田・牧西などは武蔵武士の名字の地であり、平安時代末期まで遡ることができよう。なお、現在の深谷市横瀬に比定される横瀬郷は、室町時代には上野国新田荘に含まれた地で、利根川の流路が変わったため武蔵国に編入された。

鎌倉街道　武蔵国府から北上する鎌倉街道上道は、男衾郡を経て、荒川を渡河する。その地点が赤浜の渡し（↓174）である。渡河した上道は、荒川左岸の河岸段丘の縁に沿って西に向かいお茶々の井戸（↓145）付近で右折し北上、小前田・用土を経て那珂郡に至る。一方、荒川の渡河地点で分岐した道（本庄道ともいう）は、旧岡部町（榛沢瀬、↓143）を経て、深谷市（旧岡部町）西田の北で、左に五十子陣跡（↓104）を見ながら小山川を渡る。ここが本庄市牧西（牧西氏の本拠）で、北の小和瀬に至る。この道は源頼朝が上野国三原の巻狩を行った際に整備した道である。五十子の陣は、本庄台地の最東端、小山川と女堀川の合流する場所に位置する街道を押さえる要地であった。

明治二十二年（一八八九）の市制町村制施行によって、榛沢郡内の町村は深谷町・寄居町をはじめ二町九村となったが、明治二十九年（一八九六）の郡制施行により榛沢郡は廃止され、郡域は大里郡に含まれた。

なお、この地域の武蔵武士の活動を詳しく知るには、左記の市町村史が参考になる。

参考文献

①『深谷市史　上巻』（一九八四年刊）
②『本庄市史　通史編Ⅰ』（一九八六年刊）
③『寄居町史　通史編』（一九八六年刊）

人見館跡《ひとみやかたあと》

深谷市人見一五一三ほか

県史跡。猪俣党人見氏の居館で、人見六郎政経《まさつね》が居住したことに始まる。立地は櫛挽《くしびき》台地の縁に位置し、仙元山《せんげんやま》公園の南側にある。遺構は東西の二つの郭に分かれ、西郭は東西一八七×南北一六〇mで二重の土塁と空堀をめぐらせており、東郭は東西二三六×南北一七七mである。東郭は現在ほとんど残っていないが、西郭の土塁、空堀は南辺、西辺に良く残っている。また、東西の郭の間には、一部痕跡を残すのみではあるが、二重の土塁がある。また、館に関連する地名として政所、元屋敷、馬場、四郎司などの小字が残されている。鎌倉幕府軍が楠木正成の拠る河内国赤坂城（大阪府千早赤坂村）を攻めた際に討ち死にした人見四郎入道恩阿は、館の南側、**一乗寺**《いちじょうじ》（深谷市人見一六二一―二）（↓138）に眠っているとされる。

深谷城跡《ふかやじょうあと》

深谷市田谷町・仲町・本住町

県旧跡。木瓜《ぼけ》城とも呼ばれる。**庁鼻和**《こばなわ》**城**（↓国済寺149）からこの地へ移った庁鼻和上杉房憲《ふさのり》によって康正二年（一四五六）に築城されたと伝えられる。その後、深谷上杉氏は小田原北条氏の傘下に入り、豊臣秀吉による小田原攻めで深谷城も開城した。かつてこの地域は窪地であり、城の堀の水は東を流れる唐沢川《からさわがわ》の水を利用したと思われる。木瓜城という別名は城の形姿から称されたといわれるが、現在遺構は土塁が一部残されているのみである。しかし、江戸時代ではあるが、『武蔵志』に深谷城の絵図「深谷古城図」があり、かつての様子を偲ぶことができる。城内には富士浅間《ふじせんげん》神社が祀られ、境内の東側には外堀の跡を見ることができる。他にも、市民会館の駐車場や深谷小学校の西側などに堀跡をわずかに残す。なお、城の一角には**深谷城址公園**（深谷市本住町一七）があり、整備されている。

岡部氏館跡《おかべしやかたあと》➡普済寺（139）

花園城跡《はなぞのじょうあと》

寄居町末野《すえの》字城山《しろやま》・清見寺・浦山

県遺跡。山麓には**正龍寺**《しょうりゅうじ》（↓140）や**善導寺**《ぜんどうじ》（↓140）など城主藤田氏関係の寺が残る。善導寺から線路沿いを西に約一五〇m行くと**諏訪神社**があり、その裏手から城跡に登れるが、全体的に未整備の状態である。藤田氏は猪俣党《いのまたとう》の一族で、政行《まさゆき》が武蔵国榛沢郡《はんざわぐん》藤田郷（寄居町藤田）に拠ったことに始まる。政行は源義朝に従って保元の乱に参陣し、政行の嫡男行《ゆき》康《やす》は源平合戦で源氏方として戦い、一の谷の合戦で討死した。行康の子能国《よしくに》は文才に優れ、承久の乱で院宣《いんぜん》を読解したこ

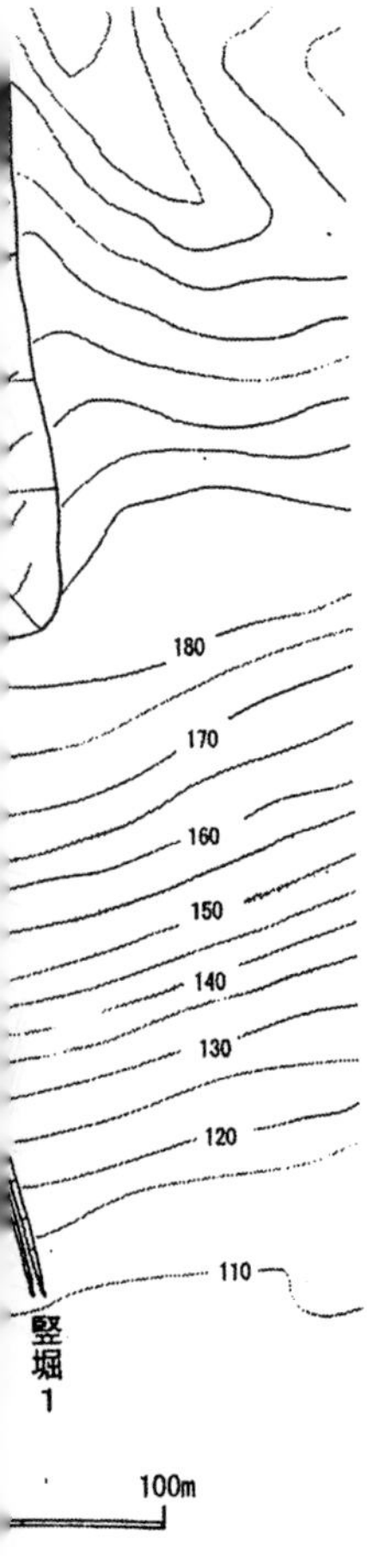

とで知られる。室町時代、藤田氏は関東管領山内《やまのうち》上杉氏の重臣となり、花園城を居城とした。小田原北条氏の勢力が北武蔵に及ぶと、藤田泰邦《やすくに》（康邦）は居城をより堅固な**天神山城**《てんじんやまじょう》（長瀞町）（↓110）に移して対抗したが、天文《てんぶん》十五年（一五四六）の河越夜戦後に北条氏に降った。そして、北条氏康《うじやす》の四男氏邦《うじくに》を娘大福《おふく》の婿に迎え、用土城《ようどじょう》（寄居町用土字北沢）に移った。天神山城に入った氏邦は永禄三年（一五六〇）以降は**鉢形城**《はちがたじょう》（↓168）に移り、花園城は鉢形城の支城となる。天正十八年（一五九〇）、豊臣方の攻撃の前に鉢形城は開城し、花園城も同様の運命を辿ったものと思われる。

城の構造は、山域を大きな堀切で四つに分け、東から東郭・三の郭・二の郭・本郭を配し、堀切に続けて竪堀《たてぼり》を穿《うが》ち、竪堀の間に腰郭《こしぐるわ》を配置する。本郭の標高は二〇八m、規模は東西六〇×南北一五m程度である。城の南側斜面の竪堀は二重構造で、これは藤田氏の築城術の特徴を顕著に示している。もう一つの特徴は、南側斜面の西半分に見られる十八〜十九

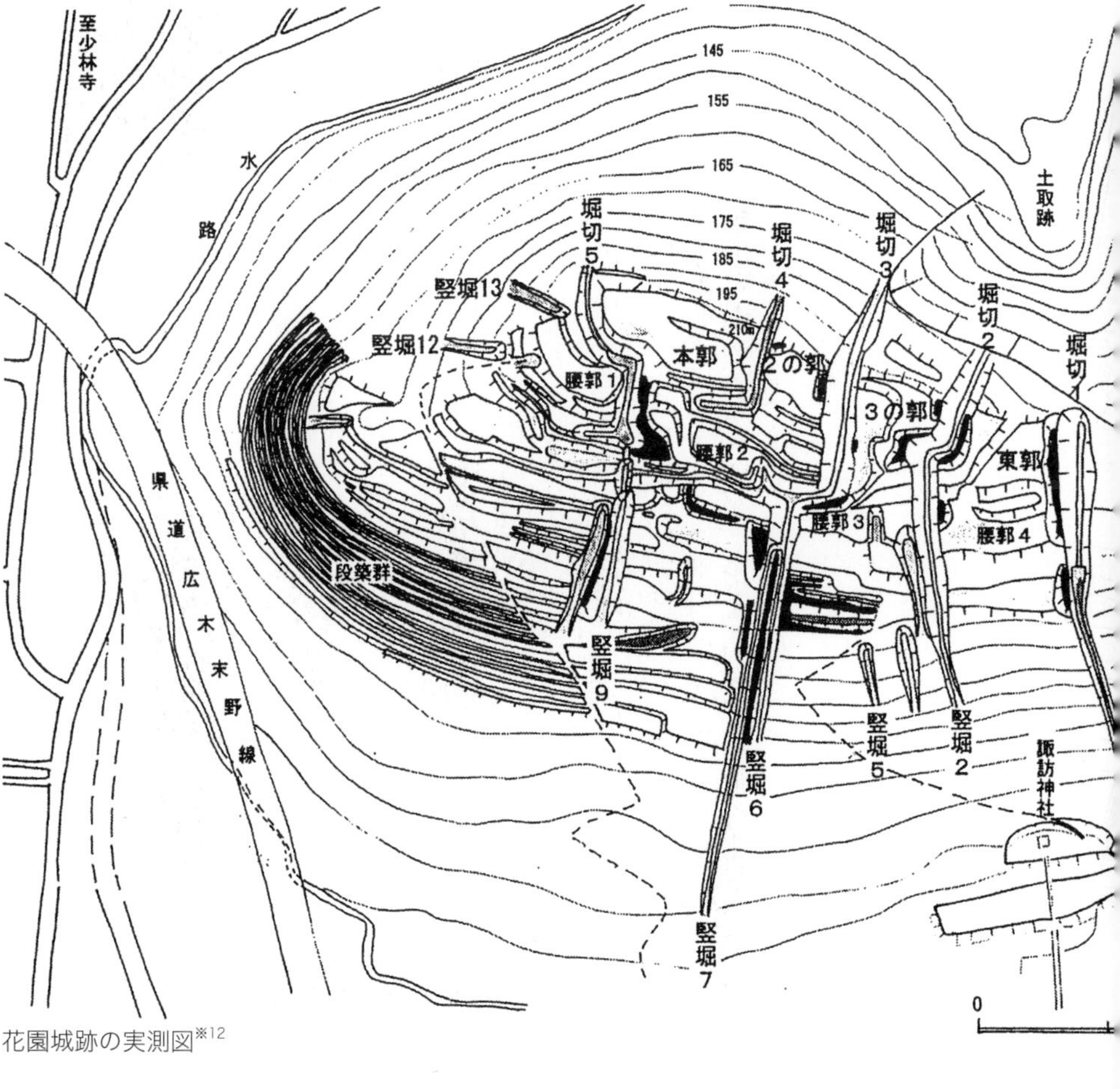

花園城跡の実測図※12

花園城跡の堀切

段に及ぶ帯郭状の段築である。段築の幅は一・五〜二mと狭く、各段は一・五〜二・五m程の高さに垂直に切られ、肩部には緑泥片岩を積み上げた石積《いしづみ》が築かれている。

花園《はなぞの》御嶽《みたけ》城跡《じょうあと》　寄居町末野《すえの》字八王子二〇九四

花園城（↓136）の北西にあたる御嶽山《みたけさん》（標高二四八m）に位置する。**少林寺《しょうりんじ》**（寄居町末野二〇七二―二）の背後、比高九〇mほどの山頂部が城郭である。少林寺から五百羅漢群を見ながら登って行き、高台の広場に出たら、標柱に従って円良田湖方面に三〇mほど進み、次の標柱を右折せずに直進して山頂を目指すと城跡に至る。花園城との構造上の共通点から藤田氏の築城であると推定される。規模や構造は砦程度であり、花園城の死角となる北・西方の監視を任務としたものであろう。本郭の東に空堀で隔てられて二の郭があり、土橋で結ばれる。また、本郭の西側から南側にかけて小さな腰郭が配置される。本郭には御嶽山信仰に関わる後世の石碑群が立ち並んでいる。

神社・寺院

一乗寺《いちじょうじ》　深谷市人見一六二一―二

正応《しょうおう》二年（一二八九）に人見《ひとみ》四郎泰国《しろうやすくに》によって創建された時宗寺院で、境内には**人見氏累代墓《るいだいのはか》**（↓141）とされる板碑二基・五輪塔三基が残る。人見氏は猪俣党に属し、この辺りを本拠とした。寺の近隣には**人見館跡（県史跡）**（深谷市人見一五一三）（↓136）も残る。寿永《じゅえい》三年（一一八四）の一の谷合戦において、猪俣範綱《いのまたのりつな》（則綱）が平氏方の越中前司平盛俊《えっちゅうのぜんじたいらのもりとし》を討ち取った時に、実名不詳ながら「人見四郎」が居合わせたとされている。また、元弘《げんこう》三年（一三三三）、人見四郎入道恩阿《おんあ》は、幕府軍の一員として楠木正成の籠もる赤坂城攻めに参加し、この時に討死している。

清心寺《せいしんじ》　深谷市萱場《かやば》四四一

境内の土塀に囲まれた一角に高さ一四五cmの**平忠度《たいらのただのり》供養塔**（↓142）がある。岡部六弥太忠澄《おかべろくやたただずみ》が、忠度の菩提を弔うため、自らの所領で最も景色のよい場所に供養塔を建てたとの伝承がある。実際に現在でも境内墓地の高台からは深谷市街を遠望できる。これと並んで、**清心寺板碑**（↓141）も建っている。清心寺の創建は、供養塔より遅れ、天文《てんぶん》十八年（一五四九）に、深谷城主上杉氏の宿老であった岡谷清英《おかだにきよひで》によってなされた。

普済寺《ふさいじ》　深谷市普済寺九七三

寺伝によれば、建久《けんきゅう》二年（一一九二）に岡部六弥太忠澄《おかべろくやたただすみ》が栄朝《えいちょう》を招いて創建し、忠澄の法名を寺号としたという。本堂は近年の建築であるが、「○にはね十字」の岡部氏家紋を掲げている。岡部氏は猪俣党の一族で、忠澄の祖父にあたる忠綱《ただつな》の代に岡部に居住したという。忠澄は保《ほう》元《げん》の乱や治承《じしょう》・寿永《じゅえい》の内乱で活躍し、特に一の谷合戦において、平氏方の智勇兼備の武将薩摩守平忠度《さつまのかみたいらのただのり》を討ち取る手柄をあげたことは有名である。寺より二〇〇mほど北に**岡部六弥太忠澄墓**（県史跡）（↓142）がある。六基の五輪塔が覆屋《おおいや》の中にあり、このうち三基は岡部忠澄・父行忠《ゆきただ》・妻玉《たま》の井《い》の墓とされる。忠澄の墓が最も大きく高さが一八〇cmほどある。また、近隣の字古城・菅原付近は、**岡部氏館跡**とされ、土塁の一部も残る。

「○にはね十字」の岡部氏の家紋を掲げる普済寺本堂

東光寺《とうこうじ》　深谷市後榛沢《うしろはんざわ》三七六—一

寺伝によると、榛沢六郎成清《はんざわろくろうなりきよ》が文治《ぶんじ》五年（一一八九）に、疫病に苦しむ郷民を救うために発願し源頼朝の許しを得て建立したといい、本尊の薬師如来は成清が鎌倉より持ち帰ったという。寺より三〇〇mほど南方の**成清大明神**（↓144）には、近世に建立された**榛沢六郎供養塔**（県旧跡）がある。丹党の榛沢氏は秩父平氏の畠山氏とは別の氏族であるが、成清は畠山重忠の郎等《ろうとう》であり、母が畠山重忠の乳母《めのと》という関係もあって、成清は重忠によく仕えたという。元久《げんきゅう》二年（一二〇五）、二俣川《ふたまたがわ》（横浜市保土ケ谷区）において、畠山重忠が北条氏に討たれた時に運命を共にした一三四騎の中の一人である。

東光寺付近にある成清大明神

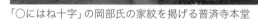

正龍寺《しょうりゅうじ》

寄居町藤田一〇一一

花園城主藤田泰邦《ふじたやすくに》が創建した寺院で、開山僧の乾翁瑞元《けんおうずいげん》が龍を教化したということからこの寺名があるという。当初は臨済宗であったが、龍穏寺《りゅうおんじ》（越生町）僧によって中興されてからは曹洞宗となった。境内墓地の最も高いところには**藤田康邦夫妻墓**（県史跡）及び**北条氏邦《ほうじょううじくに》夫妻墓**（県史跡）がある。いずれも戦国期宝篋印塔の特徴をよく残している。藤田氏は、猪俣党の一族で代々この辺りを本拠としていた。藤田能国《ふじたよしくに》は、承久《じょうきゅう》三年（一二二一）の承久の乱で、幕府軍として北条泰時《ほうじょうやすとき》に従って入京したおりに、教養深かったために召し出され、後鳥羽上皇《ごとばじょうこう》の院宣を拝読したという。藤田氏は、室町時代になると山内上杉《やまのうちうえすぎ》氏に仕えたが、やがて小田原北条氏の軍門に下り、康邦の代で北条《ほうじょう》氏康《うじやす》の三男氏邦を養子として迎えた。

正龍寺・北条氏邦夫妻墓

善導寺《ぜんどうじ》

寄居町末野一六八六

「藤田善導寺」ともいい、永仁《えいにん》五年（一二九七）に（持阿《じあ》）良心《りょうしん》によって開山され、かつては「藤田道場」、「藤田壇林《だんりん》」と呼ばれた浄土宗藤田派の中心寺院であった。良心は藤田行重《ふじたゆきしげ》の子であり、同じく藤田氏を出自とする（唱阿《しょうあ》）性《しょう》心《しん》のもとで出家し、当寺を拠点に、関東各地に寺院を建立するなど教団の興隆に努めたという。藤田氏の文化教養の高さを窺わせる。天文《てんぶん》年間（一五三二～五五）に藤田泰邦《ふじたやすくに》によって再興されたが、天正《てんしょう》十八年（一五九〇）の豊臣軍による鉢《はち》形城《がたじょう》攻めの兵火もあって衰微した。本堂右奥に**木造釈迦如来坐像《もくぞうしゃかにょらいざぞう》**が安置されている。像高五〇cmほどの小像であるが、定朝様《じょうちょうよう》の特徴を残している。

石造物

上杉房憲《うえすぎふさのり》・憲盛《のりもり》墓《のはか》

深谷市人見一三九
昌福寺

市文化。本堂左手にある。右側の憲盛墓は完全な形で残っている。高さ一三三cmの宝篋印塔で、相輪下端の伏鉢《ふくばち》は大きく、二重の蓮弁《れんべん》を刻む。笠は段差が大きく、竪蓮子文《たてれんじもん》を基調とし、隅飾《すみかざり》に唐草文、

上杉房憲・憲盛墓

軒には菱形文を加えるなど装飾が豊かである。いわゆる「戦国期型」といわれるもので、基礎に月輪《がちりん》で囲んだ四方仏を刻み、「要山簡公上坐／天正三年（一五七五）三月廿八日」の銘がある。また、基礎に刻まれた短冊形意匠もこの時期の特徴である。左側の房憲墓は、異なる宝篋印塔の部材を組み合わせたもので、高さは九一cmである。塔身の四面に月輪で囲んだ四方仏を刻んでいる。

人見《ひとみ》氏《し》累代《るいだい》墓《のはか》

深谷市人見一六九二 一乗寺

市文化。山門左にある。猪俣党《いのまたとう》人見《ひとみ》氏《し》の墓所とされており、三基の五輪塔と二基の板碑が立つ。いずれも表面の風化が進んでおり、銘文を読み取るのは困難である。右端の板碑は高さ一二八cmで阿弥陀三尊像がレリーフされていることがかすかにわかる。左隣の板碑は高さ一五六cmだが、縦に割れて右半分が欠けている。各五輪塔は高さは一三三cm、一一〇cm、一四三cmである。中央の五輪塔は均整のとれた形をしている。基礎には「寛政四壬子年修補」の補修銘と「人見四郎基堅入道音阿墓」と刻している。

人見氏累代墓

上杉《うえすぎ》憲賢《のりかた》室《しつ》高泰姫《たかやすひめ》墓《はか》

深谷市田谷三〇八 高台院

市文化。本堂左奥の墓地に二基の宝篋印塔が立っている。左のものが高泰姫の墓で、高さは一〇五cmで、塔身と基礎の四面に月輪《がちりん》で囲んだ種子《しゅじ》を刻んでいる。基礎部の正面に「高泰院殿梅室元芳大姉」（高泰姫の法名）が月輪左右に、「孝子敬白」が月輪に掛かって刻まれている。右のものは、夫の上杉憲賢の墓と伝えられる宝篋印塔である。

上杉憲賢室高泰姫墓

清心寺《せいしんじ》板碑《いたび》

深谷市萱場四四一 清心寺

市文化（板石塔婆《いたいしとうば》）。山門左奥の築地塀の中にあり、平忠度《たいらのただのり》供養塔（→142）と並んで立っている。高さ八二cm、幅五五cmだが、上部が欠いている。本尊は阿弥陀一尊で彫りの深い特徴のある蓮座を刻む。下部に『観無量寿経《かんむりょうじゅきょう》真身観《しんしんかん》』の「光明遍照／十方世界／念仏衆生／摂取不捨」の偈《げ》を大きな文字で刻んでいる。『平家物語』「忠度最期」に見える有名な偈であるが、これは板碑に最も多く採用される偈文で、阿弥陀仏の功徳を讃えたものである。側面の整形も丁寧に仕上げてある。上部を欠いているが完形であれば相当大きな板碑だったろう。

清心寺板碑・平忠度供養塔

平《たいらの》忠度《ただのり》供養塔《くようとう》

深谷市萱場四四一　清心寺

市文化。山門左奥の築地塀の中に**清心寺板碑**（↓141）と並んで立つ。高さ一四五㎝の凝灰岩製の五輪塔である。一ノ谷の合戦で岡部六弥太忠澄《ただずみ》は平家方の武将である薩摩守平忠度を討ち取って、その菩提を弔うためにこの地に五輪塔を建てたと伝えられている。忠度に縁のある菊の前が、その墓前で挿したといわれる桜が紅白の二花相重なる夫婦咲きとなり、**忠度桜**として名高い。

新開《しんがい》荒次郎《あらじろう》実重《さねしげ》墓《のはか》

深谷市新戒一九八　東雲寺

市文化。歴代住職墓地に三基の石塔がある。左右の塔は中世の建立で、右は安山岩製の五輪塔だが、空・風輪、火輪、水輪、地輪ともに石質や形態が異なっている。左は五輪塔と宝篋印塔が組み合わされている。中央の唐破風《からはふ》屋根付石塔は、江戸時代に建立された追善供養塔で、この地の開発領主であった新開実重を顕彰する動きが、江戸時代中頃に起きたことを知る上で貴重な資料である。

新開《しんがい》荒次郎《あらじろう》実重《さねしげ》夫人《ふじん》墓《のはか》

深谷市新戒二二二　大林寺

市文化。山門の手前にある。右の唐破《からは》風《ふ》屋根付石塔は江戸時代建立の追善供養塔で、左の五輪塔が実重夫人の墓である。空・風輪を欠き宝篋印塔の相輪で補っている。水輪は火輪と地輪にくらべて石質が異なっている。新開実重が開基した東雲寺が男寺と呼ばれるのに対して、大林寺は女寺と呼ばれており、それぞれの寺に男女を別々に葬るという珍しい葬法が明治まで伝えられていた。

岡部《おかべ》六弥太《ろくやた》忠澄《ただずみ》墓《はか》

深谷市普済寺九七三

県史跡。覆屋《おおいや》に六基が所在する。凝灰岩製の大型五輪塔で、右側から二基目の最も大きなものが高さ一八〇㎝の岡部六弥太忠澄墓である。また、その右側が父行忠《ゆきただ》の墓、左側が夫人の玉《たま》の井《い》の墓といわれている。岡部六弥太忠澄墓の地輪上部と、六弥太夫人墓の水輪上部には、穴が穿たれている。近年の発掘調査で地下から十四世紀代の常滑焼や在地産の蔵骨器が出土しており、岡部六弥太墓には熟年男性一体分の火葬骨が納められていた。

　なお、六弥太の墓石の粉を煎じて飲むと、子のない女子には子ができ、乳の出ない女子には乳が出るようになるという俗信が伝わっていたため、六弥太の五輪塔は削られて変形している。

岡《おか》の五輪塔《ごりんとう》

深谷市岡二八七二

　市文化。岡部駅前商店街の宅地の中にあり、平たく整地された壇上の覆屋《おおいや》にある。高さ九〇cmの大型五輪塔である。空・風輪を欠いているが、火輪と水輪は完全である。火輪と水輪は安山岩製だが、最下部の地輪は石質が異なっており、地輪は凝灰岩で出来ている。水輪部正面にドングリ状の彫り窪みがあり、その中に蓮座に座った仏像が浮き彫りにされている。像容ははっきりしないが大日如来と推定される。県内では仏像が彫られた五輪塔は珍しい。

伝《でん》瀬山氏《せやまし》五輪塔《ごりんとう》

深谷市瀬山一〇〇九

　市文化（五輪塔）。清水家の北側に所在し、地元では瀬山将監《しょうげん》の墓と伝承されている。瀬山氏は応永二十二年（一四一五）、上杉禅秀の乱で活躍した。空風輪は他の部材を追補しているが、地・水・火輪は良好に遺存している。高さ一三九cmと大型で、凝灰岩を用いており、深谷市川本町にある畠山重忠墓の一群と同じ様式である。武蔵国では数少ない凝灰岩製の五輪塔として貴重なものである。なお、個人の宅地内にあるため、見学には注意が必要である。

古道

榛沢瀬《はんざわせ》

深谷市荒川付近

鎌倉街道上道から荒川を渡河した地点

岡部六弥太忠澄墓

岡の五輪塔

で本道から分岐し、深谷・岡部・本庄方面に向かう道を「本庄道」という。旧花園町（深谷市）内では、この道が**榛沢瀬**（別名「はんざわで」）と呼ばれている。伝承によると、建久四年（一一九三）三月、源頼朝が下野国那須野・信濃国三原で大巻狩りを行った際、その威光の誇示と道中の安全のため榛沢瀬左衛門《はんざわせざえもん》なる人物に築かせたという。瀬左衛門は住民を駆使して荒川岸から深谷市榛沢付近まで、両側に七、八尺（二m余り）の高土手を備えた道幅三間（約五・四m）、土手敷各三間、総幅員九間ほどの道を築いたという。このように大規模であったため、頼朝が乗馬で通過しても土手の上にわずかに陣笠が見えるだけで、徒歩衆《かちしゅう》は周囲を警戒しながら土手の上を歩いたとも伝えられている。遺構は、五十年ほど前まで大規模に残存していたというが、現在は大字荒川と北根《きたね》の境界線に沿い、国道一四〇号線の北側、関越自動車道花園IC付近にある竹藪の中に、長さ約一〇m、高さ一mたらずの土手状のものが残っているのみである。

鎌倉街道上道遺構

川越岩《かわごえいわ》付近で荒川を渡った上道は、荒川左岸の河岸段丘の縁に沿って西に進み、**お茶々の井戸**（↓145）付近で北に折れる。この間は顕著な遺構は見られないが、ほぼ明確に道筋がたどれる。さらに小前田、用土の集落を通り美里町に至るが、ほぼ県道小前田児玉線となっている。遺構は見られないが、街道沿いには**小前田氏館跡**や**用土城跡**が連なっており、案内板も整備されている。

渡し場

中瀬《なかせ》の渡《わた》し

深谷市中瀬上武大橋付近

榛沢郡中瀬と上野国新田荘大館《おおたち》（群馬県太田市徳川町）・同平塚（同伊勢崎市境平塚）を結ぶ利根川の渡し場。伝承によると新田義貞《にったよしさだ》が鎌倉攻めの際この付近で渡河したといい、この道は古くから熊谷・深谷地方と上野国世良田《せらだ》を結ぶ往還として栄えた。深谷市新戒《しんかい》付近で鎌倉街道深谷道とつながっていた。

宿

原宿《はらじゅく》

深谷市武蔵野字中郷

鎌倉街道上道の宿駅。『新編武蔵国風土記稿』に「古鎌倉街道にて頗る宿並をなせし故、其の名残れり」とあり、現在も直線的な道の両側に短冊状の地割りが見られる。当地には鎌倉期の草創と伝える浄土宗**常光寺**（深谷市武蔵野一八五九―五）と**八幡神社**（深谷市武蔵野一八六二）がある。

その他

成清塚《なりきよづか》

深谷市後榛沢《うしろはんざわ》字北東四三七

畠山重忠の郎等であった丹党榛沢六郎《はんざわろくろう》成清《なりきよ》の遺骨を葬った塚とされる。成清は畠山重忠に従い二俣川《ふたまたがわ》（神奈川県横浜市）で討ち死にした後に、成清の家臣が遺骨を持ってきたという。

塚の隣にある**成清大明神**には、**榛沢六**

郎成清供養塔（県旧跡）が安置されている。この供養塔は享保七年（一七二二）に建立されたという。江戸中期に郷土に縁の深い人物を顕彰する機運があったことを知る手がかりとなる。神社のそばには、三基の五輪塔と二基の板碑が立っている。中央の五輪塔は現代に造られた花崗岩製である。左右の五輪塔は残片などを寄せ集めたものである。

榛沢六郎成清供養塔が安置されている祠

お茶々《ちゃちゃ》の井戸《いど》

深谷市小前田三二〇—一〇

市文化（於茶々が井戸）。今はコンクリート枠の井戸だが、鎌倉期、ここに一軒の茶屋があり、「お茶々」（一説に「ちょう」）という美人の娘がおり評判となり大繁盛したという。荒川左岸の鎌倉街道上道沿いに位置する。国道一四〇号線から深谷市と寄居町との境界付近で川原に下る道筋にあり、案内板がある。

お茶々の井戸

幡羅郡

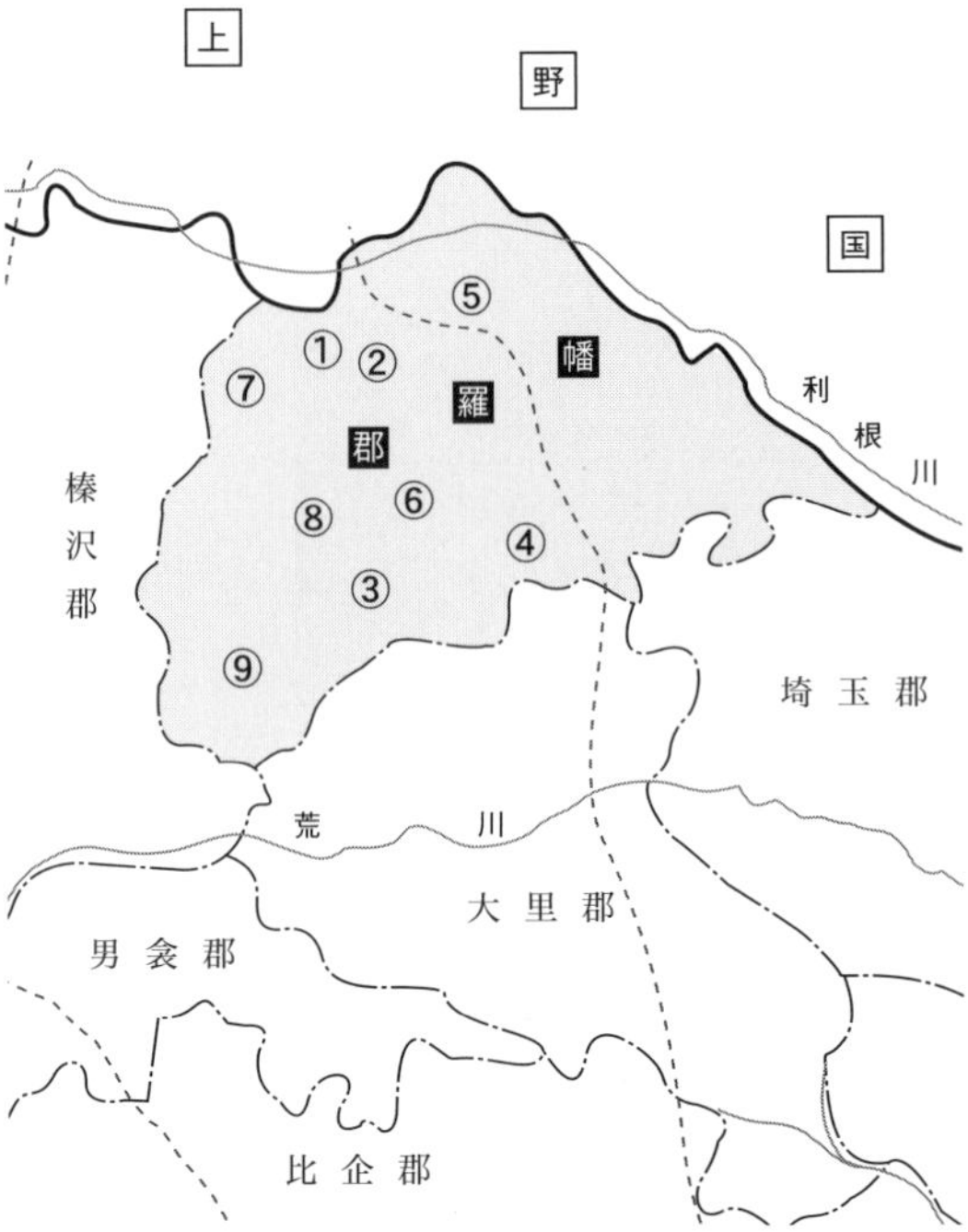

奈良時代から見える郡名。「播羅」「波羅」「原」などとも書かれた。武蔵国の北東部に位置する。東は埼玉郡、南は大里郡、西は榛沢郡、北は利根川を堺に上野国と接している。北辺を流れる利根川・小山川が流路を変えたため、国境も変動した。地形は、西南部の櫛引台地が最も高く、そこから流れる唐沢川が北流して小山川に合流する。北部は利根川と小山川による扇状地、東部は利根川の氾濫によって堆積・形成された低地からなる。

郡域は、ほぼ現在の深谷市東部（旧深谷市）と熊谷市北西部（旧妻沼町、旧熊谷市西部旧大里村の一部）にあたる。のち、利根川の流路が変わったため、上野国新田荘の一部（小島、石塚村）が郡域に含まれた。

武蔵武士　鎌倉時代当郡内には武蔵七党のうち猪俣党・横山党・藤原姓成田氏の一族（横山党とも伝える）の他、藤原姓利仁流の斎藤氏などが盤踞《ばんきょ》していた（別表と地図を参照）。

猪俣党の荏原・太田・蓮沼の諸氏は郡の北部の小山川右岸に分布する。横山党の玉井・別府の諸氏と藤原北家成田一族の奈良氏は、利根川と荒川の間の沖積低地に分布しており、別府城跡（↓148）、別府館跡（↓148）、西別府館跡（↓149）の他、安楽寺（別府氏）（↓149）、妙音寺（奈良氏）（↓150）、玉井寺（玉井氏）（↓150）、歓喜院（長井斎藤氏）（↓150）など、武蔵武士の館跡や墓地に関わる史跡が多く残る。

中世地名　郡内で鎌倉時代から見える地名に、中条保（熊谷市北東部）、長井荘（熊谷市の旧妻沼町一帯）、中里村（行田市中里）、別府郷（熊谷市東別府・西別府）、瓺尻郷（熊谷市三ヶ尻）、水越郷（中条保の内）がある。中条保は、中条氏の名字の地で、中条家長は鎌倉幕府の評定衆になっている。中条時家は、建長四年（一二五二）七月五日、中条保内水越郷古政所南深町を上

名字	出自	名字の地	現在比定地
①荏原	猪俣党	江原	深谷市江原
②太田	猪俣党	太田	熊谷市（旧妻沼町）永井太田
③玉井	横山党・藤原北家成田氏	玉井	熊谷市玉井
④中条	横山党・児玉党	中条保	熊谷市上中条
⑤長井	藤原北家利仁流	長井荘	熊谷市（旧妻沼町）一帯
⑥奈良	藤原北家成田氏	奈良	熊谷市上奈良
⑦蓮沼	猪俣党	蓮沼	深谷市蓮沼
⑧別府	横山党	別府郷	熊谷市東別府・西別府
⑨瓺尻	（不明）	瓺尻	熊谷市三ヶ尻

野国長楽寺に寄進している。長井荘は源平合戦で活躍した長井斎藤別当実盛の名字の地で、平安時代末期平家領荘園であった。

南北町時代から見える地名には、高柳村（瓺尻郷内、熊谷市高柳）、深谷荘（深谷市）、福河荘（熊谷市の旧妻沼町）、室町時代から見える田嶋の郷（長井荘内、熊谷市［旧妻沼町］田島）、蓮沼が（深谷市蓮沼）、戦国時代に見える窪島（熊谷市久保島）、奈良（熊谷市上奈良・下奈良）がある。

鎌倉街道　斎藤実盛は、保元・平治の乱では源義朝に従って戦った武将で、その後平清盛に仕え、仁安年中平家領の長井荘を与えられて下向し、長井斎藤別当実盛と称したという。長井荘は、武蔵国から上野国に向かう交通の要路で、利根川の渡河点には長井の渡し（古戸の渡し）があり、江戸時代熊谷宿から上野国に抜ける脇往還であった。

明治二十二年（一八八九）の市制町村制施行により、幡羅郡内の村は男沼・太田・明戸・幡羅・別府・三ケ尻・玉井・奈良・長井・秦などの十二村となったが、明治二十九年（一八九六）の郡制施行により幡羅郡は廃止され、郡域は大里郡に含まれた。なお、この地域の武蔵武士の活動を詳しく知るには、左記の市町村史が参考になる。

参考文献

①『深谷市史　上巻』（一九八四年刊）
②『熊谷市史　前編』（一九六三年刊）
③『大里村史』（一九九〇年刊）
④『妻沼町誌』（一九七七年刊）

庁鼻和城跡《こばなわじょうあと》➡国済寺（149）

別府城跡《べっぷじょうあと》

熊谷市東別府七七七ほか

県史跡。成田氏の一族である別府氏の居館跡である。平安末期に別府次郎行隆《ゆきたか》がこの地を本拠としたことに始まる。南北朝期には一族の東別府氏が白旗一揆《しらはたいっき》に加わり活動していたことでも知られる。居館跡は現在**東別府神社**となっているが、これは行隆が氏神として奈良の春日大社を勧請《かんじょう》したものである。館跡は典型的な方形館であり、東側は約五〇m、西・南・北側は約七〇mと東側がやや狭く、台形となっている。館跡の周囲は高さ一～二mの土塁と幅六～八mの空堀とで囲まれている。また、東・西・南の三方に小口《こぐち》が設けられている。現在の遺構は戦国期の別府城当主、尾張守長清《ながきよ》の頃に整えられたものと考えられる。戦国期の別府氏は成田氏とともに小田原北条氏に従っていたが、天正十八年（一五九〇）の豊臣秀吉による小田原攻めの際、長清の子三郎左衛門尉顕清《あききよ》は**忍城**《おしじょう》（→224）に立て籠って敗れ、所領を失い、別府城は廃城になったとされる。

別府城跡・土塁と空堀

別府城跡・石碑

別府氏館跡《べっぷしやかたあと》

熊谷市東別府七九九

別府氏の居館跡で、**別府城跡**《べっぷじょうあと》の東側にある。館跡は**香林寺**《こうりんじ》境内にあたるが、遺構は北西に堀跡と思われるものがある

別府氏館跡（香林寺）

ほかは確認できない。香林寺は文治三年（一一八七）に別府小太郎忠澄《ただすみ》が父義久《よしひさ》のために建立したと伝えられる。小太郎忠澄は別府清重《きよしげ》と同一人と考えられ、一の谷合戦では源義経に従ったが、建保《けんぽう》元年（一二一三）の和田合戦で和田義盛《よしもり》に味方し討死したとされる。

西別府《にしべっぷ》館跡《やかたあと》

熊谷市西別府
二一五二―一ほか

市史跡。平安末期に別府次郎行隆《ゆきたか》の次男行助が居住したといわれている。北に別府沼公園を見下ろす微高地にあり、**別《べっ》府《ぷ》城《じょう》跡《あと》**からは一kmほど北西にあたる。『日本城郭大系』には、館の規模は東西約一三〇×南北約二三五mで、高さ約一mの土塁があったとされるが、現在ほとんど遺構は残っていない。**安楽寺《あんらくじ》**（↓149）と湯殿神社を結ぶ線の中間辺りに、館跡の碑が残る程度である。

安楽寺《あんらくじ》には、館の最後の当主とされる甲斐守頼重《よりしげ》を供養した、文和《ぶんわ》三年（一三五四）銘《めい》**藤原頼重板碑《ふじわらよりしげいたび》**（県史跡）（↓152）が建てられている。

斎藤別当実盛館跡➡斎藤実盛塚（154）

神社・寺院

国済寺《こくさいじ》

深谷市国済寺五二二

臨済宗南禅寺派の寺院で、康応《こうおう》二年（一三九〇）、上杉憲英《うえすぎのりふさ》が、秩父出身の峻翁《しゅんのう》令山《れいざん》を招いて創建した。境内は**庁鼻和城《こばなわ》跡**（県遺跡）とされ、本堂裏手に土塁跡も残る。庁鼻和城は、上杉憲顕《のりあき》の子憲英によって、山内上杉《やまのうちうえすぎ》氏の北武蔵の拠点として築城され、憲英に始まる家系は、庁鼻和上杉氏と呼ばれている。境内には応《おう》永《えい》十一年（一四〇四）の銘の宝篋印塔である**上杉憲英宝篋印塔《ほうきょういんとう》**（県旧跡）（↓151）も残る。その他の寺宝としては、開山の**木造峻翁令山像《しゅんのうれいざん》**（県文化）がある。

国済寺

安楽寺《あんらくじ》

熊谷市西別府二〇四四

養老《ようろう》元年（七一七）、藤原不比等《ふじわらのふひと》創建の伝承をもち、観応《かんのう》元年（一三五〇）に別府頼重《べっぷよりしげ》によって再興された臨済宗の寺院で、**九品仏堂《くほんぶつどう》**でも知られている。境内に**別府氏墓**（県史跡）の三基の板碑と二基の五輪塔が残る。そのうち一基が**藤原（別府）頼重板碑**（↓152）である。別府氏は成田氏一族であり、のちに東別府氏と西別府氏に分かれた。当寺を再興した頼重は西別府氏である。三〇〇mほど西方に**西別府館跡**（↓149）もある。四〇

安楽寺・別府氏墓

〇mほど東方にある**東別府神社**《ひがしべっぷじんじゃ》（熊谷市東別府七七七）は**別府城跡**（**県史跡**）（↓148）とされ、平安時代末期から室町時代まで東別府氏の居館であったといい、土塁・空堀をよく残している。

妙音寺《みょうおんじ》

熊谷市上奈良七〇二

真言宗智山派の寺院で、境内の歴代住職の墓所に**奈良三郎の墓**《ならさぶろう》と伝えられる自然石も残る。奈良三郎は成田助隆《なりたすけたか》の三男高長《たかなが》のことで、奈良氏の祖と言われている。当寺の開山僧の頼尊《らいそん》は奈良三郎自身であるとも伝えられている。奈良氏は、別府氏や玉井氏とともに成田氏一族であり、居館もこの辺りにあったという。

妙音寺・奈良三郎の墓

玉井寺《ぎょくせいじ》

熊谷市玉井一八八八

真言宗智山派の寺院で、境内には**玉井四郎の墓**《たまいしろう》がある。不整形な石を五輪塔形に積み重ねたものである。玉井四郎助実《すけざね》は、保元《ほうげん》元年（一一五六）の保元の乱では、同族の別府二郎行隆《ゆきたか》や奈良三郎高長《たかなが》とともに源義朝に従って戦った。近接する**玉**《たま》**井神社**《いじんじゃ》（熊谷市玉井一九一一）には、延暦《えんりゃく》十三年（七九四）に下向した奈良興福寺の僧賢景《けんけい》が霊夢によって井戸を掘り、霊水によって眼病を治したとする「玉の井」の伝説が残り、地名の由来となっている。事実、この辺りは荒川の扇状地末端の湧水《ゆうすい》地帯で湧《わ》き水も多い。

玉井寺・玉井四郎の墓

歓喜院《かんぎいん》

熊谷市妻沼《めぬま》一二二六七

「妻沼の聖天様《しょうでんさま》」としてよく知られる

歓喜院は、治承三年（一一七九）、斎藤別当《さいとうべっとう》実盛《さねもり》が長井荘に移住した際に、先祖藤原利仁将軍の例にならって歓喜天《かんぎてん》を祀り、聖天宮《しょうてんぐう》を創建したことに始まる。実盛の死後、建久《けんきゅう》八年（一一九七）に実盛次男の斎藤六実長《さいとうろくさねなが》が出家して良応《りょうおう》となり、聖天宮の修復と別当《べっとう》寺である歓喜院を創建したという。聖天宮は近世には長井荘《ながいのしょう》の総鎮守と言われ、近在からの尊崇を集めた。権現造《ごんげんづくり》の**聖天堂**《しょうてんどう》（**国重文**）と八脚門の**貴惣門**《きそうもん》（**国重文**）など見事な近世建築も残る。明治初年の神仏分離令によって、聖天堂は歓喜院の仏堂と定められた。境内には平成八年（一九九六）に製作された**実盛公銅像**があり、サウンドモールからは尋常小学校唱歌「斎藤実盛」を聞くことができる。また、歓喜院門前には善光《ぜんこう》寺式《じしき》阿弥陀三尊《あみださんぞん》を刻む**歓喜院板碑**（**県文化**）（↓152）も残る。かつて近隣の妻沼小学校にあったもので、鎌倉中期の製作であろう。

観喜院・実盛公銅像

石造物

上杉憲英宝篋印塔《うえすぎのりふさほうきょういんとう》

深谷市国済寺五二一
国済寺

県旧跡（上杉憲英墓）。**庁鼻和城跡**（**県遺跡**）でもある**国済寺**《こくさいじ》（↓149）の境内に、一族の**上杉氏歴代墓**（**市文化**）と並んで立つ。庁鼻和《こばなわ》上杉氏の祖、憲英の墓と伝える宝篋印塔である。ほぼ全体が遺存しており、高さは一七〇㎝である。笠には北武蔵に特有の唐草文を刻み、軒の楕円を三つ連ねたモチーフが珍しい。塔身にはアー・アン・アク・アの胎蔵界の四仏を配置し、基礎にはバイとキリーク・サ・サク（阿弥陀三尊）を四方仏としている。「国済寺殿憲英／大宗興大禅定門／応永十一年（一四〇四）甲申八月二日」と銘を刻む。

王子石棺仏《おうじせっかんふつ》

熊谷市弥藤吾六〇四―三

王子古墳の墳頂に立っていたが、現在はその跡地の覆屋《おおいや》に所在する。石棺仏とは、古墳の石棺を再利用し、そこに仏像を刻んで龕《がん》としたものである。この石棺仏は高さ一六五㎝、幅一二〇㎝で、蓮座に座す十一面観音を肉厚に表現する。破損や摩滅が著しいが、頭部に化仏《けぶつ》が認められる。平安時代末期の様式と想定されており、武蔵国では数少ない凝灰岩製の

王子石棺仏

藤原頼重板碑

作例として貴重である。

藤原頼重板碑《ふじわらよりしげいたび》

熊谷市西別府二〇四六―一 安楽寺

県史跡（別府氏墓）。安楽寺《あんらくじ》（↓149）の境内に土壇状の高まりがあり、横山党の別府氏の墓所と伝えられる。五輪塔二基、板碑三基が周囲を睥睨《へいげい》するように立ち並ぶ。左端の板碑が藤原頼重の板碑である。高さ二一九cm、幅五七cm、主尊は阿弥陀（キリーク）で、その下に蓮座に乗る円相を刻んでいる。「甲斐守藤原頼重世寿／四十一歳法号常賛矣／文和三年（一三五四）甲午五月十一日逝／孝子／敬記」という銘があり、四十一歳で没した頼重の追善のために造立したことがわかる。なお「逝」とあるので、紀年銘は供養日ではなく没年月日であろう。また、中央の板碑には寛元二年（一二四四）の銘があり、背面に金剛界大日種子（バン）を陽刻するが、後世の再建であるかもしれない。

建長元年銘板碑

建長元年銘板碑《けんちょうがんねんめいいたび》

熊谷市中奈良一三〇九 国性寺

市文化（板石塔婆）。国性寺《こくしょうじ》境内の覆屋にどっしりと立つ。高さ一九〇cm、幅六四cmという大型の板碑で、とくに損傷もなく完存している。「建長元年（一二四九）□己八月廿□日」の紀年銘があり、主尊の阿弥陀種子（正体キリーク）は、安定感のある見事な字体である。紀年銘の両側には「光明遍照／十方世界／念仏衆生／摂取不捨」という『観無量寿経《かんむりょうじゅきょう》』の一節が二行ずつ刻まれる。板碑に最も多く採用される偈文《げもん》で、阿弥陀の功徳を讃えたものである。

歓喜院板碑《かんぎいんいたび》

熊谷市妻沼一七二八 歓喜院

県文化（板石塔婆）。歓喜院《かんぎいん》（↓150）の北側駐車場の一角に立つ。十三世紀半ばの造立と推測される。高さ一七七cm、幅五九cmの大きさで、水平の頭部が特徴。頂部は丁寧に整形され、当初からの形態である。このため板碑ではなく笠塔婆であった可能性が高い。一つの光背に阿弥陀三尊が並列しており、いわゆる「善光寺式」である。遠近のある図様で、仏画をモデルにしたものであろう。阿弥陀は刀印を結び、脇侍はともに両の掌《たなごころ》を重ねている。また、化仏を七体表現してい

瑞林寺の石塔群

歓喜院板碑

弥陀三尊板碑

る点にも注目したい。なお、背面には釈迦（バク）、普賢（アン）、文殊（マン）の三尊を種子で刻み、紀年銘の痕跡も残るが、残念ながら判読できない。

文永八年銘板碑《ぶんえいはちねんめいいたび》

熊谷市妻沼二四八五　瑞林寺

瑞林寺《ずいりんじ》の境内を抜けた墓地の右手に石塔群が所在する。注目されるのは中央にある五輪塔と左手の板碑二基で、五輪塔は地・水・火輪が遺存し、凝灰岩製で古式の形態を示す。前方の板碑には文永八年（一二七一）の銘がある。主尊以上を欠くが、「諸行無常」ではじまる『涅槃経《ねはんきょう》』の偈《げ》とともに「右志者為悲母幽霊十三年／出離生死往生極楽也」と願文を刻んでおり、母の十三回忌に建てられた板碑である。後方の板碑は、水平の頭で塔身を幡状《はんじょう》に区画する。主尊のキリーク（阿弥陀）は荘厳体で、正応二年（一二八九）の紀年銘が読めるが、判読が難しい。

弥陀三尊板碑《みださんぞんいたび》

熊谷市永井太田一一四一　能護寺

市文化（弥陀三尊板石塔婆）。近年、「あじさい寺」の名で知られる能護寺《のうごじ》の墓地に所在する。高さ一四〇cm、幅五三cmの大きさで、向かって左上部を大きく欠いている。主尊の阿弥陀と観音・勢至の両脇侍が一つの光背に並立しており、いわゆる「善光寺式」の板碑である。正確な年代は不詳だが、十三世紀半ばの造立と想定される。熊谷市北部の利根川右岸では、**福寿院**《ふくじゅいん》（熊谷市弥藤吾一九七九）・**全久院**（深谷市東方二九〇二）などにも善光寺式の板碑が分布している。源頼朝も崇敬した善光寺信仰の証として注目される一群といえよう。

渡し場

長井《ながい》の渡《わた》し

熊谷市妻沼刀水橋《めぬまとうすいばし》付近

幡羅郡妻沼（熊谷市）と上野国邑楽郡《おうらぐん》古戸《ふると》（群馬県太田市古戸）とを結ぶ渡し。のちに**古戸渡し**ともいう。鎌倉街道上道の奈良梨《ならなし》宿《じゅく》（埼玉県小川町）付近から分かれ、村岡宿（熊谷市）から上野国太田（群馬県太田市）を経て下野国足利（栃木県足利市）方面へ至る足利道の利根川の渡河点。この道は奥州方面へ向かう鎌倉街道中道と下野国内で合流した。『平家物語』巻四「橋合戦」で、足利又太郎忠綱がかつて秩父氏との戦いの際攻め込んだ渡しとして登場する。この渡しの武蔵国側の長井荘《ながいのしょう》は仁安年中（一一六六〜六九）に平清盛の命令で関東に下ったという長井斎藤別当実盛の名字の地である。近年の研究により、陸路で奥州や下野国と鎌倉を結ぶ主要なルートは、鎌倉街道中道よりも長井の渡し経由で上道に合流するこのルートであった可能性が高いことが明らかにされている。利根川はこの付近を境に下流方面は水が深く川幅も広がり渡河手段は船に限られるが、長井の渡しでは季節的な水量の変化や渡河の目的（物資の輸送、軍の移動など）により、瀬（または舟橋）と渡船の選択が可能な渡しであったことが、理由として考えられる。従って利根川の渡河点としては非常に重要な渡しであった。戦国期以降はやや下流の**赤岩**《あかいわ》（群馬県千代田町赤岩・埼玉県行田市）に渡河点が移った。

その他

斎藤実盛塚《さいとうさねもりづか》

熊谷市西野四四四

市史跡（斎藤氏実盛館跡）。この地が長井荘の中心地で、斎藤実盛が館を構えたといわれる。現在、塚の中央にある正嘉元年（一二五七）銘の板碑は、実盛の孫実家が建てた供養塔だという。この塚は、江戸時代に福川の流れをかえるために移されたもので、元の塚の位置は不明である。

実盛塚から東へ約一五〇mにある**長井神社**（熊谷市西野五二二）（元は井殿神社とよばれた）は長井荘の総社といわれ、応永十二年（一四〇五）に成田五郎家持が社殿を修造したという。

少し離れた場所に**斎藤塚**（熊谷市弥藤吾八二二）もある。この塚には実盛の子五と六が父の

斎藤実盛塚

遺物を埋めたという伝承がある。また、長昌寺（熊谷市八ツ口八六九）には、実盛が植えたという椎の木がある。この木は、実盛が西野に館を構えた時に長昌寺を鬼門除けの願所に選び、その印として植えたものであるという。

島田《しまだ》道竿《どうかん》の大蛇退治《だいじゃたいじ》

熊谷市日向《ひなた》四〇九〇
長井神社

現在の長井神社はかつての八幡神社を改名したもの。伝承によると、天喜五年（一〇五七）、源《みなもとの》頼義《よりよし》が奥州出陣（前九年の役）にあたり、武蔵国司成田《なりた》助高《すけたか》に援軍を頼み、その居城である西城（妻沼町西城）に滞在した。その時、土豪島田道竿に命じて、城の東の龍海《りゅうかい》という大きな池に棲む大蛇を退治させた。これを東夷征伐の門出の吉事として頼義はこの地に八幡宮を勧請したという。

長井神社

大里郡

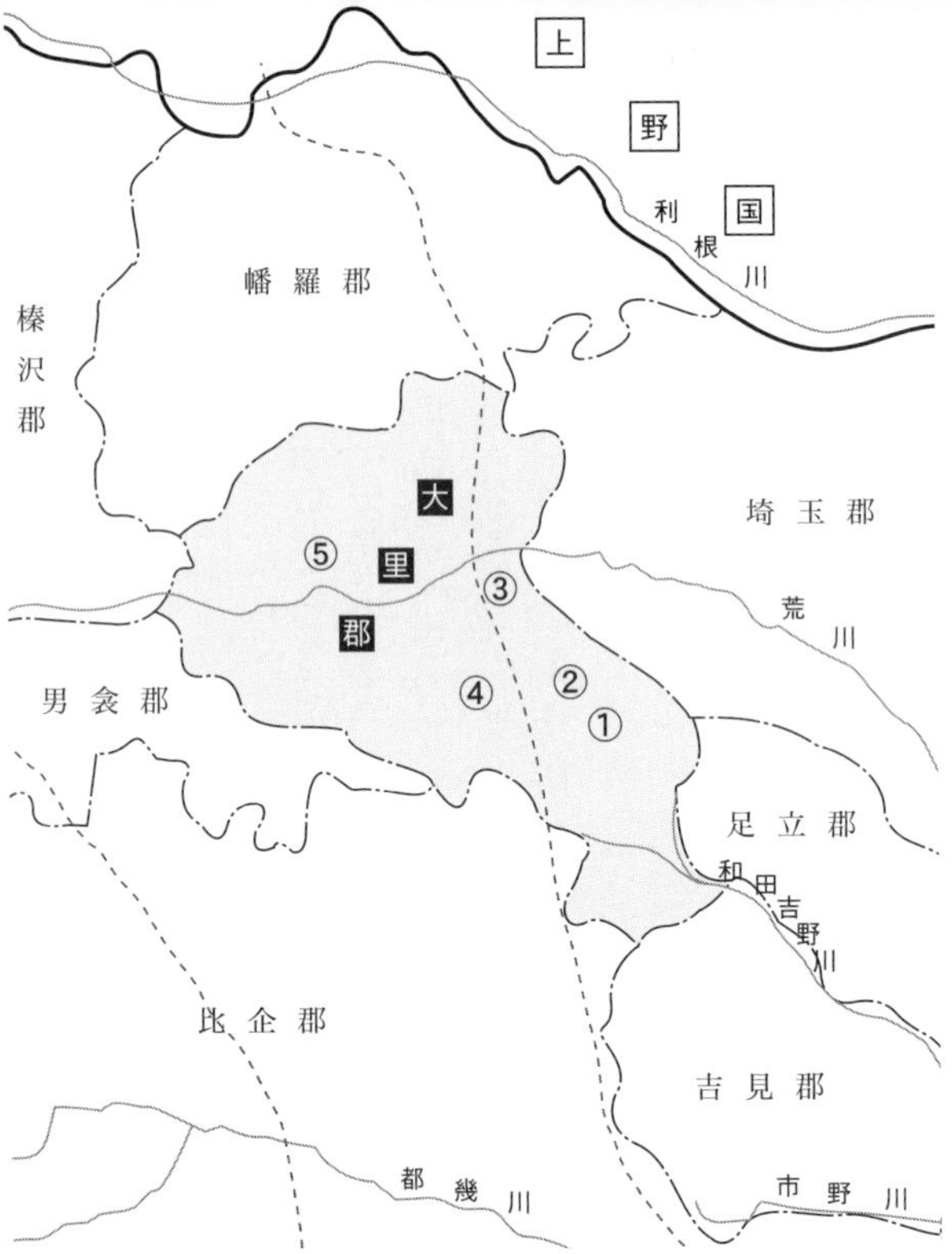

平安時代から見える郡名。武蔵国の北部に位置する。荒川流域で、南部は荒川右岸の沖積地から洪積台地に渉り、南辺を和田川及び和田吉野川が、荒川との間を通殿川が流れる。

荒川左岸は、河川の堆積作用によってつくられた沖積地で自然堤防が発達している。また、この地域は荒川の形成する扇状地に位置し、熊谷市久下付近が扇端部になる。荒川は、寛永六年（一六二九）の瀬替え工事によって熊谷の南で流路を南に変える。新しく掘削された流路の左岸には新川という地名も残る。それ以前の中世の流路はほぼ元荒川と同じであった。

周囲は、東は埼玉郡・足立郡、南は吉見郡・比企郡、西は男衾郡・榛沢郡、北は幡羅郡と接するが、荒川の流路の変遷に伴い郡域はしばしば変動した。中世の郡域は、熊谷市の旧江南村、熊谷市吉岡地区、旧大里村の地域と旧熊谷市荒川左岸一帯、それに熊谷市熊谷・久下・肥塚一帯にあたる。

武蔵武士　鎌倉時代当郡内には武蔵七党のうち私市党に属する市田氏、久下氏、楊井氏の他、野与党の村岡氏、桓武平氏北条氏流とされる熊谷氏などの武士が盤踞《ばんきょ》していた（別表と地図を参照）。郡内には熊谷氏ゆかりの熊谷寺（↓158）、久下氏ゆかりの東竹院（↓158）がある。当時熊谷郷と久下郷は境を接しており、婚姻関係で結ばれていたが、一方領地の境争論で争うこともあった。

中世地名　平安時代末期から見える七坂御厨（別名恩田御厨、熊谷市［旧大里村］上恩田・中恩田・下恩田・手島一帯）、鎌倉時代から見える天沼（熊谷郷内、熊谷市村岡字上出口付近）、大江郷（江南町小江川付近カ）、久下郷（熊谷市久下）、熊谷郷（熊谷市熊谷付近）、小泉郷（熊谷市［旧大里村］小泉）、佐谷田（熊

名字	出自	名字の地	現在比定地
①市田	私市党	市田（「和名抄」の市田郷）	熊谷市久下？
②久下	私市党	久下郷	熊谷市久下
③熊谷	桓武平氏	熊谷郷	熊谷市熊谷
④村岡	野与党	村岡	熊谷市村岡
⑤楊井《やない》	私市党	楊井（「和名抄」の楊井郷）	熊谷市大麻生付近カ

谷郷内、熊谷市佐谷田）、春原荘（熊谷市村岡・万吉・樋春付近）、田嶋郷（恩田御厨内、熊谷市［旧大里村］手島）、恒正名（熊谷市熊谷付近）、西熊谷郷（熊谷市熊谷）、万吉郷（春原荘内、熊谷市万吉）、村岡（熊谷市村岡）が確認され、郡内には御厨・荘園があり、その中に郷村が成立していた。

その他南北朝時代から見える崛戸郷（熊谷市［旧大里村］屈戸）、枇塚郷（熊谷市肥塚）、津田郷（熊谷市［旧大里村］津田）、室町時代から見える青原荘（不明）、下久下（熊谷市新川）、平塚郷（熊谷市［旧大里村］平塚新田付近）、ミそう（御正郷、熊谷市［旧大里村・旧江南町］）、戦国時代から見える甲山（熊谷市［元大里村］甲山）、玉作（熊谷市［旧大里村］玉作）などがある。

鎌倉街道　『法然上人絵伝』に村岡の市（→161）が見え、村岡と熊谷郷の境界を大道が通り、市場もあった（熊谷家文書）。ここは、鎌倉街道上道から入間川付近で分岐し、比企郡高坂から熊谷を経て妻沼へ向かう道（江戸時代の松山道）が通っており、交通の要衝で、合戦の際陣を敷く地でもあった。

板碑　郡内には**安貞二年銘板碑**（→159）（熊谷市樋春真光寺）をはじめ、鎌倉時代の年紀を持つ板碑が多く見られる。その中でも交通の要衝である村岡には三m以上もある**茶臼塚板碑**（→160）がある。

明治二十二年（一八八九）の市制町村制施行により、大里郡内の町村は熊谷町をはじめ一町十村となったが、明治二十九年（一八九六）の郡制施行により幡羅・榛沢・男衾の三郡は廃止され、その郡域はすべて大里郡となった。

なお、この地域の武蔵武士の活動を詳しく知るには、左記の市町村史が参考になる。

参考文献

①『熊谷市史　前編』（一九六三年刊）
②『大里村史』（一九九〇年刊）
③『江南町史　通史編　上巻』（二〇〇三年刊）

熊谷《くまがや》氏《し》館《やかた》跡《あと》➡熊谷寺（158）

熊谷寺《ゆうこくじ》

熊谷市仲町四三

熊谷直実《くまがいなおざね》ゆかりの寺院である。直実は質実剛健、勇猛果敢な武士とされ、源頼朝に従って多くの合戦で手柄を立てるが、中でも寿永《じゅえい》三年（一一八四）の一の谷合戦において、平敦盛《たいらのあつもり》を討ち取ったことは有名である。建久《けんきゅう》三年（一一九二）に、同族の久《く》下直光《げなおみつ》との所領争いに敗れて上洛した熊谷直実は、法然《ほうねん》に師事して蓮生房《れんしょうぼう》と名乗り、念仏の修行に励んだという。後に郷里の熊谷に帰り草庵を営んだとの伝承もあり、当寺はこの由緒に基づき、天正《てんしょう》年間（一五七三～九二）に幡随意《ばんずい》白道《はくどう》が中興した浄土宗寺院である。寺の周囲を含めた微高地は熊谷氏館跡と伝えられ、境内には熊谷直実の墓とされる石塔や、近年製作された直実像もある。毎週日曜日午前十時に開門されるが、境内への立ち入りは事前連絡（048-521-0251）が必要である。

熊谷寺・境内

東竹院《とうちくいん》

熊谷市久下一八三四

建久《けんきゅう》二年（一一九一）に久下直光《くげなおみつ》が建立した寺院である。久下氏は熊谷氏と同族であり、熊谷氏祖直季《なおすえ》の叔父にあたる私《きさ》市直信《いなおのぶ》が久下に居住したことに始まるという説もある。本堂には、久下重光が源頼朝から与えられたという「〇に一文字」の家紋が散見する。当寺は、古くは天台宗であったが、天文《てんぶん》十四年（一五四五）に深谷城主上杉憲賢《うえすぎのりかた》が再興した時に曹洞宗に改められた。境内の本堂左手には久下直光・重光、上杉憲賢と伝えられる**宝《ほう》篋印塔《きょういんとう》**や**五輪塔**が残る。

東竹院・五輪塔

東竹院・宝篋印塔

安貞《あんてい》二《に》年銘《ねんめい》板碑《いたび》

熊谷市樋春二九七
真光寺

県文化（安貞二年銘板石塔婆）。真光寺《しんこうじ》の本堂脇に立っている。安貞二年（一二二八）の造立で、最古の**嘉禄板碑（県文化）**に次ぐ古さである。高さ一二六cm、幅三九cmで、主尊は阿弥陀一尊をキリークで表現する。奔放な字体で「右造立旨趣者／為幽儀成仏／得道所奉訪也」と願文が刻まれている。「訪」は「弔」の意味であることから、故人の成仏を願って弔う追善供養の板碑だったことがわかる。

肥塚《こいづか》氏《し》供養《くよう》板碑《いたび》

熊谷市肥塚一―一三―六

市文化（肥塚氏供養板石塔婆）。**成就院**（熊谷市肥塚一―一六―一）の東方にある東墓地に隣接して、二基の板碑が立っている。右は肥塚太郎光長の供養塔、左は同八郎盛直の供養塔と伝えられ、それぞれ康元二年（一二五七）、応安八年（一三七五）の年号がある。肥塚氏は熊谷氏の同族で、熊谷氏の祖直季の弟私市直長が肥塚に居住したことに始まるという（『わたしたちの郷土　新編熊谷の歴史』）。板碑の周囲は低い塚状を呈し、礫が集中する。また康元二年銘板碑の基部には緑泥片岩の台石が組まれており、ここが中世墓であった可能性があろう。な

安貞二年銘板碑

肥塚氏供養板碑

お、応安八年銘板碑の主尊はカ（地蔵）一尊で、当時の地蔵信仰を示す資料として貴重である。

茶臼塚板碑《ちゃうすづかいたび》

熊谷市村岡三六二―五
観音堂

市文化（茶臼塚板石塔婆）。板碑が立つ村岡の地は街道の分岐点である。中世には市が立てられ、熊谷直実が建永元年（一二〇六）に高札を掲げ、往生を予告した地としても名高い。この板碑は、かつて茶臼塚から出土したといわれ、文永十年（一二七三）二月彼岸の造立である。高さ三三一cm、幅六〇cmと大型で、上部に阿弥陀三尊の種子を配し、以下に偈文、紀年と願文を刻む。亡き父の追善供養と母の逆修供養を兼ねて、九人の子ども等によって造立されたものである。なお偈は『観世音菩薩浄土本縁経』の一節である。

茶臼塚板碑

正嘉二年銘板碑

正嘉二年銘板碑《しょうかにねんめいいたび》

熊谷市押切一三四
宝幢寺

市文化（正嘉銘板石塔婆）。かつて橋に利用されていたものを、**宝幢寺**《ほうどうじ》に移設したという。そのためか、阿弥陀一尊種子の剥離が痛々しい。高さ一八四cm、幅四三cmの大きさで、正嘉二年（一二五八）四月の造立である。「右志者為逝去慈父幽霊滅罪／生善成等正覚仍造立如件」という願文が刻まれている。逝去した父の滅罪と悟りを得んことを願って造立された追善の供養塔である。

正安二年銘板碑《しょうあんにねんめいいたび》

熊谷市押切七三四
東陽寺跡

市文化（正安銘板石塔婆）。押切の荒川河床にて採集されたもので、現在は**東陽寺跡**に所在する。**正嘉二年（一二五八）銘虚《こ》空蔵種子板碑**《くうぞうしゅじいたび》（市文化）や**弘長三年（一二六三）銘阿弥陀種子板碑**とともに並んで立つ。高さ一七四cm、幅三四cmの大きさで、阿弥陀種子の右側を欠損する。紀年は「正安二年（一三〇〇）庚子七月廿五日」とあり、以下に「武藤刑部尉親直法名覚性／生年六十七巳尅往生／大施主左兵衛尉頼秀」と刻まれる。同日巳の刻に六十七歳で往生した武藤親直（覚性）の供養のため、頼秀が施主として造立したことが知られる。供養にかかわる武士名や死亡時刻が明確にわかる稀有な板碑である。

文《ぶん》保《ぽ》銘《めい》板《いた》碑《び》

熊谷市桜木町二―三三―二
熊谷市立文化センター

本板碑は**熊谷市立文化センター**に所蔵されており、センター内の郷土資料室に拓本が展示されている。武士名が明確に刻まれており、写真と拓本の一部を提示して紹介する。文保年間（一三一七～一九）の造立で、高さ一五二cm、幅三五cmの大きさである。三つに分断されているが、全容を知ることはできる。キリークを主尊とし、光明真言を配する。中央に「奉為／藤原直行／法名行圓」「文保年□十二月十三日入滅」「藤原氏／敬白」と銘があり、文保年間の十二月十三日に没した藤原直行を追善した供養板碑である。この板碑はかつて熊谷市域に所在していたと伝わるが、残念ながら詳しい来歴は不明である。

文保銘板碑全体

文保銘板碑（拓本・筆者拓）

その他

亀《かめ》井《い》の井戸《いど》

熊谷市相上《あいあげ》八六

市史跡。源義経が従臣亀井六郎清重に掘らせたところから名づけられたという。義経がこの井戸の水を飲んで病が治癒したと伝える。吉見小学校の東三〇〇mほどの、相上集落の南西端の用水路沿いにある。現在は水が枯れており、標柱と石の枠のみになっている。

村岡市《むらおかのいち》と村岡陣《むらおかのじん》

熊谷市村岡

荒川の南方にある村岡の地は自然堤防上にあり、街道の合流点でかつて市と宿駅を中心とした集落があった。現在の荒川は、江戸初期につけかえられたので、中世の荒川の流路と異なる。このため、中世と現在の村岡の景観は異なる。

この地には、村岡の地名の起こりとなった平安時代の村岡五郎良文の伝承が

高雲寺

あり（『今昔物語集』）、**高雲寺**（熊谷市村岡三九六）あたりに良文の村岡館跡があったという。『法然上人絵伝』よると村岡に市があり、熊谷直実が市に往生する予告の札を立てたことが記されている。

またこの地は、下野・常陸方面に対する軍事的な要地でもあった。暦応二年（一三三九）に鎌倉府執事高師冬は、北畠親房の小田城（茨城県つくば市）を攻撃するときに村岡に在陣した。小山義政の乱（小山義政・若犬丸父子が鎌倉公方の足利氏満に反抗した事件、一三八〇～九六）では、氏満の軍勢が村岡に陣所を構えた。永享十二年（一四四〇）の結城合戦では、この地で戦いがあり、庁鼻和《こばなわ》上杉憲信・長尾景仲軍が結城氏朝方の一色伊予守軍を打ち破った。

熊野権現社跡《くまのごんげんしゃあと》

熊谷市宮町一―一四

かつて熊野権現社跡があった場所に、熊野堂由来の碑がある。昔この地を荒らしていた大熊を一人の若者が退治し、熊野権現を勧請したという。この若者を子供のいなかった領主熊谷直孝が養子とし、彼が熊谷直実の父直貞となったという伝承がある。

三郎塚《さぶろうづか》

熊谷市中央二―四五

横山党の箱田三郎の墓と伝える石碑がある。箱田三郎は、保元の乱で源義朝に従って戦ったという。この地はかつて箱田の地に含まれていたが、住居表示実施により地名が変わっている。

三郎塚の碑

熊野権現社跡

熊谷直実伝承

熊谷直実に関する伝承は日本各地に広がるが、軸となるのは「剛の者」と謳われた勇猛な武士が、法然と出会い仏教に帰依し強烈な信仰を貫いた波乱の生涯である。

最も有名なのは、『平家物語』の一の谷の戦いでの平敦盛との一騎打ちの逸話である。西の木戸で奮戦した後直実は、海に逃れようとする立派な甲冑の武士を、扇で招いて呼び返した（この時の姿がＪＲ熊谷駅前の熊谷直実像となっている）。組み伏せてこの武士の顔を見ると、自分の息子の直家と同年配の若武者だった。源氏方が迫り泣く泣くその首を落としたが、これが平敦盛だった。この時の慚愧《ざんき》の念が直実が出家した原因の一つとされる。大本山須磨寺《だいほんざんすまでら》（神戸市須磨区須磨寺町）には、敦盛の首を洗った敦盛首洗池《あつもりくびあらいいけ》や敦盛首塚《あつもりくびづか》があり、笛の名手だった敦盛が身に付けていた青葉《あおば》の笛《ふえ》と伝えられる笛も宝物となっている。また高野山熊谷寺《こうやさんくまがいじ》（和歌山県伊都郡高野町五一五）は、直実が敦盛の七周忌に法然の勧めにより菩提を修した寺という。

一の谷の戦いでは直実の愛馬の逸話も伝わる。直実は名馬「権田栗毛《ごんたくりげ》」にまたがり多くの手柄をたてた。しかし戦いの中で深手を負った権田栗毛を、直実は生まれ故郷の上野国の村に帰したが、たどり着いて間もなく息絶えた。村人がそれを哀れみ手厚く葬ったのが権田栗毛《ごんたくりげ》終焉《しゅうえん》の地（群馬県高崎市倉渕町権田）で、石碑が立てられ、馬頭観音などが祀られている。また一の谷の戦いで敵に囲まれた直実を救ったとされる稲荷神は、熊谷寺《ゆうこくじ》（→158）東隣に**奴稲荷**《やっこいなり》（熊谷市仲町四三）として祀られている。

出家については、時期も契機も諸説あるが、金戒光明寺《こんかいこうみょうじ》（京都府左京区黒谷町一二一）には、直実がここ黒谷の法然上人を尋ね、方丈裏の池で鎧を洗い、側の松に掛けて出家したという鎧《よろい》掛《か》け松《まつ》がある。また文治二年（一一八六）、大原勝林院《おおはらしょうりんいん》（京都市左京区大原勝林院町一八七）において、名だたる高僧に対して法然上人が自らの主張を説いた「大原談義」が行われた。その際に上人を亡き者にせんとする企みがあるという噂を聞いた蓮生《れんせい》（直実の法名）は、法衣の下に鎧を身につけ鉈を隠し持ち、上人を守ろうとした。しかしそれを見破った上人に咎められ、蓮生は鉈を藪に投げ捨てたという。三千院近くの律川に架かる萱穂橋《かやほばし》を渡ったところに「熊谷腰掛石鉈捨藪《くまがいこしかけいしなたすてやぶ》」の石碑がある。但し史実では文治二年では直実はまだ出家していない。

蓮生の強烈な信仰を物語る代表的な逸話は、東行逆馬《とうこうぎゃくば》と十念質《じゅうねんしち》入《い》れであろう。建久六年（一一九五）のこと、蓮生は母の病気見舞いのため京都から熊谷に帰る際、西方の阿弥陀様に背を向けるのは申し訳ないと、馬に逆さに乗って東海道を下って行った。ところが途中小夜《さよ》の中山《なかやま》（静岡県掛川市）で山賊に遭い、馬や路銀全てを差出してしまった。藤枝まで来たところで、当地の福井長者から路銀を借りる質にと十回唱えた念仏が、十個の金の阿弥陀様になった。翌年京都に戻る蓮生が、福井長者に借りた金を返して、質入れした念仏を戻すよう言うと、今度は福井長者が唱えた念仏が阿弥陀様の姿となり蓮生に戻された。感激し改心した福井長者が私財をなげうち建てたのが、**熊谷山蓮生寺**《くまがいさんれんしょうじ》（静岡県藤枝市本町一－三）である。

自らの往生を予告する高札を立てたと伝えられるのは**村岡の市**（→161）だが、『吾妻鏡』などでは、蓮池院《れんちいん》（通称**熊谷堂**《くまがいどう》）（京都市左京区黒谷町一二一）（前掲**金戒光明寺**の塔頭《たっちゅう》）が往生の地とされている。

熊谷駅前にある直実像

両界山横蔵寺《りょうかいざんよこくらじ》（岐阜県揖斐郡揖斐川町谷汲神原一一六〇）も蓮生がこの地で晩年をすごし往生したと伝えられ、蓮生法師墓《れんせいほうしはか》という宝篋印塔がある。埼玉県児玉郡にも**蓮生堂**《れんしょうどう》（美里町十条）と呼ばれる小祠があり、直実の遺骨を納めた地と伝えられ、傍らに**熊谷桜**《くまがいざくら》と呼ばれる枝垂れ桜の老樹がある。また法然が愛弟子のために立てた供養塔とも伝えられる熊谷墓（堂）（香川県仲多度郡まんのう町）もある。

他に蓮生を開基としたり、創建に関わるとされる寺院は、蓮生が住し念仏三昧院を建てたことに始まる光明寺《こうみょうじ》（長岡京市粟生西条ノ内二六－一）、父直貞の旧居跡に、両親の菩提を弔うために開いた熊《くま》谷山法然寺《がいざんほうねんじ》（京都市左京区嵯峨天竜寺立石町一）、本尊の阿弥陀三尊が、蓮生自作で法然上人開眼の熊谷山寶樹寺《くまがいさんほうじゅじ》（京都市右京区甲塚一八）、蓮生が善光寺参詣の折に創建した熊谷山蓮生寺《くまがいさんれんしょうじ》（長野県長野市若穂牛島八六九）、法然上人の生誕地に蓮生が上人の代理として両親の供養のため旧邸を寺院に改めた栃社山誕生寺《とちこそさんたんじょうじ》（岡山県久米郡南久米町誕生寺里方八〇八）、蓮生が開いた別時念仏道場を、民が蓮生開基の寺とした熊谷山蓮生寺《くまがいさんれんしょうじ》（兵庫県豊岡市日高町宵田一一）、直実が娘玉鶴姫の供養のために建立した熊谷山佛《ゆうこくさんぶつ》導寺《どうじ》（長野県長野市若里三－一七－二〇）などがある。

（川島優美子）

参考文献

『郷土の雄・熊谷次郎直実』（熊谷市立図書館、二〇一〇年）
熊谷直実について、歴史学のみならず、文学や伝承など幅広く述べられ、他の参考文献も網羅されている。

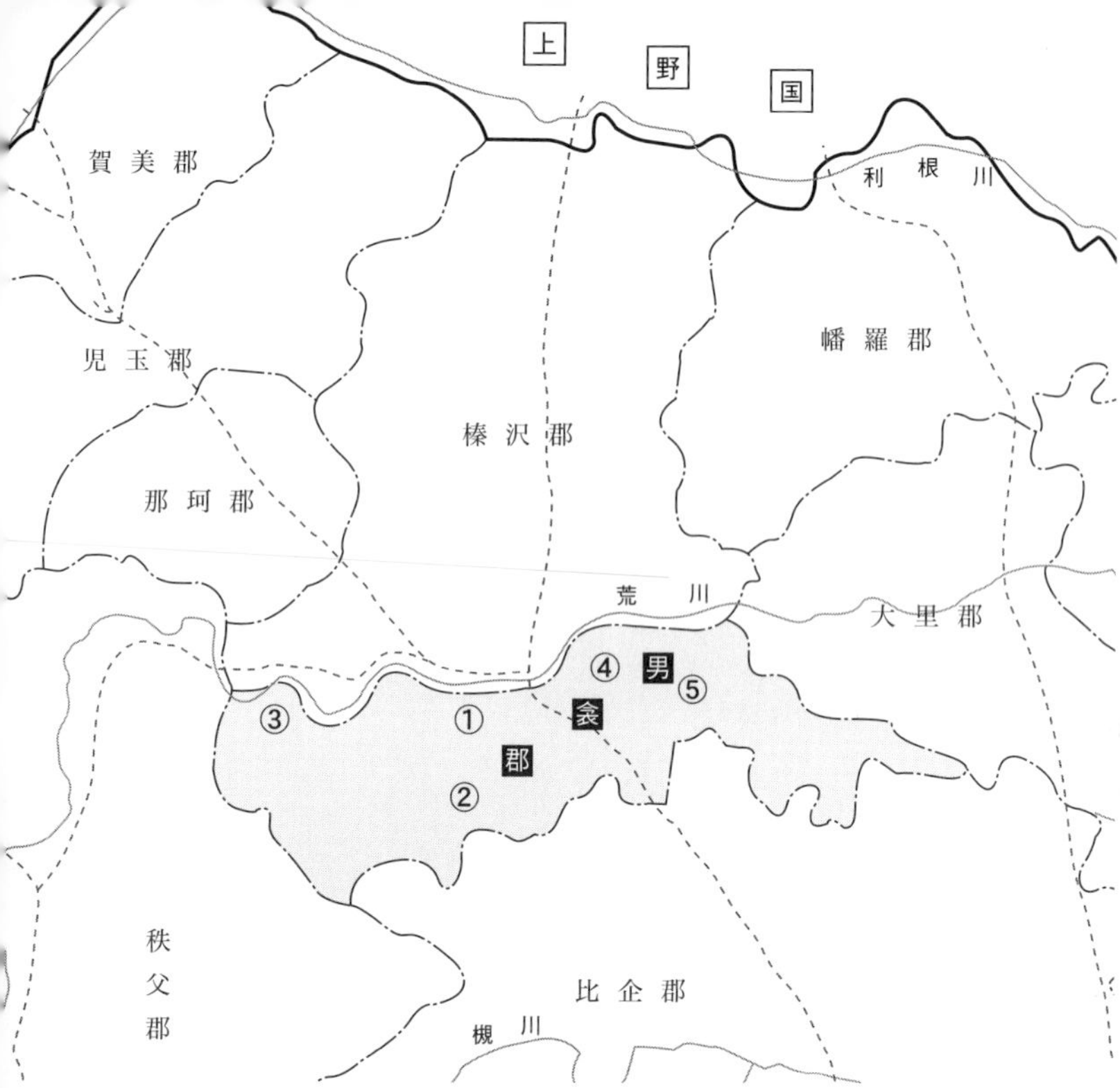

男衾郡

奈良時代から見える郡名。武蔵国北部、荒川中流右岸に位置する。周囲は、北を榛沢《はんざわ》郡、西を秩父《ちちぶ》郡、南を比企《ひき》郡、東を大里《おおさと》郡と接するが、郡界はしばしば変動した。戦国期には鉢形城付の地域を鉢形領といい、同領付の荒川左岸の藤田《ふじた》藤田郷（寄居町藤田付近）や末野《すえの》郷（寄居町藤田付近）などは、榛沢郡から男衾郡に移っている。中世前期の郡域は、寄居町の荒川右岸、旧江南村南部（現熊谷市）、旧川本町南部（現深谷市）であった。

地形は、西から東に流れる荒川右岸の河岸段丘があり、郡内西部の鉢形内の荒川の段丘上には**鉢形城跡**（→168）があり、東・北・西を荒川と深沢川が形成する急峻な谷に囲まれ、南側は車山《くるまやま》・愛宕山《あたごやま》・物見山《ものみやま》などの山地に続く天然の要害となっている。その東にある赤浜は川岸・堤などの意味があり、鎌倉街道上道の渡しがあった。集落は江南台地と呼ばれる上位の段丘上にある。

武蔵武士　鎌倉時代当郡内には、平姓秩父一族の畠山氏、猪俣党の尾園氏、丹党の織原氏や丹治姓の本田氏がいた（別表と地図を参照）。畠山氏は、秩父重綱の孫重能が畠山庄司を称したことから始まる。但し、畠山（深谷市［旧川本町］畠山付近）は、地名として見えるのが室町時代の寛正二年二月まで下り、実態は明らかではない。畠山は、近年荘園ではなく郷（国衙領）ではないかとの説も出ている。重能の子重忠は、畠山次郎と称し、源頼朝に従って活躍した。畠山の地は、荒川

名字	出自	名字の地	現在比定地
①尾園	猪俣党	小薗	大里郡寄居町小園
②男衾	猪俣党	男衾郡	大里郡寄居町富田の辺カ
③織原	丹党	織原	大里郡寄居町折原
④畠山	平姓秩父氏	畠山	深谷市（旧川本町）畠山
⑤本田	丹治姓	本田郷	深谷市（旧川本町）本田

右岸の河岸段丘上にあり、進出当時は牧であったと考えられる。この地には、重能が勧請したとされる**井椋神社**（↓170）や、その子重忠に関わる史跡が多く残されている。

中世地名　郡内で鎌倉時代から見える地名には、小泉郷（熊谷市［旧大里町］小泉）、和田郷（熊谷市内［旧熊谷市から大里村にわたる一帯］）がある。

小泉郷は、元徳三年（一三三一）七月十二日の小泉郷田在家注文（長楽寺文書）に「武蔵国男衾郡小泉郷」とあるのが初見で、在家が「大道」を挟んで、東に十六軒、西に十一軒（合計二十七軒）あったことが知られる。同郷は翌元徳四年、由良景長の妻紀氏から上野国新田荘長楽寺に寄進され、南北町時代には新田岩松氏の所領となった（正木文書）。

なお、室町時代の正長元年八月十九日の足利持氏寄進状（円覚寺文書）には「武蔵国大里郡大江・小泉郷参分壱方各半分」と見え、大江（旧江南町小江川カ）とともに大里郡内として記載されている。郡域の変更があった可能性が高い。

南北町時代から見える郷名に形田郷（比定地不明）、本田郷（深谷市［旧川本町］本田）、戦国時代から見える地名に赤浜之原（寄居町赤浜付近）、小園（寄居町小園付近）、野原郷（熊谷市［元江南村］野原）、鉢形（寄居町鉢形付近）などがある。このうち本田郷は、『吾妻鏡』に見える畠山重忠の郎従本田近常の名字の地で、館跡が「本田館」「ほんのうち」とよばれ、字西上本田に残る（**本田城跡**↓170）。本田近常は、元久二年（一二〇五）の二俣川の戦いで重忠と共に戦い、亡くなった。

鎌倉街道　武蔵国府（東京都府中市）から北上する鎌倉街道上道は、比企郡菅谷付近から北西に進み、寄居町今市付近で当郡内に入り、寄居町赤浜（ここに**塚田宿**（↓175）や三島神社があった）を経て**赤浜の渡し**（↓174）で荒川を渡河する。

板碑　郡内には、日本最古の板碑である**嘉禄三年銘板碑**（↓173）をはじめ、多くの板碑が見られる。例えば、赤浜の渡しの荒川右岸の河岸段丘上に、塚田宿があった。そこに普光寺があり、鎌倉時代の文永三年（一二六六）から戦国時代の文亀二年（一五〇二）にかけての、約八十基の板碑がある（↓172）。

明治二十二年（一八八九）の市制町村制施行により、男衾郡内の村は男衾・小原・本畠・鉢形・折原の五村となったが、明治二十九年（一八九六）の郡制施行により男衾郡は廃止され、郡域は大里郡に含まれた。

なお、この地域の武蔵武士の活動を詳しく知るには、左記の市町村史が参考になる。

参考文献

①『寄居町史』（一九八六年刊）
②『江南町史　通史編上巻』（二〇〇三年刊）
③『川本町史　通史編』（一九九〇年刊）

鉢形城跡《はちがたじょうあと》

寄居町鉢形二五五九―一ほか

国史跡。荒川と深沢川《ふかざわがわ》を天然の堀とする要害の地に築城され、長享二年（一四八八）に鉢形城を訪れた万里集九《ばんりしゅうく》は「鳥も窺《うかが》い難《がた》し」と詠んでいる（『梅花無尽蔵《ばいかむじんぞう》』）。文明年間（一四六九～八七）には山内《やまのうち》上杉氏の家宰《かさい》長尾氏の居城であり、上野《こうずけ》・秩父方面の押さえとして重視された。長尾氏は鎌倉景明《かげあき》の子景弘《かげひろ》が相模国鎌倉郡長尾郷（横浜市栄区）に住んで長尾氏を称したことに始まり、坂東《ばんどう》八平氏の一つに数えられる。鎌倉時代は同族三浦氏に従い、宝治合戦で三浦氏とともに一旦は没落したが、南北朝時代には上杉氏に仕え、上杉氏が関東管領になるとその家宰や守護代として諸家を分立させて栄えた。文明八年（一四七六）、長尾景春《かげはる》は主家に叛いて鉢形城に拠ったが、扇谷《おうぎがやつ》上杉氏の家宰太田道灌《どうかん》によって城を追われた（長尾景春の乱）。その後は山内上杉顕定《あきさだ》・顕実《あきざね》が入り、次

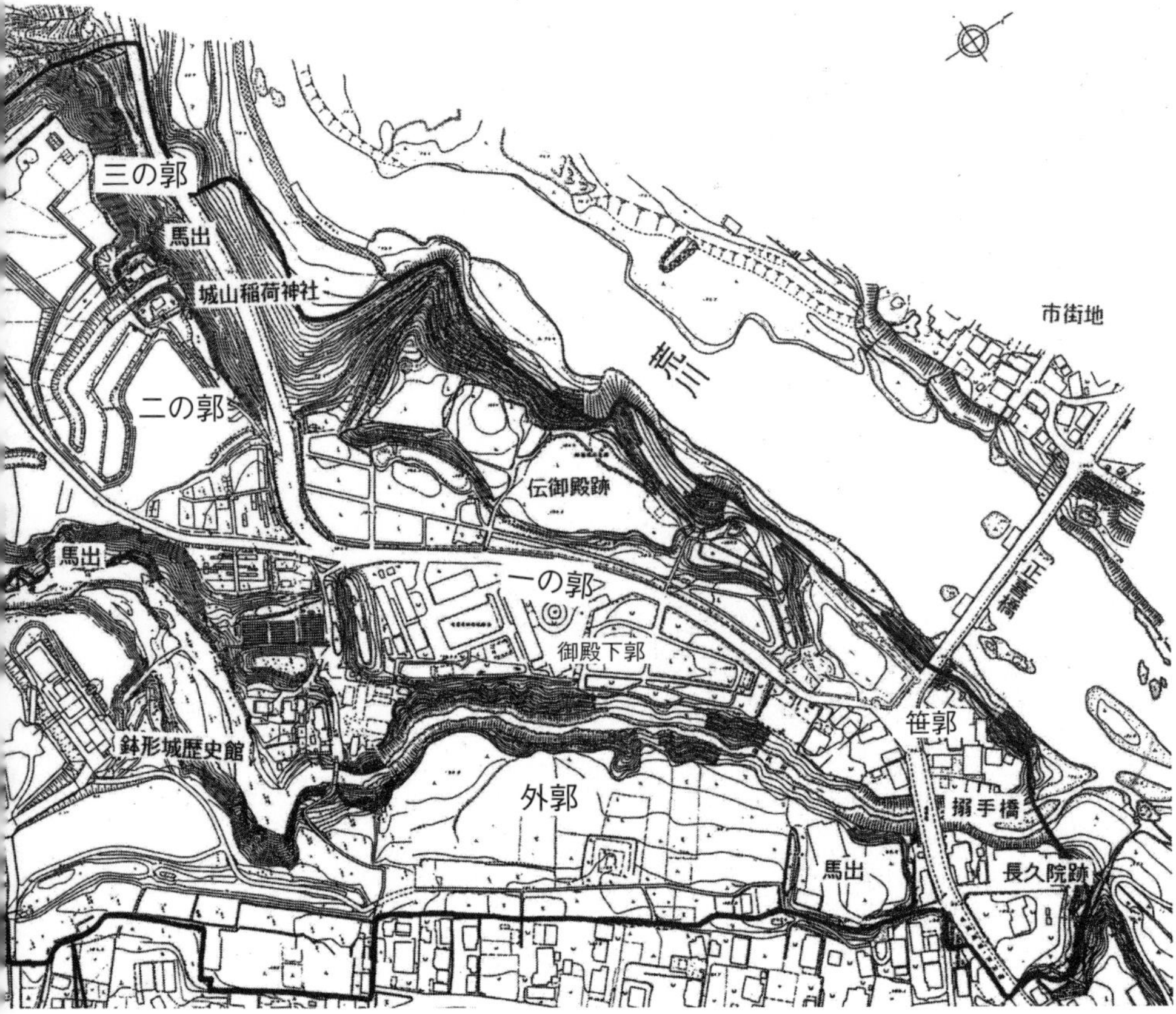

本形城跡の実測図※13

男衾郡

いでその重臣藤田氏が支配した。藤田泰《やす》邦《くに》（康邦）が小田原北条氏の軍門に降ると、泰邦の娘婿となった北条氏邦《うじくに》のもとで鉢形城の大改修が行われ、**天神山城**《てんじんやまじょう》（長瀞町）（↓110）や**花園城**《はなぞのじょう》（寄居町）（↓136）、**雉ケ岡城**《きじがおかじょう》（本庄市）（↓97）などの支城を従えて、武田信玄や上杉謙信らの侵攻に備えた。天正十八年（一五九〇）、豊臣秀吉の小田原攻めの際、前田利家《としいえ》・本多忠勝《ただかつ》・真田昌幸《まさゆき》ら三万五千余の大軍に包囲されて開城し、以後は廃城となった。

城跡には今日も堀や土塁が良く残り、本郭（御殿郭《ごてんぐるわ》と御殿下郭《ごてんしもぐるわ》）や二の郭などの郭も明瞭に確認できる。本郭の南に位置する二の郭・三の郭などでは平成九～十三年度（一九九七～二〇〇一）に発掘調査が行われ、馬出《うまだし》や空堀・土塁などが復元された。特に、三の郭では戦国時代の築城技術を伝える石積《いしづみ》土塁や四脚門《しきゃくもん》・掘立柱《ほったてばしら》建物・池などが復元された。また、二の郭と三の郭の間の空堀は上幅約二〇m余、深さ一〇m余で、障子堀《しょうじぼり》であったことが明らかになった。三の郭は北側の秩父郭《ちちぶぐるわ》、

鉢形城跡の復元された石積土塁

鉢形城（二の郭・三の郭の間の空堀と土塁）

南側の逸見郭《へみぐるわ》に分かれ、間に置かれた諏訪池の南の切れ口が大手口と伝えられる。深沢川の東側にあたる外郭の一角には**鉢形城歴史館**（寄居町鉢形二四九六−一）が開館した。外郭には鉄砲小路《てっぽうこうじ》・鍛治《かじ》小路・連雀《れんじゃく》小路・殿原《とのばら》小路などの地名が伝えられており、往時を偲ばせる。

要害山《ようがいやま》城跡《じょうあと》

寄居町金尾要害山一二〇三ほか

金尾城《かなおじょう》とも呼ばれ、天文元年（一五三二）に藤田泰邦《やすくに》（康邦）が築いたとされる。また、『新編武蔵国風土記稿』の記述は、北条氏邦の家臣金尾氏（猪俣党か）との関係をうかがわせる。荒川を眼下に望む標高二三一mの金尾山の山頂から南の山麓にかけて位置し、城跡は金尾山公園となっている。長瀞カントリークラブ入口の脇に駐車場があり、その向かいから登る。愛宕《あたご》神社のある一七×五〇mの二の郭を中心に置き、その背後の山頂部に小さな櫓台的な本郭を配する。荒川をはさんで対岸には**虎《とら》ケ《が》岡城《おかじょう》**（→98）があり、連絡のための「繫《つなぎ》の城」であったとみられる。城の南側は尾根を鞍部で掘り切り、その南側に一一〇mほどにわたって階段状に郭が構築された。山麓の**伝蔵院《でんぞういん》**（寄居町金尾二六一−一）はかつて城主の居館であったほか、金尾の対岸の波久礼《はぐれ》の地に城の穀倉があり、殿倉《とのくら》の地名が残っている。

畠山《はたけやま》館《やかた》跡《あと》➡畠山重忠五輪塔（172）

本田《ほんだ》城跡《じょうあと》

深谷市本田字西上本田五〇三二ほか

県遺跡。畠山重忠館跡の近く、荒川右岸の台地上の南緩斜面に築かれた方形囲郭の居館跡。**上本田公会堂**（深谷市本田五〇三二−一）の先に、道路に面して解説板があり、その正面が館跡である。館跡には現在も本田氏の子孫の方が住んでおられ、平成十五年（二〇〇三）に館跡の堀跡の一部が発掘された。規模は約一三〇×一二〇mで、本田家母屋の裏手に**本田近常《ちかつね》旧蹟の碑**が建ち、その背後に空堀と土塁の一部が現在も残る。近常（親恒・親常）は畠山重忠の郎等《ろうとう》で、元久二年（一二〇五）、二俣川の合戦で重忠とともに北条方の大軍と戦って討ち死にした。居館は戦国時代に近常の末裔で、深谷城主上杉氏憲《うじのり》に属した本田長繁《ながしげ》によって拡張されたようである。長繁の子の長親《ながちか》は小田原北条氏の家臣として、天正十八年（一五九〇）には小田原城へ参陣した。

神社・寺院

井《い》椋《ぐら》神社《じんじゃ》

深谷市畠山九四二

畠山重忠の父、秩父重能《ちちぶしげよし》がこの地に来た時に、代々信仰していた秩父の**椋神社《むくじんじゃ》**（秩父市下吉田七三七七）（→118）を勧請《かんじょう》して建立したと伝えられている。北には隣接して**鶯《うぐいす》の瀬公園**があり、**鶯の瀬の石碑**が建っている。これは、畠山重忠が、郎等である丹党榛《はん》沢成清《ざわなりきよ》の館からの帰途、豪雨のため荒川を渡河できずに難渋していた時に、鶯の鳴き声に浅瀬を教えられたという伝承に基づいている。神社の南に隣接して**満福《まんぷく》寺《じ》**（深谷市畠山九三一−一）がある。平安時代、鳥羽《とば》天皇の代（一一〇七〜二三）に創建され、寿永《じゅえい》年間（一一八二〜八五）に畠山重忠が再興して菩提寺としたという真言宗豊山派の寺院である。重忠の位牌や守本尊《まもりほんぞん》という等身大の千手観音立像を伝える。また、南西に五〇〇mほどのところに**畠山重忠公史跡公園**（深谷市畠山五一〇）がある。ここは**畠山館跡**（**県遺跡**）であり、**畠山重忠五輪塔**（→172）・重忠百年忌供養塔とも言われる**嘉元《かげん》二年**（一三〇四）**銘板碑**（→172）や、鵯《ひよどり》越《ごえ》で愛馬三日月《みかづき》を背負って下ったという伝承に基づいて昭和六十三年（一九八八）に製作された**重忠像**などがある。

井椋神社・神明鳥居と石灯籠

石造物

曼陀羅板碑《まんだらいたび》

寄居町富田谷津二〇三　大日堂

県文化（曼陀羅板石塔婆）。**大日堂**境内の収蔵庫に保管されている。寛元元年（一二四三）の造立で、塔身に「胎蔵界曼陀羅《たいぞうかいまんだら》」を刻む珍しい板碑である。『大日経』に基づく密教の世界観を表現しており、アーンク（胎蔵界大日如来）を中心とし、周囲の八葉蓮弁《はちようれんべん》に四仏・四菩薩の種子《しゅじ》を配置する。また蓮弁間には仏具の三鈷杵《さんこしょ》が表現されている。高さ一三六cm、幅七六cmと幅広の板碑で、頭部の二辺を前面に切り下ろしている点も特徴である。

曼陀羅板碑（拓本）※1

康元二年銘板碑《こうげんにねんめいいたび》

寄居町富田二〇二四　不動寺

町文化（板碑）。**不動寺**の参道を進むと、本堂の左手に立っている。康元二年（一二五七）の造立で、高さ一七〇cm、幅六八cmの板碑である。二条線は細い線刻で表現され、側面を刻み込む。頭部の二辺を前面に切り下ろす特徴は前項と同様である。主尊は縦長の正体キリーク（阿弥陀）を薬研彫《やげんぼり》とし、蓮座は線刻、以下に三茎の花瓶を刻む。花瓶を刻む事例としては最古であろう。なお、銘文には「□□蔵主七十四」とある。「蔵主《ぞうす》」とは禅寺の経蔵を管理する僧のことで、七十四歳で没した禅僧のために建てられた供養塔と思われる。

普《ふ》光《こう》寺《じ》板《いた》碑《び》群《ぐん》

寄居町赤浜六二〇
普光寺

鎌倉街道上道の荒川の渡河点が**赤浜の渡し**（→174）である。その右岸の段丘上に塚田宿があり、**普光寺**はその一角に所在する。境内には文永三年（一二六六）から文亀二年（一五〇二）までの約八十基の板碑が覆屋《おおいや》の中で管理され、主体は十四世紀半ばと最盛期の板碑が多い。また安山岩製の五輪塔が、残欠を含めて八基あり、いずれも境内地から出土したものという。したがって、寺域にはかつて中世墓が広がっていたと想定される。

普光寺板碑群

畠《はた》山《けやま》重《しげ》忠《ただ》五《ご》輪《りん》塔《とう》

深谷市畠山五二〇
畠山重忠公史蹟公園

県史跡（畠山重忠墓）。**井椋《いぐら》神社**（→170）の南西六〇〇ｍの地は**畠山重忠館跡**（県遺跡）と伝えられ、現在は**畠山重忠公史蹟公園**として整備されている。その一角に畠山重忠墓及び主従の墓と伝わる**五輪塔**が覆屋に六基保存されており、大型の五輪塔が林立する様は壮観である。中央に位置する重忠墓と伝わる**一号五輪塔**は、高さ一六九cmと最も大きく、宝珠《ほうじゅ》（空輪）を受ける風輪は半円形、笠（火輪）は軒が厚くて反り返らず、古式の特徴を有する。また六基のうち五基が凝灰《ぎょうかい》岩《がん》製、他の一基が安山岩製であり、凝灰岩の一部には上野国新田荘の天神山石が用いられているという。なお周辺の発掘調査では、十三世紀後半から十四世紀にいたる石組の火葬墓や蔵骨器が検出されており、この地が墓所であったことが明らかになっている。

畠山重忠五輪塔

嘉《か》元《げん》二《に》年《ねん》銘《めい》板《いた》碑《び》

深谷市畠山五二〇
畠山重忠公史蹟公園

市文化（板石塔婆）。**畠山重忠公史蹟公園**に所在するほぼ完形の板碑。嘉元二年（一三〇四）の造立で、地上高一三五cm、幅三一cmである。主尊は荘厳体《しょうごんたい》の異体キリークで、ラ点が上方へ伸び、アク点が

嘉元二年銘板碑

巻き上がる。また主尊の上にイ字三点を置く点は密教的で、これを裏付けるように塔身には光明真言が四行にわたって刻まれる。光明真言は板碑に最も多くみられる真言で、滅罪の功徳があるといわれている。なお、紀年銘「嘉元二年甲辰卯月九日」の「卯月」は陰暦四月の別名である。

観応元年銘板碑《かんのうがんねんめいいたび》

深谷市本田五二二
俵薬師

市文化（板石塔婆）。荒川の旧河原に地元で俵薬師と呼ばれる場所があり、そこのケヤキの根元に立っている。高さ一五一cm、幅三九cmの板碑で、搭身一杯に来迎相の阿弥陀が画像で刻まれる。阿弥陀は正面向きで踏み割り蓮座に立ち、三重の頭光と放射状に線刻される光芒の表現に特色がある。また衣紋をメッシュ状に描く点も他に類例がない。図像下には三茎の花瓶が描かれ、「観応元年（一三五〇）刁庚八月日」という紀年銘のほかに「一結衆中□等敬白」とあり、阿弥陀を信仰する結衆による造立であろう。なお、干支「刁」は寅の異体字である。

嘉禄三年銘板碑《かろくさんねんめいいたび》

熊谷市千代三二九
江南文化財センター

県文化（嘉禄三年銘板石塔婆）。嘉禄三年（一二二七）の造立で、日本最古の板碑である。かつては大沼公園の弁天島に所在していたが、現在は**江南文化財センター**に展示されている。上部を欠いており、高さ約一八〇cm、幅五九cmの板碑である。主尊は阿弥陀の坐像、脇侍は観音・勢至《せいし》の立像で、それぞれ光背部分を彫りくぼめ、レリーフで表現するのが特徴である。下半には「諸教所讃／多在弥陀／故以西方／而為一准」という偈が刻まれる。天台宗が重んじる経典『摩訶止観《まかしかん》』の一節

嘉禄三年銘板碑
（拓本・筆者拓）

で、天台浄土思想を背景にしたものと推測される。

寛《かん》喜《ぎ》二《に》年《ねん》銘《めい》板《いた》碑《び》

熊谷市千代三二九
江南文化財センター

県文化（寛喜二年銘板石塔婆）。嘉禄三年銘板碑とともに江南文化財センターに展示されている。寛喜二年（一二三〇）の造立で、中央部を欠損するが、高さ約一八〇cm、幅五八cmの板碑である。阿弥陀三尊をレリーフで表現するが、本来、脇侍となる勢至菩薩が地蔵菩薩に置き換えられている点が珍しい。『法然上人絵伝』には、藤原宗時が法然に阿弥陀・観音・地蔵（三尊）の供養を依頼したところ、法然が拒否したという逸話があり、こうした三尊形式も当時は流布していたのだろう。

寛喜二年銘板碑
（拓本・筆者拓）

古道

鎌倉《かまくら》街道《かいどう》上道《かみつみち》遺構《いこう》

寄居町今市・赤浜には、小川町増尾から北上した鎌倉街道上道が通り、荒川に至っている。今市の兒《こ》泉《いずみ》神社《じんじゃ》（寄居町今市六九〇）の鳥居の西側に上道遺構とみられる掘割状遺構がある。赤浜の普光寺《ふこうじ》（寄居町赤浜六二〇）（→172）東側にも鎌倉街道と伝えられる道があり、寺の北側にも掘割跡がある。山門前には付近の鎌倉街道についての詳しい説明板があり、それによると寺の東側の街道が県道熊谷寄居線に交わる地点に六大塚《ろくだいづか》という塚があり、「伝六代御前《ろくだいごぜん》（平維盛《たいらのこれもり》の子）の塚」としるされている。寄居町教育委員会が塚の周辺を発掘調査した結果、上道に沿って三基の塚（その一つが六大塚）があり、塚の裾に河原石が積まれていたことが分かった。

赤浜天神沢《てんじんざわ》の鎌倉街道遺構

深谷市畠山一五〇〇
アイリスオーヤマ工場内

市史跡（鎌倉街道）。赤浜の普光寺から県道を渡った深谷市との境界の、荒川に下る斜面の上にある。昭和五十六～五十八年（一九八一～一九八三）に発掘調査が行われ、長さ二〇〇m、深さ〇・五～二m、上幅約一二m、下幅約五mの掘割状遺構が検出された。傾斜を緩やかにするために南に浅く北に行くに従って深くなる形状を示す。説明板等も整備されている。

渡し場

赤浜《あかはま》の渡《わた》し

花園橋下流三〇〇m付近

男衾郡赤浜（寄居町赤浜）と榛沢郡荒川（深

谷市荒川）を結ぶ鎌倉街道上道の荒川の渡し。赤浜天神沢から荒川に下る坂を山王坂というところから「山王《さんのう》の渡《わた》し」ともいう。『新編武蔵国風土記稿』赤浜村の項によると、荒川の中に**半左瀬《はんざせ》・川越岩《かわこえいわ》**がある。半左瀬は鎌倉期に川縁に関を置いて、大沢半左衛門という者が関守だったことに由来するという。川越岩（別名獅子岩）は、この付近が浅瀬になっており渡し場の目印だったという。川越岩は現在も右岸からよく見える。

川越岩（獅子岩）

この渡しの上流方面に小園《こぞの》の渡《わた》しがあったとされ、男衾郡小園（寄居町小園）と榛沢郡小前田《おまえだ》（深谷市小前田）を結ぶ鎌倉街道上道の渡船場との伝承があるが、詳しい位置は不明である。

宿

塚田宿《つかだじゅく》

寄居町赤浜

『新編武蔵国風土記稿』の赤浜の項に鎌倉街道の宿駅として栄えたことが記され、室町期には「塚田千軒」とよばれるほどの大きな宿場を形成していた。それを支えたのが鋳物業で、当地の**三島神社**（寄居町赤浜一九七三）にある**応永二年**（一三九五）**銘の鰐口**（**県文化**）には「武蔵国男衾郡塚田宿」とあり、室町期から戦国期にかけて名を馳せた塚田鋳物師《いもじ》の里としても知られる。当地には板碑群を残す**普光寺**（↓172）もある。現在塚田は、小字名として残っている。

三島神社

その他

馬《うま》の足跡《あしあと》

寄居町小園

荒川右岸、**埼玉県立川の博物館**（寄居町小園三九）の下流付近に立岩という大きな岩があり、馬の足跡のような穴が交互にあいている。畠山重忠が乗馬で坂を上がる練習をした時の跡という。

畠山重忠伝承

畠山重忠は、もっとも人々に知られた武蔵武士の一人である。治承・寿永の内乱で多くの戦功を挙げたばかりでなく、奥州合戦などで栄誉ある先陣を任される信頼があり、永福寺の庭石を一人で運ぶ大力があり、静御前の舞に銅拍子を打つ音曲の才があったといわれている。最終的には、謀叛の嫌疑をかけられて**二俣川**(神奈川県横浜市)で非業の死を遂げるが、多くの記録や物語は、重忠を剛勇・廉直な武士として好意的に描いており、世上の評価もすこぶる高かったと考えられる。

そして、そうした評価と符合するように、重忠にまつわる伝承にも根強いものがあった。重忠の由緒が残る伝承地は、全国でも二百ヶ所を超えており、北は北海道から南は鹿児島県まで、一都一道一府二十六県に分布しているのである。その中には、畠山氏の子孫や家臣が残したものや、『平家物語』に影響されて生まれたものなど、様々な伝承があったとみられるが、こうした全国的な広がりをみても、重忠が広く人々から愛されていたことがわかるだろう。

以下では、そうした重忠伝承について、埼玉県の事例を中心に紹介していきたい。まずは、深谷市の**畠山館跡**(県遺跡)である。この地は、畠山氏の名字の地となった根本的な拠点であり、現在では**畠山重忠公史跡公園**として整備されている。園内には**畠山重忠五輪塔**(↓172)や、重忠の百年忌供養塔ともいわれる**嘉元二年銘板碑**(↓172)などがある。寄居町の荒川にある**馬の足跡**(↓175)は、重忠が乗馬の訓練をした痕跡といわれている。また、嵐山町の**菅谷館跡**(↓190)も、重忠の本拠地となった居館として見逃せない。ときがわ町にある**慈光寺**(↓195)の**弘長二年銘板碑**(↓202)には、重忠父子の名が後刻されており、重忠に対する信仰心がうかがえる。これらの伝承地は、重忠の活動基盤とも重なっており、重忠伝承が残されたのも当然といえるだろう。

秩父地方も、数多くの重忠伝承に彩られた地域である。たとえば、秩父市の**金剛院**(↓118)は、秩父武綱が建立した菩提寺で、重忠によって中興されたといわれており、重忠の位牌などが伝来している。また、**大陽寺**(↓119)の本堂には、畠山重忠木像や重忠誕生の間などが残されている。**八幡神社**は、重忠が秩父氏館跡に祀った社であるという。東秩父村の**坂本八幡大神社**は、重忠が鶴岡八幡宮を勧請したもので、境内には重忠公お手植え七本(↓124)と呼ばれる木々があった。小鹿野町の**鷲窟山観音院**(↓124)には、重忠一行が狩りに行って発見したという観音像が祀られており、境内の洞窟には、馬の蹄跡と呼ばれる窪みがある。長瀞町にある**荒**

神堂の地蔵尊（↓124）は、重忠が乳母を供養するために祀ったとされており、秩父市の**乳母神様**（↓125）は、この地で息絶えた乳母の霊を慰めるために建立されたという。**お牧さくら**（↓125）は、重忠に従う若武者を慕って下向した官女を供養した桜である。また、横瀬町を流れる生川（↓125）の地名は、重忠の母が懐妊したときに、川の神に祈ったことに由来するという。このように、秩父地方の重忠伝承はきわめて多彩であり、重忠と浅からぬ因縁があったことを感じさせる。重忠は平姓秩父氏の出身であり、先祖の根拠地が秩父にあったことが、最大の背景として挙げられるだろう。

また、武蔵国には鎌倉街道上道が縦断していたが、この道筋にも重忠伝承が存在している。たとえば、毛呂山町の**出雲伊波比神社**（↓275）は、重忠が太刀や産衣を寄進したといわれており、飯能町の**本郷大六天青石塔婆と樫樹**（↓309）は、二俣川の合戦で討死した重忠の遺骸を葬った墓と伝えている。これらの伝承は、畠山氏の移動ルートとなった鎌倉街道上道を軸にしながら形成された話群として把握できるだろう。

足立郡にも、重忠伝承が濃密に分布している。たとえば、さいたま市の**円乗院**（↓259）は、もともと道場村（さいたま市桜区道場）にあった寺院で、重忠が建立した念仏道場だったという。与野公園の**弁天池**（↓260）は、重忠が鎌倉への途中で腰の刀を清めたと伝えられている。常磐公園にある**畠山重忠のキャラの木**（↓260）は、重忠が父の墓所に植えた木を移植したものという。このように、足立郡にも重忠伝承が集中しているが、この地が重忠の拠点だったという証拠はなく、伝承が生まれた背景については不明といわざるを得ない。ただ、畠山氏は荒川の水運を通じて江戸氏や葛西氏とも連携していたので、そうした交流の中継地点として理解する余地はあるかもしれない。

以上、埼玉県の重忠伝承について、代表的な地域を選んで紹介してきた。もちろん、これらの伝承地がすべて史実だったとは考えられないが、伝承の真偽や信憑性にこだわって、その史料的な価値を批判したところで、おそらく大した収穫は得られないだろう。むしろ、これらの地域の人々が、武蔵武士の雄である畠山重忠を誇りに思って、現代まで語り継いできたという事実にこそ、見過ごしてはならない重要な意義があると思うのである。

（山野龍太郎）

参考文献

菊池紳一『平姓秩父氏の性格――系図の検討を通して』（『埼玉地方史』第六六号、二〇一二年）
貫達人『畠山重忠』（吉川弘文館、一九六二年）
村松篤「武蔵武士畠山重忠ゆかりの地」（『武蔵野』第八一巻第二号、二〇〇五年）
安田元久『武蔵の武士団――その成立と故地をさぐる』（有隣堂、一九八四年）

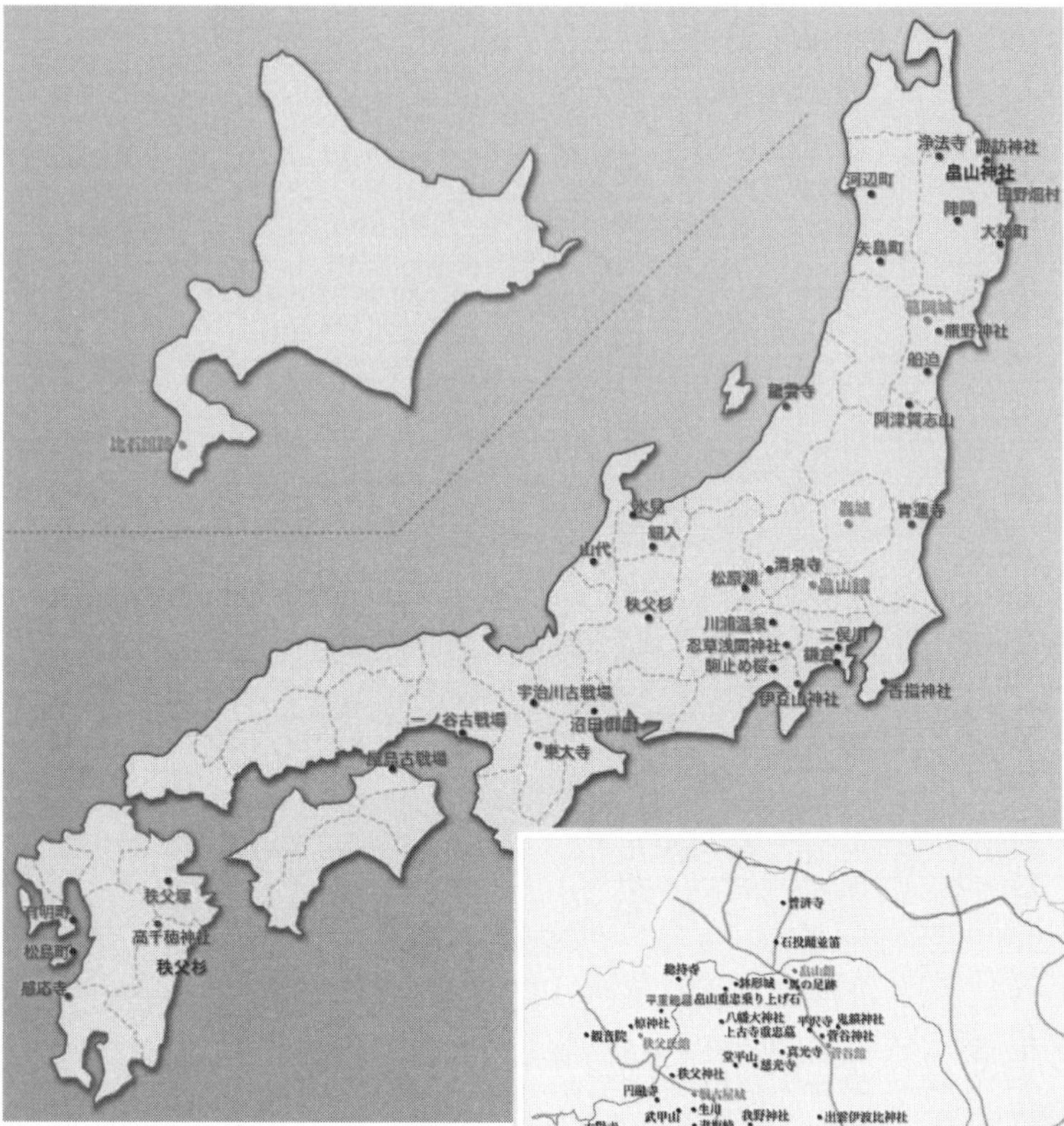

日本全域における重忠伝承の分布※14

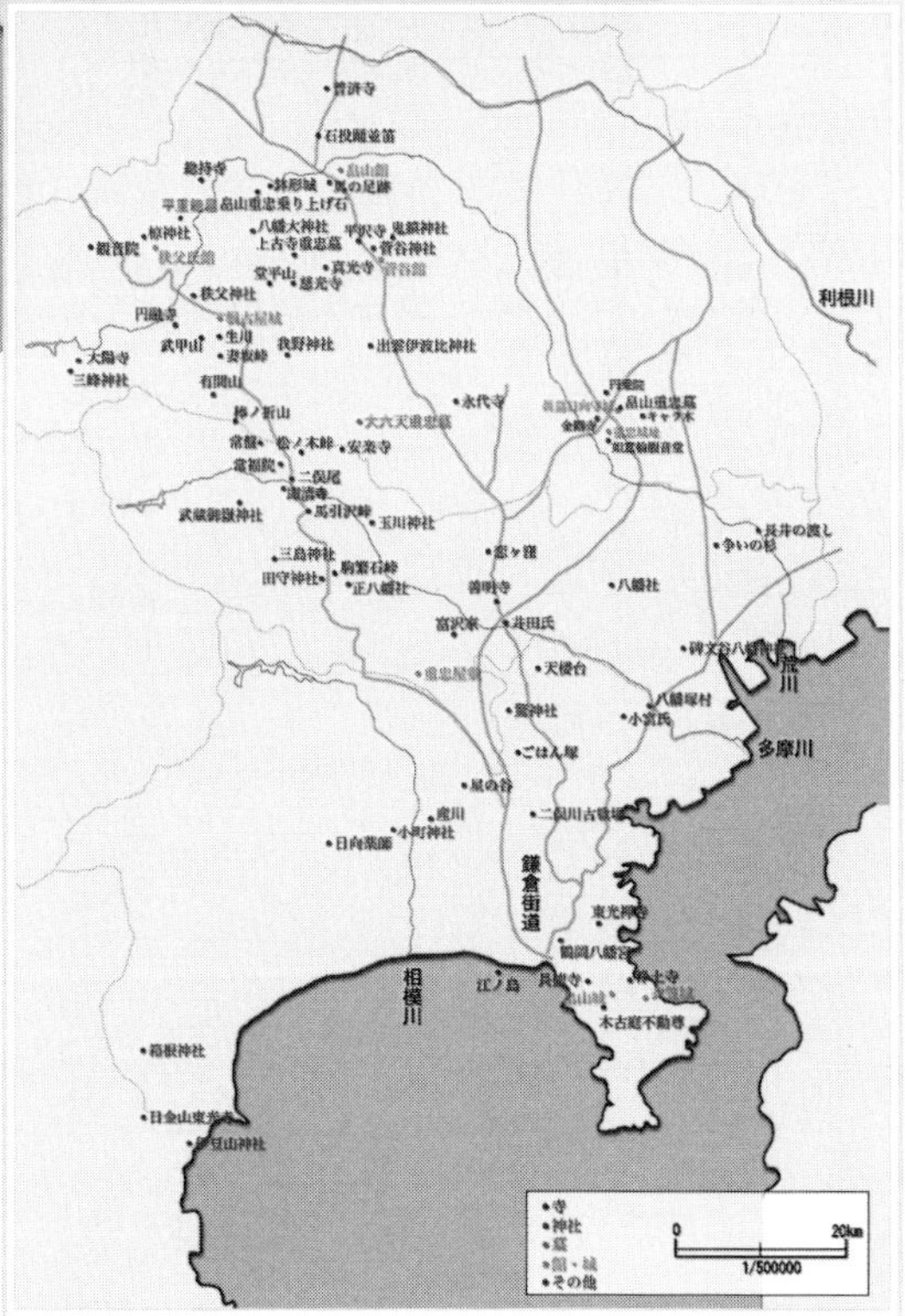

関東域における重忠伝承の分布※14

八幡信仰と源氏伝承

八幡神社と清和源氏の結びつきは強いが、実際に本書の扱う武蔵国（埼玉県域）各地の八幡神社にも源氏伝承が残っている。このことについて少々述べてみたい。

そもそも八幡信仰は、九州の**宇佐神宮**《うさじんぐう》（大分県宇佐市南宇佐二八五九）に始まる。宇佐神宮は応神天皇・比売神《ひめがみ》・神功皇后の三座を一体として祀っており、新羅との対立関係の中で軍神的性格を強めていたが、大仏建立を助けるために**東大寺**（奈良市雑司町四〇六一一）に勧請されて畿内に進出した。これが**手向山八幡宮**《たむけやまはちまんぐう》（奈良市雑司町四三四）である。その後、平安京近郊の男山にも勧請されて**石清水八幡宮**《いわしみずはちまんぐう》（京都府八幡市八幡高坊三〇）が造営され、都の裏鬼門（南西）の守護神として朝廷の尊崇を受けた。さらに清和源氏の氏神となり、広く全国的に発展した。源義家が石清水八幡宮で元服して「八幡太郎」と呼ばれたことや、鎌倉に幕府を開いた源頼朝が**鶴岡八幡宮**（神奈川県鎌倉市雪ノ下二一一三一）を造営したのは有名な話である。

清和源氏が八幡神を氏神としたことが分かるのは源頼《みなもとのより》信《のぶ》以降である。頼信は、寛徳《かんとく》二年（一〇四五）頃に河内守に任じられるが、この時に河内国内にある**誉田山陵**《こんださんりょう》（応神陵古墳）（大阪府羽曳野市六一一一一三）に祀られていた八幡神を氏神としたという。

八幡神社ではないが、比企郡の**箭弓稲荷神社**《やきゅういなりじんじゃ》（↓198）に、長元《ちょうげん》元年（一〇二八）に始まる平忠常《たいらのただつね》の乱に際して、追討のために下向した源頼信がここに布陣したという伝承が残っている。それ以前のものとしては、高麗郡の**征矢神社**《そやじんじゃ》（↓305）には、天慶三年（九四〇）に平将門追討のために下向した源経基が創建したという伝承が残る。なお、足立郡の**箕田氷川八幡神社**（↓250）にも源仕《みなもとのつこう》や渡辺綱《わたなべのつな》の伝承が残るが、こちらは清和源氏ではなく嵯峨源氏である。

◎清和源氏略系図

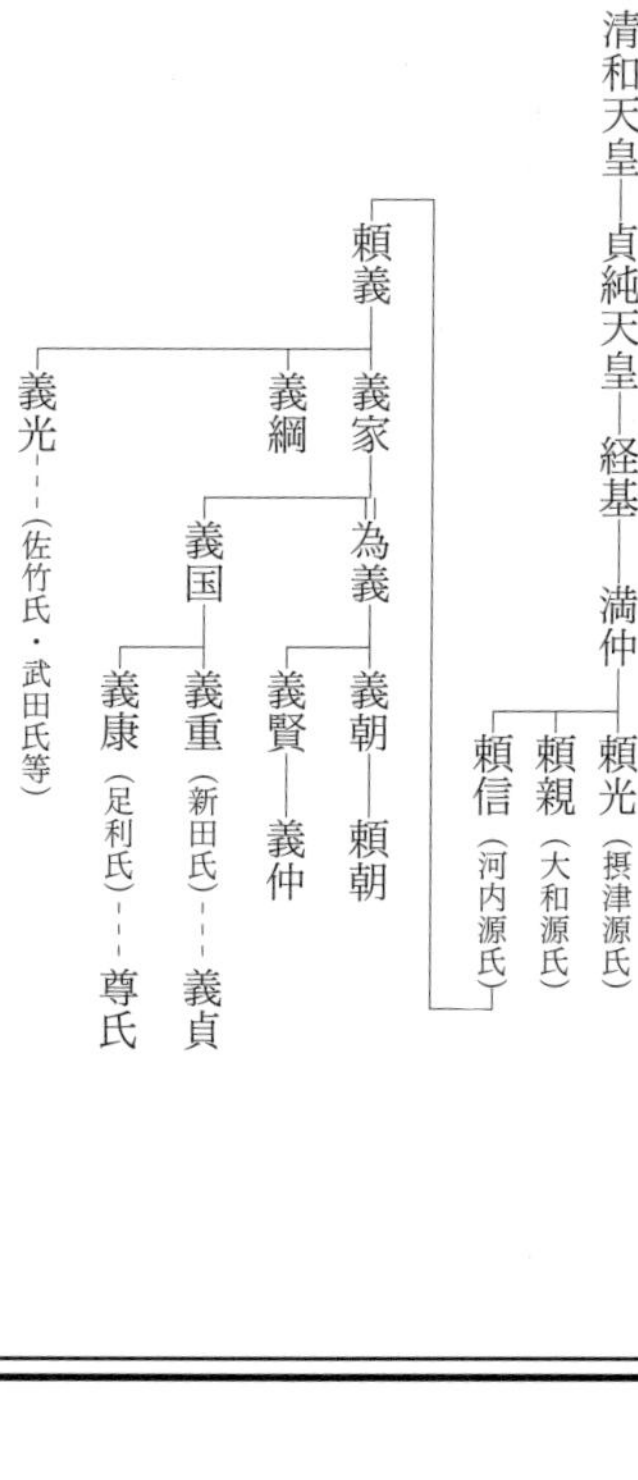

◎嵯峨源氏略系図

さて、頼信の子頼義は、前九年の役が終わった翌年にあたる康平六年（一〇六三）に相模国由比郷に**石清水八幡宮**を勧請《かんじょう》して社殿を造営した。これが現在の**元八幡**（神奈川県鎌倉市材木座一―一七）である。その子義家は、後三年の役のおこる二年前にあたる永保元年（一〇八一）にこれを修復している。前九年の役・後三年の役は源氏にとって非常に大きな意味を持つ戦いであり、頼義・義家が祈願を込め、また実際に勧請した八幡宮も少なくなかったと思われる。また、保元・平治の乱に、横山・平山・児玉・猪俣など多数の武蔵武士が参加したことも影響しているのであろう。南関東から奥羽の地方は、本来熊野信仰の盛んなところであるが、『新編武蔵国風土記稿』は、埼玉県下だけで四百六十座の八幡神社を挙げており、その中には頼義・義家勧請と称する神社も少なくない。

例えば児玉郡の**東石清水八幡神社**《ひがしいわしみずはちまんじんじゃ》（→99）がそれであり、近隣の**金鑚神社**《かなさなじんじゃ》（→100）の伝承とあわせて興味深い。また、入間郡の**出雲伊波比神社**《いずもいわいじんじゃ》（→275）に残る**流鏑馬神事**《やぶさめしんじ》（県選民）も前九年の役の戦勝に由来するという。埼玉郡の**白岡八幡宮**《しらおかはちまんぐう》（→232）、**篠岡八幡大神社**《しのおかはちまんだいじんじゃ》（→233）、新座郡の**武野神社**《たけしのじんじゃ》（→313）なども前九年の役の戦勝祈願（ないし報恩）に由来するという。ただし、これらの神社には頼義の名は残らず義家のみとされていることも注目される。また、源氏ではないが、後三年の役において源義家に従って勇名をはせた鎌倉景政《かまくらかげまさ》を祀る**権五郎神社**《ごんごろうじんじゃ》（→120）も秩父郡に残る。

そして、八幡信仰を東国に定着させる上で画期的な役割を果たしたのが、源頼朝の**鶴岡八幡宮**造営であろう。頼朝は鎌倉に幕府を開くと、治承四年（一一八〇）十月、頼義の造営した由比郷の八幡宮を現在の場所である小林郷の北山に動座し、さらにその後の火災を契機に、建久二年（一一九一）には石清水八幡宮から直接勧請して上宮・下宮を完成したのである。例えば、足立郡の**美女木八幡神社**《びじょぎはちまんじんじゃ》（→254）は、文治五年（一一八九）の奥州合戦に際して頼朝が戦勝を祈願し**鶴岡八幡宮**から勧請したというような頼朝伝承が残っているように、その影響がうかがえる。

また、同じ源氏でありながら頼朝によって滅ぼされた木曽義仲ゆかりの八幡神社もある。寿永二年（一一八三）の砺波《となみ》山《やま》の戦いに先立って戦勝を祈願したとされる**埴生八幡宮**《はにゅうはちまんぐう》（富山県小矢部市埴生二九九二）は有名であるが、生誕の地である比企郡には**鎌形八幡神社**（→196）もある。また、頼朝の命で殺害された義仲の子清水義高を祀るのが**清水八幡神社**（→278）である。

なお、**鶴岡八幡宮**の造営以降、御家人の中には鶴岡の分霊を領内に祀る者も少なくなかったので、八幡信仰の全国的な展開を促進した。とりわけ、清和源氏の有力な一族である武田氏・足利氏・新田氏などはそれぞれの所領に勧請した。所領ではないが、元弘三年（一三三三）の新田義貞の鎌倉幕府攻略に関わる伝承が**鳩峰八幡神社**（→278）や**八幡神社**（→278）などに残っている。

鎌倉幕府が滅びても八幡信仰は健在だった。足利将軍家も源氏正統としての意識が強かったからである。京都近郊の**石清水八幡宮**は室町幕府の所在地に近かった関係もあって厚い保護を受けた。また、六条堀川の源氏邸内にあったという六条左女牛八幡《さめうしはちまん》（京都市下京区若宮通花屋町上ル若宮町）は、石清水八幡宮から勧請したものであは石清水八幡宮から勧請したものであり、「六条若宮八幡」とも称した。

源頼朝は源氏の氏神として崇敬したが、室町幕府もこれを引き継ぎ、歴代将軍の社参も多く行われた。

なお、当社は慶長十年（一六〇五）に遷座し、それが現在の若宮八幡宮（京都市東山区五条橋東五丁目四八〇番地）である。

有名な「六条若宮八幡宮文書」はこちらに伝来した。**大山《おおやま》崎《ざき》離《り》宮《きゅう》八幡宮《はちまんぐう》**（京都府乙訓郡大山崎町大山崎西谷二一―一）の油神人が活躍したのも幕府の保護があったからである。

関東地方においても、足利尊氏の子基氏の子孫が代々の鎌倉公方となっており、源氏の血筋を引く者として八幡神社を保護したものと思われる。とりわけ享徳《きょうとく》三年（一四五四）に始まる享徳の乱、文明九年（一四七七）に始まる長尾景春《ながおかげはる》の乱、長享《ちょうきょう》元年（一四七八）に始まる長享の乱などは激しく戦われていることもあり、武蔵国（埼玉県域）の八幡神社についても、そうした観点からも見ていく必要があるかもしれない。

（下山　忍）

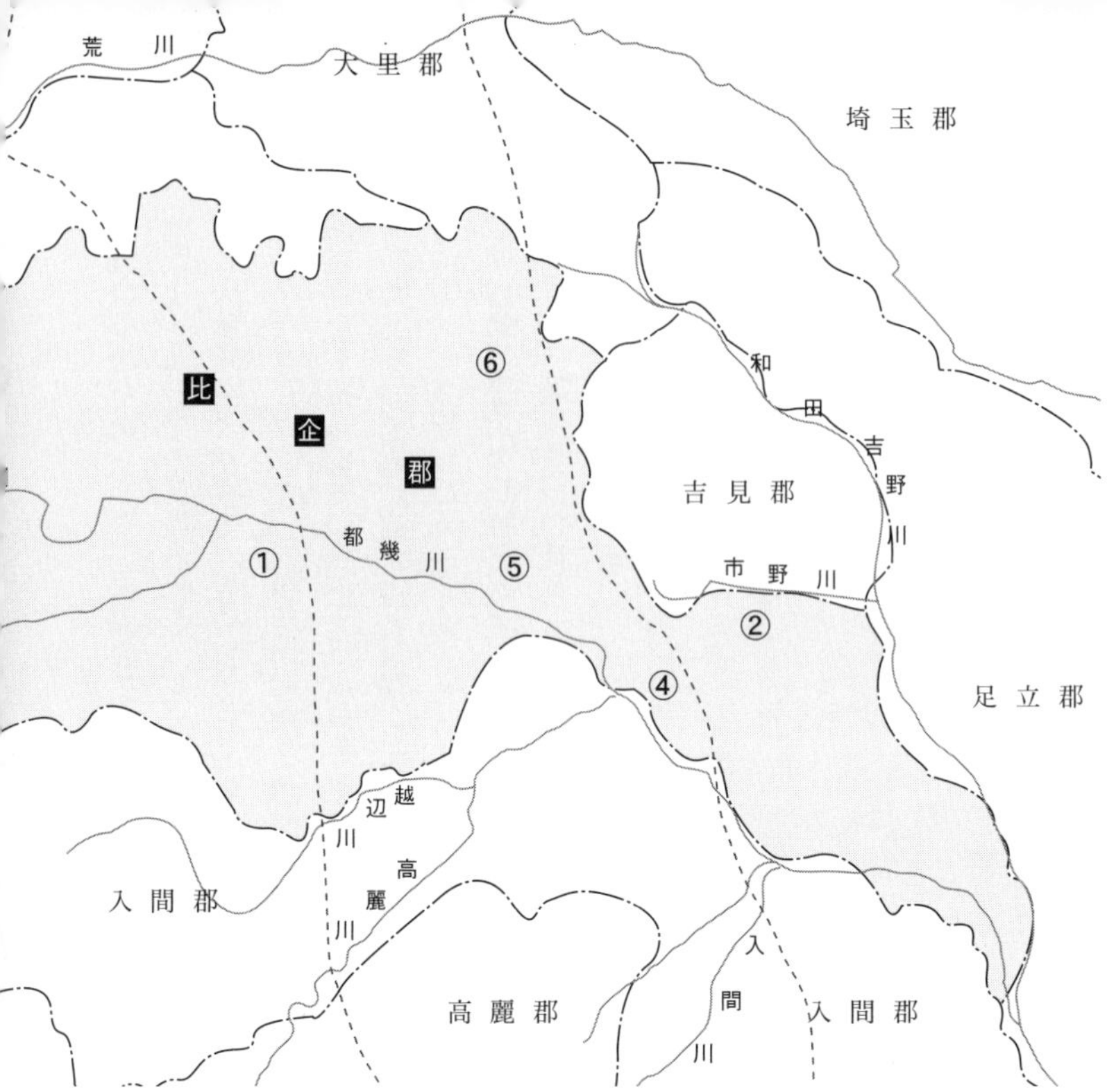

比企郡

平安時代から見える郡名であるが、奈良時代には成立していたと考えられている。武蔵国のやや北部の丘陵地帯に位置する。周囲は、北を男衾郡・大里郡、東は吉見郡・足立郡、南は入間郡、西は秩父郡と接するが、郡界はしばしば変動した。中世の郡域は、東松山市とそれを囲む小川町・川島町・ときがわ町・滑川町・鳩山町・嵐山町等の地域であった。

比企丘陵・岩殿丘陵（比企南丘陵）には県立比企丘陵自然公園があり、京都の嵐山を思わせる嵐山渓谷、関東平野の眺望がよい物見山（岩殿山・岩戸山・雪見峠ともいう）の北側には養老二年（七一八）創建と伝える岩殿山**正法寺**（→198）があり、西方を鎌倉街道上道が通り、そこに笛吹峠がある。武蔵嵐山や笛吹峠などの名所・旧跡を巡るハイキングコースがあり、自然を満喫できる。郡の西南の山中にある**慈光寺**（→195）は、宝亀元年（七七〇）唐僧鑑真の弟子道忠が開山と伝える古刹であり、源頼朝の信仰も篤く、奥州征討の凱旋にあたり供米を献じたとされ、一山七十五寺といわれる隆盛を極めた。

武蔵武士　鎌倉時代郡内には、比企郡司の子孫とされる比企氏、児玉党の小見野・高坂・竹沢の諸氏、平姓秩父氏一族の高坂・中山の両氏のほか、藤原北家利仁流斎藤氏の一族野本氏が盤踞《ばんきょ》していた（別表と地図を参照）。比企氏は、東松山市大谷付近を本拠としていたらしく、**宗悟寺**（→199）や比丘尼山などゆかりの史跡が残る。比企掃部允遠宗の妻比企禅尼が源頼朝の乳母であった所縁から、その養子能員は頼朝・頼家

に重用されたが、北条時政によって暗殺され、滅亡した。

　平安時代末期、鎌倉街道上道周辺に秩父平氏が進出し、流通を掌握していた。秩父重綱は**平澤寺**（↓197）を建立し、長男重弘の子重能（畠山氏）を男衾郡畠山（深谷市）に置き、次男重隆を大蔵（↓208）に置いていた。鎌倉時代には、菅谷（嵐山町）に畠山次郎重忠の居館（↓190）があった。

中世地名　郡内で平安時代末期から見える地名は大倉（大蔵とも。嵐山町大蔵）があり、秩父平氏が鎌倉街道上道に沿って進出していた。鎌倉時代から見える郷名には、石坂郷（鳩山町石坂）、犬岡郷（不明、北本市周辺カ）、将軍沢郷（嵐山町将軍沢）、土袋郷（川島町上伊草・下伊草を中心とするその付近一帯）、麻師宇郷（小川町増尾・大塚・角山一帯）、地名は泉（滑川町和泉）、岩殿（東松山市岩殿）、勝田（嵐山町勝田）、菅谷（嵐山町菅谷）、玉太岡（東松山市岡付近）がある。

　石坂郷内田在家は、北条有時の孫時賢の所領で、その子有政と姉弥鶴が争っている。将軍沢郷は、上野国世良田氏の所領で、一部が世良田長楽寺に寄進されている。鎌倉時代、土袋郷の年貢が鎌倉の永福寺の供料に宛てられているが、南北朝時代には越生氏の所領となっている。麻師宇郷は、文永三年（一二六六）から同六年にかけて、仙覚が『萬葉集註釈』（萬葉集抄、仙覚抄）を完成させた地として著名である。同郷には猿尾太郎種直の居館跡が残る。

　南北朝時代から見える郷村名には、伊草郷（井草郷とも、川島町伊草・上伊草・下伊草付近）、大塚郷（川島町東大塚）、釜形郷（嵐山町鎌形）、唐子郷（東松山市上唐子・下唐子）、竹沢郷

名字	出自	名字の地	現在比定地
①大蔵	野与党	大倉（大蔵）	比企郡嵐山町大蔵
②小見野	児玉党	小見野	比企郡川島町上小見野・下小見野
③竹沢	児玉党	竹沢郷	小川町竹沢地区
④中山	平姓秩父氏	中山	川島町中山
⑤野本	藤原北家利仁流	野本	東松山市下野本
⑥比企	藤原北家秀郷流	大谷カ	東松山市大谷

宮入村（竹沢郷は小川町竹沢地区一帯）、戸守郷（川島町戸守）、八林郷（川島町上八ツ林・下八ツ林）、室町時代から見える郷名・地名には、いつ丸の郷（川島町出丸本村）、青鳥居（東松山市下青鳥・石橋付近）、須江郷（鳩山町須江）、野本（東松山市下野本・上野本）、松山（東松山市松山）、大豆戸郷（鳩山町大豆戸）、三保谷郷（美尾屋・水尾谷とも、川島町三保谷宿）などがある。

このうち、竹沢・野本・三保谷は武蔵武士の名字の地で平安時代末期からの地名である。竹沢氏は南北朝時代には没落したと考えられ、竹沢郷が藤田氏に与えられた。三保谷郷は、屋島の戦いで活躍した美尾屋十郎がおり、**広徳寺**（↓199）が菩提所と伝える。

戦国時代になるとさらに増え、小川町域では高見・奈良梨村・古寺村、ときがわ町域では殿・日影・妙覚之郷平之村、鳩山町域では亀井郷、嵐山町域ではおつはた・平沢、滑川町域では福田郷、東松山市域では石橋・市川・今泉・柏崎・かたよせの郷・葛袋・新宿・八王子山・古郡、川島町域では伊豆丸・小見野・かくせん・正直・中山・平沼などが見える。戦国時代**松山城**（↓214）が整備されるが、それに伴って開発が進み、この地域の地名が増加している様子がうかがえる。

鎌倉街道　武蔵国の国府（東京都府中市）と上野国国府（群馬県前橋市）を南北に結ぶ鎌倉街道上道は、郡内を南北に貫通する。当郡は武蔵から上野に向かう交通の要衝であった。周辺の歴史的景観とともに鎌倉街道上道の遺構が見られる地点が多く残り、この周辺に鎌倉時代・南北朝時代に関わる史跡が点在する。

苦林の古戦場（入間郡毛呂山町）（↓288）から、鳩山町に入り、今宿小学校前を北上し、鳩山中学校を通って鳩川を渡り、大橋に至る。更に北上して**笛吹峠**（鳩山町と嵐山町の境、笛吹峠古戦場）（↓208）を越え、将軍沢を経て、大蔵に至る。鎌倉街道上道の西側に**大蔵館跡**（↓190）があり、周辺に源義賢ゆかりの史跡がある。道は、都幾川を渡り（学校橋）、北西方向に向かうが、その西側に畠山重忠の菅谷館（↓190）や**平澤寺跡**（↓197）がある。このあたり、嵐山町から小川町の鎌倉街道上道沿いに戦国時代の**杉山城跡**（↓191）、**越畑城跡**（↓192）、**高見城跡**（↓186）があり、街道を監視するように連なっている。街道は小川町に入り、奈良梨（**天王原遺構**）（↓206）を経て、高見から寄居町今市（男衾郡）に入っていく。

板碑　小川町下里からは緑泥片岩が算出し、青石・下里石と呼ばれ、中世に盛行した板碑の石材供給地のひとつとされている。郡内には、鎌倉時代〜南北町時代の年紀を有する板碑国が数多くあり、ほかにも指定重要文化財である**大聖寺六角塔婆**（↓199）、**光福寺宝篋印塔**（↓205）がある。

明治二十二年（一八八九）の市制町村制施行により、比企郡内の町村は松山町・小川町の二町と二十三村となり、明治二十九年（一八九六）の郡制施行により横見郡が廃止され、その郡域は比企郡に含まれた。
なお、この地域の武蔵武士の活動を詳しく知るには、左記の市町村史が参考になる。

参考文献

①『東松山の歴史』（一九八五年刊）
②『小川町史』（一九六一年刊）
③『都幾川村史　通史編』（二〇〇一年刊）
④『玉川村史　通史編』（一九九一年刊）
⑤『鳩山の歴史』上（二〇〇六年刊）
⑥『川島町史　通史編上巻』（二〇〇七年刊）

戦国時代の比企地方は、古河《こが》公方《くぼう》や扇谷《おうぎがやつ》・山内《やまのうち》両上杉氏の対立勢力が拮抗し、十六世紀中期以降は小田原北条氏の台頭や越後上杉氏・甲斐武田氏の侵攻によって、厳しい軍事的緊張のもとにあった。そのため多くの城郭が築かれ、上田氏の松山城や北条氏邦《うじくに》の鉢形城を結んで城郭ネットワークを形成した。そのルートは、都幾川《ときがわ》・槻川《つきがわ》を遡って上田氏の本拠であった東秩父村に至るルート（松山城〜青鳥《おおどり》城〜菅谷《すがや》館〜小倉《おぐら》城〜青山城〜中城〜腰越城〜安戸城）と、市野川《いちのかわ》を遡って鉢形城に至るルート（松山城〜羽尾《はねお》城〜杉山城〜高見城〜鉢形城）とがあった。平成二十（二〇〇八）年三月、**菅谷《すがや》館跡**に加えて**松山城跡**（横見郡）・**小倉《おぐら》城跡**・**杉山城跡**が追加指定され、「比企城館跡群」の名称で国史跡に指定された。

四ツ山城跡《よつやまじょうあと》

小川町大字高見字四ツ山《よつやま》一一二五ほか

県史跡。標高一九七mの独立丘陵（四津

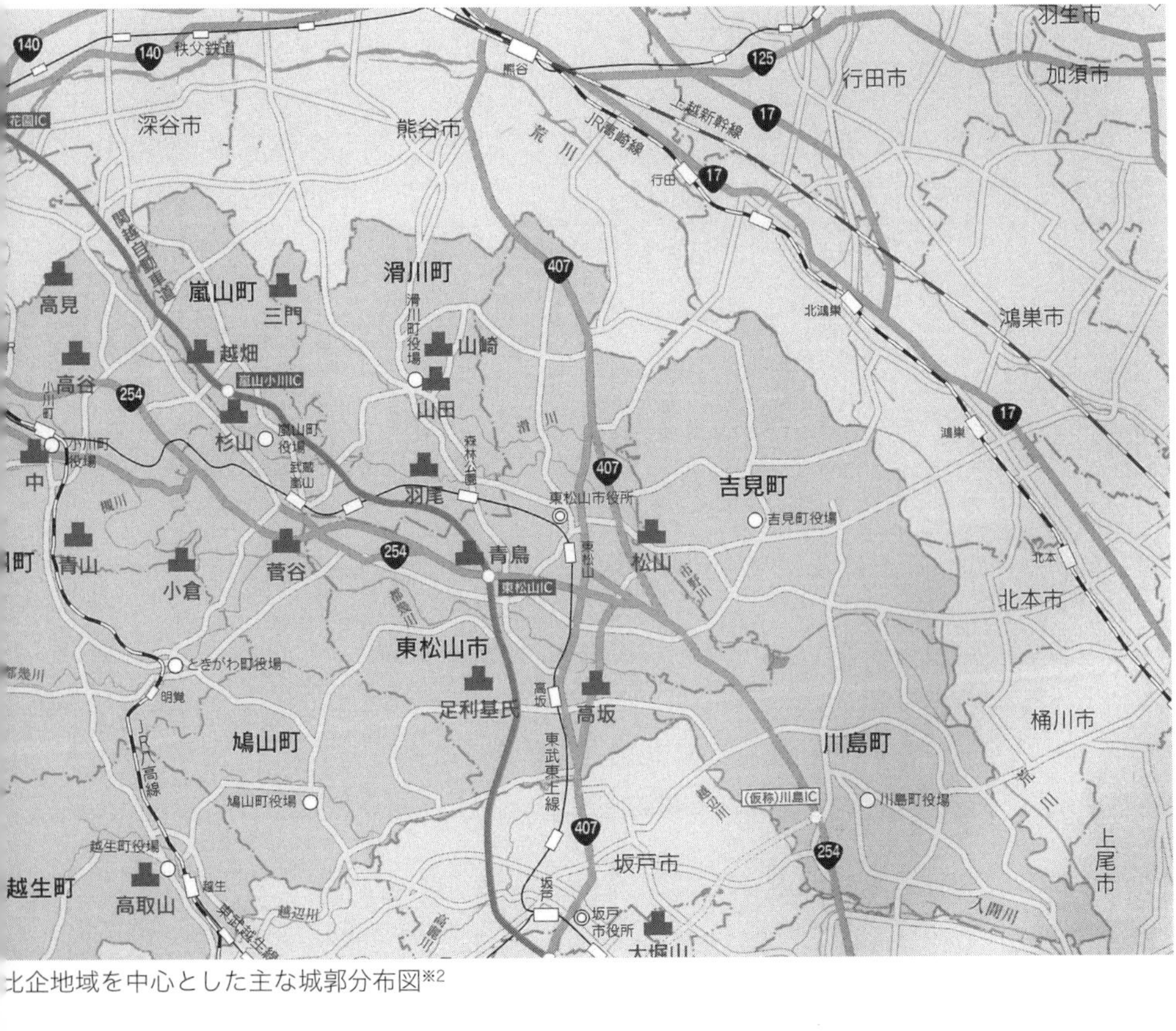

北企地域を中心とした主な城郭分布図※2

山）上にあり、高見城《たかみじょう》ともいう。南端に本郭があり、四津山神社が建つ。つなぎの平場を置いて東に二の郭、そしてまた大きなつなぎの平場を置いて三の郭が北端に配置される。城の北東麓は高見ヶ原と呼ばれ、鎌倉街道が通っていて、しばしば合戦の舞台となった場所である。県道沿いに入口の標示があり、車道を登っていくと四津山神社の鳥居の前に出る。石段を登りつめると本郭に至る。

四ツ山城跡・本郭から高見ヶ原方面遠望

中城跡《なかじょうあと》

小川町大塚字中城

町史跡。宮崎病院（小川町大塚三〇二）と大梅寺《たいばいじ》（小川町大塚四七〇）の中間にある陣屋沼緑地の南側が城跡である。八幡台と呼ばれる台地の東端にある単郭式の城郭で、西側を台地から掘り切って築かれている。崖になっている東側を除いた三方に、屏風折状に空堀と二重土塁を巡らしている。郭内はテニスコートになっているが、周囲の土塁と空堀の残存状態はとても良好である。伝承では猿尾種直《ましおたねなお》が鎌倉時代に居住したとされるが、城郭の構造や発掘調査での出土品などからは十五世紀後半の築城と

中城跡・本郭の土塁と空堀

みられる。文明六年（一四七四）、太田道灌《どうかん》が五十子《いかっこ》城に向かう途中で「上田上野介《こうずけのすけ》在郷の地小河」で一泊しているが、これを中城にあてる見方がある。なお、城跡は**仙覚律師遺跡**《せんがくりっしいせき》（県旧跡）に指定され、**仙覚律師顕彰碑**《せんがくりっしけんしょうひ》（→209）が建つ。

腰越城跡《こしごえじょうあと》

小川町大字腰越字南城山《しろやま》二三七五ほか

県史跡。松山城主上田氏の家臣山田氏の居城と伝えられ、槻川《つきがわ》に三方を囲まれた天然の要害に築かれた典型的な山城である。尾根の最高部に本郭を置き、その南に二の郭、西の尾根続きに三の郭を配し、竪堀を多用して防御を固めている。上田氏の本拠であり菩提寺の**浄蓮寺**（→116）もある東秩父を守る位置にあたる。小川町総合福祉センター（パトリア）の駐車場に案内板があり、その正面の山が城跡である。県道沿いに入り口を示す標示があり、城跡まではハイキングコースとして整備されている。本郭からは小川町と東秩父の両方面の展望が開ける。

青山城跡《あおやまじょうあと》

小川町下里城山二七八七ほか

県遺跡。割谷城《わりやじょう》とも。小川盆地を見下ろす仙元山の背後に位置する標高二六五m、比高一八〇mの山頂部に築かれた小さな山城である。北に本郭を置き、南に延びる二つの尾根上に二の郭・西の郭と東の郭を配する。本郭は三方を土塁で囲み、その一部に緑泥片岩の石積《いしづみ》がみられる。本郭からは**腰越城跡**や**小倉城跡**、小川市街が木立の間から見通せる。『関八州古戦録』に、永禄六年（一五六三）に上杉謙信方の太田資正（三楽斎）から松山城を奪回した北条氏康が、「松山城へは上田暗礫斎、同上野介朝広を還住させて、青山・腰越の砦とともに守らせた」とある以外、記録も伝承も一切残らない。**見晴らしの丘公園**（小川町小川一四四二）からハイキングコースで仙元山を越えた先が城跡で、片道三十分程である。公園に至る車道はゲートの開閉時間があるので注意が必要である。

小倉城跡《おぐらじょうあと》

ときがわ町大字田黒一一三七ほか

国史跡。槻川《つきがわ》がV字型に屈曲する地点に大きく張り出した標高一三七mの丘陵上に位置する。小倉集落の大福寺裏手が城跡にあたり、林道小倉線を車で登って行くと、城跡への入り口表示がある。狭い丘陵の尾根一帯にわたって巧妙に配置された二十八の郭が確認される。本城の最大

腰越城跡・本郭より東秩父方面遠望
（中央奥の丸い山が安戸城跡）

の特色は、関東の戦国期では稀少な、本格的な石積《いしづみ》を多用した城郭であることである。特に、東の根古屋を望む三の郭（出郭）には、高さ五mに達する緑泥片岩の石積がみられる。築城年代は出土品から十六世紀前半～中頃とみられ、小田原北条氏が服属した松山城の上田氏を監視・牽制するために築城もしくは改修したものと思われる。『新編武蔵国風土記稿』は小田原北条氏の家臣遠山光景《みつかげ》の居城と伝え、豊臣秀吉による小田原攻めの際に松山落城とともに本城も落城したという。なお、城跡の麓に位置する**山根遺跡**（嵐山町遠山字山根）からは中国からの渡来銭が大量に出土し、小倉城との関連をうかがわせる。

小倉城跡・本郭腰郭石積遺構

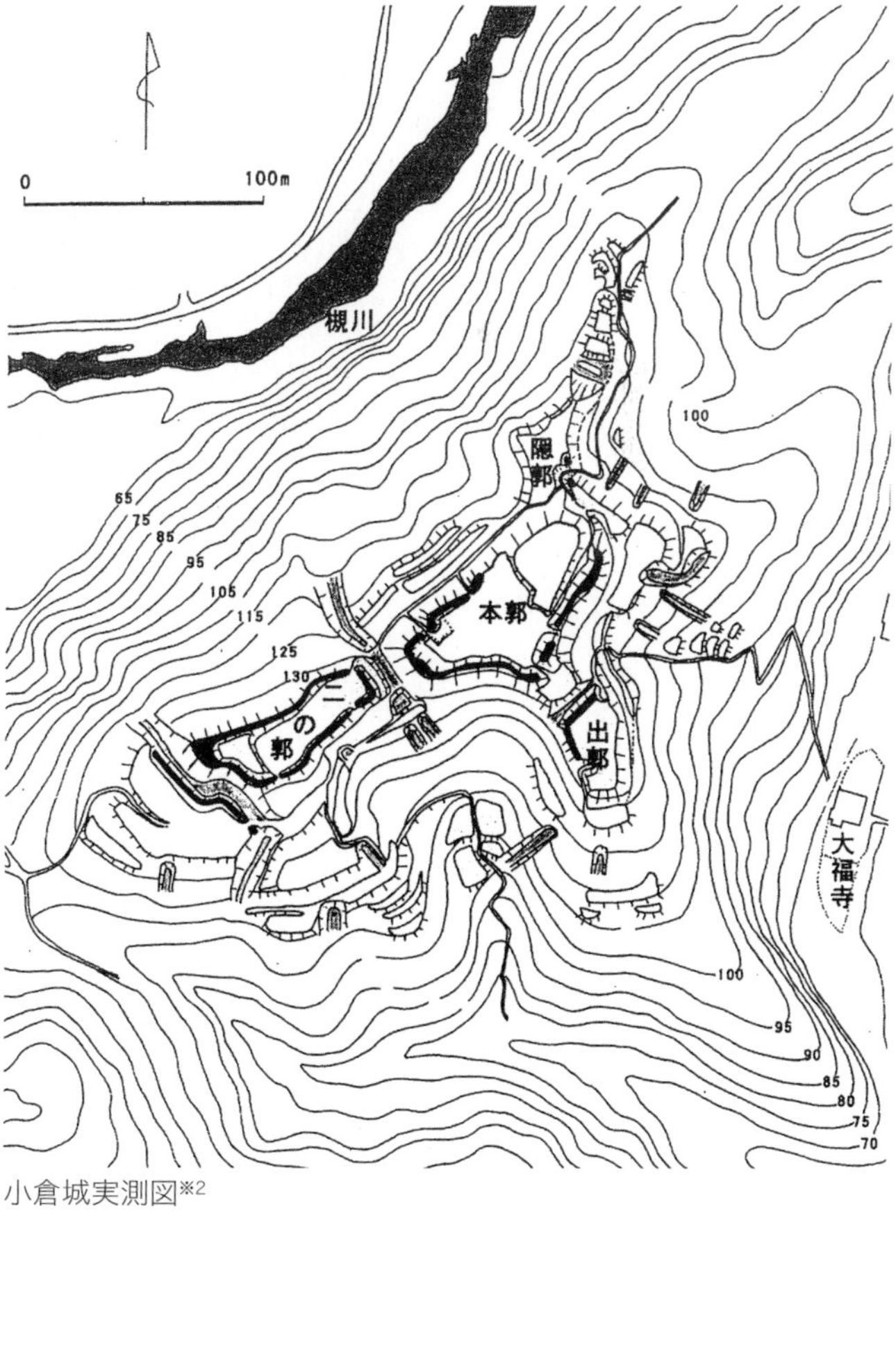

小倉城実測図※2

大築城跡《おおづくじょうあと》

ときがわ町大字西平字大築
入間郡越生町麦原字城山

ときがわ町と越生町の境の標高四六五mの大築山（大津久山、城山）の山頂部に位置し、その南側に「モロドノ（毛呂殿？）郭」がある。ときがわ町方面の斜面はいたるところに岩肌が露出して急な崖となっているのに対して、越生町側は緩やかな傾斜をなして対照的である。城の西側の猿岩峠は「遠見」と呼ばれ、北に**慈光寺**《じこうじ》（↓195）・平《たいら》集落方面、北西に多武峰《とうのみね》神社から椚平《くぬぎだいら》集落と、眺望は抜群であり、松山城主の上田朝直《ともなお》（案独斎《あんどくさい》）が慈光寺攻めのために築いたとされる。近くには「馬場」「硯水」「大木戸」などの地名が伝わる。城は山頂部の西端を本郭とし、東に向かって郭が配置され、尾根は二つの大きな堀切で三つに分割されている。ときがわ町方面からは、椚平《くぬぎだいら》入口バス停前に復元された大木戸があり、Y字路を左に十五分ほど歩くと「大築城方面」の表示がある。ここから山道を二十分ほど登ると、猿岩峠を経て本郭に至る。

大蔵館跡《おおくらやかたあと》

嵐山町《らんざんまち》大蔵五二二ほか

県史跡。源為義《みなもとのためよし》の次男で、木曾義仲の父である源義賢《みなもとのよしかた》の居館跡とされ、館跡がある場所は御所ヶ谷戸《ごしょがやと》と呼ばれ**大蔵神社**が建つ。土塁と空堀に囲まれた方形館で、東西一七〇×南北二二〇m。東側の大手は鎌倉街道に面し、土塁が比較的よく残っている。館跡内部の発掘調査では、一辺七〇m程の方形に巡る堀が確認された。発掘調査で出土した掘立柱建物跡や石組を持つ井戸跡などの遺構は南北朝時代のもので、館は何度か改修されたようである。近年の発掘調査では、十三世紀前半の遺物も出土している。義賢は上野国《こうずけのくに》多胡《たご》郡（群馬県吉井町）を本拠にしていたが、北武蔵に進出をはかり、秩父重隆《しげたか》の養君《やしないぎみ》として大蔵館に迎えられた。しかし、このことは、鎌倉を本拠にして相模・武蔵両国に勢力を伸ばしていた異母兄の源義朝との間に対立を引き起こした。そのため、久寿《きゅうじゅ》二年（一一五五）に義朝の長男義平《よしひら》は畠山重能《しげよし》らと謀《はか》って大蔵館を襲撃し、義賢と重隆を討ち取った（大蔵合戦）。大蔵合戦の舞台がこの館跡か、それとも周辺に先行する館跡があるのかは未確定である。近くには**源義賢墓**（県史跡）（↓202）もある。

大蔵館土塁（石垣は後世のもの）

木曽殿館跡➡鎌形八幡神社（196）

菅谷館跡《すがややかたあと》

嵐山町菅谷字城七五二ほか

国史跡。南に都幾川《ときがわ》を望み、鎌倉街道上道《かみつみち》に面した菅谷台地の南端に位置する。「館」と称されるが、本郭を二の郭・南郭・三の郭・西の郭の四つの郭が同心円状に取り囲んだ輪郭式の本格的な城郭で、県内の中世城郭の中でも遺構の残存状態は最もよい。この地は鎌倉時代に畠山重忠《しげただ》が館を構え、本郭の辺りがその場所であったと推定されるが、当時の遺構などは確認できていない。出土した遺物や遺構から、扇谷《おうぎがやつ》・山内《やまのうち》両上杉氏が対立していた十五世紀末から十六世紀前半にかけて機能したものと思われる。上野国の長楽寺の住持で、新田岩松氏の陣僧を務めた松陰が記した『松陰私語《しょういんしご》』には、山内上杉方の鉢形城防衛のために、「須賀谷の旧城」の再興を進言したとあり、万里集九《ばんりしゅうく》の『梅花無尽蔵《ばいかむじんぞう》』の長享二年（一四八八）にこの地で激戦が行われたことを伝えている。そして、小田原北条氏が比企地方を支配下に収めると、本城は鉢形城や松山城を中心とした支城網の一端を担った。三の郭跡に**埼玉県立嵐山史跡の博物館**（嵐山町菅谷七五七）があり、菅谷館をはじめ、比企を中心とした県内の中世城館に関する展示を行っている。

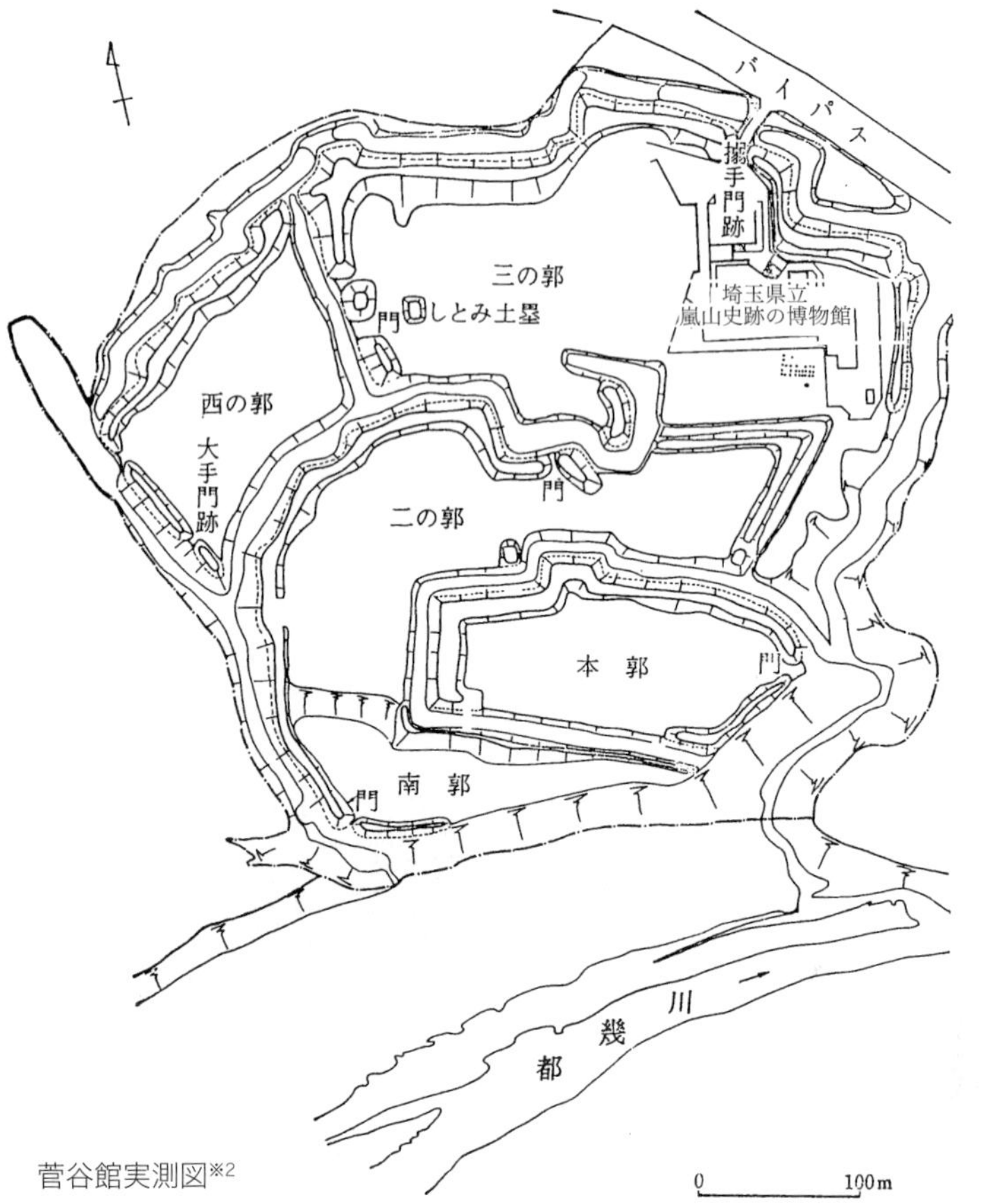

菅谷館実測図※2

杉山城跡《すぎやまじょうあと》

嵐山町大字杉山字中窪五一三―一ほか

国史跡。北関東における戦国期城郭の傑作と評価され、当時の姿を今日までほとんど無傷で伝えながら、その歴史は不明な点が多い。市野川《いちのかわ》が裾を流れる低い丘陵上にあり、鎌倉街道上道《かみつみち》を押さえる要所である。大規模な空堀や土塁によって区画された十余の郭が巧みに配置された多郭式の城郭である。馬出《うまだし》や枡形を多用し、塁線は折り歪みの多用によってすべての小口《こぐち》に横矢掛《がかり》が設けられているのが特色である。従来は松山城争奪のために小田原北条氏によって築かれたと考えられてきたが、発掘調査の結果、小田原北条氏が北関東に進出する以前の十五世紀末から十六世紀初期にかけての築城であることを示す遺物や大量の焼土が出土しており、山内《やまのうち》上杉氏が扇谷《おうぎがやつ》上杉氏に対抗して築いた城郭という見方が強まっている。天文十五年（一五四六）の河越夜戦以前のものとされる「足利高基《たかもと》書状写」に「椙山《すぎやま》之陣」とあるのも、この見解と一致する。玉ノ岡中学校そばの積善《しゃくぜん》寺《じ》の墓地裏手が大手口にあたる。

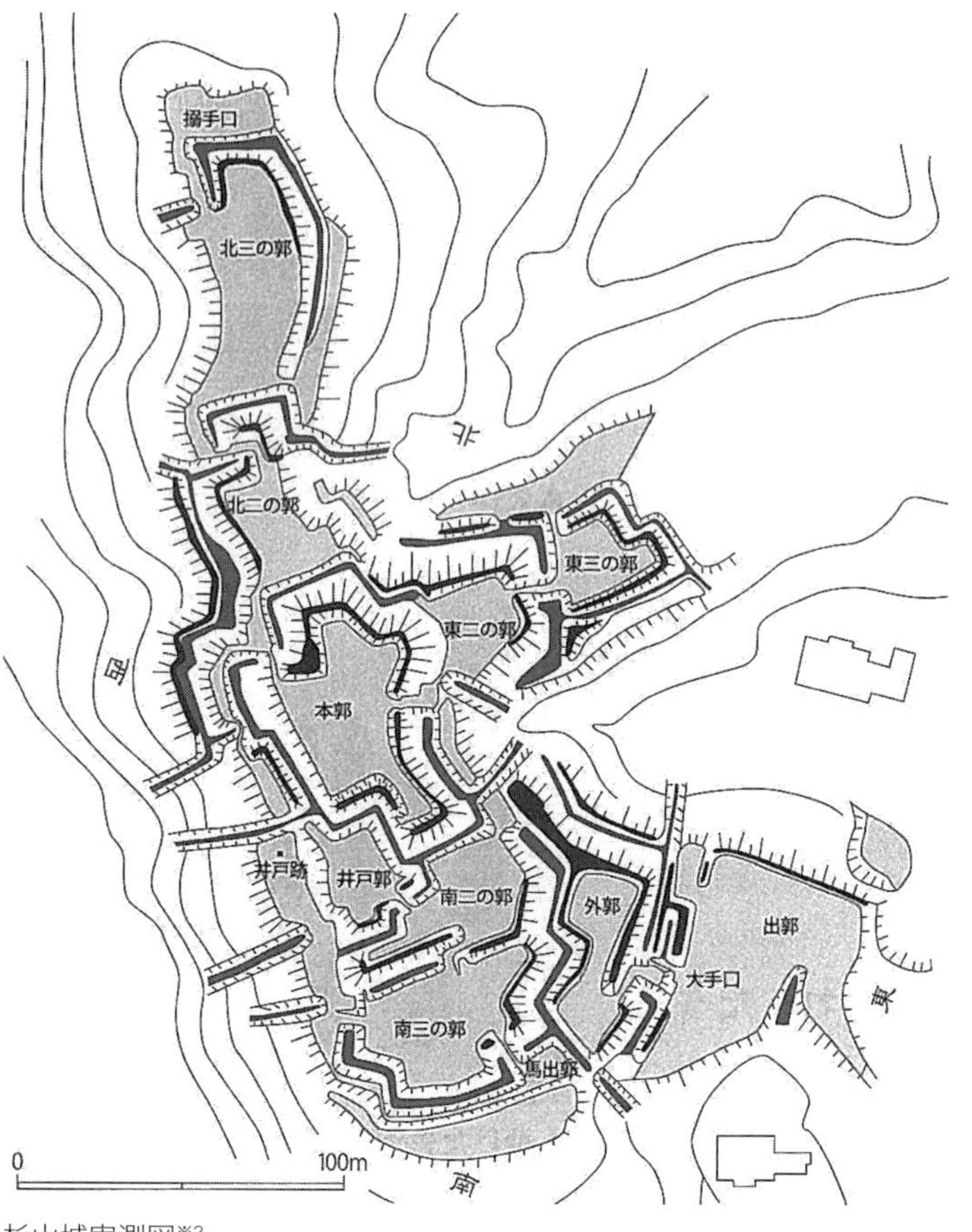

杉山城実測図※2

越畑城跡《おっぱたじょうあと》

嵐山町《らんざんまち》越畑字城山九一〇ほか

標高一一六mの丘陵上に、鎌倉街道上道《かみつみち》を監視するように築かれた小規模な城郭である。簡単な浅い堀で三つの郭を仕切った並郭式の縄張りで、深い堀や土塁は見られない。烽火《のろし》場の跡が発見され、「繋《つなぎ》の城」であったと思われる。出土遺物から十五～十六世紀前半の築城と推定される。関越自動車道嵐山小川ＩＣの北西約六〇〇ｍに位置し、ＩＣ入口の杉山交差点から自動車道をくぐり、すぐに狭い側道に入って道なりに進むと、自動車道をまたぐ歩行者専用陸橋がある。それを渡って左手方向に進むと二の郭で、愛宕神社が建つ。自動車道によって大部分が消滅し、二の郭のみを残す。

羽尾城跡《はねおじょうあと》

滑川町《なめがわまち》羽尾字金光寺五三四四ほか

県遺跡。宮前城ともいい、標高四八m、比高一二mの市野川《いちのかわ》に面する台地上にあり、金光地集会所の裏手にあたる。方形館に腰郭が付け加えられた程度の城郭で、松山城配下の在地領主の居館として機能していたものであろう。『新編武蔵国風土記稿』は上田朝直《ともなお》（案独斎《あんどくさい》）の家臣山崎若狭守が居城したと記す。

山田城跡《やまだじょうあと》

滑川町山田字城山一九二四ほか

県遺跡。武蔵丘陵森林公園の南口から入ってすぐ、標高六二m、比高二三mの丘陵上にある。戦国時代の築城と考えられ、空堀や土塁などの遺構がよく残るが、記録にはまったく登場しない城である。一三〇×一〇五mの楕円に近い一つの郭を土塁と空堀が囲む単純な縄張りで、内部は低い土塁と空堀によって四分割される。北東部に小口《こぐち》があり、鎌倉街道に接している。

足利基氏塁跡《あしかがもとうじるいあと》

東松山市岩殿一〇五一～五九ほか

市史跡。『鎌倉大日記』などには貞治二年（一三六三）八月、武蔵岩殿山で鎌倉公方足利基氏が敵対する宇都宮氏の重臣芳《は》賀《が》禅可《ぜんか》（高名《たかな》）と合戦（岩殿山合戦）したとあり、その際の陣城であろうとされる。ただし、基氏はすぐに陣を下野国に進めており、在地領主の城館を陣城として利用したものであろう。東西約一八〇×南北八〇mで、堀や土塁が残る。弁天沼脇の岩殿会館から細い車道を三〇〇mほど進んだ左手丘陵斜面に案内板がある。

山田城土塁

野本氏館跡《のもとしやかたあと》

東松山市下野本

県遺跡。『今昔物語集』の芋粥の話で有名な藤原利仁《としひと》の後裔を称する、鎌倉時代の野本氏の居館跡とされる。**無量寿《むりょうじゅ》寺《じ》**（曹洞宗）の境内に土塁と空堀の一部が残る。無量寿寺は利仁将軍を偲んで土地の人々が建立した利仁山野本寺《りじんさんやほんじ》に始まるという。隣接する野本将軍塚古墳の墳丘上には利仁神社が祀られ、境内の経塚《きょうづか》からは**建久七年（一一九六）銘のある経筒と鏡**（東京国立博物館蔵）などが出土した。

青鳥城跡《おおどりじょうあと》

東松山市石橋城山二一〇四ほか

県史跡。国道二五四号で関越自動車道をくぐってすぐ、きじやま交差点を右折して左手が本郭跡で、直進すると案内板がある。都幾川《ときがわ》の河岸段丘を見下ろす台

青鳥城本郭土塁

地の南端に築かれ、規模は東西七五〇m、南北は二の郭までで二八〇mほど。正方形の本郭を囲むように二の郭・三の郭が築かれた。本郭と二の郭の土塁・堀はよく残り、二の郭南西部の水田には大手前という地名も残る。戦国時代には、松山城主上田氏の家臣山田氏が居城したとされるが、『小田原衆所領役帳』には「狩野介　比企郡青鳥居」ともある。城跡には**胎蔵界大日如来種子板碑**《たいぞうかいだいにちにょらいしゅじいたび》（**虎御石**《とらごいし》）（↓204）をはじめとする多くの板碑が残る。

神社・寺院

大聖寺《だいしょうじ》

小川町下里《しもざと》一八五七

暦応《りゃくおう》三年（一三四〇）に創建されたという天台宗の寺院である。安産・子育ての「下里観音」の名で知られ、近世末期から戦前まで女人講《にょにんこう》でにぎわったという。現在も四月と十月の第三日曜日に行われる大祭には参詣者も多い。この辺りは、板碑の材料である緑泥片岩《りょくでいへんがん》の産地であり、法華院《ほっけいん》（収蔵庫）には、六枚の緑泥片岩を筒形に組み合わせた**康永**《こうえい》**三年**（一三四四）**銘大聖寺六角塔婆**《ろっかくとうば》（国重文）（↓199）が保存されている。開山の希融《きゆう》、開基の源（平）貞義以下五〇名が法華経一千部読《どく》誦《じゅ》を行ったと刻まれている。この平貞義の「平」は明らかに後刻で、元の「源」もわずかに残る。源貞義ならば、新田義貞に従った南北朝時代の武将堀口貞満《ほりぐちさだみつ》の父貞義の可能性もある。その後方には、**康永三年銘板碑**（国重文）（↓200）もあり、「北陸使君禅儀」の十三回忌に建立したことを刻む。同じ年の建立であることから、この板碑の銘文も六角塔婆建立の由来であると考えられている。「北陸使君禅儀」とは、開基の貞義の主筋《しゅすじ》にあたる人物と推測されることから、元弘の変との関連がうかがわれて興味深い。ちなみに、新田義貞や堀口貞満に奉ぜられて北陸に下向した尊良《たかよし》親王は延元《えんげん》二年（一三三七）越前金崎《かねがさき》城（福井県敦賀市）の落城と共に自害、またそこで捕らえられた恒良《つねよし》親王もその後京都で毒殺されたと言われている。このほか、住職墓地には、貞和《じょうわ》五年（一三四九）銘のある**大聖寺宝篋印塔**《ほうきょういんとう》（↓200）もある。なお、法華院（収蔵庫）の拝観は、事前連絡（0493-72-5027）が必要である。

龍福寺《りゅうふくじ》

ときがわ町玉川四〇三一

里山文化圏の東端に位置し、山を背にして東面する阿弥陀堂に**木造阿弥陀如来坐像**（県文化）を祀る。像高一〇八cm、榧《かや》材・寄木造の鎌倉彫刻で、貞和《じょうわ》三年（一三四七）の修理銘が残っている。阿弥陀堂裏山には**曾我兄弟供養碑**《そがきょうだいくようひ》と伝えられる二基の板碑もある。また、近隣には一町四方の**掘ノ内館跡**も残り、『新編武蔵国風土記稿』では龍福寺開基の藤原盛吉の館とする。隣接する**春日神社**からは鎌倉時代後半から南北朝時代の瓦が出土したことなどから、この辺りが中世の玉川地区の中心地と考えられる。

慈光寺・観音堂

慈光寺《じこうじ》

ときがわ町西平《にしだいら》三八六

宝亀《ほうき》元年（七七〇）鑑真《がんじん》の弟子道忠《どうちゅう》によって開かれ、貞観《じょうがん》十三年（八七一）頃には清和天皇から「天台別院一乗法華院《てんだいべついんいちじょうほっけいん》」の勅額を与えられたという名刹である。現在も坂東三十三観音の第九番札所として参詣者《さんけいしゃ》も多い。慈光寺のある都幾山一帯は、一山七十五坊と言われたかつての遺跡も残り、**旧慈光寺跡《きゅうじこうじあと》**（県遺跡）とされている。畠山重忠ら秩父一族の尊崇を受け、源頼朝は奥州征討にあたり戦勝を祈願した。参道の山門跡には、鎌倉時代から室町時代にかけて造立された九基の**慈光寺山門跡板碑群**（↓201）がある。造立された当初の姿を彷彿とさせると言われるが、実は明治時代に山中の僧坊跡から移設したらしい。また、境内には**弘長二年**（一二六二）**銘板碑**（↓202）もある。**開山塔**（国重文）は、室町時代の木造宝塔としては唯一のものである。覆堂内にあって見にくいが、**埼玉県立歴史と民俗の博**

慈光寺・寛元三年銘銅鐘

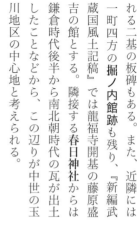

物館（さいたま市大宮区高鼻町四―二一九）にレプリカがある。**寛《かん》元《げん》三年（一二四五）銘銅鐘**（**国重文**）は、鎌倉の建長寺銅鐘（国重文）と同じ物部重光《もののべのしげみつ》の鋳造である。当寺は「文化財の宝庫」と言われ、宝物殿金蓮蔵では、後鳥羽上皇や九条兼実《くじょうかねざね》ら多くの公卿が書写した装飾経である**法華経一品経《いっぽんきょう》・阿弥陀経・般若心経**（**国宝**）や、関東に現存する最古の写経である**墨書大般若経《ぼくしょだいはんにゃきょう》**（**国重文**）、鎌倉時代の**金銅密教法具**（**国重文**）などが公開されている。また、慶派仏師の作風を伝える**木造宝冠阿弥陀如来坐像**（**県文化**）や、永仁《えいにん》三年（一二九五）銘の**木造聖《せい》僧文殊菩薩《そうもんじゅぼさつ》坐像**（**県文化**）も見られる。

霊山院《りょうぜんいん》

ときがわ町西平四四五

建久《けんきゅう》八年（一一九七）に臨済宗の開祖栄《えい》西《さい》の弟子栄朝《えいちょう》によって、慈光寺の子院として創建された寺院で、関東で最初の禅修行道場と言われている。栄朝はここから長楽寺（群馬県太田市）に移り多くの弟子を育てた。寺宝としては鎌倉時代の**鉄造阿弥陀如来坐像**（**県文化**）を所蔵しており、境内に二mほどの高さを持つ**永仁《えいにん》四年**（一二九六）**銘板石塔婆**（**板碑・県文化**）も残る。

霊山院・勅使門

向徳寺《こうとくじ》

嵐山町大蔵六三五

清浄光寺《しょうじょうこうじ》（神奈川県藤沢市）の末寺として建立された時宗寺院である。この辺りは中世の**大蔵宿**（↓208）であり、鎌倉街道上道は、ここを通って**笛吹峠**（↓207）に至っていたと考えられている。本堂にある**銅造《どうぞう》阿弥陀如来及両脇侍立像《あみだにょらいおよびりょうわきじりゅうぞう》**（**国重文**）は、非公開であるが、鎌倉時代に流行したいわゆる善光寺式阿弥陀三尊であり、像高は阿弥陀如来は四七・三cm、脇侍は約三三cmの大きさである。本尊の台座反花《かえりばな》の銘文から宝治《ほうじ》三年（一二四九）に児玉党小代《しょうだい》氏による造立であることが分かる。門前の覆屋《おおいおおい》には**向徳寺板碑**十九基が保存され、鎌倉時代から室町時代にかけての阿弥陀《あみだ》種子板碑《しゅじいたび》や名号板碑《みょうごういたび》を見ることができる。

鎌形八幡神社《かまがたはちまんじんじゃ》

嵐山町鎌形一九九三

大蔵館跡（↓190）から都幾川《ときがわ》の河川敷《かせんじき》を西に向かったところに位置する。平安時代の初めに、坂上田村麻呂が宇佐《うさ》八幡宮を勧請《かんじょう》したと伝えられるが、近世は修《しゅ》験道《げんどう》の道場であった。源氏との関係も深く、境内には源（木曾）義仲が産湯に使ったという**木曾義仲産湯清水《きそよしなかうぶゆのしみず》**が残る。また、近接する**班渓寺《はんけいじ》**（嵐山町鎌形一九〇七）は、義仲の側室で清水義高《しみずよしたか》の母と言われる山吹《やまぶき》姫《ひめ》が義高の菩提を弔って創建したと伝えられ、山吹姫の墓という高さ六〇cmほどの五輪塔も残る。この寺の裏手が**木曾殿館跡**とされており、この一帯は木曾義仲一族ゆかりの土地である。

鎌形八幡神社・境内

平澤寺跡《へいたくじあと》

嵐山町平沢九七七

現在、堂宇が残るわけではないが、鎌倉時代の『吾妻鏡《あづまかがみ》』にも見える古刹《こさつ》で、近年の発掘調査から本堂・阿弥陀堂・浄土庭園があり、規模が大きかったことが確認された。この寺院は秩父氏によって建立され、畠山重忠との関係も深い寺院と考えられている。享保《きょうほう》年間（一七一六〜三五）にこの地から出土した**鋳銅経筒《ちゅうどうきょうづつ》（県文化）**には「久安《きゅうあん》四年（一一四八）平朝臣茲縄（秩父重綱《ちちぶしげつな》カ）」の銘文がある。秩父重綱は畠山重忠の曾祖父にあたる。

発掘によって浄土庭園伽藍配置が確認された平澤寺跡

八幡山泉福寺《はちまんさんせんぷくじ》

滑川町和泉一六八一

真言宗智山派の寺院で、正式には「八幡山無量寿院泉福寺」と称する。同名の寺院が足立郡（現桶川市）にもあり、これと区別するためにここでは「八幡山泉福寺」とした。この辺りは、建久四年（一一九三）に毛呂季綱《もろすえつな》が源頼朝から賜った所領であり、毛呂氏との関係が推定される寺院である。本尊**木造阿弥陀如来坐像《もくぞうあみだにょらいざぞう》（国重文）**は、像高八四・三cm（等身仏）、像内には、建長六年（一二五四）に仏子（師）定生房が修復したという銘文が残る。おそらく**等覚院**（→198）の修復者と同一人物であろう。脇侍の**観音菩薩《かんのんぼさつ》及《およ》び勢至菩薩立像《せいしぼさつりゅうぞう》（県文化）**とともに定朝様の流れをくむ。仏像を拝観するには、事前に滑川町教育委員会（0493-56-6907）に連絡し手続きを取る必要がある。そのほか、境内には**阿弥陀三尊種子板碑**（↓203）など四基の板碑も残る。

箭弓稲荷神社《やきゅういなりじんじゃ》

東松山市箭弓町二―五―一四

和銅《わどう》五年（七一二）の創建という。長元《ちょうげん》元年（一〇二八）に始まる平忠常《たいらのただつね》の乱に際して、その追討のために下向した源頼信《みなもとのよりのぶ》がここに陣を布いたという伝承がある。この地は「野久《やきゅう》が原」と呼ばれていたが、勝利した頼信がのちに社殿を再建し「箭弓稲荷」と呼ぶようになったという。**社殿**（**県文化**）は近世建築であるが、三間《さんげん》社流造《しゃながれづくり》の本殿と入母屋造《いりもやづくり》の拝殿を幣殿《へいでん》でつないだ複合社殿である。

等覚院《とうがくいん》

東松山市古凍五三三六―一

市野川《いちのかわ》右岸の台地上に建つ天台宗寺院。この辺りの「古凍《ふるこおり》」という地名は古代郡家《ぐうけ》に由来するとの説もある。**阿弥陀如来坐像**《あみだにょらいざぞう》（**国重文**）は、像高八九・八cm（等身仏）で、鎌倉初期の制作である。定朝様の特徴をもつ優美な仏像で上品下生《じょうぼんげしょう》の印を結んでいる。像内には建長《けんちょう》五年（一二五三）に「大仏子（師）定性」が修理したことを示す銘文が残る。仏像を拝観するには、事前連絡（0493-22-2165）が必要である。

正法寺《しょうぼうじ》

東松山市岩殿一二二九

養老《ようろう》二年（七一八）に創建され、その後、坂上田村麻呂によって再興されたという。坂東第十番札所「岩殿観音」である。鎌倉時代、この地に所領を持つ比企能員《ひきよしかず》が再興にあたった。札所としての成立もその頃という説もある。境内には能員を供養したという**建長**《けんちょう》**六年**（一二五四）**銘の板碑**も残る。また、元亨《げんこう》二年（一三二二）に鋳造され、「武州比企郡岩殿寺」の銘を持つ**正法寺銅鐘**《どうしょう》（**県文化**）がある。もとは天台宗であったが、戦国時代に真言宗に転じた。観音堂の東方、谷を隔てた約八〇〇m先に阿弥陀堂墓地がある。現在は**阿弥陀堂跡板碑**（↓204）を残すのみであるが、弁天沼は阿弥陀堂の前池で、ここに浄土庭園があったことが分かる。また、ここから観音堂への参道は、門前町の風情をよく残している。

等覚院・阿弥陀如来坐像

宗悟寺《そうごじ》

東松山市大谷四〇〇

この一帯は比企氏ゆかりの土地である。四〇〇mほど西方にある**比丘尼山**《びくにやま》は、かつて源頼朝の乳母《めのと》である比企尼《ひきのあま》が草庵を営んだところといい、比企能員《ひきよしかず》女《のむすめ》 若狭《わかさの》局《つぼね》もここに夫源頼家供養のために寿昌《じゅしょう》寺《じ》を建立したと伝える。この寺院が廃絶したため、天正《てんしょう》十八年（一五九〇）以降に、徳川家康家臣の森川氏が宗悟寺を建立して頼家の位牌を祀ったという。境内には**比企一族顕彰碑**もある。また、比丘尼山の北方には**串引沼**《くしひきぬま》がある。櫛《くし》を見ては往事を思い涙していた若狭局を比企尼が諭《さと》したので、若狭局がその櫛を投げ入れたという伝承が残っている。沼の堤には比企氏八百年遠忌に際し、伊豆修善寺町（現伊豆市）の篤志家によって植樹された**頼家桜**もある。

宗悟寺付近の比丘尼山

広徳寺《こうとくじ》

川島町表《おもて》七六

この地の御家人三尾谷《みおのや》（美尾屋）十郎広徳《ひろのり》の館跡とも伝えられ、北条政子が広徳の菩提を弔うために堂宇を建立したという。現在は真言宗智山派。**大御堂**《おおみどう》**（国重文）**は室町時代後期に再建されたものであるが、方三間《ほうさんげん》と簡素な組物に建築当時の様式を窺うことができ、唐様建築の遺構として貴重である。なお、三尾谷十郎は、文治《ぶんじ》元年（一一八五）の屋島の戦いで平家方の悪七兵《あくしちひょう》衛《え》景清《かげきよ》に兜の綴《しころ》を引きちぎられたとされ（『平家物語』）、また、同年には土佐房《とさのぼう》昌俊《しょうしゅん》に従って、京都の源義経邸を襲撃した武士である。

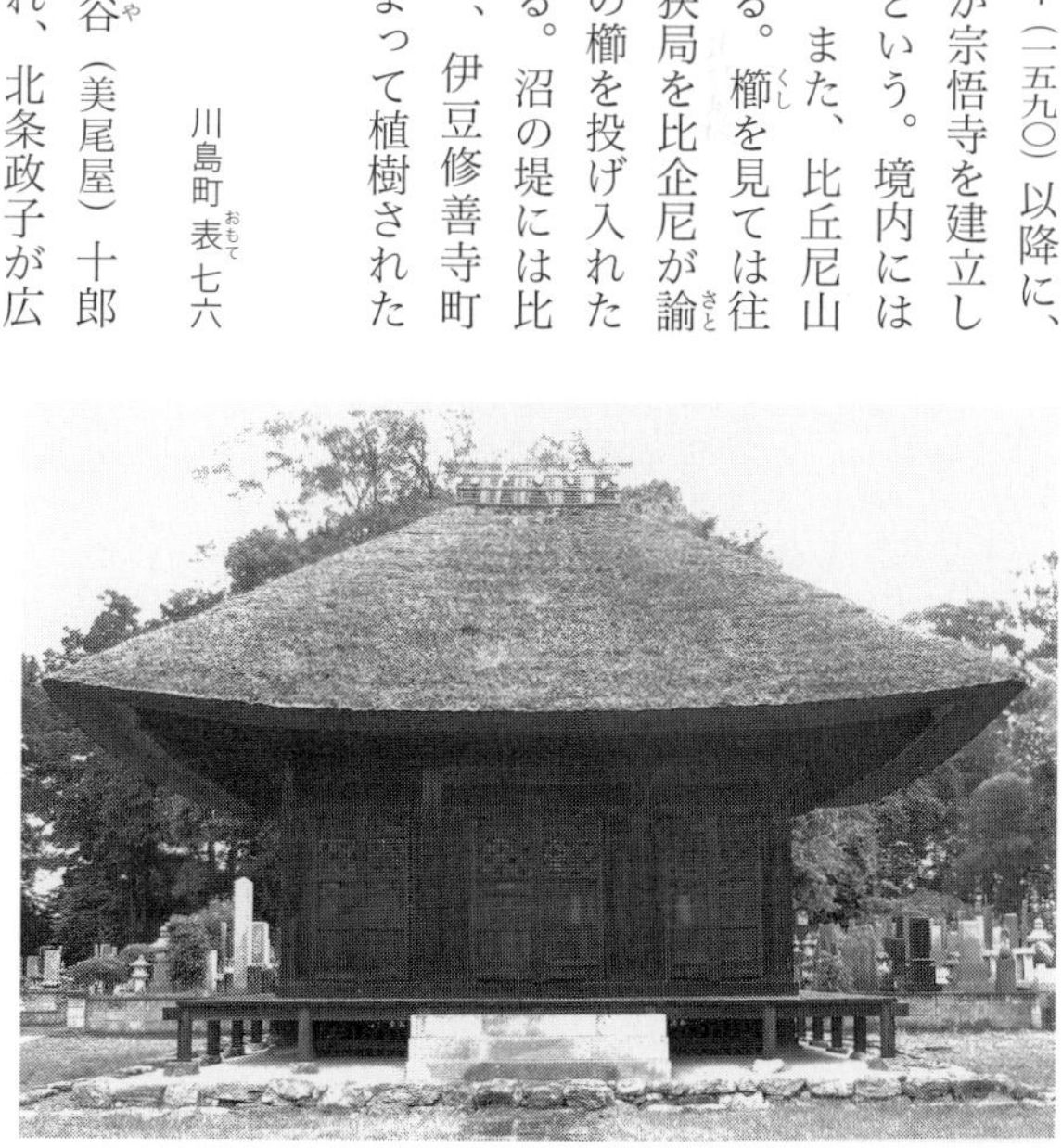
広徳寺・大御堂

石造物

大聖《だいしょう》寺《じ》六角塔婆《ろっかくとうば》

小川町下里字観音山
一八五七 大聖寺

国重文（石像《せきぞう》法華《ほけ》経《きょう》供養塔《くようとう》）。収蔵庫に

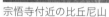

納められている。高さ一一七cm、幅三二cmの石材六枚を六角形に組んで、その上下に六角形をした笠石と六個のほぞ穴のある台石で構成されたもので、石幢《せきどう》と呼ばれる形態である。本尊は阿弥陀一尊で蓮座の下に銘文を刻む。造立の目的として、第一面の中央に「奉読誦法花経一千部供養」とあり、第四面に「康永三年（一三四四）甲申三月十七日／一結之諸衆／敬白」とある。その他の四面には「覚妙」「善阿」など、各十名の法名が整然と刻まれている。第一面にみえる「開山希融」は大聖寺の開山で、この六角塔婆造立の中心となった人物である。その下に「平貞義《さだよし》」とあるが、はじめに「源」の文字があり、それを削って新たに「平」と刻んだことがうかがえる。いつ、どの様な事情でこうした改変が行われたかは不明である。

康永三年銘板碑《こうえいさんねんめいいたび》

小川町下里字観音山
一八五七　大聖寺

国重文（板碑）。収蔵庫に納められている。高さ一八三cm、幅四七cmで、胎蔵《たいぞう》界大日種子《かいだいにちしゅじ》「ア」を月輪《がちりん》の中に刻む。山形や二条線・枠線を丁寧に表現し、碑面の下段に五行にわたって造立の目的を記した願文と「康永三年（一三四四）十月十八日／一結衆等敬白」の文字を刻む。その内容は、康永三年（一三四四）に亡き聖霊の十三回忌にあたって一結衆《いっけつしゅう》が力を合わせて造立したというものである。銘文にある「北陸使君」をどのように解釈するかは課題である。大日種子「ア」は、十三回忌を司る本尊である。

大聖《だいしょう》寺《じ》宝篋《ほうきょう》印塔《いんとう》

小川町下里字観音山
一八五七　大聖寺

住職墓地に所在する。高さ一一七cm、幅四六cmで、関東形式の宝篋印塔である。相輪部は、同じ大聖寺にある六角塔婆の上に載っていたものを転用している。塔身部の四方にはバ・バー・バン・バクとそれぞれの梵字が刻まれている。基礎部

大聖寺六角塔婆
（鈴木道也氏　撮影）

大聖寺宝篋印塔

の四面にわたり銘文がある。それによると貞和五年（一三四九）に大聖庵と縁のある「貞吉《さだよし》」の逆修《ぎゃくしゅ》のために造立したことがわかる。同じ大聖寺にある六角塔婆の「貞義《さだよし》」との関連が注目される宝篋印塔である。

円城寺板碑《えんじょうじいたび》

小川町青山六五〇　円城寺

町文化（円城寺板石塔婆《いたいしとうば》）。墓地の奥に二基の優れた連碑板碑が立っている。右側にある板碑は、高さ一一五cm、幅六五cm。広い石材に板碑二基分を彫りだした連碑といわれる形式で、身部に阿弥陀一尊種子が二つ並列して彫り込まれている。下部中央に「正中弐季（一三二五）閏正月廿二日敬白」の紀年銘があり、それぞれに光明真言が刻まれている。右側に「沙弥《しゃみ》円阿」、左側に「貞和二年（一三四六）九月十六日」「比丘尼《びくに》道阿」とあるので、夫婦による造立と考えられる。左隣には延文六年（一三六一）銘の**阿弥陀一尊連碑板碑**が立っている。

同寺には**嘉暦三年（一三二八）銘の薬師図像板碑（町文化）**がある。蓮座の上に薬師如来を丁寧に図像で描き、その下に「我之名号一経其耳／業病悉除／身心安楽」の偈《げ》が刻まれている。この板碑は本堂の厨子に安置されており、拝観には事前の連絡が必要である。

慈光寺山門跡板碑群《じこうじさんもんあといたびぐん》

ときがわ町西平三九五慈光寺

県文化（青石塔婆《あおいしとうば》）。**慈光寺**山門跡に並び立つ九基の大型板碑群は圧巻である。従来は武蔵型板碑の立つ典型的な景観として見られていたが、おそらく明治期に廃絶した僧坊周辺から移設されたものと考えられる。向かって右から、①寛正五年（一四六四）銘胎蔵界大日種子板碑、②徳治二年（一三〇七）銘阿弥陀一尊種子板碑、③元亨四年（一三二四）銘阿弥陀一尊種子板碑、④元亨四年（一三二四）銘阿弥陀一尊種子板碑、⑤貞治四年（一三六五）銘阿弥陀一尊種子板碑、⑥十三仏種子板碑、⑦弘安七年（一二八四）銘阿弥陀一尊種子板碑、⑧文和四年（一三五五）銘阿弥陀一尊種子板碑、⑨嘉暦二年（一三二七）銘阿弥陀一尊種子板碑となっている。

なかでも⑤は、高さ二七二cm、幅六五cmという大型の板碑である。蓮座の下

円城寺板碑

に「頼憲」「頼慶」「妙空」といった十五人の僧侶の名前と、「右志者先師聖霊三十三回之忌辰年並所載先亡後滅之霊等……」という銘文が刻まれ、弟子の三人が先師の三十三回忌の供養と、慈光寺歴代住職の菩提を弔うために建立したことがわかる。

慈光寺山門跡板碑群

弘長二年銘板碑《こうちょうにねんめいいたび》

ときがわ町西平三八六 慈光寺

慈光寺境内の心経堂のかたわらに立つ。高さ二七〇cm、幅七一cmで、阿弥陀一尊種子の下に、阿弥陀仏の功徳を讃えた『観無量寿経真身観《かんむりょうじゅきょうしんしんかん》』の「光明遍照／十方世界／念仏衆生／摂取不捨」の偈《げ》がある。弘長二年（一二六二）という紀年があり、造立者として「左衛門尉」「平行直」を刻む。平行直は村山党の須黒行直とみられる。しかし、「重忠」「秩父六郎」と畠山重忠・重保父子の名が後刻されており、かつては「重忠板碑」とされていた。慈光寺の由緒を参詣者に強く印象づけるために、武蔵武士として名高い畠山重忠の名を利用したものと思われる。

弘長二年銘板碑

源義賢墓《みなもとのよしかたのはか》（五輪塔《ごりんとう》）

嵐山町大蔵六六

県史跡。民家の敷地内の覆屋《おおいや》にある。高さ一三〇cmでどっしりとした安定感のある大型の五輪塔である。木曾義仲の父源義賢の墓と伝え、平安時代後期の作とされ、県下でも古い形式のもので比企・岩殿丘陵産の凝灰岩で造られている。火輪と水輪以外は後に補ったものである。風化が進んだため保存処理が施されている。源義賢は久寿二年（一一五五）の大蔵合戦で甥の源義平に討たれた人物である。

なお、近くの**向徳寺**（↓196）には、正応六年（一二九三）銘など十九基の板碑がある。

阿《あ》弥《み》陀《だ》三《さん》尊《ぞん》種《しゅ》子《じ》板《いた》碑《び》

滑川町和泉一六八一
泉福寺

町文化（板石塔婆《いたいしとうば》）。**泉福寺**阿弥陀堂（↓197）の左手に四基の板碑が並んで立っている。このうち一番大きな左端の板碑は、高さ一六一cm、幅五四cmで、阿弥陀三尊種子に蓮座を刻む。中央に年号、左右に銘文が刻まれているが碑面が荒れていて読み取ることが出来ない。また、「異体キリーク」の上半部が欠損しているのも惜しまれる。本尊や蓮座の堂々とした彫刻から、鎌倉時代の大型板碑であると考えられる。鎌倉時代、この地域一帯は毛呂氏が領有しており、泉福寺に阿弥陀堂を建立して浄土庭園を築いた。この板碑が立つ景観は、同じ浄土庭園がある東松山市岩殿の**阿弥陀堂跡**（↓204）と共通しているとの指摘がある。

阿《あ》弥《み》陀《だ》三《さん》尊《ぞん》種《しゅ》子《じ》板《いた》碑《び》

滑川町福田一二〇五
成安寺

町文化（建長板石塔婆《いたいしとうば》）。**成安寺**の参道右手にある馬頭観音堂の裏手に立つ。高さ一六七cm、幅六九cmで、上部に阿弥陀三尊種子の、下部に建長三年（一二五一）銘を刻む。細い二条線を付けて、「異体キリーク」「サ」「サク」の阿弥陀三尊種子を碑面一杯に刻んだ素朴な板碑である。その右隣には、高さ二六五cm（地上高）、幅六五cmの阿弥陀三尊種子板碑が立って

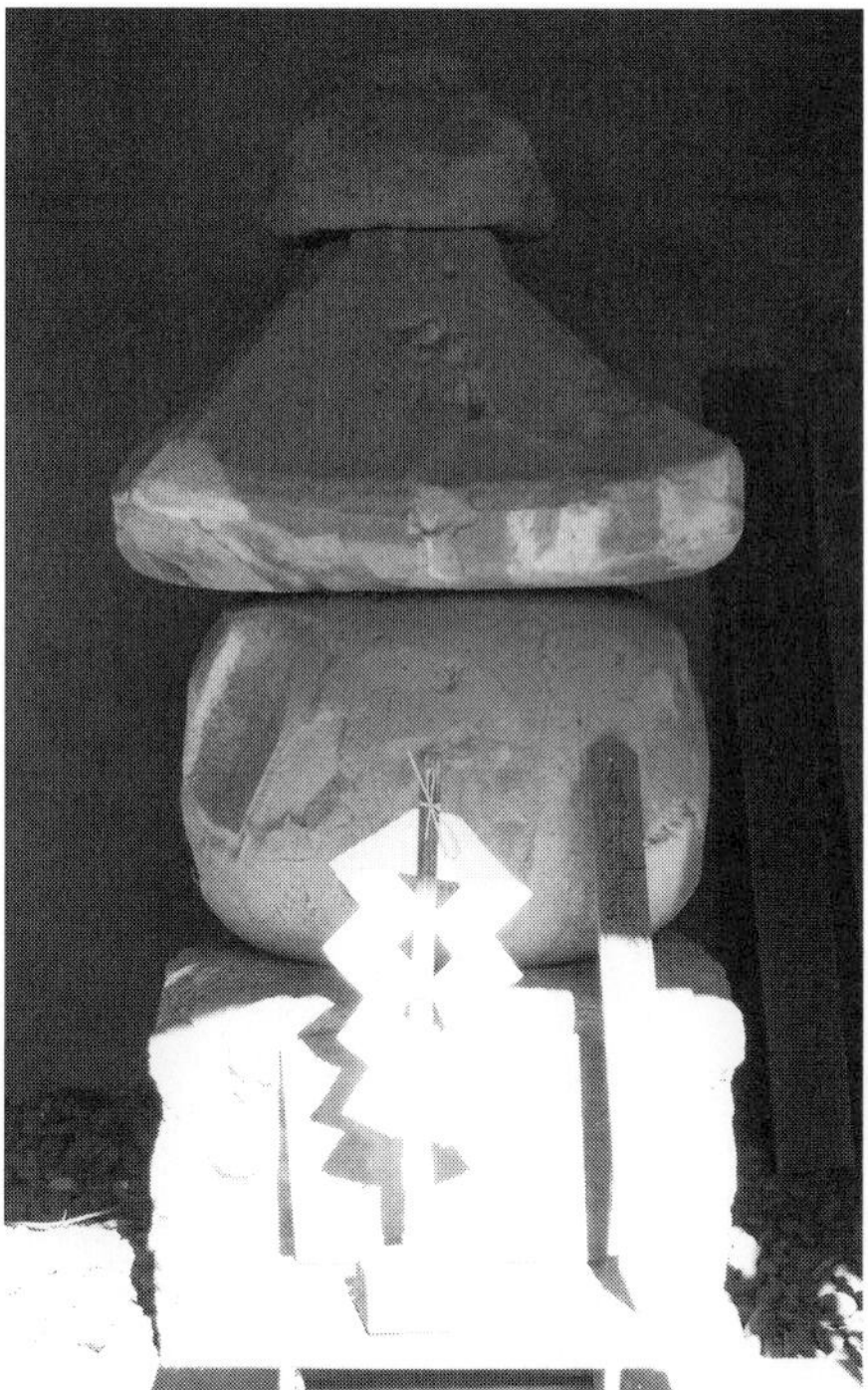

源義賢墓

阿弥陀三尊種子板碑

いる。

阿弥陀堂跡板碑《あみだどうあといたび》

東松山市岩殿一〇四三
阿弥陀堂跡

市文化（阿弥陀堂の板石塔婆）。正法寺《しょうぼうじ》（→198）参道を下り、谷を隔てた丘陵の墓地中央に立つ。墓地にはかつて阿弥陀堂が建っており、墓地正面の谷には弁天沼と呼ばれる池がある。最近の研究によれば、この板碑は、阿弥陀堂と池という浄土庭園の背後に営まれた中世以来の墓地に建てられたものと考えられている。高さ二六〇cm、幅五八cmで、応安元年（一三六八）銘があり、頭部の山形や額が丁寧に成形されている。荘厳体《しょうごんたい》の胎蔵界《たいぞうかい》大日如来《だいにちにょらい》種子《しゅじ》「アーンク」に「真言不思議」から始まる偈《げ》を配し、明超上人など多数の人名が刻まれた結衆板碑《けつじゅういたび》である。正法寺には、この他に「左兵衛尉源□」という武士名を刻む正安二年（一三〇〇）銘の板碑など、六十七基が現存する。

阿弥陀三尊種子板碑

青鳥城跡板碑《おおどりじょうあといたび》

東松山市石橋一三一〇

市文化（青鳥城跡板石塔婆《いたいしとうば》）。青鳥城（→193）二郭土塁脇の個人墓地にある。高さ二四二cm、幅六〇cmで、本尊の阿弥陀一尊種子「キリーク」が、月輪《がちりん》の中に刻まれている。下段には南無阿弥陀佛の名号と蓮座を刻む。名号の左右に『観無量寿経《かんむりょうじゅきょう》』の「光明遍照／十方世界／念仏衆生／摂取不捨」の偈《げ》を刻む。正中二年（一三二五）四月八日に、沙弥了願と沙弥明国、及び念仏百人衆が造立したものである。四月八日は釈迦が降誕した日とされており、この日に念仏の功徳によって、二世安楽を願ったものである。東松山市石橋にある胎蔵界大日如来種子板碑《たいぞうかいだいにちにょらいしゅじいたび》とあわせて見学することを勧めたい。

胎蔵界大日如来種子板碑《たいぞうかいだいにちにょらいしゅじいたび》

東松山市石橋一三三五

市文化（虎御石《とらごいし》）。共同墓地の脇に掘られた池の畔に立つ。この池はかつて青鳥城の堀があった名残りである。高さ三七五cm、幅七七cm、厚さ一四cmで、比企・入間地方最大の板碑である。応安二年（一三六九）銘で山形や額が丁寧に成形されている。本尊は荘厳体《しょうごんたい》の胎蔵界大日如来《たいぞうかいだいにちにょらい》種子《しゅじ》「アーンク」に「真言不思議」から

阿弥陀堂跡板碑

青鳥城跡板碑

始まる偈《げ》を刻んでいる点は、応安元年に造られた阿弥陀堂跡板碑（↓204）と類似している。真言宗とのつながりを持つ板碑と考えられる。あわせて見学することを勧めたい。

光福寺宝篋印塔《こうふくじほうきょういんとう》

東松山市岡四九八
光福寺

国重文。境内の収蔵庫に所在する。元享三年（一三二三）銘を刻んでおり、関東では珍しい関西形式の宝篋印塔である。高さ二一〇cmで、銘文のある宝篋印塔としては古いものである。基礎の上部は複弁の反花《かえりばな》を刻んでいる。塔身は石材が異なっており、後補の可能性がある。笠の隅飾突起《すみかざりとっき》は大きく作られている。露盤《ろばん》には格狭間《こうざま》を刻む。相輪の宝珠の部分が欠けているが、均整のとれた美しい塔である。銘文によると、沙弥闍阿が比丘尼妙明と藤原光貞の供養のために造立したことがわかる。寺伝によると、藤原光貞は児玉党の黒岩孫太郎光貞とされるが、近年では、北条氏と密接な関係を持つ伊賀光貞とする説が出されている。昭和五十二年（一九七七）に解体修復作業を行った際に、地下から白磁四耳壺（蔵骨器）と火葬骨・数珠（水晶製）などが出土している。

胎蔵界大日如来種子板碑

阿弥陀来迎画像板碑《あみだらいごうがぞういたび》

東松山市岡四九八
光福寺

県文化（板石塔婆《いたいしとうば》）。境内の収蔵庫に所在する。嘉元四年（一三〇六）銘があり、高さ一八七cm、幅四三cmで、上部に来迎阿弥陀三尊像を線刻している。阿弥陀如来の頭部の周囲には、五十九条の頭光が表現されている。飛雲に乗って、浄土から死者を迎えに来る来迎図を描いている。図像板碑として美術的な価値も高く、鎌倉後期の特徴が出ている。

貞《じょう》和《わ》二《に》年《ねん》銘《めい》題目《だいもく》板碑《いたび》

東松山市神戸《ごうど》一一二一　妙昌寺

県文化（板石塔婆《いたいしとうば》）。境内の覆屋《おおいや》に十数基が納められており、その中央に立つ。貞和二年（一三四六）銘があり、高さ一五九cm、幅四〇cmで、中央には蓮座の上に「南無妙法蓮華経」の題目と、左右に釈迦・多宝の二尊を刻み、その下には、「貞和二年丙戌十月十三日」の紀年と「十方仏土中／唯有一乗法／無二亦無三／除仏方便説」の文字、さらに「右志／為日蓮大聖人六十五年忌辰相当／僧日願／一結衆二十六人敬白」の銘文が刻まれている。これによると、日蓮上人の六十五年忌のために日願が中心になって、二十六人の一結衆《いっけつしゅう》が造立したことがわかる。

阿弥陀来迎画像板碑（拓本）※1

この種の題目板碑は、いわゆる髭題目《ひげだいもく》という独特の書体であるのが普通だが、この題目は格調の高い楷書《かいしょ》で刻まれている。

古道

比企郡は南北に鎌倉街道上道が通っているが、周辺の歴史的景観とともに遺構がよく保存されている地点が多く、見所も多い。嵐山町から小川町の鎌倉街道上道沿いには、**杉山《すぎやま》城跡**（嵐山町杉山）（→191）、**越畑《おっぱた》城跡**（嵐山町越畑）（→192）、**高見《たかみ》城跡**（小川町高見）（→186）があり、街道を監視するように連なっている。

天王原《てんのうはら》遺構

小川町奈良梨

町史跡（鎌倉街道上道跡）。現在の奈良梨集落の西方の丘陵上、小字名天王原に鎌倉街道の伝承があり古道が確認でき、付近の諏訪神社奉祀遺跡の北方の山林中には約四〇mにわたり掘割状遺構が残る。

伊勢根《いせね》普済寺《ふさいてら》東地区遺構

小川町伊勢根

町史跡（鎌倉街道上道跡）。伊勢根の東端、**普済寺**（小川町伊勢根二三六）東の台地の裾から頂部近くにかけての山林中に長さ一四〇mにわたる掘割状遺構が残る。発掘調査も行われ、若干の須恵器・陶磁器・瓦片などが出土している。

能増門跡裏遺構《のうますもんぜきうら》

小川町能増

町史跡（鎌倉街道上道跡）。伊勢根遺構の北方、能増地区に入ったところに門跡という屋号の民家があるが、その裏手の山林中に約七〇mの掘割状遺構が残る。

慈光寺《じこうじ》道

ときがわ町西平《にしたいら》字広見《ひろみ》から越生《おごせ》町上谷《かみやつ》字山入《やまいり》

鎌倉街道上道を日高市内で分かれ毛呂山町葛貫《つづらぬき》を通り、ときがわ町**慈光寺**（→195）に至る道は慈光寺《じこうじ》道といわれている。地元では「かまくらみち」ともよばれている。鎌倉期から近世を通じ現在も巡礼路として利用されており、特に西平・山入間の山道は開発も加わっておらず古道の形態をとどめており趣が深いが、掘割状などの遺構は見られない。慈光寺道の他の区間でも掘割状遺構は確認されていないが、このことは軍事道路としての鎌倉街道と「信仰の道」としての慈光寺道との違いを示すものといえるのではないだろうか。

笛吹峠《ふえふきとうげ》から将軍沢《しょうぐんさわ》

嵐山町

笛吹峠から将軍沢方面への下りには、町道と並行して、はじめは町道の東側に約一〇〇m、町道に合流してから再び分かれた地点から西側に約二五〇m、山林中に掘割状の道路遺構が残る。

菅谷《すがや》館《やかた》周辺

嵐山町菅谷

鎌倉街道上道の都幾川《ときがわ》渡河点は、**菅谷館跡**（↓190）の南東側の学校橋付近と南西側の二瀬《ふたせ》橋付近の二説あり、前者の場合、学校橋から北へ菅谷に向かう車道脇に、笹に覆われているが直線的に台地上に登る切り通し状の遺構がみられ、その東側の国立女性教育会館の敷地内にもかつて掘割状遺構が存在したという。後者の場合、**笛吹峠**（↓207）から北上した鎌倉街道が**大蔵宿**（↓208）から大きく西に曲がることになるが、館跡西側の鎌倉街道の伝承のある掘割状遺構につながると考えられる。この遺構は鎌倉街道の顕著な例として多くの研究者により紹介され碑も建てられているが、昭和五十六年（一九八一）の発掘調査の結果、他の鎌倉街道遺構の掘割状遺構とは形状が異なり、底部が平らでなく舟底状であったことなどから、道路遺構ではなく菅谷館の空堀《からぼり》の可能性が指摘されている。但し約一五〇mにわたって直線的に延びており、単なる館の堀と断定もできない。また、二瀬付近の鎌形《かまがた》で槻《つき》川《がわ》を渡り小川町方面へ抜ける鎌倉街道の裏街道と伝えられる道もあり、『太平記』の武蔵野の合戦で新田軍が足利軍に敗れた際、宗良《むねよし》親王が笛吹峠からこの道を通り退却したという。周辺に残る豊かな歴史的景観とあわせて様々に推理されたい。

国営《こくえい》武蔵《むさし》丘陵《きゅうりょう》森林公園内《しんりんこうえんない》遺構

滑川町山田《やまだ》

森林公園南口付近から西口にかけて園内を南北に通る鎌倉街道遺構がある。特に遊戯広場近くの遺構はよく残っている。

菅谷館周辺学校橋北の切通状遺構

この遺構は道幅が比較的狭く枝道とみられている。また南口を入ってすぐの丘陵上には戦国時代築城と推定される**山田城《やまた》跡**（↓193）があり、街道との関連も考えられる。

宿

奈良梨宿《ならなし》

小川町奈良梨

鎌倉街道上道の宿。戦国期には小田原北条氏によって伝馬宿駅《てんましゅくえき》に定められていたことがわかっているが、それ以前については『宴曲抄』の善光寺参詣の道行きに大蔵宿に続いて見えるのみである。しかし、奈良梨とその周辺には戦国期以前からのものと考えられる山城や館跡も多くみられ、戦略的にも交通の要衡であったことを物語っている。

小川《おがわ》宿

小川町大塚

宿場としての成立は戦国期の可能性もある。地内の**大梅寺《だいばいじ》**（小川町大塚四七〇）は仁治三年（一二四二）創建と伝えられ、鎌倉幕府最後の将軍守邦《もりくに》親王終焉の地との伝承をもつことから、鎌倉期にはすでに秩父道の一つの拠点であったと推定できる。

大蔵《おおくら》宿

嵐山町大蔵

鎌倉街道上道の宿。都幾川《ときがわ》の渡河点に発達し、対岸には**菅谷館跡**（↓190）がある。宿の入口には坂上田村麻呂《さかのうえたむらまろ》伝説にちなむ縁切橋がある。付近には、田村麻呂が九州の宇佐八幡宮を勧請したといわれる**鎌形《かまがた》八幡神社**（↓196）がある。また平安末期、源義賢《みなもとのよしかた》と秩父重隆が源義平《みなもとのよしひら》（悪源太《あくげんた》）に討たれた**大蔵館跡**（嵐山町大蔵五二一ほか）や、その義賢と子息源義仲《みなもとのよしなか》（木曾義仲）、孫の源義高《みなもとのよしたか》（清水冠者《しみずかじゃ》）と非業の最期を遂げた三代の菩提を弔うために義仲の妻山吹姫が創建したと伝えられる、**班渓寺《はんけいじ》**（↓196）もある。小代《しょうだい》宗妙（伊重）置文に、源頼朝《みなもとのよりとも》が建久四年（一一九三）に信濃国三原（現在の群馬県の西吾妻一帯）に巻狩に来た際、大蔵宿を訪れたことが記されている。『曾我物語』にも畠山重忠が曾我兄弟を援助した箇所で「大倉・児玉の宿にて便宜をうかがい」とあり、鎌倉初期には既に宿が成立していたことがわかる。鎌倉末期、極楽寺の僧明空《みょうくう》が、当時流行していた歌謡の一種である宴曲《えんきょく》を集めた『宴曲抄《えんきょくしょう》』の中に善光寺参詣の道行きがあり、その中にも「大蔵」の地名が見える。

古戦場

笛吹峠古戦場《ふえふきとうげこせんじょう》

嵐山町・鳩山町

笛吹峠は標高約九〇mの山嶺にあり、鎌倉街道上道のなかで一番の難所といわれた。文和元年（一三五二）、宗良親王を奉じた新田義宗軍は**小手指原**（↓289）で足利尊氏軍に敗れたが、この一帯で尊氏軍

史跡笛吹峠の碑

と再び戦った。この峠が武蔵野合戦の決戦地となった。この合戦で勝利した足利尊氏が関東地方を支配するようになった。現在、**史跡笛吹峠の碑**がある。なお、この合戦で足利尊氏が本陣とした地が、赤沼（鳩山町）にある現在の**おしゃもじ山公園**（鳩山町赤沼二四三〇）という。

その他

権現塚《ごんげんづか》

小川町上古寺

高福寺（小川町上古寺八七二）の裏手にある山道を約二十分登った山頂に、五層の石塔がある。それは権現塚（六郎塚とも）とよばれ、畠山重忠の墓という。

仙覚律師顕彰碑《せんがくりっしけんしょうひ》

滑川町大塚字中城

仙覚は鎌倉時代の僧で、『万葉集』を研究した。晩年の文永六年（一二六九）に武蔵国比企郡北方麻師宇郷《ましうごう》で『万葉集注釈』を著したという。この麻師宇郷が小川町の増尾《ますお》一帯に比定されている。仙覚の業績を讃える碑が、昭和三年（一九二八）に大塚の**中城《なかじょう》跡**（→187）に建てられた。

行司免遺跡《ぎょうじめんいせき》

嵐山町大蔵字行司免

大蔵館跡（→190）から北西約五〇〇mの畑の中にある。平安末期から室町期までの集落遺跡である。中国や東海地方から運ばれた陶磁器などの遺物が出土している。この遺跡は鎌倉街道上道（陸路）と都幾川《ときがわ》（水路）が交差する場所にあるので、「市場」のような集落であるという。現在石組みの井戸跡が保存されている（見学の際には、畑の作物を踏まないように注意）。

十郎淵《じゅうろうぶち》

鳩山町石坂

鳩川と越辺川《おっぺがわ》が合流する地点にある、**十郎横穴墓群**（鳩山町石坂一三三四）の斜面を鳩川が穿ってできた淵。昔入西《にっさい》の金子十郎という武士が狩りに出て野武士に襲われ、蕎《そ》麦《ば》畑と誤り川に踏み込んでこの淵にはまって溺れ死んだという。それ以来十郎淵にはしばしば馬の鞍が浮かんだといい、入西の金子一族は蕎麦は作らないという。

行司免遺跡

権現塚

絵巻物に描かれた武蔵武士

文章と絵で表現した絵巻物は鎌倉時代に盛んに作られた。武蔵国在住の武士の生活を描いた『男衾《おぶすま》三郎絵詞』（国重文）は十三世紀後半の成立と推定される。武蔵大介という大名に二人の息子がいた。兄の吉見二郎は琵琶・琴を弾き都風の優雅な生活を送る。弟の男衾三郎はわざと醜女を娶り武芸の鍛錬に怠りがない対照的な兄弟という設定である。館の内では太刀・弓・大鎧が置かれ、武具の手入れをする三郎が描かれている。庭では弓張り、馬場では笠懸が行われ、館の前を通行する山伏を捕えて騎射の的にしようとしている。東国武士の荒々しい日常生活が描かれている。

兄弟のモデルは存在したのだろうか。吉見氏については『尊卑分脈』や「吉見系図」に蒲冠者《かばのかじゃ》源範頼《のりより》の孫吉見二郎為《ため》頼《より》がみえ、『吾妻鏡』には吉見次郎頼綱《よりつな》がみえる。男衾氏については『諸家系図纂』猪俣党系図には男衾野五郎重任がいる。また、『源平盛衰記』に畠山庄司重能《しげよし》の三男重宗《しげむね》は男衾六郎を称したとあり、『吾妻鏡』には畠山重忠は男衾郡菅谷館に居住したとされる。男衾郡と畠山氏の関わりを示唆している。このように吉見氏は源氏、男衾氏は小野姓猪俣党あるいは桓武平氏であるからその出自を異にしている。史料や系図類に吉見・男衾兄弟を探し出すことは出来ない。武士のもつ官位昇進願望や都文化への憧れの側面と兵《つわもの》の側面をそれぞれ吉見二郎・男衾三郎兄弟に投影しているのであろう。

軍記絵巻の白眉といわれる『平治物語絵巻』（国宝）は十三世紀後半の制作とされる。平治元年（一一五九）藤原信西《しんぜい》（通憲《みちのり》）と藤原信頼《のぶより》との権力争い、源義朝と平清盛の勢力争いが原因となって起こり、源氏が平氏に破れた「平治の乱」を描いた絵巻物である。三条殿夜討・信西獄門・六波羅行《ろくはらぎょう》幸《こう》・六波羅合戦・待賢門合戦が残されている。合戦の場面では修羅場《しゅらば》に臨む人々の表情や武具甲冑の描写が生き生きと描かれて、当時の戦闘形態や有職故実《ゆうそくこじつ》を知る上で絶好の資料である。六波羅行幸の巻には、藤原信頼・源義朝によって内裏に押し込められていた二条天皇が十二月二十七日未明に、大内裏の藻壁門《そうへきもん》からの脱出を計画し、女装をして皇后や女官たちに囲まれて牛車《ぎっしゃ》に乗って門を出ようとしたところ、この門を警備していた義朝の郎党金子家忠《いえただ》と平山季重《すえしげ》ら武蔵武士に見咎められた場面が描かれている。「金子もなをもあやしくおもひ、弓のはずにて御車の簾をざつとかき上げ、続松《たいまつ》ふり入れてみまいらせけるに」（『平治物語』）とあるが、御車をのぞき込む金子家忠と平山季重らはついに女装した天皇を見やぶることができず、通してしまうことになった。天皇は脱出して清盛の六波羅邸に入る事ができた。これによって立場は一転して平家は官軍に、源氏は賊軍になる。金子家忠と平山季重等武蔵武士は身分が低いために天皇の姿を間近に見る立場になかったので、見やぶることが出来なかったのであろう。

武蔵武士の精神生活を探る上で『一遍上人絵伝』(国宝)や『法然上人絵伝』(国宝)は格好の素材を提供している。なかでも『法然上人絵伝』は後伏見上皇の勅命により徳治《とくじ》二年(一三〇七)に制作が開始されて十年かけて完成され、浄土宗の宗祖法然の生涯および弟子や帰依者の往生伝を含む絵巻物である。北条政子や執権北条時頼・北条朝時・毛利季光など幕府要人や宇都宮頼綱《うつのみやよりつな》・大胡太郎実秀《おおこたろうさねひで》・薗田太郎成家《そのだたろうなりいえ》等下野《しもつけ》や上野《こうづけ》国の武士、さらに那珂郡の住人弥次郎入道・猪俣党甘粕太郎忠綱・桑原左衛門入道・熊谷直実(入道蓮生《れんしょう》)・津戸三郎尊願《そんがん》などの武蔵武士の往生伝が記されている。なかでも個性的で徹底した帰依者に熊谷直実があげられる。直実は一ノ谷合戦で平敦盛《あつもり》を討って手柄を立て、その後の合戦でも戦功があったが、頼朝から厚遇されずに不満を抱いていた。建久三年(一一九二)久下直光《くげなおみつ》との所領境をめぐる相論《そうろん》の場で、頼朝に直々に尋問にされるが口下手が災いして充分に弁明ができなかった。腹を立てた直実はその場で鬢《びん》を切り、京都に上り法然の弟子となり名を蓮生《れんしょう》と改めた。以来、念仏往生を志して阿弥陀佛を深く信仰して極楽往生の中でも最上位といわれる上品上生《じょうほんじょうせい》の往生を念願して西を背にする事を避けて生活を送った。関東に下る時も馬の鞍を逆さに付けて後ろ向きに乗って下ったという。承元元年(一二〇七)直実は村岡の市に札を立て自分の往生の期日を予告した。この時は往生を果たさずに諸人の嘲《あざけ》りをうけたが、再び往生を予告して予告のとおり端座合掌《たんざがっしょう》して声高に念仏を唱えながら往生を遂げる場面が描かれている。大きな屋敷の中央に墨染めの衣を着て目をつぶり合掌する直実、脇には法然から譲り受けた阿弥陀来迎《あみだらいごう》図が掛かり、四方の蔀戸《しとみど》はすべて吊上げられ、直実の往生を見ようと集まった人々の姿が描かれている。がっしりとした身体に意志の強い面立ちの直実は武蔵武士の姿を彷彿とさせる。

同じ『法然上人絵伝』の猪俣党甘粕太郎忠綱や『一遍上人絵伝』に描かれた鯵坂入道など一途に念仏往生を求める中世武士達のなかに共通する強烈な精神を垣間見る思いがする。

(中西望介)

参考文献

『男衾三郎絵詞　伊勢新名所絵歌合』続日本の絵巻18　中央公論社　一九九二

『前九年合戦絵詞　平治物語絵巻　勇気合戦絵詞』続日本絵巻大成17　中央公論社　一九八三

『保元物語・平治物語』日本古典文学大系31　岩波書店　一九六一

『一遍上人絵伝』日本絵巻大成別巻　中央公論社　一九七八

『法然上人絵伝』続日本絵巻大成1～3　中央公論社　一九八一

『法然上人絵伝』岩波文庫　岩波書店　二〇〇二年

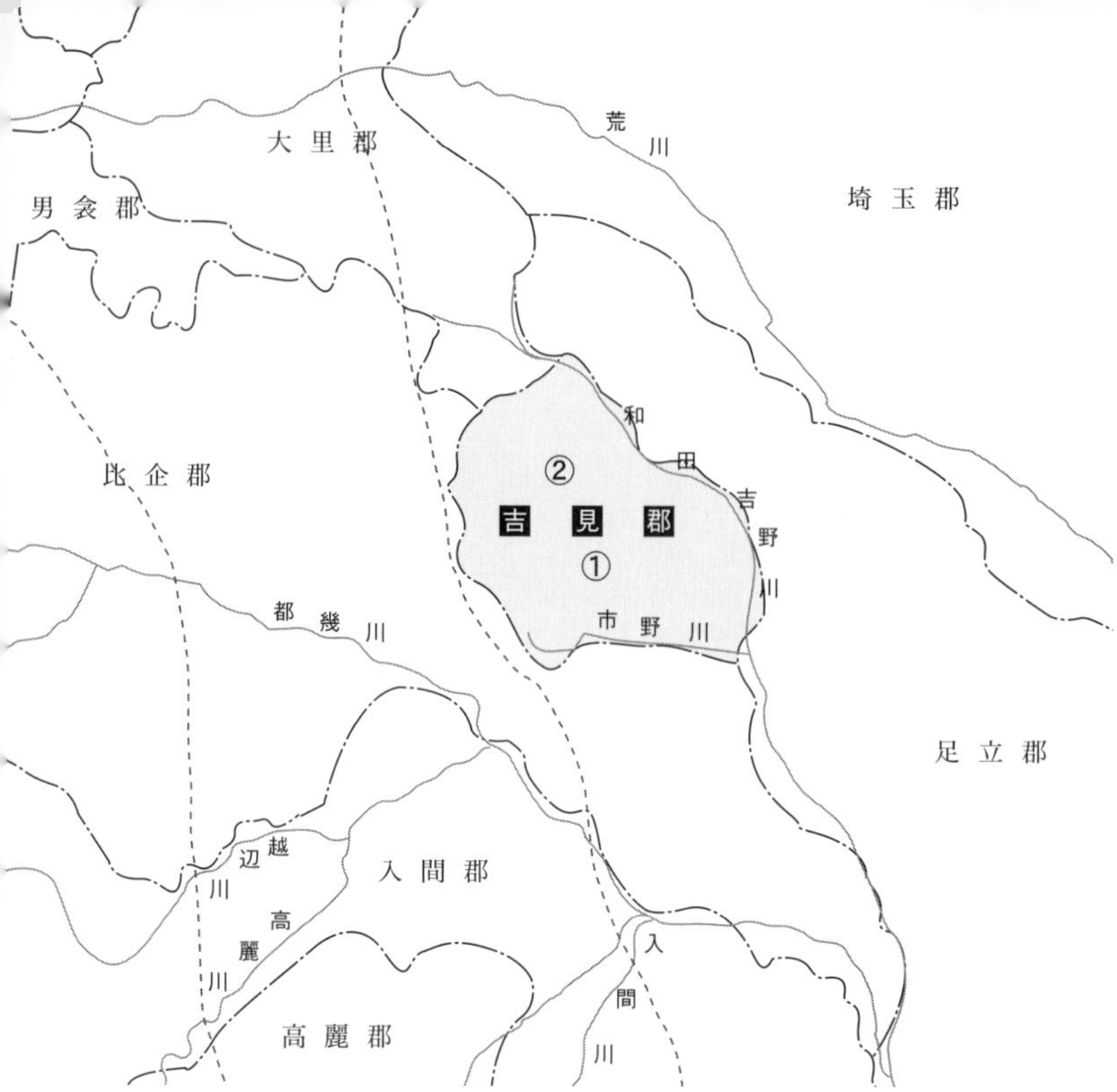

吉見郡

鎌倉時代～戦国時代に見える郡名。古代には横見郡と呼ばれた。『和名類聚抄』には「与古美、今称吉見」とあり、はじめ「よこみ」と訓まれたが、平安時代中期には「吉見」と称されている。中世には吉見郡と称されることが一般的であった。

武蔵国のやや北部に位置し、西部は比企丘陵の東に連なる吉見丘陵で、そこから東部の荒河の低地に低くなっている。東部の低地は、寛永六年（一六二九）荒川の瀬替え以前に、和田吉野川によって作られたものと考えられている。周囲は、東は足立郡、南・西は比企郡、北は大里郡に接していた。

中世の郡域は、ほぼ現在の吉見町にあたり、東は荒川、南は市野川が堺となるが、北は和田吉野川左岸の高本（熊谷市［旧江南村］高本）を最北とする地域と考えられる。

武蔵武士　郡内には、横山党の大串氏や源範頼の子孫といわれる吉見氏が分布する（別表と地図を参照）。大串重親は、畠山重忠の烏帽子《えぼし》子で、門客であった。元暦元年（一一八四）正月の宇治川の戦いや文治五年（一一八五）の奥州合戦に畠山重忠に従い、挿話を残している。大串には大串重親館跡の伝承地があり、**金蔵院**（↓216）には、伝大串重親墓とされる宝篋院塔がある。

『吾妻鏡』によれば、源範頼と同時期に吉見頼綱がおり、平安時代末期以来吉見氏が存在していたと考えられる。源範頼は、平治の乱後、稚児僧として入寺したという伝承が**安楽**

名字	出自	名字の地	現在比定地
①大串	横山党	大串郷	比企郡吉見町大串
②吉見	清和源氏	吉見	比企郡吉見町吉見

寺（↓149）や息障院（↓215）に残っており、その頃から範頼は吉見氏と関わりがあったと推定できよう。息障院の地は、範頼やその子孫（吉見氏）が居住したと伝える。これが吉見町御所の地名の由来でもある。

中世地名　郡内の中世地名としては、鎌倉時代から見える大串郷（吉見町大串）、南北朝時代に見える大串郷窪田村（吉見町久保田）がある。戦国時代には、吉見郡は松山城（吉見町北吉見）（↓214）の東方一帯に位置しており、吉見（吉見町吉見）・大串之内銀屋（吉見町上銀屋・下銀屋）が見え、永禄三年（一五六〇）に成立したとされる『小田原衆所領役帳』に郡内の地名として、小八林（熊谷市［旧大里村］小八林）・高本（熊谷市［旧大里村］高本）・大串（吉見町大串）・大串之内家綱（吉見町江綱）・下須奈（吉見町丸貫・古妙・北下砂）・下星野（吉見町下細谷）・中曽禰（吉見町中曽根）・上須奈（吉見町上砂）・和名（吉見町和名）・岩殿（吉見町御書付近カ）・黒岩郷（吉見町黒岩）・山下（吉見町山ノ下）・久米田（吉見町久米田）などが見える。

吉見郡は、江戸時代の正保年間（一六四四～四八）以降、「横見郡」の古名に復し、以後この名称が用いられた。明治二十二年（一八八九）の市制町村制施行により、横見郡は東吉見村・西吉見村・南吉見村・北吉見村の四村となり、明治二十九年（一八九六）の郡制施行により横見郡が廃止されて郡域は比企郡に含まれた。ほぼ現在の吉見町が郡域であった。

なお、この地域の武蔵武士の活動を詳しく知るには、左記の市町村史が参考になる。

参考文献

①『吉見町史　上巻』（一九七八年刊）
②『大里村史　通史編』（一九九〇年刊）
③『東松山の歴史』（一九八五年刊）

松山城跡

吉見町大字北吉見字城山《しろやま》一一一ほか

国史跡。吉見丘陵の東端にあって、山裾を巡る市野川と広大な低湿地帯に三方を囲まれた天然の要害である。本郭を中心に二の郭・三の郭や大小の帯郭・腰郭を配し、土塁と空堀で防御した多郭式の城郭である。『鎌倉大草紙』に、応永二十三年（一四一六）の鎌倉六本松の合戦で、「松山城主上田上野介討死」の記述があることから、この頃にはすでに存在していたものと推定される。松山城が注目を集めるのは小田原北条氏がこの地に進出した天文年間（一五三二～五五）以降で、城をめぐって山内《やまのうち》・扇谷《おうぎがやつ》両上杉氏や北条氏、甲斐の武田信玄、越後の上杉謙信らによる攻防戦が行われることとなった。天文六年には北条氏綱《うじつな》の大軍を迎え撃った扇谷上杉方の城主難波田《なんばだ》憲重《のりしげ》と、北条方の山中主膳《しゅぜん》との間で「松山城風流歌合戦」が繰り広げられた。しかし、天文十五年

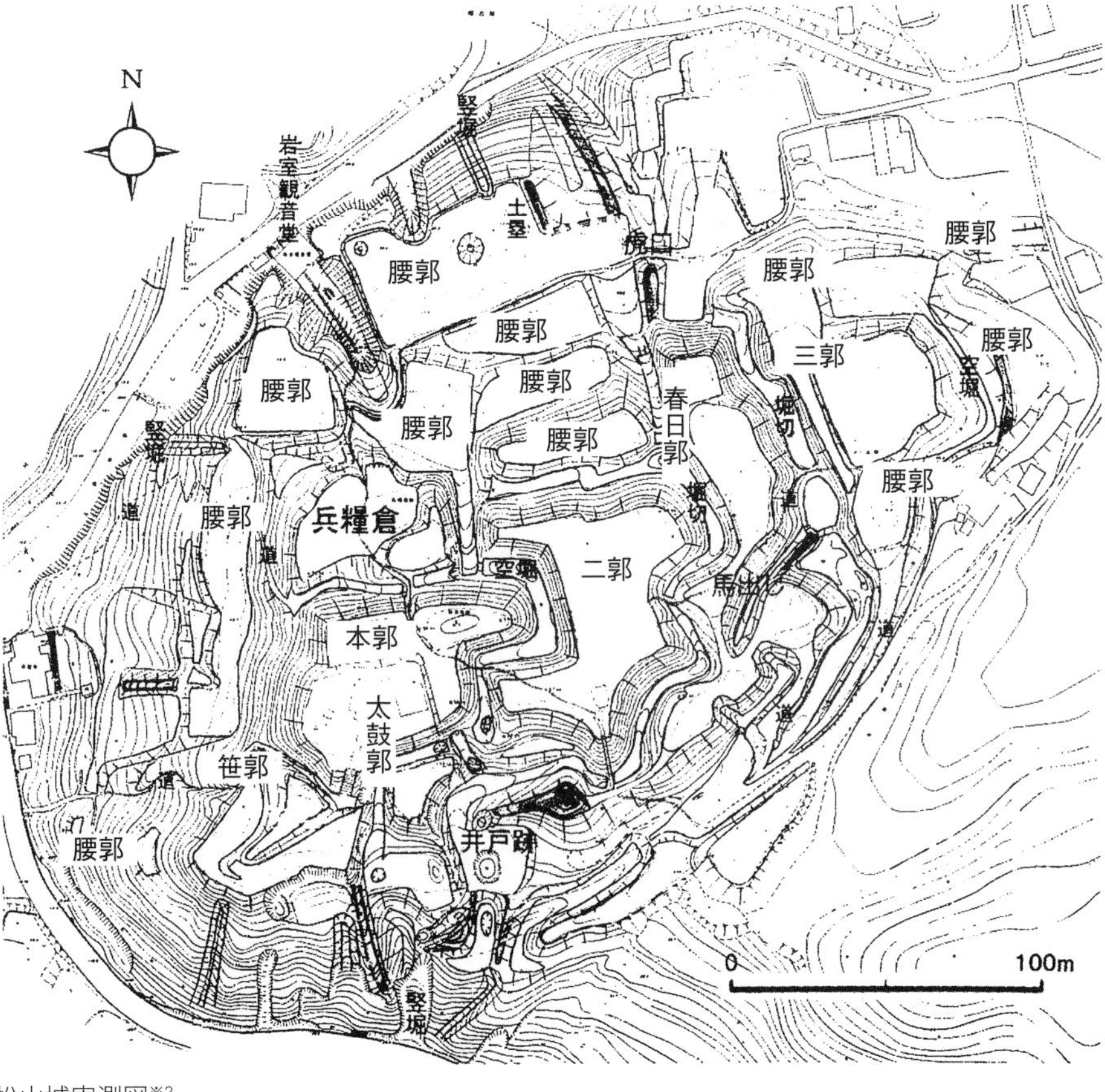

松山城実測図※2

の河越夜戦で北条氏康に両上杉氏が惨敗すると、扇谷上杉氏の家臣であった城主上田朝直（案独斎《あんどくさい》）は北条方に寝返る。以後の松山城は、永禄四～六年（一五六一～六三）にかけて上杉謙信に攻略され、扇谷上杉氏の旧臣で謙信に属する岩付城主の太田資正（三楽斎）が支配した時期を除いて、北条氏の北関東における軍事拠点の一つに位置づけられた。そして、天正十八年（一五九〇）の豊臣秀吉による小田原攻めで、東山道方面から攻め込んできた前田利家軍の前に松山城は開城し、上田氏も滅亡した。同年、徳川家康の家臣・松平家広が一万石で入封したが、慶長六年（一六〇一）に廃城となった。城跡からすぐにある**吉見百穴（国史跡）**に**吉見町埋蔵文化財センター**（北吉見三二一）があり、松山城の出土品なども展示されている。

松山城跡の遠景

伝《でん》源《みなもとの》範頼《のりより》館跡《やかたあと》➡息障院（215）

神社・寺院

安楽寺《あんらくじ》

吉見町御所三七四

「吉見観音」の名で知られる坂東第十一番札所で参詣者も多い。現在は真言宗智山派。行基《ぎょうき》の開創、坂上田村麻呂《さかのうえのたむらまろ》の開基という。また、平安時代末期には平治の乱で敗れた源義朝《みなもとのよしとも》の遺児である範《のり》頼《より》が、稚児僧《ちごそう》としてここに匿《かく》われていたという伝承もある。現在、県指定文化財の**三重塔**、**本堂**、**仁王門**が残るが、いずれも近世の建築である。

息障院《そくしょういん》

吉見町御所一四六一—一

もとは安楽寺（吉見観音）と一山であり、同じ縁起を伝えている。古くは「吉見護摩《ごま》堂《どう》」と呼ばれていたが、承平五年（九三五）に始まる平将門《たいらのまさかど》の乱に際して、

息障院に残る堀跡

調伏《ちょうぶく》の護摩を焚《た》きその功によって「息障院」の寺号を下賜されたという。また、この地は**伝 源 範頼《みなもとののりより》館跡**（**県旧跡**）とされ、範頼及びその子孫である吉見氏が居住したと伝えられている。周囲の堀などにそのたたずまいを残している。これが「御所」という地名の由来である。発掘調査でも中世前期の建物跡などが確認され、陶磁器なども出土した。寺宝としては、本尊の**不動明王坐像《ふどうみょうおうざぞう》**（**県文化**）などが所蔵されている。

金蔵院《こんぞういん》

吉見町大串一二〇一—四

横山党の大串次郎重親《おおくしじろうしげちか》が建立した毘沙《びしゃ》門堂《もんどう》に由来するという寺院で、現在は修《しゅ》験宗《げんしゅう》。かつては七堂伽藍を備えていたが、天文年中（一五三二〜五五）の松山合戦の兵火で焼失したという。**宝篋印塔《ほうきょういんとう》**（**県史跡、「金蔵院宝篋印塔」**）二基があり、いずれも二重式宝篋印塔の秀作である。このうちの一基が、金蔵院の西方約七〇mの畑の中の覆屋《おおいや》にある大串次郎の伝承がある**永和二年**（一三七六）**銘宝篋印塔**（↓217）である。

金蔵院・永和二年銘宝篋印塔

石造物

観音寺板碑群《かんのんじいたびぐん》

吉見町大串一二八二 観音寺

町文化。**観音寺**境内の池に面した覆屋《おおいや》に八基が立ち並んでいる。左から二番目は「貞永二年（一二三三）」「三月二日」「悲母也」の銘があり、日本で六番目に古い板碑である。かつて農道の橋として使われていたため、大きく欠損しているのが惜しまれる。右隣の板碑は、「建長七年（一二五五）大才七月十日」と草書体で彫られている。この他にも、文永五年（一二

観音寺板碑群

六八）銘、建武三年（一三三六）銘、延文四年（一三五九）銘、文明元年（一四六九）銘、天文十一年（一五四二）銘などの板碑がある。

永和二年銘宝篋印塔《えいわにねんめいほうきょういんとう》

吉見町大串二二〇一―三先　金蔵院

県文化（金蔵院宝篋印塔《こんぞういんほうきょういんとう》）。金蔵院《こんぞういん》（→216）には二基の宝篋印塔がある。永和二年（一三七六）銘の宝篋印塔は、金蔵院の裏手に回った畑の中の覆屋《おおいや》にある。塔の形式は二重式宝篋印塔であり、高さ二〇七cmで「永和二年丙辰十一月沙弥隆保」と刻まれている。塔の下からは、蔵骨器として用いられた白色の素地に透明の釉《ゆう》を施した白磁製四耳壺《しじこ》および渥《あつ》美《み》（愛知県）産の甕が出土した。地元では「沙弥隆保」を、畠山重忠の烏帽子子《えぼしご》だった大串次郎重親の法号としており、この塔を重親の墓と伝えている。もう一つの応安六年（一三七三）銘のものは、金蔵院の境内にある。大串重親は文治五年（一一八九）源頼朝が発した奥州藤原泰衡追討軍に従い阿津賀志山の城を守る大将西木戸国衡を討ち取っている。

永和二年銘宝篋印塔

阿弥陀浮彫板碑《あみだうきぼりいたび》

吉見町古名《こみょう》一三二六

町文化（文永弥陀浮彫大板碑《ぶんえいみだうきぼりおおいたび》）。民家に接して立っている。地元ではイボとりに霊験があり、「おねんぼうさま」の名で親しまれている。高さ二三〇cm、幅六十cm、荘厳体の種子「キリーク」の下に阿弥陀如来の画像を刻む豪華な板碑である。「文永拾二年（一二七五）乙亥中春時正」「右所造立者為阿佛並妻女／現世平生朝待万善修行芳／千年松竹本臨終閉眼夕拝／三尊来迎月紫雲十念時也」とあり、阿仏夫妻が現世の安穏を祈り、臨終に際して阿弥陀如来に迎えられて極楽往生できることを願って、春の彼岸に建てたことがわかる。残念なことに荘厳体の種子「キリーク」の上部が欠けている。これは明治四十三年（一九一〇）の洪水の時に船が突き当たって欠いたと伝えられている。

埼玉郡

下野国
利根川
玉
郡
下総国
利根川
吉野川
荒川
綾瀬川
足立郡
入間川
入間郡
新座郡
①
②
③
④
⑤
⑥
⑦
⑧
⑨
⑩
⑪
⑫
⑬
⑭
⑮
⑯
⑰
⑱
⑲
⑳
㉑
㉒
㉔
㉖
㉗
㉘
㉙
㉚

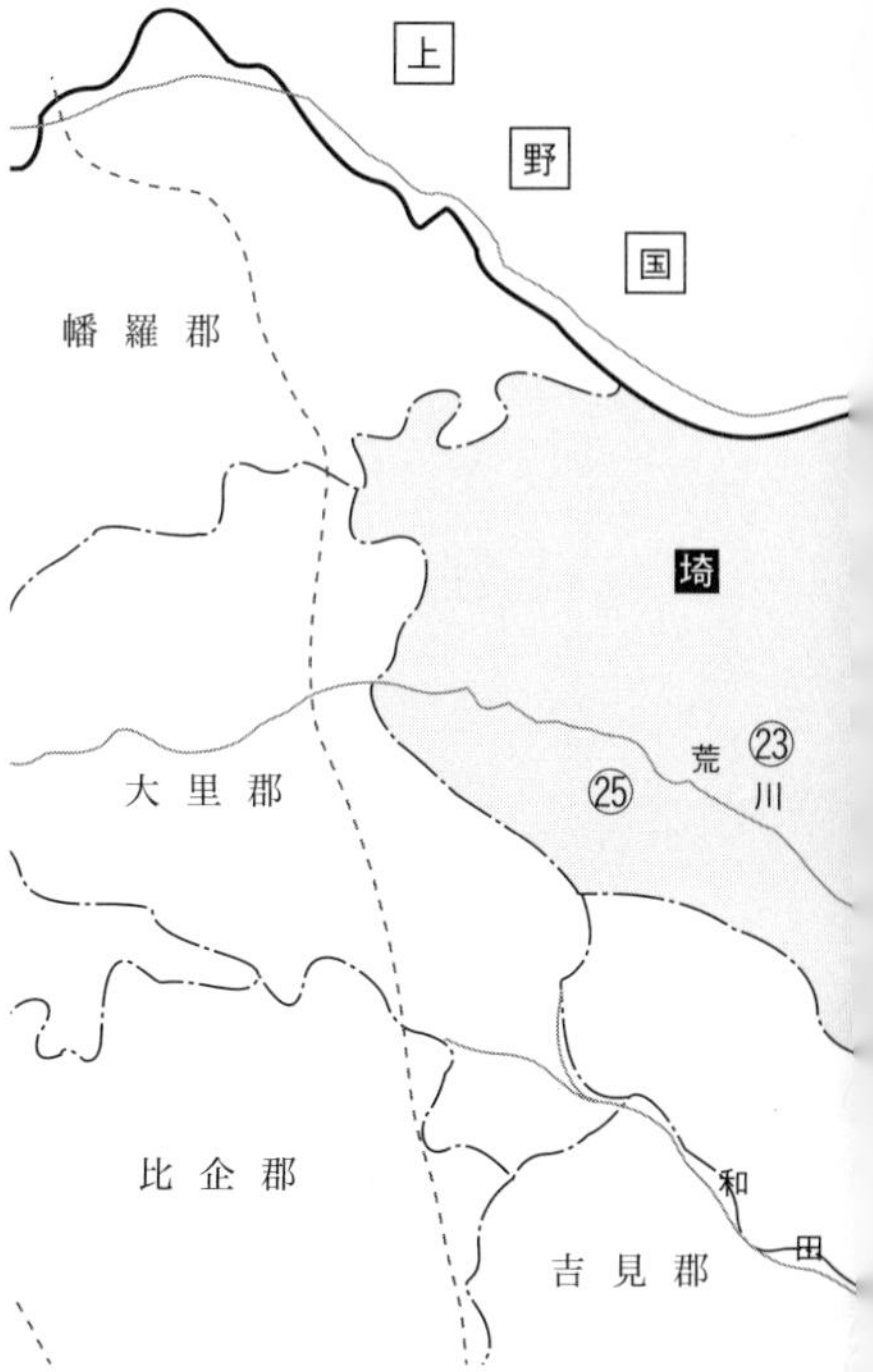

奈良時代から見える郡名。武蔵国の東北から東の端に位置し、南北に細長く広がる。その周囲は、東は古利根川（中川）を境に下総国、南から西は元荒川・綾瀬川を境に足立郡・大里郡、北は上野国と幡羅郡に接する。古い時代の利根川（古利根川）が、沖積平野内を低い土地を求めて、流路を変えながら流れていたように、河川の流路が変わったため、郡界・国界も変動した。江戸時代初期には利根川の付替えに伴い、下総国葛飾郡の一部が武蔵国に編入されている。中世、埼玉郡を東・西に分けた呼称、埼西郡（崎西郡・騎西郡とも）・埼東郡（騎東郡・寄東郡）が用いられたが、史料上埼東郡はほとんど見られない。

中世の地形は、北から利根川水系の河川が流れ込み、西から荒川水系の河川が流れ込んでおり、江戸時代以降のように大規模な堤が整備されていなかった時代では、大水のたびに河川の流路が変わって乱流し、排水不良の後背湿地や沼沢地が広がる景色が広がっていたと考えられる。河川の堆積作用によってつくられた沖積低地では、自然堤防や河畔砂丘が発達していた。

中世の郡域は、北から熊谷市の一部、行田市、鴻巣市の一部、羽生市、加須市、大利根町の一部、久喜市、宮代町、白岡町、蓮田市の一部、さいたま市岩槻区の一部、春日部市の一部、越谷市の一部、草加市の一部、八潮市に渉る地域である。

武蔵武士　鎌倉時代郡内には野与党の武士が数多く盤踞《ばんきょ》するが、私市党・横山党・児玉党・村山党のほか、秀郷流藤原氏・藤原北家成田氏・平姓秩父氏も分布していた（別表と地図を参照）。大田氏は下野国の小山氏と下総国の下河辺氏などと同族（秀郷流藤原氏）であったが、鎌倉時代初期に没落した。その子孫に大河戸・清久・高柳・葛浜氏などがいる。南北朝時代以降、小山氏が大田荘に進出する背景には、一族大田氏の故地という主張があった（→鷲宮神社231、徳性寺231）。郡内の武士は、水田開発に長じた一族であったようで、武蔵野の開発に従事する武士がいた。仁治二年（一二四一）武蔵野の開発にあたっては多賀谷氏が、建長五年（一二五三）下河辺荘堤の修築には清久氏があたっている。

中世地名　郡内の北部一帯には鎌倉時代から見える八条院領大田荘があり、秀郷流藤原氏の流れを汲む大田氏が開発した

名字	出自	名字の地	現在比定地
①江崎	（不明）	江崎	蓮田市江ヶ崎
②大河戸	秀郷流藤原氏	大河土御厨	松伏町大川戸？
③大相模	野与党	（埼西郡）大相模	越谷市西方・東方・見田方付近
④大田	私市党・秀郷流藤原氏	大田荘	北埼玉郡・久喜市一帯
⑤忍	（不明）	忍	行田市忍
⑥鬼窪	野与党	（埼西郡）鬼窪郷	白岡町白岡付近
⑦笠原	野与党	栢間郷笠原村	鴻巣市笠原
⑧柏崎	野与党	柏崎	さいたま市岩槻区柏崎
⑨金重	野与党	（埼西郡）金重村	さいたま市岩槻区金重
⑩栢山	野与党	（埼西郡）栢山郷	久喜市菖蒲町上栢山・下栢山
⑪川口	横山党・利仁流藤原氏	大田荘川口郷	加須市川口
⑫河原	私市党	河原村	行田市北河原・南河原
⑬騎西（私市）	児玉党・私市党	崎西	加須市（旧騎西町）騎西
⑭行田	（未詳）	行田	行田市行田
⑮清久	秀郷流藤原氏	清久郷	久喜市上清久・清久町
⑯久下塚	児玉党	久下郷	加須市久下
⑰渋江	野与党	（埼西郡）渋江郷	さいたま市岩槻区岩槻（旧渋江町）
⑱白岡	野与党	白岡	白岡町白岡付近
⑲多賀谷	村山党・野与党	多賀谷	加須市（旧騎西町）内田ヶ谷
⑳高柳	野与党・秀郷流藤原氏	高柳	加須市（旧騎西町）上高柳
㉑道智	野与党	道智	加須市（旧騎西町）道地
㉒長野	平姓秩父氏	（埼西郡）長野	行田市長野
㉓成田	藤原北家成田氏	成田	熊谷市成田地区上之付近

㉔野島	（未詳）	野島	越谷市野島
㉕箱田	藤原北家成田氏	箱田	熊谷市箱田
㉖八条	野与党	八条郷	八潮市八条
㉗南鬼窪	野与党	（埼西郡）鬼窪	南埼玉郡白岡町
㉘箕匂	野与党	箕匂	さいたま市岩槻区箕輪
㉙礼羽	（未詳）	礼羽	加須市礼羽
㉚若児玉	秀郷流藤原氏	若児玉村	行田市若小玉

荘園である。この地域には大田荘の惣鎮守とされる**鷲宮神社**（→231）をはじめ、古代の土師氏が祀った久伊豆神社が分布している（分布図は263頁参照）。その他、鎌倉時代から見える地名に、池上郷（崎西郡、熊谷市池上）、江崎（蓮田市江ケ崎）、大河土御厨（埼西・足立両郡のうち）、笠原村（栢間郷内、鴻巣市笠原）、上須賀郷（大田荘内、宮代町須賀）、西条郷（行田市斎条）、成田郷（埼西郡、熊谷市）、八条郷（崎西郡、大河戸御厨内、八潮市八条）、秀泰郷（羽生市秀安）、糯田郷（騎西郡、行田市持田）が見える。

このうち池上郷は、現在東京国立博物館にある延慶二年（一三〇九）鐘銘の拓本に、「武蔵国崎西郡池上郷施無畏寺」と見える郷名で、この鐘は忍城で陣鐘として使用されていたことで有名。江戸時代忍城主阿部氏が奥州白河に移封に際し持っていったという。施無畏寺は、江戸時代小敷田村（行田市小敷田）の飛地（池上村〈熊谷市池上〉内の飛地）に所在した普門寺の前身で、明治になって廃寺となった。

南北朝時代から見える地名に、飯塚村（さいたま市岩槻区飯塚）、池守郷（行田市上池守・下池守）、芋茎郷（埼西郡、加須市芋茎）、鬼窪郷（崎西郡、白岡町付近）、金重村（埼西郡、渋江郷内、さいたま市岩槻区金重）、葛浜郷（埼西郡大田荘、加須市・羽生市の内）、佐波郷（大利根町佐波）、渋江郷（埼西郡、さいたま市岩槻区岩槻町）、須賀郷（大田荘内、宮代町須賀）がある。このうち鬼窪郷・渋江郷は、各々野与党の鬼窪氏・渋江氏の名字の地で、平安時代末期以来の地名であった。

室町時代から見える地名に、石程島村（埼西郡栢間郷内、久喜市菖蒲町上栢間・下栢間付近）、岩瀬（大田荘内、羽生市上岩瀬・中岩瀬・下岩瀬）、岩付（さいたま市岩槻区岩槻）、小林（久喜市菖蒲町小林）、鎌塚郷（埼西郡、鴻巣市〈旧吹上町〉鎌塚）、栢間郷（埼西郡、久喜市菖蒲町下栢間・上栢間）、川口郷（大田荘内、加須市川口）、河崎郷（羽生市上川崎・下川崎）、行田（行田市行田）、

くほ宿（騎西郡、さいたま市岩槻区岩槻町）、久目原（大田荘内、宮代町東条原・西条原）、黒浜（騎西郡、蓮田市黒浜）、佐那賀谷村（埼西郡、白岡町実ケ谷）、末田（騎西郡、さいたま市岩槻区末田）、たかゆわ（大田荘内、白岡町高岩）、野田（大田荘内、白岡町上野田・下野田）、花積郷（春日部市花積）、平野宿（騎西郡、蓮田市上平野）、ふち宿（騎西郡、さいたま市岩槻区岩槻町）、古江郷（大田荘北方内、加須市岡古井付近）、村君郷（大田荘内、羽生市上村君・下村君）、百間（大田荘内、宮代町百間）などがある。このうち川口郷は、鎌倉街道中道の利根川の渡し場（↓238）があったところである。

　戦国時代から見える地名はさらに増え、羽生市内では小松（大田荘内、小松内大臣平重盛の荘園で、熊野白山神社の末社に平重盛を祀る小松明神があったと伝え、小松寺は重盛追福のために創建されたという）、常木郷、羽生（大田荘内）が、加須市内では大桑（加須市南大桑・旧大利根町北大桑）、まくち（間口、旧大利根町、古利根川の渡河地）、大室郷（大田荘内、鷲宮社領）、久下郷（児玉党久下塚氏居館跡、鷲宮社領）、篠崎郷（大田荘内、鷲宮社領）、辻村（鷲宮社領）、花崎（鷲宮社領）、上崎村（旧騎西町、龍興寺（↓230）には文永八年銘の板碑があり、銘文中に「青石卒都婆」とある）、崎西（旧騎西町、玉敷神社［久伊豆大明神］は延喜式内社と伝え、私市党の崇敬を受けた）、戸崎郷（旧騎西町）が、行田市内では忍（駒形地区に忍三郎居館跡がある）、門井、長野（埼西郡、畠山重忠の弟長野重清の名字の地と伝える）、白岡町内では大崎（白岡町下大崎・久喜市菖蒲町上大崎）、白岡（野与党の白岡禅師澄意の居住地と伝える、古くは鬼窪と称された）、久喜市内では菖蒲（旧菖蒲町）、久喜之郷（大田荘内）、鷲宮（旧鷲宮町、大田荘内、神社名は鎌倉時代から見え、源頼朝の信仰も篤かった）が、宮代町内では和戸（鷲宮社領）、春日部市では内牧之郷、さいたま市岩槻区内では加倉、馬籠村（平林寺領、蓮田市馬込も含む）、箕輪、越谷市内では大相模郷（埼西郡）、越ケ谷郷（騎西郡）、四条之村（平林寺領）がある。

鎌倉街道　郡内を、鎌倉から奥州に向かう鎌倉街道中道が南から北東に縦断する。北上する鎌倉街道中道は、さいたま市緑区大門（日光御成街道の大門宿）の手前で大宮台地東縁（貝殻坂）を下り、綾瀬川を渡って埼玉郡に入る。さいたま市岩槻区鈎上で左折し旧岩槻街道に入る。尾ヶ崎のバス停の手前で右折し、台地上に登り、勝軍寺の前を経て、笹久保で再び旧岩槻街道に入る（**鎌倉街道中道遺構**↓236）。旧岩槻街道と国道一六号線との交差点から道はなくなるが、鎌倉街道中道は太田小学校・岩槻中学校を経て東部野田線を越えて北上、慈恩寺橋で元荒川を越える。北上する鎌倉街道中道（日光御成街道）は、彦兵衛で白岡町に入り、彦兵衛の北部で日光御成街道と分かれ、東条原で宮代町に入る。この付近が**東条原の鎌倉街道遺跡**（↓237）である。鎌倉街道中道は東条原の**鷲宮神社**（↓231）から須賀の真蔵院の南側を通り、**高野の渡し**（↓239）に至り、下総国に入る。

板碑　郡内北部の行田市や旧騎西町（加須市）周辺は、武蔵型板碑の発祥地ではないかといわれるほど鎌倉時代中期の板碑が集中している。

明治十二年（一八七九）埼玉郡は南・北に分割され、同二十二年の市制町村制施行により、南埼玉郡の町村は岩槻町・粕壁町（現春日部市）・菖蒲町・久喜町・越ケ谷町・大沢町など六町四十四村、北埼玉郡は忍町・羽生町・騎西町・加須町など四町五十二村となった。昭和三十年（一九五五）の町村合併の際、鷲宮町は北葛飾郡域に変更された。

なお、この地域の武蔵武士の活動を詳しく知るには、左記の市町村史が参考になる。

参考文献

①『熊谷市史　前編』（一九六三年刊）
②『行田市史　上巻』（一九六三年刊）
③『鴻巣市史　通史編1　原始・古代・中世』（二〇〇〇年刊）
④『羽生市史　上巻』（一九七一年刊）
⑤『加須市史　通史編』（一九八一年刊）
⑥『大利根町史　通史編』（二〇〇四年刊）
⑦『久喜市史　通史編　上巻』（一九九二年刊）
⑧『宮代町史　通史編』（二〇〇二年刊）
⑨『白岡町史　通史編上巻』（一九八九年刊）
⑩『蓮田市史　通史編1』（二〇〇二年刊）
⑪『岩槻市史　通史編』（一九八五年刊）
⑫『春日部市史　第六巻　通史編1』（一九九四年刊）
⑬『越谷市史　第一巻　通史　上』（一九七五年刊）
⑭『草加市史　通史編上』（一九九七年刊）
⑮『八潮市史　通史編1』（一九八九年刊）

成《なり》田《た》氏《し》館跡《やかたあと》

熊谷市上之《かみの》五四五―三ほか

市史跡。成田小学校の北、泰蔵院《たいぞういん》の敷地の西側の小路に、「成田氏舘址」の石碑が建っている。忍《おし》城主として知られる成田氏の、忍城に移る以前の歴代の居館跡である。成田氏は初代の藤原助高《すけたか》（助隆）が成田の地に居館を構え、地名から成田氏を名乗ったのに始まるとされるが、その出自については諸説ある。助高の子の助広《すけひろ》は、弟の次郎行隆《ゆきたか》を別府に、三郎高長《たかなが》を奈良に、四郎助実《すけざね》を玉井（いずれも現熊谷市）に配して、本家とともに「成田四家」と呼ばれる勢力を形成した。『保元物語』には、源義朝に従う輩として、「成田太郎、別府次郎、奈良三郎、玉井四郎」ら成田一族が見える。源頼朝の奥州攻めには、助広の子助綱《すけつな》が従軍した。成田氏による忍城築城とともに成田館は放棄されたようである。調査によって東西一三〇m、内郭幅六〇mの規模で、二重の堀を構えた方形館であったことが判明した。館跡には堀の内、殿山など、小字名が残る。なお、上之交差点北側には成田氏の菩提寺である**龍淵寺**《りゅうえんじ》（曹洞宗）（↓229）がある。また、泰蔵院には鎌倉末期の**木造阿弥陀如来坐像（市文化）**も残る。像高一〇五cmの優品で、山門左手の阿弥陀堂に鎮座する。

忍《おし》城《じょう》跡《あと》

行《ぎょう》田《だ》市《し》本丸

県旧跡。**行田市郷土博物館**（行田市本丸一七―二三）のある一帯が忍城の本丸跡で、当時と場所が異なるが、江戸時代の御三階櫓が復元されている。博物館には文政年間（一八一八～三〇）の絵図に基づいた忍城復元模型が展示され、本丸跡の西側に残る土塁や近くの水城《すいじょう》公園も含めて散策すれば、「浮き城」と称された忍城の景観を偲ぶことができる。四方を沼に囲まれた連郭式の城郭で、発掘調査では本丸内の暗渠排水遺構や十五世紀末～十六世紀の架け橋と思われる木杭跡などが検出され、陶磁器や板碑・漆器・曲物《まげもの》・下駄・瓦などが出土した。忍城は文明年間（一四六九～八七）に成田親泰《ちかやす》によって築かれたとされてきたが、近年の研究では古河公方《こがくぼう》足利成氏《しげうじ》方であった親泰の祖父資員《すけかず》（正等《しょうとう》）が、扇谷《おうぎがやつ》上杉方の忍氏を滅ぼして築城したとする説が有力となっている。忍城の名が天下に知れ渡ったのは、天正十八年（一五九〇）の豊臣秀吉による小田原攻めの時である。城主成田氏長《うじなが》は城兵の大半を率いて小田原城に籠り、忍城には城代の成田長親《ながちか》以下、僅かな城兵と百姓・町人や婦女子が籠るのみであった。それにも関わらず、石田三成率いる二万余の豊臣方に包囲されながら、小田原開城後まで持ちこたえた。忍城がいかに要害堅固の城であったかを物語る。三成が城を水攻めにするために築いた「石田堤」の一部は、行田市内や鴻巣《こうのす》市吹上《ふきあげ》に残る。江戸時代には松平氏や阿部氏など譜代大名が城主となった。

中《ちゅう》条《じょう》氏《し》館跡《やかたあと》

➡常光院（228）

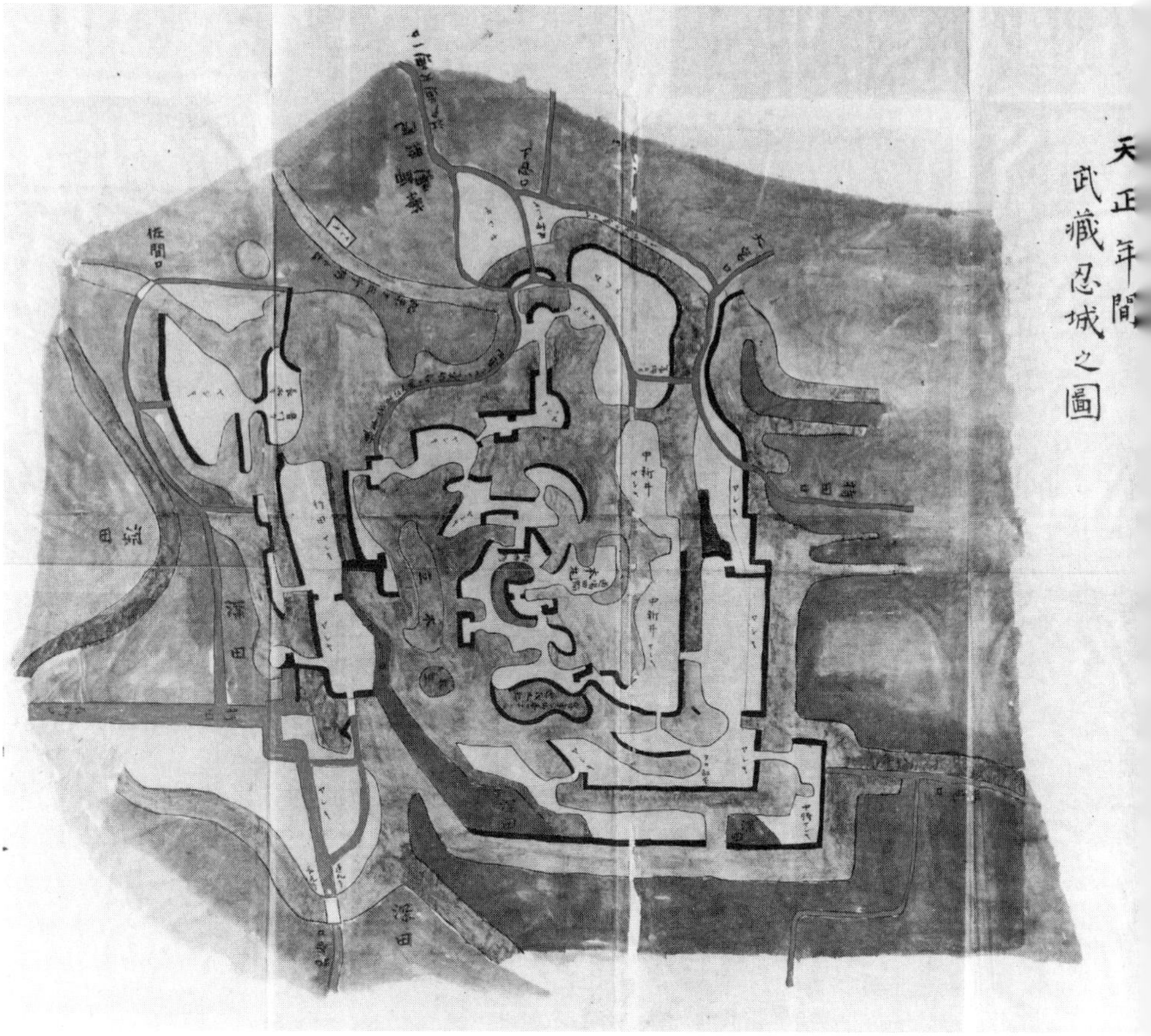

「天正年間武蔵忍城之図」※16

伝堀越館跡《ほりこしやかたあと》

羽生市《はにゅうし》藤井上組《かみぐみ》字本田一〇二二

市史跡。源長寺の東二〇〇mほど、堀越氏邸の一帯が館跡で、館跡の北側と西側にL字型に堀と土塁が現存する。東と南は不明だが、全体に二重から一部で三重の堀を構えた二重囲郭の方形館であったと思われる。館の歴史は不明だが、鎌倉時代の館が改修を加えながら戦国期まで使用されたものであろう。館跡の南東隅に十四世紀のものとされる、高さ約一三〇cmの凝灰岩製の**五輪塔（市史跡）**が完存しており、館主との関連がうかがわれる。

騎西城跡《きさいじょうあと》

加須市根古屋《ねごや》三一二

市史跡。私市《きさい》城・根古屋城とも。康正元年（一四五五）に古河公方《こがくぼう》足利成氏《しげうじ》が上杉勢の庁鼻和憲信《こばなわのりのぶ》と長尾景仲《かげなか》らが守る騎西城を攻略したというのが文献上の初出である。文亀年間（一五〇一～〇四）には常陸守護小田氏の出である小田顕家《あきいえ》が城主で、顕家は忍城主成田親泰《ちかやす》の次男朝興《ともおき》を養子に迎えた。朝興と兄成田長泰《ながやす》は関東に攻め入った上杉謙信に従ったが、鎌倉の鶴岡八幡宮で行われた謙信の関東管領拝賀式で馬上姿を咎められたことをきっかけに背き、小田原北条氏の傘下に入った。そのため、忍城と騎西城は謙信に攻められ、忍城は持ちこたえたが、騎西城は落城した。その後、長泰の次男泰親《やすちか》が騎西城主となり、騎西城は忍城の支城となった。豊臣秀吉の小田原攻めの際に浅野長《なが》吉《よし》によって攻略され、徳川家康の関東入部で松平康重《やすしげ》が、次いで大久保忠常《ただつね》が城主となったが、大久保氏の転封で寛永九年（一六三二）年に廃城となった。城は周囲を低湿地帯に囲まれた要害の地に築かれ、東西約四〇〇×南北約四〇〇mの規模で、本郭や二の郭などの郭の周囲に空堀や水堀・土塁が巡らされていた。また、発掘調査では障子堀などの遺構が確認され、陶磁器や火縄銃の火縄鋏、十六間筋兜《じゅうろっけんすじかぶと》などの遺物が出土した。遺構は埋め戻されて、**騎西生涯学習センター**（加須市根古屋六三三―一〇）のそばに土塁の一部が残るだけである。生涯学習センターには模擬天守閣風の**郷土史料展示室**（見学は要連絡。0480-73-3101）があり、騎西城の歴史や出土遺物の写真などを見ることができる。

騎西城の土塁跡

足利政氏館跡《あしかがまさうじやかたあと》➡甘棠院（231）

江ケ崎城跡《えがさきじょうあと》　蓮田市江ケ崎

県旧跡。江ケ崎馬場バス停そばのコンビニエンスストア脇に石碑が建つ。鎌倉時代末期に築かれたとされる城館跡で、瑞穂団地の東側に土塁の跡がわずかに残るが、館主も含めて伝来は不詳である。

岩付《いわつき》（岩槻）城跡《じょうあと》　さいたま市岩槻区太田三―四ほか

県史跡。長禄元年（一四五七）、関東管領扇谷《おうぎがやつ》上杉氏の家宰であった太田道真《どうしん》・道灌《どうかん》父子によって築城されたとされるが、近年では忍城主で古河公方《こがくぼう》足利成氏《しげうじ》方であった成田資員《すけかず》（正等《しょうとう》）によって築城されたとする説が有力である。いずれにしても、その後の岩付城は太田氏と縁が深く、小田原北条氏が進出すると、道灌の曾孫の太田資正《すけまさ》（三楽斎《さんらくさい》）は扇谷上杉方として抗戦した。その後、資正は一旦は北条氏に降ったものの、上杉謙信が関東に侵攻するとこれに従い、再び北条氏に敵対した。しかし、家督問題から嫡男の氏資《うじすけ》（初名は資房《すけふさ》）が小田原北条氏と結んだため、資正は岩付城を失うこととなった。その後、北条氏政の子の源五郎が氏資の娘婿となって岩付領を継承し、源五郎の死後弟の氏房が跡を継いだ。こ

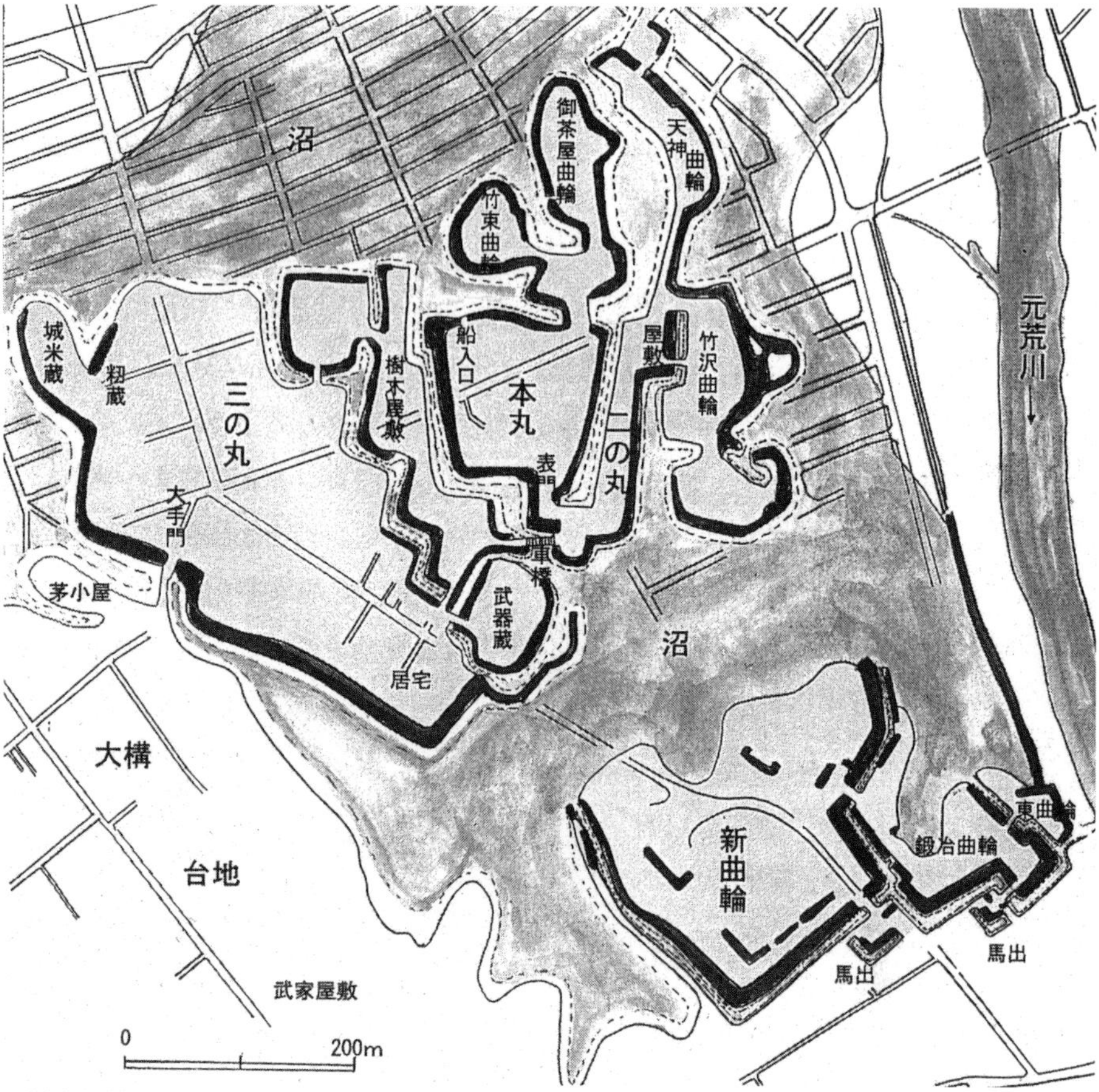

近世岩槻城の縄張図※12

岩付城跡遠景（元荒川より）

れ以降の岩付城は北条氏の支城として位置づけられた。豊臣秀吉の小田原攻めで落城し、徳川家康の関東入部で高力清長《こうりききよなが》が城主となった。江戸時代は有力譜代大名が歴代城主を務め、老中に任じられる者も多かった。

岩槻本丸公民館（さいたま市岩槻区本丸三―一七―一）の周辺が城の中心であるが、往時を偲ぶような遺

岩槻城黒門

構は何も残っていない。その南にあった新曲輪と鍛冶曲輪の一帯が、**岩槻城址公園**（さいたま市岩槻区太田三―四）として保存・整備されている。かつては大宮台地の舌状地に置かれた本丸を中心に、二の丸・三の丸以下の曲輪を配し、曲輪と曲輪の間には土塁と空堀を巡らし、周囲の沼地と元荒川を天然の堀としていた。新曲輪と鍛冶曲輪は、北条氏房が天正十一年（一五八三）に大改修を行い、南方の守りを固めるために築いたものである。また、北条流の障子堀を構築し、小田原城に見られるような城下町を囲む大構え（総構え）を築いた。大構えは高さ約四mで外側に堀を巡らし全長約八km、城と城下町のすべてを囲い込む壮大なものであった。現在は、岩槻駅付近の**愛宕《あたご》神社**（さいたま市岩槻区本町三―二―二五）にわずかに残るだけである。なお、城址公園内には近世の岩槻城の城門と伝えられる黒門と裏門が移築保存され、土塁や空堀などの遺構を確認することもできる。また、**さいたま市立岩槻郷土資料館**（さいたま市岩槻区本町二―二―三四）には岩槻城の復元模型や出土品などが展示されている。

岩槻城の障子堀跡。保存のため、障子堀部分は埋め戻した。

神社・寺院

常光院《じょうこういん》

熊谷市上中条《かみちゅうじょう》一一六〇

建久《けんきゅう》三年（一一九二）に、鎌倉幕府評定衆の中条家長《ちゅうじょういえなが》が、祖父藤原常光の菩提を弔うために、館内に建てた仏堂が発展した天台宗寺院である。中条家長は横山党の出身であるが、八田知家の養子となって藤原姓に改めた。常光院は現在「熊谷厄除大師《やくよけだいし》」の名で知られる。境内には土塁や堀の一部も残り、**中条氏館跡**（**県史跡**）とされている。寺宝には、中条家長夫妻とその養母も描いたと伝えられる**絹本《けんぽん》着色《ちゃくしょく》阿弥陀《あみだ》変相図《へんそうず》**（**県文化**）が

常光院の堀

ある。

龍淵寺《りゅうえんじ》　熊谷市上之《かみの》三三六

応永《おうえい》十八年（一四一一）に成田家時《なりたいえとき》が建立した曹洞宗寺院である。成田氏は、のちに忍《おし》城主となるが、藤原北家の流れをくむと称してこの地で力を振るった。別府氏・奈良氏・玉井氏もその一族である。この辺りは中世の成田郷であり、四〇〇mほど南方に**成田氏館跡**（↓224）もある。家時は成田氏十二代目であり、その孫の顕《あき》泰《やす》が伽藍を整え、以後成田氏の菩提寺となった。境内には**成田氏の墓**があり、家時から氏長《うじなが》まで成田氏六代が眠っている。

龍淵寺・成田氏の墓

天洲寺《てんしゅうじ》　行田市荒木一六一四

寛元《かんげん》五年（一二四七）に大江広元《おおえひろもと》の四男である毛利季光《もうりすえみつ》が両親や兄、北条泰時《ほうじょうやすとき》らの極楽往生を願って造立した**木造聖徳太子立像**（国重文）が伝来している。太子十六歳の時を模した孝養像《こうようぞう》で、像高一四〇・九㎝。玉眼・彩色、檜材《ひのき》の寄木造《よせぎづくり》で、仏師慶禅《けいぜん》が鎌倉仏所において制作したと胎内銘にある。通常は非公開であるが、毎年二月二十二日の聖徳太子の命日のみ拝観できる。なお、当寺は曹洞宗であるが、この地はかつては親鸞《しんらん》門弟に始まる浄土真宗荒木《あらき》門徒《もんと》の拠点であった。

観福寺《かんぷくじ》➡**南河原石塔婆**（234）

保寧寺《ほねいじ》　加須市日出安《ひでやす》一二八六

臨済宗で、もとは建長寺（神奈川県鎌倉市）の末寺であったが、現在は妙心寺派である。建久《けんきゅう》七年（一一九六）に宗慶《そうけい》によって造られた**木造阿弥陀如来及両脇侍像**（国重文）がある。宗慶は運慶《うんけい》や快慶《かいけい》と同世代の仏師であり、本像は初期慶派の在銘作品として貴重である。中尊の像高は八七・四㎝（等身仏）。脇侍の観音・勢至両菩薩とともに、檜材の割矧造《わりはぎづくり》である。胎内には「平氏女」「藤原弘□」などの施主名が記

保寧寺・木造阿弥陀如来像

龍興寺・宝篋印塔

されており、藤原某には児玉党の四方田《しほうでん》弘綱《ひろつな》をあてる説もある。阿弥陀像の面相のふくらみや胸の張りなどに、例えば浄楽寺《じょうらくじ》阿弥陀如来坐像（神奈川県横須賀市）などの運慶作品との共通点も見られる。拝観する場合は事前に連絡（0480-73-1050）する必要がある。

龍興寺《りゅうこうじ》

加須市上崎一八九〇

臨済宗円覚寺派の寺院。当寺を中興した曇芳《どんぽう》が足利持氏《あしかがもちうじ》の叔父にあたるとされ、鎌倉公方《かまくらくぼう》と縁故が深く、境内にある三基の**宝篋印塔**《ほうきょういんとう》（**県史跡**）は、永享《えいきょう》十年（一四三八）に始まる永享の乱や結城合戦《ゆうきかっせん》で命を落とした足利持氏《あしかがもちうじ》とその子春王・安王の供養塔である。難を逃れ、後に古河公方《こがくぼう》となった足利成氏《あしかがしげうじ》（永寿王）によって建立された。また、境内にある文永八年（一二七一）の**板碑**（**青石塔婆**）（**県文化**）には「奉造立青石卒塔婆云々」と刻まれており、板碑を当時「青石卒塔婆《あおいしそとば》」と呼んでいたことがわかる貴重な史料である。

龍蔵寺《りゅうぞうじ》

加須市大門一八一―五一

文和《ぶんわ》四年（一三五五）に教蔵《きょうぞう》が開山した浄土宗寺院。教蔵が住民を悩ませた利根川の白龍を退治したという伝承を持つ。白龍の頭の所に植えたとされる**銀杏**《いちょう》は、高さ二〇mの巨木として境内にそびえ、現在、加須市のシンボルとなっている。また、永仁《えいにん》元年（一二九三）銘の**木造阿弥陀如来立像**（**県文化**）も所蔵する。来迎印を結ぶ像高約一mのいわゆる「三尺阿弥陀」で、**慈恩寺**《じおんじ》（さいたま市岩槻区）の仏師によって制作されたことが銘文からわかる。

総願寺《そうがんじ》

加須市不動岡《ふどうおか》二―九―一八

不動岡不動尊として知られる真言宗寺院で、成田山新勝寺《なりたさんしんしょうじ》（千葉県）・高幡山《たかはたさん》金剛寺《こんごうじ》（東京都）とともに「関東三大不動」と呼ばれる。寺伝によれば、長暦《ちょうりゃく》三年（一〇三九）、利根川の洪水によって流れ着いた不動明王像を祀ったことに始まるという。境内には、鎌倉時代の**板碑**（**散蓮華模様青石塔婆《さんれんげもようあおいしとうば》**）が残る。また、境内には近世のものであるが、銅製の**倶利《くり》伽羅不動剣《からふどうけん》**もある。

徳性寺《とくしょうじ》

加須市大越《おおごえ》一九八四

寺伝によれば、小山朝政《おやまともまさ》が持仏の薬師如来を祀ったことに始まり、南北朝時代になって子孫の小山義政《おやまよしまさ》が寺院を建立したという。現在は真言宗豊山《ぶざん》派である。

小山朝政は、源頼朝の信頼を得た下野国（栃木県）の有力御家人である。暦仁《りゃくにん》元年（一二三八）八十四歳で死去し、この地に葬られたという。貞和《じょうわ》元年（一三四五）銘をもつ**小山朝政の墓**は、徳性寺の境内ではなく、隣接する大越公民館（加須市大越五七九八）裏（利根川寄り）にひっそりとたたずんでいる。

徳性寺近辺・小山朝政の墓

鷲宮神社《わしのみやじんじゃ》

久喜市鷲宮一―六―一

浮島《うきしま》と呼ばれた古利根川右岸の微高地に鎮座する古社である。『新編武蔵国風土記稿』は古代の土師《はじ》氏の祀る土師宮《はじのみや》が鷲宮に転じたとしている。もともとは地域の豪族が祀る氏神であったと考えられるが、平安時代後期には太田荘《おおたのしょう》の総鎮守とされ、荘域には多くの分社もある。のちに関東御領《かんとうごりょう》となったと思われ、鎌倉幕府の尊崇を受けた。建仁《けんにん》三年（一二〇三）比《ひ》企能員《きよしかず》の乱鎮定を謝して将軍源実朝が神馬を奉納したことなど、当社に係る記事は『吾妻鏡』にも多い。太田荘はその後得宗領《とくそうりょう》になったと思われ、正応五年（一二九二）の社殿再興は北条貞時《ほうじょうさだとき》によって行われた。南北朝時代になると太田荘上須賀《かみすが》郷《ごう》は下野の小山氏が領有するところとなり、小山義政《おやまよしまさ》は応安《おうあん》五年（一三七二）当社に**太刀**（**国重文**）を奉納している。東に一kmほど離れた場所に**久喜市立郷土資料館**（久喜市鷲宮五―一三―二）があり、この太刀のレプリカ、**鷲宮神社文書**（**県文化**）、鷲宮神社の神宮《じんぐう》寺である大乗院《だいじょういん》の本尊であった**釈迦如来坐像**（**県文化**）のレプリカなどを見学することができる。

甘棠院《かんとういん》

久喜市本町七―一二―一八

臨済宗円覚寺派の寺院で、隠居後の二代古河公方足利政氏《こがくぼうあしかがまさうじ》が、永正《えいしょう》十五年（一五一八）にこの地に移って居館を構えたことに始まる。境内は**足利政氏館跡及び墓**（**県史跡**）であり、中門前に空堀跡、北側の竹林にはうっすらと土塁跡も残る。境内へは入ることができないが、墓地側から、政氏墓である享禄《きょうろく》四年（一五三一）銘の五輪塔を見ることができる。なお、寺宝の紙本著色《しほんちゃくしょく》伝貞巌和尚像《でんていげんおしょうぞう》（国重文）、絹本著色《けんぽんちゃくしょく》足利政氏像（県指定）は埼玉県立歴史と民俗の博物館（さいたま市大宮区高鼻町四─二一九）に寄託中である。

西光院《さいこういん》

宮代町東四一〇

行基《ぎょうき》の開創という伝承もある真言宗智山派の寺院。本尊は安元《あんげん》二年（一一七六）造立の**阿弥陀三尊像（国重文）**である。像高九一・五cm（等身仏）、定朝様《じょうちょうよう》の名品であるが、現在は東京国立博物館に寄託中である。レプリカは近隣の**宮代町郷土資料館**（宮代町西原二八九）で見ることができる。また、隣接する**五社神社《ごしゃじんじゃ》**（宮代町東九〇）の**本殿（県文化）**は、埼玉県内唯一の五間社《ごけんしゃ》で、熊野三社と白山《はくさん》・山王《さんのう》の五社の各棟を等間隔に祀っている。

白岡八幡宮《しらおかはちまんぐう》

白岡市白岡八八九

「白い鳩が舞う丘」ということで、「白岡」の地名発祥の地とされる。康平《こうへい》五年（一〇六二）、源義家《みなもとのよしいえ》が、前九年の役に際して戦勝を祈願したといい、参道脇の杉の枯木にはかつて義家が馬をつないだとの伝承も残る。建久《けんきゅう》六年（一一九五）、源頼朝は佐々木高綱《ささきたかつな》を代参させ、この地を治める野与党《のよとう》の鬼窪《おにくぼ》氏を奉行として社殿を造営させたという。康正《こうしょう》二年（一四五六）にあたる享徳《きょうとく》五年銘の**鰐口《わにぐち》**など社宝は社務所に保管されている。室町幕府と対立していた古河公方足利成氏が、「康正」以後の改元を認めず、「享徳」年号を用い続けていたことを示す史料である。拝観には許可が必要である。また、近隣に**正福院《しょうふくいん》**（白岡町白岡九四二）という真言宗智山派の寺院があるが、この寺はもとは白岡八幡宮の別当寺であり、白岡八幡宮と同様に嘉祥《かしょう》二年（八四九）に円仁によって創建されたとの寺伝をもっている。

白岡八幡宮・義家伝承の残る杉の枯木

八雲神社《やくもじんじゃ》

さいたま市岩槻区本町一─一五─六

永禄《えいろく》三年（一五六〇）に岩付太田氏によって開設された六斎市《ろくさいいち》の跡。その市神《いちがみ》（牛頭天王《ごずてんのう》）が祀られており、近隣では「市神様」と呼ばれ、近年まで一と六の付く日に市が開かれていた。なお、近接して**さいたま市立岩槻郷土資料館**（さいたま市岩槻区本町二─二─三四）があり、ここでは、応永《おうえい》十一年（一四〇四）の**地蔵図像板碑**、元弘《げんこう》三年（一三三三）の後醍醐天皇綸旨《ごだいごてんのうりんじ》や元文《げんぶん》十八年（一五四九）の太田資正《おおたすけまさ》書状のレプリカも見られる。また、岩槻区のガイドマップも無料で配布している。また、四〇〇mほど岩槻駅よりには**芳林寺**《ほうりんじ》（さいたま市岩槻区本町一―七―一〇）がある。太田資正が**松山城**（東松山市）（→214）の地蔵堂を移して建立したといい、近年製作された太田《おおた》道灌《どうかん》騎馬像もある。

八雲神社・境内

篠岡八幡大神社《しのおかはちまんだいじんじゃ》

さいたま市岩槻区笹久保《ささくぼ》八一〇

前九年の役（一〇五一～六二）の際、この地に立ち寄った源義家《みなもとのよしいえ》が、笹の生い茂った窪地に軍扇を埋めたという伝承がある。勝利した義家は報恩のために子どもの土俵入りを奉納させたと伝え、現在、ほぼ一年おきの九月十五日頃に、氏子の子どもたちによって行われる**古式土俵入り（国指定重要無形民俗文化財）**がそれであるという。

石造物

大日種子板碑

大日種子板碑《だいにちしゅじいたび》

行田市佐間三―八―九
行田市史料館

県文化（大日種子板石塔婆）。かつては大日塚古墳の上に立っていたが、現在は隣接する**行田市史料館**に保管されている。高さ二一二cm、幅六六cmで、主尊として両界の大日如来、つまり金剛界のバンと胎蔵界のアを上下に刻んでいる。嘉禎二年（一二三六）八月彼岸の造立で、「右為父母現当也／左近将監敬白」の銘がある。造立者の「左近将監」は、横山党の別府氏に比定する説があり興味深い。同館には、この他にも、**延応二年（一二四〇）銘阿《あ》閦《しゅく》種子板碑**、**寛元二年（一二四四）銘阿弥陀種子板碑**、**宝治二年（一二四八）銘阿弥陀種子板碑**などの初発期板碑が収蔵されており、一見の価値がある。火・土・日曜日に開館。

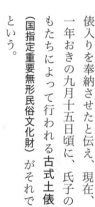

南《みなみ》河《が》原《わら》石《いし》塔《とう》婆《ば》

行田市南河原一五〇三 観福寺

国史跡（南河原石塔婆）。**観福寺**の収蔵庫に、**文応二年**（一二六一）**銘阿弥陀三尊画像板碑**と**文永二年**（一二六五）**年銘地蔵画像板碑**の二基があり、ガラス越しに見学することができる。寿永三年（一一八四）に生田の森・一の谷合戦で壮絶な死を遂げた私市《きさい》党河原《かわら》太郎《たろう》高直《たかなお》、次郎忠家《ただいえ》（『平家物語』では盛直）の供養塔と伝える。前者の板碑は高さ二五九cm、幅六五cm、キリークの下に正面向き来迎図を刻む。近年、基部の溝状痕によって古墳の石棺材を転用していることが明らかになった。後者の板碑は高さ一七九cm、幅五八cmで、岩座に半跏《はんか》した地蔵の下に司命《しめい》・司祿《しろく》を線刻で描く。地蔵は閻魔王の本地仏、司祿は亡者の罪状を読み上げ、司命はその判決を木札に記す地獄の役人である。なお、交名の中に「藤原氏」「佐伯氏」「平氏」「高階氏」「日前氏」等の名がみえる。

釈《しゃ》迦《か》阿《あ》弥《み》陀《だ》仏《ぶつ》種《しゅ》子《じ》板《いた》碑《び》

羽生市西一―一一三 毘沙門堂古墳

市文化（釈迦阿弥陀種子板石塔婆）。**毘《び》沙門堂古墳《しゃもんどうこふん》**の墳丘に、南面して立っている。高さ二五九cm、幅一八六cmで、一枚岩を立てたように大きい。昭和初期に埼玉県の考古学研究を牽引した柴田常恵《しばたじょうえ》によって、古墳の石室材を転用したものと指摘された。建長八年（一二五六）の造立で、上部の右にバク（釈迦）、左にキリーク（阿弥陀）を刻んでいる。いわゆる遣迎二尊《けんごうにそん》の思想により、往生人を浄土へ送る釈迦と、これを迎える阿弥陀とを表現したものである。

釈迦阿弥陀仏種子板碑

金《こん》乗《じょう》寺《じ》板《いた》碑《び》

鴻巣市小谷《こや》一五〇七 金乗寺

市文化（仁治三年双方式板碑）。**金乗寺**の境内を入った右手の覆屋に所在する。並び立つ二基の板碑のうち、左側には「仁治三年（一二四二）壬寅十月十五日」の銘があり、阿弥陀一尊の画像と「諸教所讃」の偈、さらに「右入道造立也」と刻まれている。右側は無紀年ながら、同様の画像、「光明遍照」の偈、「右比丘尼造立也」の銘が刻まれている。ともに画像や銘文配置の様式が共通するため、双碑と

金乗寺板碑

思われる。つまり二基を対とする双式板碑で、入道と比丘尼夫妻の供養のため、同時に造立されたものであろう。なお、銘にある干支の「刁」字は、寅の異体字である。

大福寺板碑《だいふくじいたび》

加須市内田ケ谷《うちたがや》七四一 大福寺

市文化（大福寺板碑）。**大福寺**の参道の左手に板碑が並んでおり、この地に館を構えた野与党多賀谷氏《のよとうたがやし》との関わりが想定される。中央の大板碑は、高さ二五一cm、幅八五cmで、右側面に「天福《てんぷく》二年（一二三四大才丙午七月廿一日」とある。塔身の上部に胎蔵界大日種子《たいぞうかいだいにちしゅじ》のア、下部に大ぶりの蓮座を刻むが、中央は銘がなく空白で、他に類例がないものである。また、基部にある方形の貫通孔は納骨孔との説がある。同寺には、この他にも、「草加部宗光」「小長谷守直」等の人名を刻む文永四年（一二六七）銘板碑や、ウーン・バク・アン種子等の特色ある板碑が多い。

大福寺板碑

建長五年銘板碑《けんちょうごねんめいいたび》

加須市南大桑三三四一 乗蔵院跡地

市文化（建長五年の青石塔婆）。大桑小学校の北側、**乗蔵院跡地**に所在する。建長五年（一二五三）の造立で、高さ一四二cm、幅四七cmである。縦長の異体キリークを主尊とし、天蓋と蓮座で荘厳される。初期板碑の中では瀟洒《しょうしゃ》な様式といえ、天蓋の事例としては**寿命院**（北本市深井四―五五）の**建長三年銘板碑**（↓256）に次ぐものである。銘文には「極重悪人／無他方便／唯称念仏／得生極楽」という源信の『往生要集』を出典とする偈《げ》が四行で刻まれている。

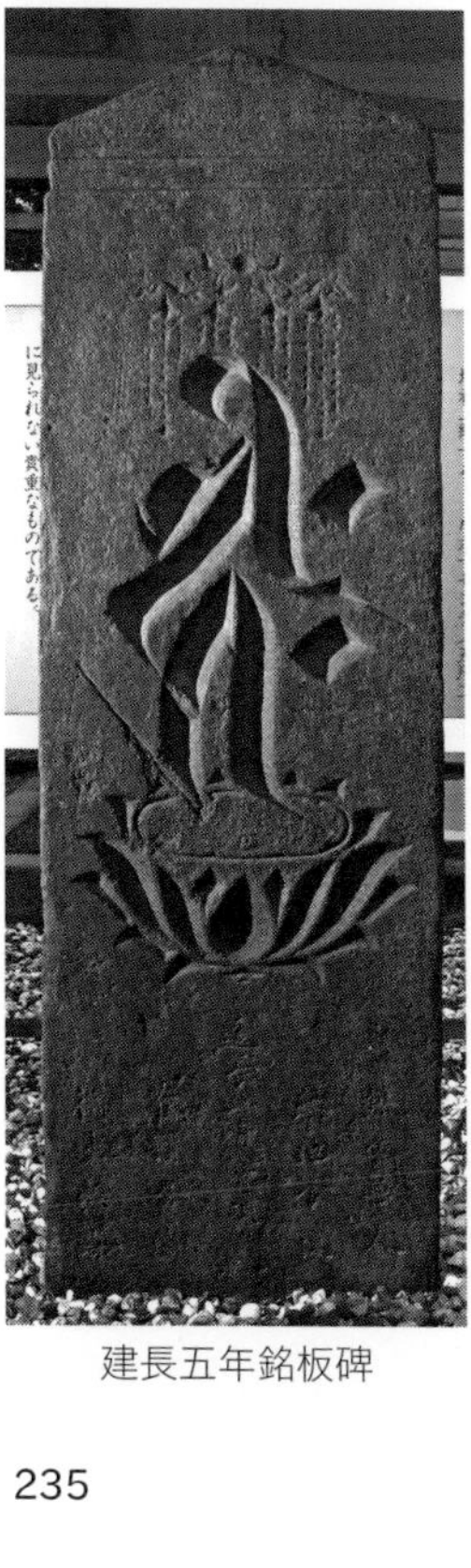
建長五年銘板碑

大英寺板碑《だいえいじいたび》

加須市騎西一四〇四 大英寺

市文化（大英寺板碑）。**大英寺**境内にある鐘楼の東側に五基の板碑が立ち並んでいる。左端の板碑は正嘉《しょうか》元年（一二五七）銘の画像板碑で、高さ一〇三cm、幅三六cmの大きさである。阿弥陀三尊が来迎《らいごう》する姿を描いている。斜め向きの来迎図は、板碑の画像としては最古の事例で、周囲に唐草文《からくさもん》の縁取りがあり、軸装の来迎図をモデルにしたものであろう。この他にも、**弘安九年**（一二八六）**銘釈迦・阿弥陀種子板碑**、**嘉元元年**（一三〇三）**銘阿弥陀荘**《しょう》

厳体《ごんたい》種子板碑、文永十二年（一二七五）**銘板碑**がある。文永板碑の両側面には、不動・毘沙門の種子及び『法華経』「化城《けしょう》喩品《ゆほん》」の偈等が刻まれている。

延慶《えんぎょう》四《よ》年《ねん》銘《めい》板碑《いたび》

蓮田市馬込二七九五

県文化（板石塔婆）。辻谷《つじや》の共同墓地に西面して立つ。かつて、この地にお寅という美しい長者の娘がおり、多くの男に求婚されたことを悩んで自ら死を選んだため、皆が悲しんでこの板碑を建てたという伝説がある。ゆえに地元では「**寅子《とらご》石《いし》**」の名で呼ばれている。高さ四〇〇cm、幅八〇cmと武蔵国では二番目に大きい。延慶四年（一三一一）の造立で、「南無阿弥陀仏」と刻む名号板碑である。銘には「報恩真佛《ほうおんしんぶつ》法師／大発主釈唯願《しゃくゆいがん》」とあり、真宗僧の唯願が、親鸞の高弟・真佛法師の報恩のために建てたことがわかる。また、背面には「銭已上佰五十貫」と造立の費用が刻まれていることも注目される。

大英寺板碑

延慶四年銘板碑

古道

鎌倉《かまくら》街道《かいどう》中道《なかつみち》遺構《いこう》

さいたま市岩槻区

さいたま市緑区大門《だいもん》（江戸時代の足立郡大門宿）の南側を、台地上から東側に下り（貝殻坂）、綾瀬川を渡って岩槻区（埼玉郡）に入る。鈎上《かぎあげ》で左折し、尾ヶ崎《おがさき》・笹久保《ささくぼ》の台地上に登る。尾ヶ崎交差点から県道と分かれ右側に進み、笹久保バス停で県道と合流するまでの区間は、近年舗装されたものの幅二間（約四m弱）程の古道が残る。新和《にいわ》小学校の西側の坂を第一集会所方面に登る付近に切通し状の遺構、勝軍寺《しょうぐんじ》から笹久保バス停に下る坂は片側に掘割状遺構が残る。この道沿いの尾ヶ崎には、古道の名残を示唆する山ノ海道という小字名があり、地内の勝軍寺に隣接して**八幡神社**（鳩八幡）（さいたま市岩槻区尾ヶ崎一八二三）がある。また県道を北に進み遺構から八〇〇mほど北にある**篠岡《しのおか》八幡《はちまん》大神社《だいじんじゃ》**（さいたま市岩槻区笹久保八一〇）（→233）には、前九年合戦で源 義家《みなもとのよしいえ》（八幡太郎）が奥州攻めの途上、一夜の陣を張り、笹の茂った窪地に軍扇を祀り八幡神を勧請したところから笹窪（笹久保）と呼ぶようになったという伝承がある。また、尾ヶ崎の**八幡神社**は、この時の軍扇を立てた桑の木の株を神体として祀っているという。

金山堤《かなやまづつみ》

さいたま市岩槻区

県道野田岩槻線沿いの香取神社（さいたま市岩槻区増長）裏手付近から「つ」の字状に増長《ますなが》・大口《おおぐち》・大谷《おおや》地区まで約一km余りにわたり、比高約一m程の雑木林に覆われた「堤防」が連なっている。元荒川がかつて大きく蛇行していた跡に形成された自然堤防と見られるが、『新編武蔵国風土記稿』大口村の項には「村の西に堤あり、金山堤と唱う。是奥州街道の蹟なりと云」とあり、また同書には付近の**大光寺**（さいたま市岩槻区長宮一一九七）に源《みなもとの》義経《よしつね》と弁慶《べんけい》が奥州下りの際においていった十一面観音像と笈《おい》があると記されていることなどから、鎌倉期に奥州への街道がこの堤防上を通っていたと推定されている。

東条原《ひがしくめはら》の鎌倉街道《かまくらかいどう》遺跡《いせき》

宮代町

東条原の**鷲宮神社**《わしのみやじんじゃ》（↓231）から**真蔵院**《しんぞういん》（宮代町須賀一二六四）の南側を通り**高野の渡し**（↓239）へ抜ける道が、鎌倉街道中道と伝承されていたが、東条原字宿屋敷では平成十四年度（二〇〇二）と平成十七年度（二〇〇五）の二回の発掘調査が行われた。その結果、平成十四年度の調査では鎌倉街道伝承地から溝状の道路状遺構が検出され、平成十七年度の調査では厚さ約三〇cmの造成した道路状遺構が発掘された。これにより伝承通り鎌倉街道跡であることが明らかになった。鎌倉時代には字宿屋敷付近は街道沿いに南北に宿が形成され、「市場之祭文」に見える「久米原市《くめはらいち》」は東条原の鷲宮神社の門前に、また「須賀市《すかいち》」は、須賀の真蔵院の門前市であったと推定されている。**宮代町郷土資料館**（宮代町西原二八九）では、鎌倉街道と出土遺物の展示を行っている。

旧下妻街道《きゅうしもづまかいどう》

草加市柿木町《かきのき》

草加市柿木町の東を流れる中川（古利根川）の自然堤防上に、中川通りの四区バス停横の「下妻街道」の標石から柿木グランド脇を通る幅一間（約一・八m）程の古道が残っている。草加市教育委員会の説明板によると、この呼称自体は戦国期以降のものだが、鎌倉街道中道成立以前の奥州への道で、前九年合戦の際、源《みなもとの》頼義《よりよし》・義家《よしいえ》父子がこの道を通って陸奥に向かったとの伝承がある。当時この辺り一帯は沼地で、自然堤防の背を探る以外なかったと伝えられている。また、この古道付近に「塚のこし」とよばれる場所があり、室町時代のものと推定される**経塚**（**市文化**）（草加市柿木町一七五九豊田方）があったことから、中世においても重要な交通路であったことがわかる。

旧下妻街道

渡し場

岩瀬《いわせ》の渡《わた》し
羽生《はにゅう》市下岩瀬

鎌倉中期の撰歌集『夫木抄《ふぼくしょう》』に見える渡し場。「五月雨《さみだれ》は岩瀬の渡り浪こえてみやざき山に雲ぞかかれる」などの歌が載せられており、かつては**「古江《ふるえ》の浦岩瀬の渡跡」**として市指定文化財としていたが、『新編武蔵国風土記稿』には暫定的にこの地に比定はするが確定できないということが記されている。羽生市も平成元年（一九八九）に指定を解除した。その旨を記した羽生市教育委員会による碑が**伊奈利神社《いなりじんじゃ》**（羽生市中岩瀬七五〇）にある。しかし、近世以前の利根川の主流会ノ川《あいのかわ》が流れ、奥州道も通っており、渡し場があったと考えることは十分可能である。

杉《すぎ》の渡《わた》し
加須市

『前太平記《ぜんたいへいき》』や『源平盛衰記《げんぺいじょうすいき》』などの軍記物に見られる利根川の渡し場。「前太平記」では天慶《てんぎょう》三年（九四〇）平将門《たいらのまさかど》方に属して藤原秀郷《ふじわらのひでさと》に敗れた常陸介玄茂《はるもち》が「杉の渡し」を通って上野国から武蔵国に逃げようとしたという。また『源平盛衰記』では足利から秩父へ攻める時の利根川の渡河点として「杉の渡し」をあげている。『新編武蔵国風土記稿』では、「渡」の字に「戸」をあてて、杉の渡しを杉戸とする説もあるが、上野国から武蔵国へという地理的位置関係から、また「杉の森ノ渡し」とよばれる所がある埼玉郡向古河村《むかいこが》（加須市向古河）が妥当であろうと記している。

古河《こが》の渡《わた》し
加須市向古河《むかいこが》

古くは『万葉集』にも詠まれ**（向古河万葉遺跡）（県旧跡）**、鎌倉中期に編纂された和歌集『夫木抄《ふぼくしょう》』には西行《さいぎょう》の「霧深き古河の渡りの渡し守岸の船つき思ひ定めよ」という歌などが載せられている。また『吾妻鏡《あずまかがみ》』には下河辺行平《しもこうべゆきひら》が、常陸国から志田義広《しだよしひろ》の侵攻に対して、「古我・高野渡」を固めたとある。これらの文献に見える古河の渡しは、奥州道の道筋からは元栗橋（茨城県猿島《さしま》郡五霞《ごか》町）が妥当とも考えられるが、『新編武蔵国風土記稿』では、向古河村としている。

川口《かわぐち》の渡《わた》し
加須市川口・久喜市栗橋町高柳川口橋付近

鎌倉街道中道の利根川（現古利根川）の渡し場。現在この付近は葛西用水と中川が接近しており、葛西用水に架かる川口橋付近が渡し場と考えられる。鎌倉期に横山党の大串重保《おおくししげやす》の子経俊《つねとし》がこの地に住し川口八郎と称しており、**西蓮寺**（加須市川口一―一三―一）は、その居館跡という。このことは川口が軍事的にも奥州道の重要な拠点であったことを示している。中世では現在の川口市の**川口の渡し**（→259）よりもこちらの方が大きく有名だったという。橋の右岸の橋詰にある**洗磯神社《あらいそじんじゃ》**（加須市川口一―一九―一）は川口の鎮守で、この地の由来を記した石碑がある。

御厩瀬《みやせ》の渡《わた》し
春日部市花積《はなつみ》
さいたま市岩槻区東岩槻

鎌倉街道中道の荒川（現元荒川）と利根川（現古隅田川）の合流地点の渡し場。

南北朝期の永徳三年（一三八三）、岩槻の慈《じ》恩《おん》寺《じ》（さいたま市岩槻区慈恩寺一三九）がその頃渡船を置き、往来する旅人から渡賃を徴収していたが、渋《しぶ》江《え》郷（さいたま市岩槻区）にいた野与党の渋江加賀入道によってその渡しと渡船が押領されるという事件が起きている（「相州文書」）。流路の変化により近世には役割を終えたとみられ、正確な渡河点は不明。

高野《たかの》の渡《わた》し　宮代《みやしろ》町和戸《わど》・杉戸町下高野 万願寺橋付近

鎌倉街道中道の利根川（現古利根川）の渡し場。鎌倉期の元亨四年（一三二四）、高野の渡しに橋が架けられており、通行者から橋賃を徴収していたが、それを称《しょう》名《みょう》寺《じ》（神奈川県横浜市金沢区）に管理させることを鎌倉幕府が命じている（「金沢文庫文書」）。そのことから非常に重要な渡河点であったことが分かる。『新編武蔵国風土記稿』の須賀村の項に、久米原村（宮代町東粂原・西粂原）から古利根川を越え下高野へ通じる鎌倉街道があり、鎌倉期に利根川に架かっていた橋の杭が水中に残っていたと記されている。

その他

渋《しぶ》江《え》鋳《ちゅう》金《きん》遺《い》跡《せき》　さいたま市岩槻区大字村国五八六―八

県旧跡。室町期から戦国期に岩槻周辺で活動した渋江鋳物師《しぶえいもじ》の工房がこの一帯にあった。現在、案内の標示がある。渋江鋳物師は、渋江郷に住んで鋳物を作った人々のことで、戦国期には岩付城主の保護下にあった。文明六年（一四七四）に長官の香取神社に寄進された、**大光寺香取社**（さいたま市岩槻区長宮一一〇一）の**文明鰐口《ぶんめいわにぐち》**（市文化）には、「渋江住泰次」とみえる。日高市**聖《しょう》天院《でんいん》**（↓305）の**応仁鰐口《おうにんわにぐち》**（県文化）も渋江鋳物師の手になるものである。

社前《しゃぜん》の堤《つつみ》　熊谷市上之《かみの》一六

社前の堤は、横山党成田家時が、**上之《かみの》村神社《むらじんじゃ》**の社前を通るのは恐れ多いといって造らせたものと伝えられるが、かつての荒川の堤であろう。家時は、応永十八年（一四一一）に**龍淵寺《りゅうえんじ》**（↓229）を開き、上之村神社や**大雷神社《おおいかずちじんじゃ》**（熊谷市上之一六）を再興した。また、成田小学校には祐之《すけゆき》（成田助行）の坐像（石膏製）がある。

渋江鋳金遺跡碑

社前の堤

下河辺荘と下河辺氏

茨城県古河市南部より現在の江戸川を中心に埼玉県吉川市に至る地域には、中世の時代、下河辺荘という荘園がひろがっていた。東は千葉県野田市、西は埼玉県春日部市を境とし、全体的にみると南北に細長い荘域であった（図①）。中世にあっては、武蔵国は古利根川を東界としていたから、下河辺荘は下総国に属していた。

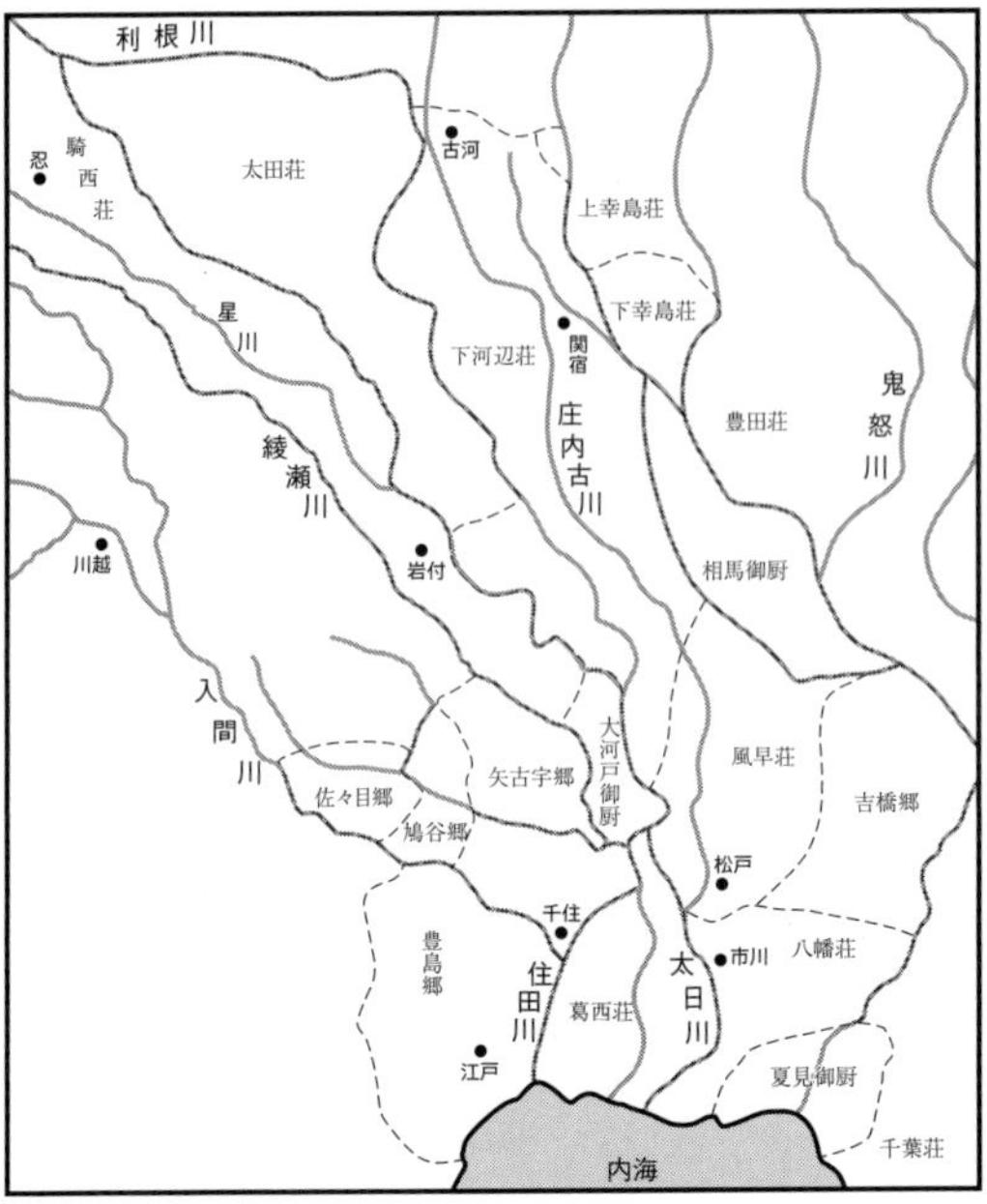

図①　武蔵国東部・下総国西部の荘郷分布図

荘内には古利根川をはじめいくつかの河川が複雑に流れ込んでおり、近世の利根川の付け替え事業をなどもあり、中世の河川流域を確定することは難しい。しかし例えば幸手市周辺の地形分類図を見ても判るように、低地がかなり広がっており、そのなかには旧河川の河畔砂丘がみられる。この河畔砂丘は、平安末期天仁元年（一一〇八）の浅間山の噴火により、大量の土砂が押し流されて形成されたといわれている（図②）。

この広大な荘園は平安末期より開発が進められたようで、文治四年（一一八〇）には八条院領となっていた。この荘園を現地で管理していたのが下河辺氏である。

下河辺氏はその祖である鎮守府将軍藤原秀郷以来の「武家故実」を伝え、『吾妻鏡』には「下河辺庄司行平」とみえ、源頼朝と主従関係をむすび鎌倉御家人として活動した。しかし文永十二年（一二七五）には下河辺荘は金沢北条氏領とみえ、『金沢文庫文書』には荘内の地名が散見される。

のち下河辺氏本宗は下河辺荘を離れ常陸国へ移住し、同族の幸島氏が茨城県猿島郡を拠点として活動していった。

（川島孝一）

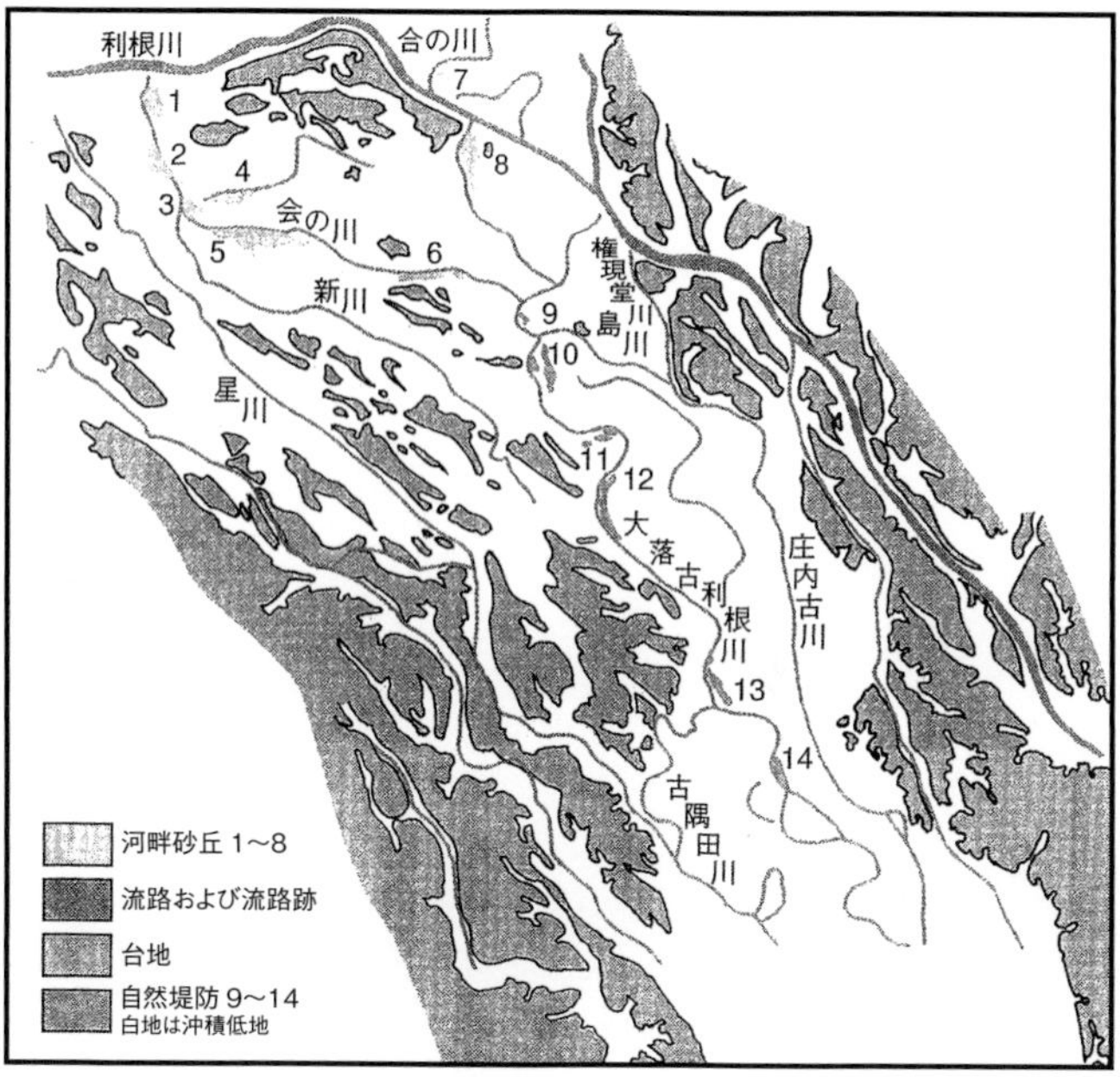

図②　河畔砂丘と自然堤防の分布※15

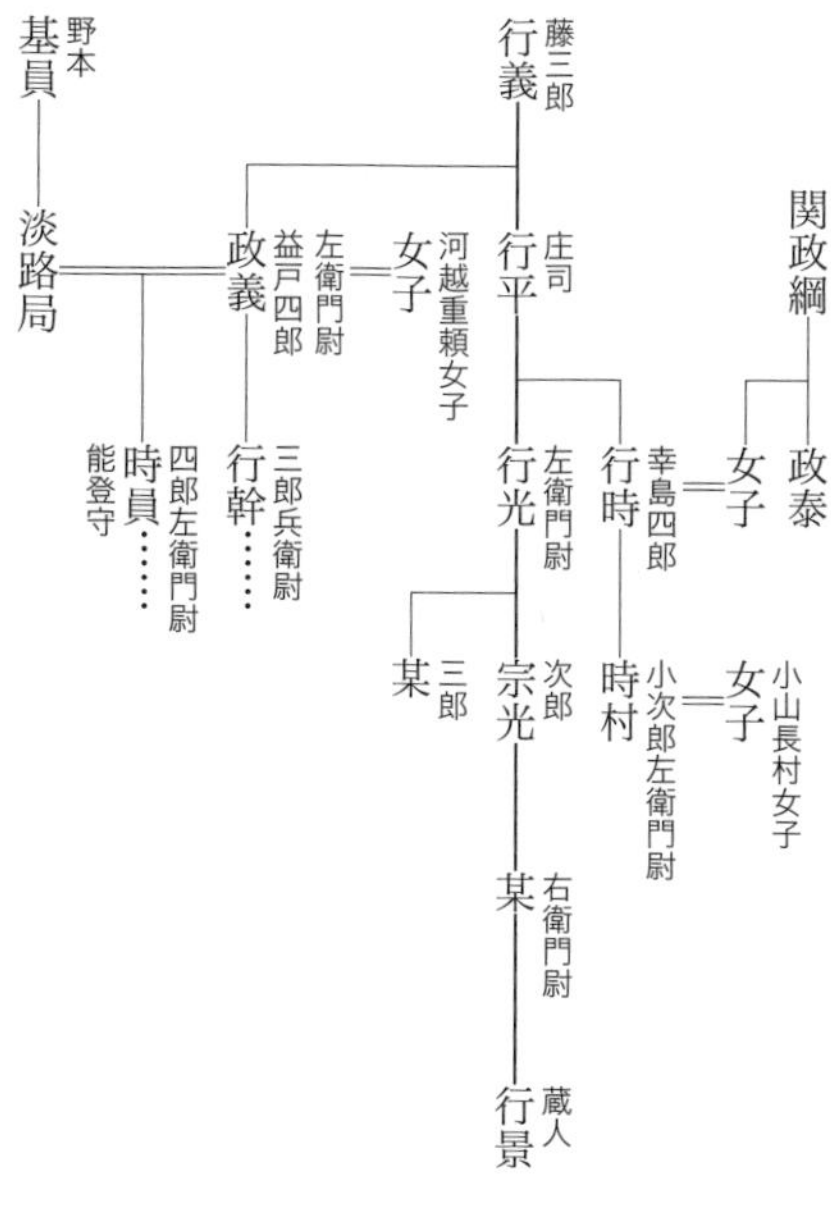

〈参考文献〉
・『幸手市史』通史編Ⅰ、自然・原始・古代・中世・近世
・今野慶信氏「御家人下河辺氏・幸島氏について」（『野田市史研究』第十二号）

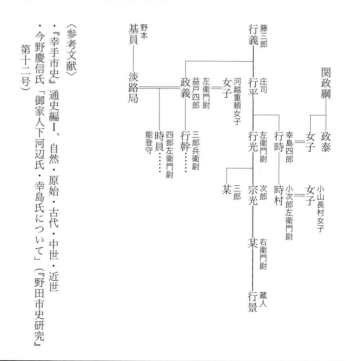

下河辺荘の香取神社

現在の埼玉県東部は江戸時代初めまで「下総国」に属していた。中世の時代には下河辺荘の荘域内であり、そのため「下総国」の文化の種々が見受けられる。神社信仰の面においても、「下総国」の一宮であった香取神宮（祭神は経津主神、または斎主命）の影響が顕著にみられるのである。

図①は埼玉県の東端に位置する栗橋・幸手・杉戸・春日部・松伏・越谷・吉川の各市町ごとに所在する神社の割合を示したものである。全国の神社のなかでもっとも多いのが八幡神社であるので、香取神社と八幡神社との比較することで

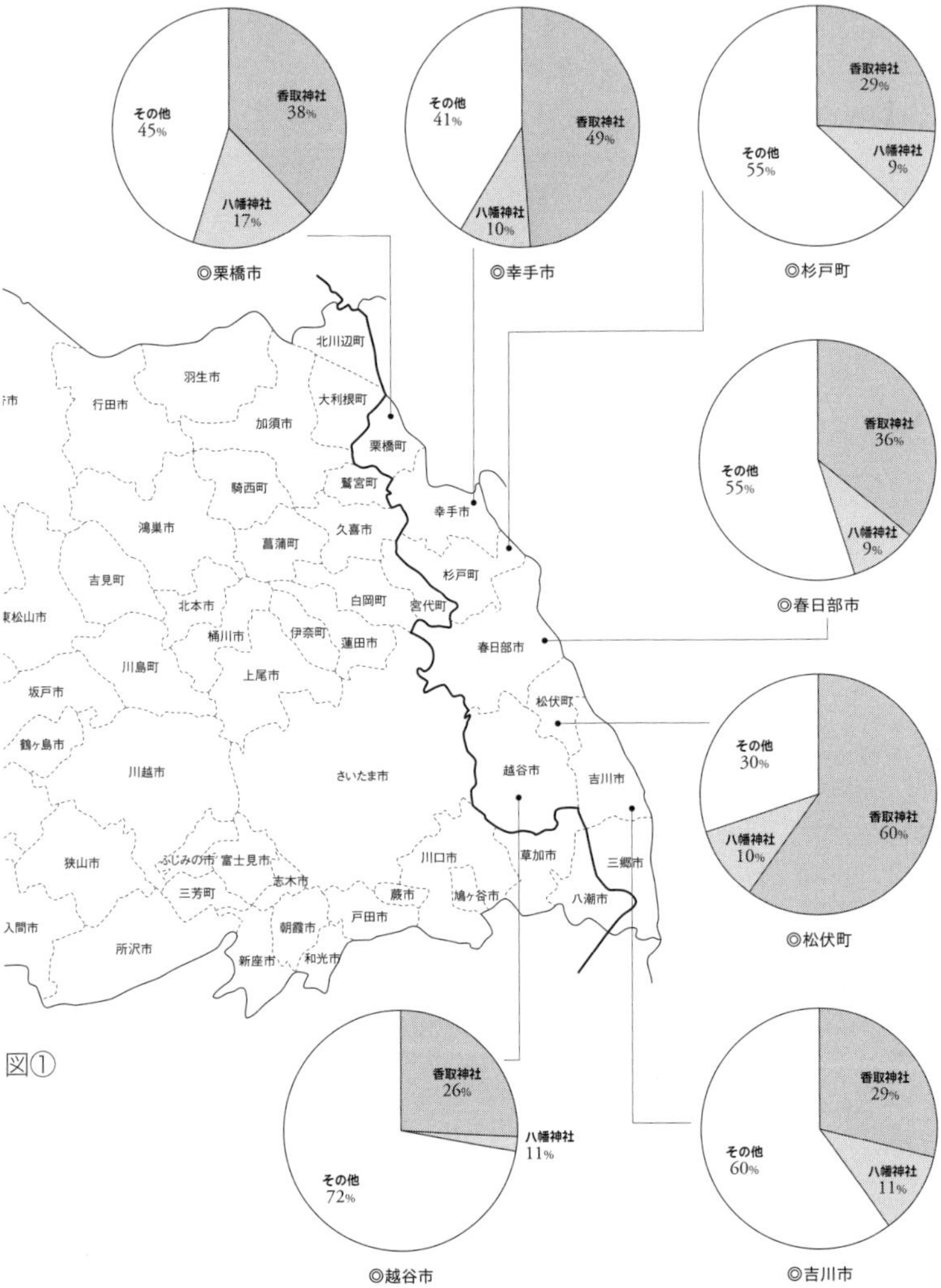

図①

相対化することができよう。

香取の神に対する信仰については、『日本書紀』神代巻・天孫降臨条に「斎主の神を斎の大人と号す、此の神、今東国の檝取の地に在す」とあり、太古より香取の海、それに連なる利根川を舞台とした「檝取」の民の篤い信仰があったようである。このような利根川を中心とした河川交通に携わる人々による信仰を背景として、近世になると広大な沼地が開発され、新田が開かれていくなかで、村落の鎮守として香取神社が勧請されていった。

またかつては河川が国境の役割を果たしていたことから、神社信仰の範囲も河川を境界としていた。例えば越谷市は、古利根川と中川を東境とし、市内には新方川と元荒川が貫流しているが、香取神社は元荒川以南には存在しない。そして新方川と元荒川の間には、香取神社と久伊豆神社とが混在しているものの、その以南には久伊豆神社が分布しているのである（図②）。

田園のなかに残る小祠であっても、氏子の人々によって今なお行事は続けられている。

（川島孝一）

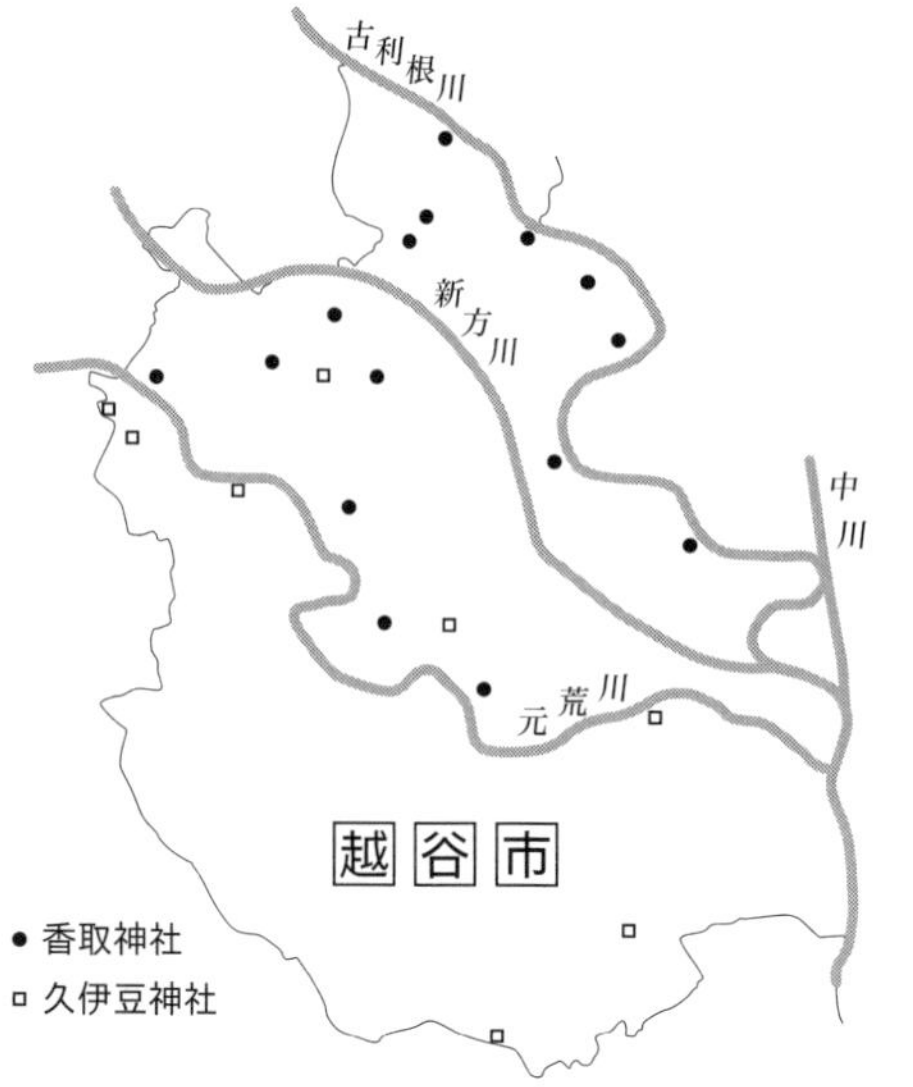

図②

足立郡

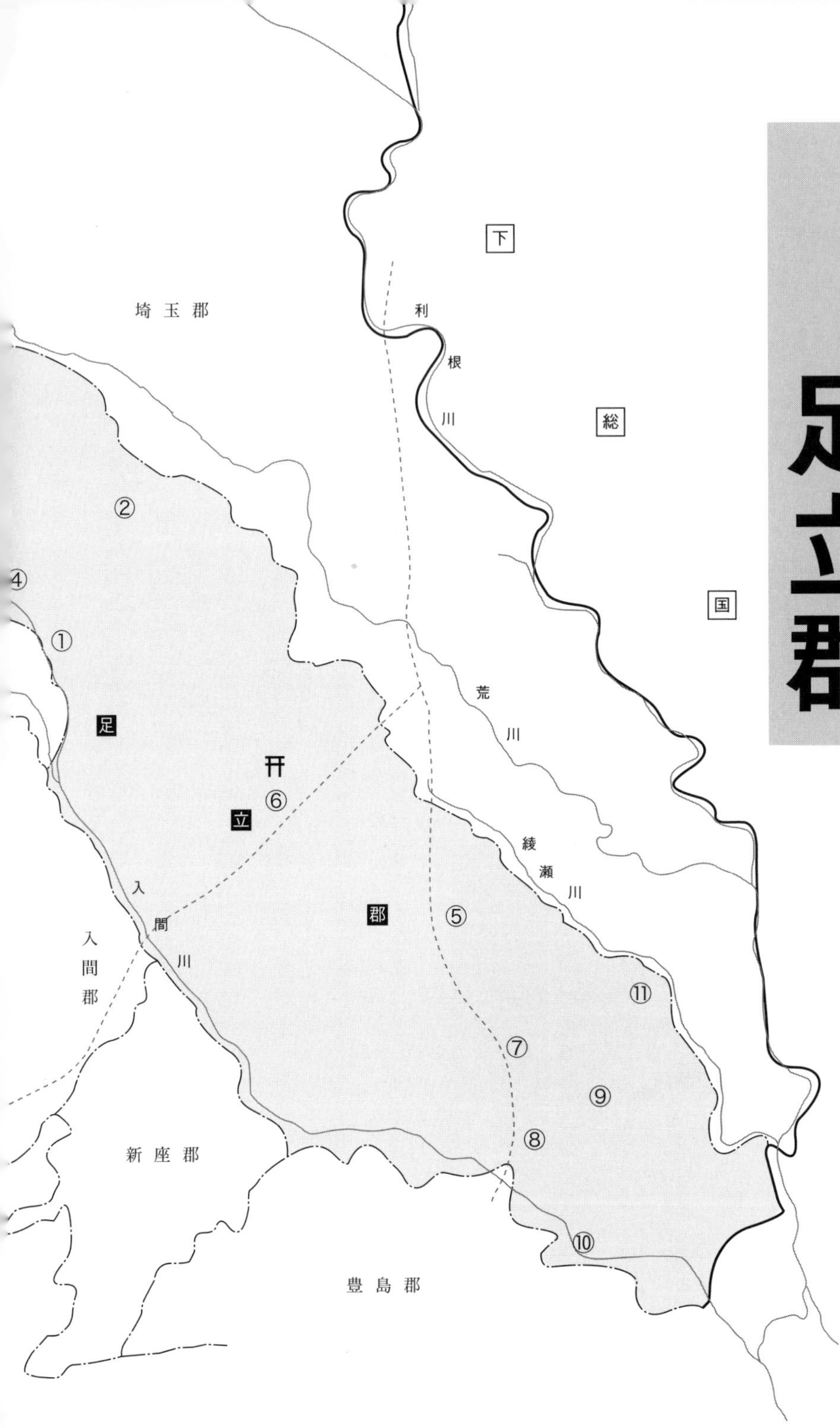

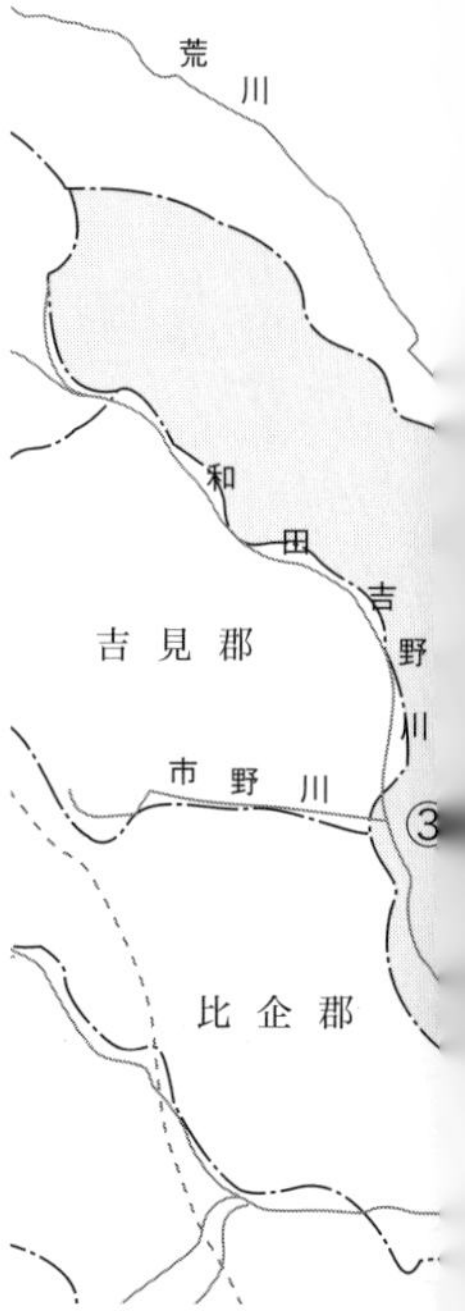

奈良時代から見える郡名。武蔵国東部、ほぼ荒川（旧入間川）と元荒川・綾瀬川に挟まれた地域に位置し、大宮台地とその周辺の低地及び南部の荒川など河川の堆積作用によってつくられた沖積低地からなる。周囲は東・北は埼玉郡、南は豊島郡と下総国葛飾郡、西は新座郡・入間郡・比企郡・吉見郡・大里郡と接している。

郡域は、埼玉県から東京都にまたがるが、大部分は埼玉県域で、東京都に含まれるのは東南の一画、足立区域にあたる。埼玉県域では、現在の鴻巣市（旧吹上町を含む）、北本市、桶川市、伊奈町、上尾市、さいたま市（北区・西区・大宮区・見沼区・中央区・桜区・浦和区・南区・緑区）、戸田市、蕨市、川口市（旧鳩ヶ谷市を含む）草加市にほぼ該当する。

武蔵武士　郡内の武蔵武士としては足立氏を筆頭に鳩谷氏、矢古宇氏などが分布する（別表と地図を参照）。平安時代末期から鎌倉時代にかけて、当郡は足立氏の支配下にあった。足立氏は、『尊卑分脈』では藤原北家魚名流と伝え、「足立系図」では藤原北家高藤流と伝えるが、足立郡司武蔵武芝の子孫が、婚姻関係などから藤原氏を称したする説が有力であろう。

足立氏の館跡と伝える所は、桶川市内に三ヶ所、さいたま市西区内に一ヶ所ある。桶川市内では、①川田谷の三ツ木《みつぎ》城跡（『新編武蔵国風土記稿』）（↓249）で、戦国時代の堀や土塁が残り、足立氏の一族河田谷氏の館跡かもしれない。②は末広二丁目の通称一本杉といわれる付近で、足立遠元館跡記念碑が残るが、現在は何も残らない。③は明神一丁目付近で、かつてこの辺りは雑木林で堀や池があったと伝えるが、現在は住宅地になっている。④はさいたま市西区植田谷本にあり、江戸時代の名主小島家に伝わる寛永十九年（一六四二）の文書の中に「あだちとのの御屋敷壱町余程御座候ニ」という文言が見える。小島家は家伝では安達盛長の子孫と伝えるが、これは足立遠元の誤りであろう。館跡と推定される場所に足立神社（↓252）が祀られている。

足立遠元は、源義朝に従って在京し、平治の乱（一一五九）に敗れ関東に下向した。源頼朝の挙兵に際には、足立郡を安堵され、宿老として活躍した。遠元の子には淵江田内（淵江郷、草加市から東京都足立区保木間町・竹塚町・六月町付近）・安須吉（畔吉郷、上尾市畔吉）・河田谷（桶川市川田谷）・平柳（川口市元郷付近）を称しており、郡内に盤踞《ばんきょ》していた。しかし、足立郡は鎌倉時代末期には北条氏が支配するところとなり、足立氏は丹波国佐治荘（兵庫県丹波市青垣町）地頭として、西遷している。

中世地名　郡内（埼玉県域）で鎌倉時代から見える地名としては、上青木（川口市上青木）、佐々目郷（戸田市北部・さいた

名字	出自	名字の地	現在比定地
①安須吉	藤原姓足立氏	畔牛郷	上尾市畔吉
②足立	藤原北家魚名流 藤原北家高藤流	足立郡	桶川市末広町2丁目付近カ
③石戸	(不明)	石戸郷	北本市石戸宿
④河田谷	藤原姓足立氏	河田谷	桶川市川田谷
⑤指間	(不明)	差間	川口市差間
⑥高鼻	(不明)	高鼻郷	さいたま市大宮区高鼻
⑦鳩谷	(不明)	鳩谷郷	川口市鳩ヶ谷本町付近
⑧平柳	藤原姓足立氏	平柳	川口市元郷一～六丁目あたり
⑨淵江	藤原姓足立氏	淵江郷	草加市から東京都足立区の一部を含むあたり
⑩宮城	平姓秩父氏	宮城	東京都足立区宮城
⑪矢古宇	横山党	矢古宇郷	草加市住吉町の一部、東町・松江町・手代町

ま市南区南部・蕨市の一部にまたがる地域）、笘崎山（鳩ケ谷市桜町二～五丁目付近（旧浦寺））、鳩谷郷（川口市桜町・鳩ヶ谷本町・坂下町・里付近一帯、鳩谷氏の名字の地、氷川神社の参道）（↓258）、矢古宇郷（草加市・川口市東部を含む一帯）、与野郷（さいたま市中央区から桜区にかけての一帯）があり、古くから開発された地域であった。

小川口は、**鎌倉街道中道**の**川口の渡し**（↓238）の北側に位置し、付近に**元亨二年銘宝篋院塔**（↓257）・**善光寺**（↓255）がある。佐々目郷・矢古宇郷は、鎌倉の鶴岡八幡宮の社領で、前者に**内谷《うちや》氷川神社**（↓253）・**美女木《びじょぎ》八幡宮**（↓254）、後者には**峯ケ岡《みねがおか》八幡宮**（↓255）など中世から見える神社が残っている。与野郷は、羽根倉《はねくら》道の宿場（**与野宿**）（↓259）で、西の大窪郷とともに畠山重忠伝説が残る（**弁天池**）（↓260）。

南北朝時代から見える地名はさらに増え、畔牛郷（上尾市畔吉）、大窪郷（さいたま市桜区上大久保・下大久保・大久保領家付近一帯）、大牧村（芝郷のうち、さいたま市緑区大牧・大間木一帯）、大宮（さいたま市大宮区の旧大宮町一帯）、桶皮郷（桶川市から上尾市北部の菅谷にかけての地域）、片柳郷（さいたま市見沼区片柳）、加村（さいたま市北区上加・日進町一～二丁目・櫛引町二丁目付近）、川田谷、河連村（箕田郷のうち、鴻巣市川面）、こいつみ郷（上尾市小泉）、小室郷（伊奈町小室）、差扇郷（さいたま市西区差扇）、芝郷（川口市北部の芝付近からさいたま市緑区大牧一帯）、菅谷村（桶皮郷のうち、上尾市菅谷）、中茎郷（さいたま市西区中釘）、野田（さいたま市緑区北部の上野田・中野田・下野田一帯）、箕田郷（鴻巣市箕田付近一帯）、峯村（川口市峯）がある。

川田谷は、室町時代には河田郷とも見え、郷域に足立遠元の居館跡と伝える**三ツ木城跡**（↓249）や**東叡山泉福寺**（↓251）が残る。箕田郷は、平安時代に下向した武蔵守　源　仕《みなもとのつかう》の名字の地で、『今昔物語』には、大里郡村岡郷にいた平良文（村岡五郎と称した）との合戦譚は有名。子の宛《あつる》は箕田源次と称した。郷域内には、それにまつわる**伝箕田館跡**（↓249）・**箕田氷川八幡宮**（↓250）が残る。

室町時代から見える地名には、遊馬郷（さいたま市西区西遊馬）、石塚村（淵江郷のうち、草加市）、石戸郷（北本市石戸宿付近）、殖竹郷（さいたま市西区植田谷本付近）、上内野郷（さいたま市西区宮前町付近）、鴻巣（北本市北本から鴻巣市にかけての一帯）、佐地川（さいたま市西区佐知川）、里村（川口市里）、島根村（さいたま市西区島根）、十二月郷（川口市末広から鳩ケ谷市南にかけての一帯）、大門（さいたま市緑区大門）、沼影（さいたま市南区沼影）、美女木（佐々目郷のうち、戸田市美女木）、ふかい（北本市深井）、淵江郷（草加市から東京都足立区の一部を含む一帯）、前田（鳩ケ谷市南三〜八丁目付近）、馬室郷（鴻巣市原馬室・滝馬室一帯）、三室郷（さいたま市緑区三室）、吉野村（さいたま市北区吉野町一〜二丁目付近）、蕨（蕨市蕨）がある。

鎌倉街道　郡内を鎌倉街道中道が南北に通る。鎌倉街道中道は、豊島郡岩淵（東京都北区）で入間川（現荒川）を渡り、足立郡に入る。この付近が**柳の渡し**（↓259）と**川口の渡し**（↓259）である。渡河したところに**鎌倉橋の碑**（↓258）があり、ここから**芝川右岸の自然堤防上**（↓258）を北上する。川口市元郷一丁目から末広一丁目に抜ける道は周囲よりも少々高い微高地となっている。五衛門橋付近で芝川の右岸に渡り、川口市青木町に入る。川口オートレース場を右に見て、上青木氷川神社と長陽山宗信寺の間を抜けて右折し、坂を下って芝川を渡って里（旧鳩ヶ谷市）に入り、真光寺・法福寺の前を通って北上、鳩ヶ谷小学校の西側を台地に上がっていく。台地に上がるにはもう一つ、氷川神社の前に向かう道（**氷川神社の参道**↓258）があるが、この道も氷川神社・鳩ヶ谷小学校の東側を抜けて前述の道と合流する。ここから先、鎌倉街道中道は旧日光御成街道に沿って北上し、東川口駅の西側を抜けて大門宿（さいたま市緑区大門）に向かう。大門宿の手前にある貝殻坂を下り、綾瀬川を渡って埼玉郡に入っていく。

もうひとつ、郡内を東西に通る鎌倉街道（羽根倉道）がある。この道は、鎌倉街道上道と鎌倉街道中道を結ぶ道で、羽根倉の渡し（↓287）で入間川（現荒川）を渡り、さいたま市桜区大久保に至る。正平六年（一三五一）、ここで高麗経澄と難波田九郎三郎とが戦っている。ここから羽根倉道は東北に向かい、与野（さいたま市中央区）を経て、櫛引観音堂（さいたま市大宮区櫛引町）（境内に板碑がある）の脇を北上、**三貫清水湧水保全地区内**（↓257）を通り、別所町の**長福寺**（↓252）の北で上尾市域に入り、すぐに右折して芝川に架かる鎌倉橋を渡り、伊奈町・蓮田市を経て埼玉郡に向かう。

明治四年、足立郡の北部が埼玉郡および葛飾郡の一部とともに埼玉県に編入され、同十一年、足立郡は南・北に分割され、北足立郡が埼玉県に、南足立郡が東京府に属した。同二十二年（一八八九）の市制町村制施行により、北足立郡の町村は浦和・川口・大宮・鳩ケ谷・蕨・草加・与野・上尾・原市・桶川・鴻巣町など七町五十九村となり、同二十九年の郡制施行により、新座郡が廃止され、その郡域は北足立郡に含まれた。

なお、この地域の武蔵武士の活動を詳しく知るには、左記の市町村史が参考になる。

参考文献

①『吹上町史』（一九八〇年刊）
②『鴻巣市史　通史編一原始・古代・中世』（二〇〇〇年刊）
③『北本市史　第一巻通史編一』（一九九四年刊）
④『上尾市史　第六巻通史編上』（二〇〇〇年刊）
⑤『伊奈町史　通史編一原始・古代・中世・近世』（二〇〇三年刊）
⑥『大宮市史　第二巻』（一九七一年刊）
⑦『浦和市史　通史編Ⅰ』（一九八七年刊）
⑧『与野市史　通史編上巻』（一九八七年刊）
⑨『戸田市史　通史編上』（一九八六年刊）
⑩『新修蕨市史　通史編』（一九九五年刊）
⑪『川口市史　通史編上巻』（一九八八年刊）
⑫『鳩ヶ谷市史　通史編』（一九九二年刊）
⑬『草加市史　通史編上』（一九九七年刊）

伝《でん》源《みなもとの》経基《つねもと》館跡《やかたあと》

鴻巣市大字大間《おおま》字城山一〇三二—一ほか
城山ふるさとの森

県史跡。大宮台地の西縁にあり、県立鴻巣高校に隣接する。現在、館跡は**城山ふるさとの森**として整備されている。承平・天慶の乱で平将門や藤原純友の追討に関係した源経基の館跡と伝えられる。箕田城《みだじょう》、大間城《おおまじょう》ともいう。館跡は東西九〇×南北八二mの方形単郭で、西側を除く三方を空堀と土塁が巡っている。往時、西側は荒川の低湿地帯であった。発掘調査で建物跡や物見櫓と推定される遺構が確認されたが、平安時代の遺構や遺物は出土していない。形態は方形単郭であっても、角に折をつけた土塁や物見櫓などの施設は戦国期のものとみられる。仮に経基の館であったとしても、その後、何度かの改修を経たものであろう。

伝源経基館跡・土塁と空堀

伝《でん》箕田《みだ》館跡《やかたあと》

鴻巣市箕田一二六五ほか

県旧跡。源経基の陣所とも箕田武蔵守源仕《つこう》の居館とも伝えられる。JR高崎線北鴻巣駅より徒歩十分ほどにある。近くには箕田源氏と所縁のある満願寺や**箕田氷川八幡神社**（↓250）があり、箕田源氏の流れをくむ武士の居館であったと考えられる。近くにある箕田二号墳は「三士塚」ともいわれ、源仕の墓所との伝承もある。

堀《ほり》ノ《の》内《うち》館跡《やかたあと》

北本市石戸《いしど》宿《じゅく》三丁目

源頼朝の異母弟蒲冠者《かばのかじゃ》源範頼《のりより》の館跡とも、この地の御家人石戸氏の館跡ともいわれる。範頼にまつわる**石戸蒲《かば》ザクラ**（国天然）（↓260）がある**東光寺《とうこうじ》**は、かつての館の敷地の一部にあたる。発掘調査によると、方形の本郭を二の郭・三の郭が三角状に取り巻いたおむすび形の城館で、規模は南辺四〇〇×南北三五〇mほどであったと推定される。南北朝期に廃城になったという。近くに扇谷《おうぎがやつ》上杉氏の家臣藤田氏が築城したとされる**石戸城跡**（県遺跡）（北本市石戸宿六二三ほか）がある。

三ツ木《みつぎ》城跡《じょうあと》

桶川市川田谷《かわたや》字城山《しろやま》二五七二ほか

県遺跡。源頼朝に仕えた有力御家人の足立遠元《とおもと》の居館跡と伝えるが、形態の特徴からは戦国期の築城と判断される。『新編武蔵国風土記稿』には足立遠元の他に、岩付太田氏の家臣石井丹後守の名が挙げられている。城山公園の西に隣接して大宮台地の縁辺部に位置し、台地の先端部を堀と二重の土塁で囲んでおり、南辺六〇m、東辺、西辺八〇mほどのおむすび形をしている。**石戸《いしど》城跡《じょうあと》**（県遺跡）（北本市石戸宿六一三ほか）とともに**岩付城**（↓226）の支城として機能していたとみられる。

三ツ木城跡

寿能城跡《じゅのうじょうあと》

さいたま市大宮区寿能二―一五五　寿能公園

県旧跡。永禄三年（一五六〇）、岩付（岩槻）城の支城として、岩付城主太田資正《すけまさ》（三楽斎《さんらくさい》）の四男潮田資忠《うしおだすけただ》によって築城された。大宮台地東縁にあり、東西約八〇〇×南北約四〇〇m。三方を見沼の沼地や湿地に囲まれた、舌状台地上に築かれた要害であった。寿能公園が物見櫓跡と伝えるが、現在は宅地化が進み城跡の面影はない。天正十八年（一五九〇）の豊臣秀吉による小田原攻めの際、城主潮田資忠は小田原城で戦死し、家臣が守る寿能城も落城した。**さいたま市立博物館**（さいたま市大宮区高鼻町二―一―二）で寿能城に関係する展示を行なっている。

蕨城跡《わらびじょうあと》

蕨市中央四―二一ほか

県旧跡。城跡は荒川の自然堤防上にあり、現在は城址公園として整備され、和楽備《わらび》神社の南側に復元された土塁と水堀がみられる。長禄元年（一四五七）、将軍足利義政から古河公方《こがくぼう》足利成氏《しげうじ》討伐を命じられ、関東探題として下向した渋川義鏡《よしかね》によって築城されたと考えられる。その後、大永四年（一五二四）に北条氏綱《うじつな》によって城は落とされ、渋川氏は小田原北条氏配下となった。**蕨市立歴史民俗資料館**（蕨市中央五―一七―二三）で蕨城に関する展示を行っている。

戸塚城跡《とづかじょうあと》

川口市戸塚

戦国期の小宮山氏の居城。埼玉高速鉄道戸塚安行《あんぎょう》駅の北方にあり、台地先端部を掘り切って築かれた。近年、区画整理事業に伴って発掘調査が行われ、大規模な空堀や建物跡が確認された。しかし、現在は宅地造成によって破壊されてしまって、僅かに地形から城跡を偲ぶのみである。城の範囲は東西四七〇×南北二三〇mで、空堀の造りなどから小田原北条氏による築城がうかがえる。天正十八年（一五九〇）の豊臣秀吉による小田原攻めで廃城となったものと思われる。

神社・寺院

箕田氷川八幡神社《みだひかわはちまんじんじゃ》

鴻巣市箕田二〇四一

この辺りは箕田郷《みだごう》と呼ばれ、源仕《みなもとのつこう》に始まる箕田源氏《みだげんじ》の本拠地であった。境内にはそのことを記した近世に建立された箕田碑も残る。当社を「綱八幡《つなはちまん》」ともいうが、これは源《みなもと》頼光《のよりみつ》四天王の一人で酒呑童子《しゅてんどうじ》を退治した渡辺綱《わたなべのつな》に由来する。渡辺綱は源仕の孫とされていることからその呼称があると思われる。

箕田氷川八幡神社境内の箕田碑

放光寺《ほうこうじ》

鴻巣市糠田《ぬかた》一四三九

南北朝期の**木造安達藤九郎盛長《あだちとうくろうもりなが》坐像**（**県文化**）を所蔵している。中世肖像彫刻としては県内でも貴重な作例である。安達盛長は源頼朝の側近とも言える御家人であった。**埼玉県立歴史と民俗の博物館**（さいたま市大宮区高鼻町四―二一九）にレプリカもある。盛長坐像の拝観については、事前連絡（0485-96-0439）が必要である。左手には経巻を持っていたと思われるが、安達盛長と伝えられる像がなぜここにあるのか、興味はつきない。

東叡山泉福寺《とうえいざんせんぷくじ》

桶川市川田谷《かわたや》二〇一二

天長《てんちょう》六年（八二九）、淳和天皇《じゅんなてんのう》の勅願によって円仁が創建したという学僧の養成道場で、天台宗別格寺院の格式を持つ。同名の寺院が比企郡（滑川町）にもあり、これと区別するためにここでは「東叡山泉福寺」とした。一時衰微したが、鎌倉時代に比叡山《ひえいざん》から信尊《しんそん》が来山して再興した。信尊の弟子が川越の**無量寿寺《むりょうじゅじ》**（**喜多院《きたいん》**）（↓277）を再興した尊海《そんかい》である。この法脈から多くの英才を輩出したため、当寺は「関東天台の祖山《そざん》」と呼ばれていた。定朝様《じょうちょうよう》の逸品で、「弘長《こうちょう》二年（一二六二）大仏師十仏《だいぶっしじゅうぶつ》」の造立銘がある**阿弥陀如来坐像《あみだにょらいざぞう》**（**国重文**）は、信尊入山の頃の制作であろう。拝観には事前連絡（048-787-0206）が必要である。

泉福寺・阿弥陀堂

西光寺《さいこうじ》

伊奈町小針新宿四六三

もとは浄土宗であったが、近世に力をふるった明星院《みょうじょういん》が近隣にあり、その影響で真言宗に改宗したという。境内の収蔵庫には近隣の極楽寺跡から掘り出された板碑四十基が残る。また、**本尊阿弥陀《あみだ》如来坐像《にょらいざぞう》（県文化）**は平安後期の檜材の定朝様《じょうちょうよう》で、上品上生印《じょうぼんじょうしょういん》を結ぶ。こちらも板碑同様に極楽寺から移したとのことである。拝観には事前連絡（048-728-0608）が必要である。

西光寺・山門

少林寺《しょうりんじ》

上尾市西門前三九九

臨済宗円覚寺《えんかくじ》派の寺院で、正応《しょうおう》元年（一二八八）、鎌倉幕府八代執権《しっけん》北条時宗《ほうじょうときむね》の妻覚山尼《かくさんに》（堀内殿《ほりうちどの》・安達義景女《あだちよしかげのむすめ》）が、宋から帰化した円覚寺二世の大休正念《だいきゅうしょうねん》を開山として建立したと伝えられている。火災で多くの寺宝は灰燼《かいじん》に帰したが、切妻造《きりづまづくり》で四脚をもつ山門が残る。

長福寺《ちょうふくじ》

さいたま市北区別所町九八―六

この辺りは中世の大谷郷《おおやごう》であり、鴨川沿い（三貫清水湧水保全地区内）には鎌倉街道とよばれる古道も残る（↓257）。この付近から板碑一九二基が出土したが、そのうち二十基ほどが境内に残る。ただし、長福寺は現在さくら保育園内にあるため、見学には保育園への事前連絡（048-664-5054）が必要である。また、この地は猪俣党《いのまたとう》の岡部《おかべ》六弥太《ろくやた》忠澄《ただすみ》が足立郡内に領した「六別所《ろくべっしょ》」の一つであり、自らの持仏堂《じぶつどう》として阿弥陀堂を建立したという。現在の阿弥陀堂は、長福寺に隣接する別所稲荷共同墓地の集会所として使用されている新しい建物である。

清河寺《せいがんじ》

さいたま市西区清河寺七九二

平成二十年（二〇〇八）に落成した伽藍が美しいたたずまいを見せるが、鎌倉公方《かまくらくぼう》足利基氏《あしかがもとうじ》が、夭折《ようせつ》した兄竹若丸《たけわかまる》の菩提を弔うために建立した臨済宗の古刹《こさつ》である。足利持氏《あしかがもちうじ》も祈願所として保護し、持氏や岩付太田氏の発給文書を含む**清河寺文書（県文化）**が伝来した。現在**埼玉県立文書館**（さいたま市浦和区高砂四―三―一六）に寄託されている。境内には昭和五十七年（一九八二）に建立された**足利竹若丸墓（五輪塔）**もある。

足立神社《あだちじんじゃ》

さいたま市西区飯田五四

この辺りは中世の殖田郷《うえだごう》で、足立郡司の系譜を引く鎌倉御家人である足立遠元《あだちとおもと》

足立神社・本殿

の子孫という小島家（近世の植田谷本村《うえたやほんむら》名主小島勘太夫家《こじまかんだゆうけ》）も残る。明治四十年（一九〇七）に、小島家屋敷内の足立神社を動坐し、この場所にあった氷川神社ほか十四社と合祀して足立神社とした。

氷川神社《ひかわじんじゃ》　さいたま市大宮区高鼻町一―四〇七

『延喜式神名帳《えんぎしきじんみょうちょう》』にも見える古社で、源頼朝、執権北条氏、足利尊氏、岩付《いわつき》太田氏、小田原北条氏らの篤い信仰と保護を受けた。もともとは広大な見沼を神池とし、その湖畔にある**氷川女体神社《ひかわにょたいじんじゃ》**（さいたま市緑区宮本）（↓254）と**中山神社《なかやまじんじゃ》**（見沼区中川）とあわせ三社一体であった。大宮公園内のボート池はその見沼の名残と言われている。戦国時代頃からは、武蔵国一宮《いちのみや》として尊崇を集め、現在も参拝者の多さは全国屈指の神社である。なお、氷川神社は武蔵国に広く展開し、当社を中心にして埼玉県、東京都、神奈川県に二百八十社を数える。

医王寺《いおうじ》　さいたま市桜区西掘二―六―一七

平安時代後期の**木造大日如来坐像**（**県文化**）を所蔵している真言宗智山派の寺院である。胎蔵界《たいぞうかい》の大日如来で、像高一〇二・五cm（等身仏）。檜材の寄木造、彫眼である。かつては「雹除《ひょうよ》けの大日」として知られていた。仏像の拝観にあたっては、事前連絡（048-864-1461）が必要である。

内谷《うちや》氷川神社《ひかわじんじゃ》　さいたま市南区内谷二―二―一七

中世、佐々目郷《ささめごう》内の神社であって「氷河宮」と呼ばれた。**本殿**（**県文化**）は、一間社《いっけんしゃ》流造《ながれづくり》、見世棚造《みせだなづくり》といい、同型の小社を二社並列する珍しい形式であるが、覆堂の中にあって拝観することはできない。境内には鶴岡八幡宮や三島大社のような前池型庭園を残している。拝殿前の瓢箪池《ひょうたんいけ》は、捕らえた生き物を放ちて殺生を禁ずる「放生池《ほうじょういけ》」として造られた

内谷氷川神社・瓢箪池

ものであろう。

氷川女体神社《ひかわにょたいじんじゃ》

さいたま市緑区宮本二―一七―一

県の「ふるさとの森」にも指定されている社叢《しゃそう》はうっそうと繁る大木に覆われ歴史を感じさせる。台地の先端部にあり、かつては見沼を見渡せる景勝地であったと思われる。見沼に面した大宮区の氷川神社（↓253）を男体社《なんたいしゃ》とし、それに対する女体社《にょたいしゃ》である。**社殿（県文化）**は三間社流造《さんげんしゃながれづくり》。本殿と拝殿を幣殿《へいでん》でつなぐ複合社殿である。神輿を見沼に浮かべる「御船祭《みふねまつり》」が行われていたが、近世の見沼干拓のためにできなくなり、社頭に土壇を設けて「磐船祭《いわふねまつり》」を行うようになった。境内にはその遺跡も残る。寺宝も多く、北条泰時《ほうじょうやすとき》が奉納したという**三鱗文兵庫鎖太刀《みつうろこもんひょうごくさりたち》（県文化）**が伝来し、**埼玉県立歴史と民俗の博物館**で見ることができる。三鱗文は、北条氏の家紋である。また、**大般若波羅密多経《だいはんにゃはらみたきょう》（県文化）**は、川越無量寿寺《むりょうじゅじ》（現在の喜多院《きたいん》）の僧性尊《しょうそん》が正慶《しょうきょう》二年（一三三三）から五年かけて書写したもので、河越氏の繁栄を祈願したものである。

三鱗文

氷川女体神社・社叢と明神鳥居

美女木八幡神社《びじょぎはちまんじんじゃ》

戸田市美女木七―九―一

この辺りは鶴岡八幡宮《つるがおかはちまんぐう》領《りょう》佐々目郷《さざめごう》の中心であったと思われる。当社に、文治《ぶんじ》五年（一一八九）源頼朝が奥州合戦の折に神託を受けて鎌倉の鶴岡八幡宮を勧請《かんじょう》したとの伝承があるが、これもそうした背景の中で理解できる。社宝として、撞《つ》くと洪水が起こるという伝説のある南北朝期の**銅鐘《どうしょう》（県文化）**がある。境内にあるものは昭和五十二年（一九七七）に鋳造されたもので、実物は**戸田市立郷土博物館**（戸田市新曽一七〇七）で見学できる。なお、同館では中世の佐々目郷についての詳しい展示も見ることができる。

美女木八幡神社・銅鐘

妙顕寺《みょうけんじ》

戸田市新曽二四三八

弘安《こうあん》四年（一二八一）に創建されたとの伝承がある。日蓮《にちれん》が佐渡に流される途中、この地の領主墨田五郎時光《すみだごろうときみつ》の願いにより安産護符を与えたところ、時光の妻が無事男子を出産したので、時光が日蓮の弟子日向《にっこう》を招いて本寺を興したという。日蓮が自書して時光に授けたという弘安二年（一二七九）銘の子安曼荼羅《こやすまんだら》など**日蓮上人墨跡《にちれんしょうにんぼくせき》（県文化）**も残る。

善光寺《ぜんこうじ》

川口市舟戸町一―二九

荒川堤防際に建ち、JR線の荒川鉄橋からよく見える。建久六年（一一九五）の創建で、善光寺式阿弥陀三尊《ぜんこうじしきあみださんぞん》の脇侍《わきじ》である**金銅勢至菩薩立像《こんどうせいしぼさつりゅうぞう》（県文化）**が伝わる。近世には、三大善光寺（信濃《しなの》・甲斐《かい》・武蔵《むさし》）の一つとも言われた。江戸から多くの参拝者が**川口の渡し**（↓259）を渡って訪れ、大いに賑《にぎ》わったという。

峯ケ岡八幡神社《みねがおかはちまんじんじゃ》

川口市峯一三〇四

平安初期、慈覚大師円仁《じかくだいしえんにん》の創建と伝えられる。中世には鶴岡八幡宮領《つるがおかはちまんぐうりょう》谷古宇《やこう》郷《ごう》の総鎮守として栄えた。**木造僧形八幡坐像《もくぞうそうぎょうはちまんざぞう》（県文化）**は隣接する別当寺であった**新光寺**（川口市峯一三一九）に伝来したもので、神仏習合の信仰を知ることができる。像内には、**「弘安五年（一二八二）の願文」**をはじめとする納入文書がある。

石造物

久保寺板碑《きゅうほうじいたび》

鴻巣市大間二―一―一〇 久保寺

久保寺の山門を入って左手にある墓地に所在する。紀年銘は不明だが、一二四〇年ごろに建立された板碑と考えられる。高さ一〇三cm、幅四七cmで、阿弥陀三尊の立像がレリーフで刻まれているのが特徴である。顔面が剝落しているため表情などはわからないが、中央の阿弥陀如来は来迎印を結んでおり、右の観音菩薩は両手で蓮台を持ち、左の勢至菩薩は合掌している。それぞれの仕草を観察してみるのも一興だろう。

東光寺板碑《とうこうじいたび》

北本市石戸宿三―一一九 東光寺

県文化（板石塔婆）、市文化（東光寺板石塔婆群）。東光寺の収蔵庫に保存されている。主に鎌倉時代中期に建立された板

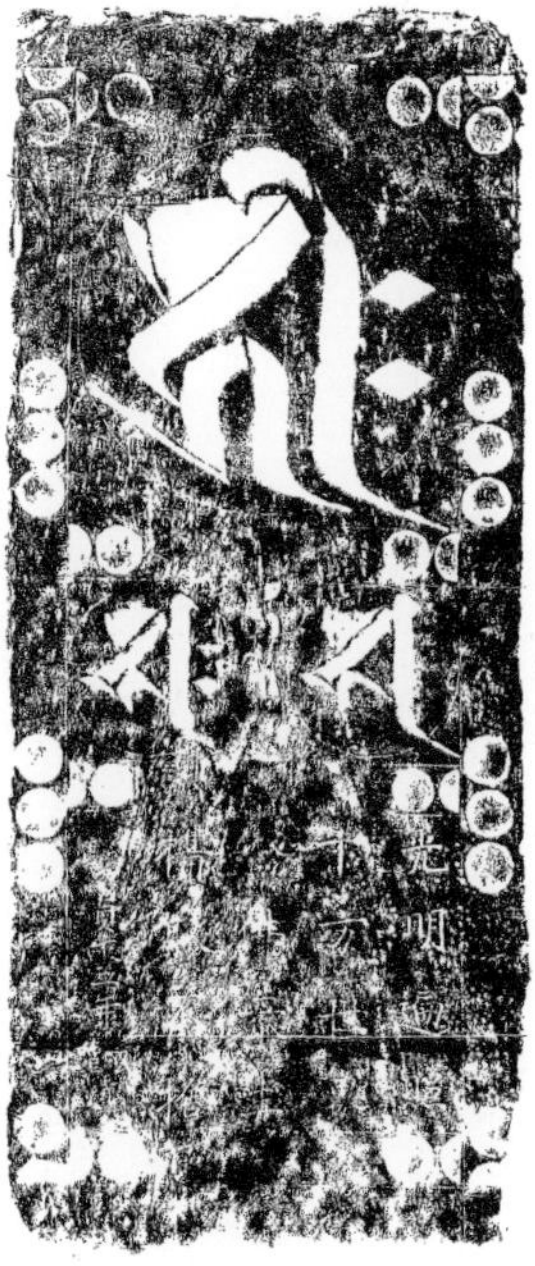

東光寺貞永二年銘板碑（拓本）※1

碑群で、石戸氏の墓所と考えられている。とくに貞永二年（一二三三）正月七日の銘がある板碑は、国認定重要美術品となっており、全国でも四番目の古さである。高さは一六〇cm、幅は六五cmで、頂部が水平に整えられており、阿弥陀三尊を配している。この板碑は、かつて**石戸《いしど》蒲《かば》ザクラ**（→260）の根元に立っており、古くから名所として有名だった。なお見学を希望する場合、北本市教育委員会生涯学習課（048-591-1111）に事前連絡する必要がある。

寿命院板碑群《じゅみょういんいたびぐん》

北本市深井四―五五　寿命院

市文化（寿命院板石塔婆（建長三年銘））。寿命院の門を入って右手の覆屋《おおいや》に数基の板碑が並んでいる。建長三年（一二五一）八月の銘がある板碑は、高さ一一五cm、幅三八cmで、阿弥陀如来を主尊としている。上部には天蓋《てんがい》が刻まれており、天蓋を配する板碑としては日本で最古のものである。また建治二年（一二七六）三月の銘がある板碑は、高さ一九〇cm、幅四五cmで、阿弥陀如来と偈が刻まれている。大型の板碑でありながら、完形で整った姿を残している。

寿命院建長三年銘板碑（拓本）※17

延慶二年銘板碑《えんぎょうにねんめいいたび》

さいたま市南区白幡二―一六―八　医王寺

市文化（延慶二年銘板石塔婆）。**医王寺**の本堂の前に立っている。延慶二年（一三〇九）十一月晦日の銘がある。上部と下部が欠失して痛々しい姿になっているが、それでも高さ二三五cm、幅七〇cmの大きさがあり、完全ならば高さ三mを超えたと思われる大型の板碑である。阿弥陀一尊の種子が刻まれており、銘文には「大《だい》日三摩耶形《にちさんまやぎょう》」とあるので、阿弥陀と大日を同一視する思想に基づいた板碑と考えられる。

延慶二年銘板碑（拓本）※1

真福寺板碑《しんぷくじいたび》

さいたま市南区別所　真福寺

市文化（阿弥陀三尊種子板石塔婆）。別所小学校の付近に**真福寺**があり、その墓地にある銀杏の大木のそばに、覆屋《おおいや》に囲まれた板碑がある。正和三年（一三一四）三月十六日の銘があり、高さは一六八cm、幅は四五cmである。上半分には蓮座に乗った阿弥陀三尊の種子が配されており、その下に光明真言《こうみょうしんごん》や願文、偈頌《げじょう》などが刻まれている。願文によれば、極楽往生などを祈念して建立されたことがわかる。

大興寺《だいこうじ》板碑《いたび》

さいたま市緑区大門二五八三
大興寺

市文化（来迎阿弥陀三尊板石塔婆）。**大興寺**の本堂の左手にある収蔵庫に保存されており、見学するには庫裡《くり》で鍵を借りる必要がある。高さ一〇二cm、幅三四cmで、頭光を放つ阿弥陀三尊像の姿が刻まれている。下部が欠損しているため、紀年銘は読みとれないが、鎌倉末期から南北朝期のものとみられる。今でも一部に金泥が残っており、かつては全面が金色で彩られた板碑だったと想像される。

國昌寺《こくしょうじ》板碑《いたび》

さいたま市緑区大崎二三七八
國昌寺

市文化（阿弥陀一尊種子板石塔婆）。**國昌寺**の境内にある樹木の脇に立っている。高さは一九〇cm、幅は五三cmという大型の板碑で、完全な形で残っている。残念ながら年号部分が削られているが、種子の形態などは古い様相を伝えており、鎌倉時代中期のものと推定される。

元亨《げんこう》二《に》年銘《ねんめい》宝篋印塔《ほうきょういんとう》

川口市舟戸町一─二九
善光寺

市文化（善光寺の宝篋印塔）。**善光寺**（→255）の境内に立っている。元亨二年（一三二二）の銘があり、紀年銘のある宝篋印塔としては県内で最古のものである。上部の相輪を欠いているが、高さは一四八cm、最大幅は七〇cmで、県内でも大型の部類に属している。また、境内には、永仁二年（一二九四）四月八日の板碑なども残っており、多様な石造物を楽しむことができる。

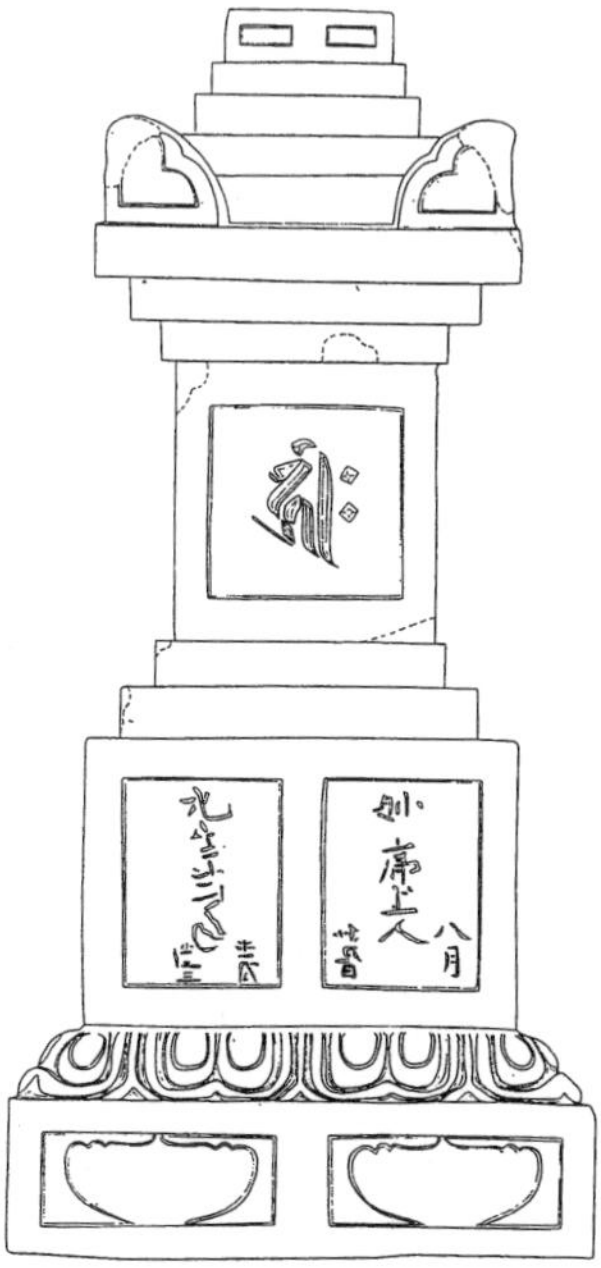

元亨二年銘
宝篋印塔（実測図）※21

古道

当郡内は多くの地域で都市化が進行し、往時の面影を偲べる地点は少ないが、明確な遺構が残るか、明確とは言えないが鎌倉街道伝承のある古道が残る地点は以下の通りである。

三貫《さんがん》清水《しみず》湧水《ゆうすい》保全《ほぜん》地区《ちく》内《ない》の鎌倉街道

さいたま市北区奈良町

さいたま市内をほぼ南北に羽《は》根《ね》倉《くら》道が通るが、さいたま市立大宮北高校南側の雑木林の中央に約三五〇mにわたり掘割状遺構が残る。「三貫清水」とは土地の人がこの清水をくんで茶をたてたところ、

三貫清水湧水保全地区に残る古道

太田道灌が美味に喜び、三貫文のほうびを与えたという伝説に由来する。すなわち、「三貫目の値打ちのある清水」という意味である。

太田道灌《おおたどうかん》ゆかりの三貫清水緑地の自然とともに鎌倉街道として保全され、市民の憩いの場となっている。

市道《いちみち》

さいたま市見沼区御蔵《みくら》

台地斜面の雑木林の中の**鎌倉公園**は、付近の鎌倉街道（通称「市道」）伝承にちなんで名付けられた。すぐ近くの**中山神社**（旧氷川神社）（さいたま市見沼区中川一四五―一六五）参道も鎌倉街道伝承が残る。鎌倉街道中道と羽根倉道を結ぶ支道と考えられる。

舟道《ふなみち》

さいたま市見沼区大和田一丁目

大和田公園通り北側一〇〇m程の芝川左岸の台地の縁、**大和田《おおわだ》陣屋《じんや》**（岩付太田氏の旧臣、徳川家康の家臣となった伊達房実が天正十九年（一五九一）に建てた居館）跡《あと》（さいたま市見沼区大和田一―三四六）の西側から芝川沿いの道に下る坂につながる小道は鎌倉街道（通称「舟道」）の伝承があり、個人用の道のためか土手状の遺構が現在も残る。岩槻方面から**寿能《じゅのう》城**（→250）を通り羽根倉道に至る支道か。戦国期の**岩付《いわつき》城**（→226）築城後の道である可能性もある。

芝川《しばかわ》右岸《うがん》の自然堤防上《しぜんていぼうじょう》の道

川口市

川口市立南中学校（川口市舟戸二）の荒川土手下にある**鎌倉橋の碑**は鎌倉街道の伝承にちなむ。そこから北に向かい十二月田《しわすだ》付近から芝川左岸の自然堤防上の道は、現況も周囲よりも若干高くなっていることや、近世のものではあるが馬頭観音などの古道を示す石造物が点々と残り、鎌倉街道中道の遺構であることが分かる。

鎌倉橋の碑

氷川神社《ひかわじんじゃ》の参道《さんどう》

川口市鳩ヶ谷本町一丁目

氷川神社（川口市鳩ヶ谷本町一―一六―二）の参道は鎌倉街道の伝承があり中道が通っていたと考えられ、切り通し状の部分は遺構とみられる。

渡し場

足立郡内を流れる荒川（中世の入間川）の渡し場を下流からたどってみる。

柳《やなぎ》の渡《わた》し（中道の渡し）

川口市元郷　新荒川大橋下流一〇〇m付近

足立郡元郷（川口市元郷）と豊島郡岩淵（東京都北区岩淵）を結ぶ渡し場。鎌倉街道中道の渡しであったと伝えられる。

与野の大かや

川口《かわぐち》の渡《わた》し

川口市舟戸町付近

足立郡川口（川口市川口）と豊島郡岩淵（東京都北区岩淵）を結ぶ渡し場。日光御成街道の渡しだが、『義経記《ぎけいき》』に奥州の源《みなもとの》義経《よしつね》が、挙兵した兄源《みなもとの》頼朝《よりとも》のもとに向かう途上通ったと記される「小川口」はここだとされている。**川口善光寺**（→255）の参拝に利用されたため善光寺の渡し、岩淵の渡しともいわれ、多くの参拝者で賑わった。

宿

与《よ》野《の》宿《じゅく》

さいたま市中央区本町東・本町西

『融通念仏縁起絵詞《ゆうずうねんぶつえんぎえことば》』（融通念仏宗の祖良忍《りょうにん》の伝記と融通念仏の功徳を記したもの）に、鎌倉期の正嘉《しょうか》年中（一二五七～八）疫病が流行した際、足立郡与野郷の名主が念仏を信仰し、道場で別時念仏《べつじねんぶつ》を修したところ家内の者が守られたとの伝承が見え、与野郷は古くから知られた地名であった。与野郷には**羽根倉道**（現在の所沢で鎌倉街道上道から分かれ、志木を経て羽根倉の渡しで入間川を渡り、与野郷を経て大宮方面に抜ける）が通り、室町期には「市場之祭文《いちばのさいもん》」に与野の市が見え、羽根倉道の宿場として古くから開けていたことがうかがわれる。**円乗院《えんじょういん》**（さいたま市中央区本町西）は、鎌倉初期に畠山重忠《はたけやましげただ》が道場《どうじょう》村（さいたま市桜区道場）に開いた寺院で、念仏を唱えた道場だったとされる。江戸初期に現在の地に移転された。

その他

石戸《いしど》蒲《かば》ザクラ

北本市石戸宿《いしどしゅく》三―一一九　東光寺

国天然。蒲冠者《かばのかじゃ》と称した源範頼《みなもとののりより》（源頼朝の弟）の杖が根付いたので、「蒲桜」と名付けられたという。桜の下に範頼の墓という石塔がある。また、範頼の妻と伝わる亀御前《かめごぜん》（安達盛長《あだちもりなが》の娘あるいは石戸《いしど》頼兼《よりかね》の娘）の供養塔が高尾さくら公園北側の阿弥陀堂《あみだどう》（北本市高尾）にある。

弁天池

弁天池《べんてんいけ》

さいたま市中央区本町西一丁目　与野公園内

畠山重忠が鎌倉に向かう途中、霊験あらたかと聞いたこの弁天池の霊泉で、腰の名刀を洗ったところ、多くの手柄をたてたという。なお、現在ここは銭洗い弁天として信仰を集めている。

与野《よの》の大かや

さいたま市中央区鈴谷四―一四　妙行寺金比羅堂境内

国指定天然記念物。樹齢約千年、樹高二一・五m。妙行寺にある。中世、与野郷へ向かう者にとって良き道しるべであったという。

畠山重忠《はたけやましげただ》のキャラの木

さいたま市浦和区常盤一丁目　常盤公園内

畠山重忠が父の墓所に植えたキャラといわれ、明治二十六年（一八九三）浦和地方裁判所が建てられた時、ここに移植されたという。

一本杉《いっぽんすぎ》塚

蕨市北町一―二〇

市文化。金子塚・カブト塚・よろい塚ともいう。蕨を開拓したという金子家忠《かねこいえただ》

畠山重忠のキャラの木

愛宕さま

一族が兜を埋めたものと伝える。**蕨城**（→250）主渋川氏関係の戦死者を葬った塚、この周辺で行われた合戦の戦死者の武具を埋めた塚などともいう。

愛宕《あたご》さま

川口市前川四―一―一
前川第一公園内

六代禅師《ろくだいぜんじ》（平維盛《これもり》の嫡男）の首塚といわれている。塚の上にあったというものが**前川第一公園**に祀られている。六代禅師は源氏の追手によって首をはねられ、その後、六代禅師の首は斎藤・大熊などの武士によってこの地に葬られたという。近くにある**観福寺**《かんぷくじ》（前川観音）（川口市前川四―二〇―一三）にも六代禅師にまつわる伝承がある。

氷川神社の分布

　氷川神社は、武蔵国足立郡を中心に、埼玉県・東京都の現在の荒川流域に多く分布する（左図参照）。氷川信仰は、自然神である氷川神《ひかわのかみ》と素戔嗚尊《すさのおのみこと》に対する信仰が習合した信仰で、水源や農耕に関する神と考えられている。その分布は、神話における日本武尊《やまとたけるのみこと》の東征経路や、八世紀に出雲族出身の无《む》邪志《さし》国造が開拓したと伝えられる地域と一致する。「国造本紀」では、景行天皇の時、出雲族が素戔嗚尊を奉じてこの地に移住したと伝え、出雲族の信仰に、この地の自然信仰が融合したものという。足立郡の東側に位置する埼玉郡には、大己貴命《おおなむちのみこと》（大国主命）を祭神とする久伊豆《ひさいず》神社が分布しており、この地域への古代出雲系の氏族の進出を想定させる。

　奈良時代、足立郡の丈部《はせつかべの》不破麻呂《ふわまろ》が武蔵宿禰姓を賜り、武蔵国の国造に任命された。その子孫は代々足立郡司として氷川神社を奉斎し、見沼に臨む高埇《たかはな》郷に居住していたと推定されている。源頼朝に従って鎌倉幕府創業に活躍した足立遠元は、その子孫か姻族と考えられている。

　大宮の氷川神社（さいたま市大宮区高鼻町）は、「延喜式」神名帳に大社として載せられる神社で、氷川神社の中心に位置する。この氷川神社は、現在武蔵一宮といわれるが、武蔵国総社にあたる府中の大国魂神社には三宮として分祀され、南北朝時代の『神道集』にも三宮として見える。おそらく、戦国時代以降、一宮小野神社に代わって氷川神社が一宮の地位を確立したと考えられる。

　この氷川神社の神池は、もとは見沼が入り込んだ入り江で、ここから水が湧き出て見沼の水源のひとつであった。すなわち、神の住む池（神沼、御沼）であり、水田耕作に関わるこの地域の地主神であったと考えられる。

　中世末期、大宮の氷川神社、中川の中氷川神社（現中山神社）（さいたま市見沼区）、三室の氷川女体神社（さいたま市緑区）の三社が、見沼の周囲に分布していた。この三社は、始め一社であったが、見沼の龍神を祀る祭祀のため社が設立されたと伝え、かつて共通の神事が行われていたことを想定させる。

　氷川女体神社には、鎌倉時代北条氏の奉納したとされる三《みつ》鱗文兵庫鎖太刀《うろこもんひょうごくさりたち》を伝える。鎌倉時代中期以降、武蔵国は北条氏の得宗分国としてその支配下に置かれた。氷川女体神社は、この時期北条氏の保護を受けていたとみられる。また、同社には御船祭の道具として知られる瓶子は十五世紀の作と推定されており、御船祭の古さも推定できる。見沼は、江戸時代の干拓事業により水田が開かれ、現代では市街化や国の減反政策により、その水田も減少している。

（菊池紳一）

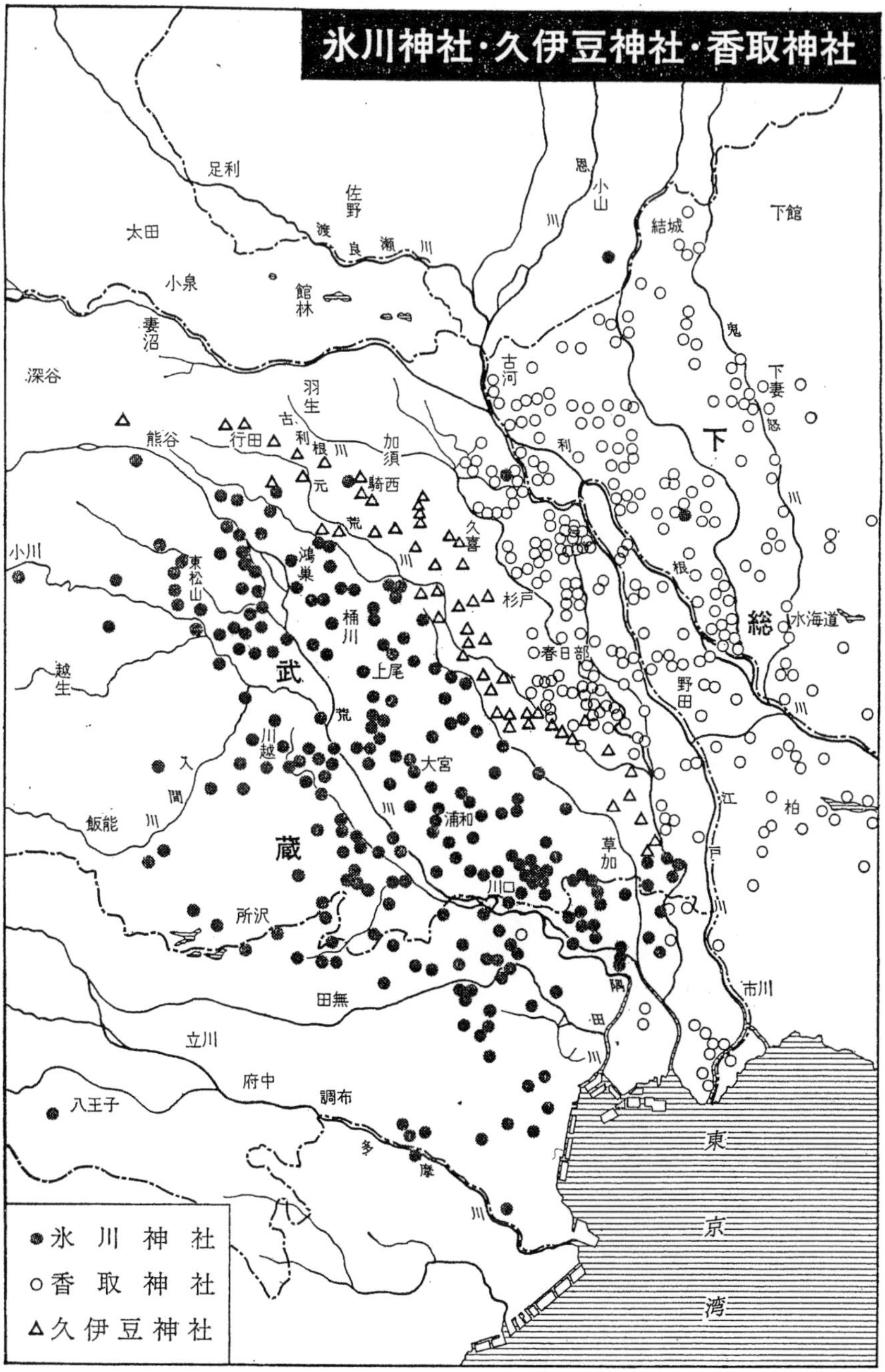

氷川神社・久伊豆神社・香取神社の分布※19

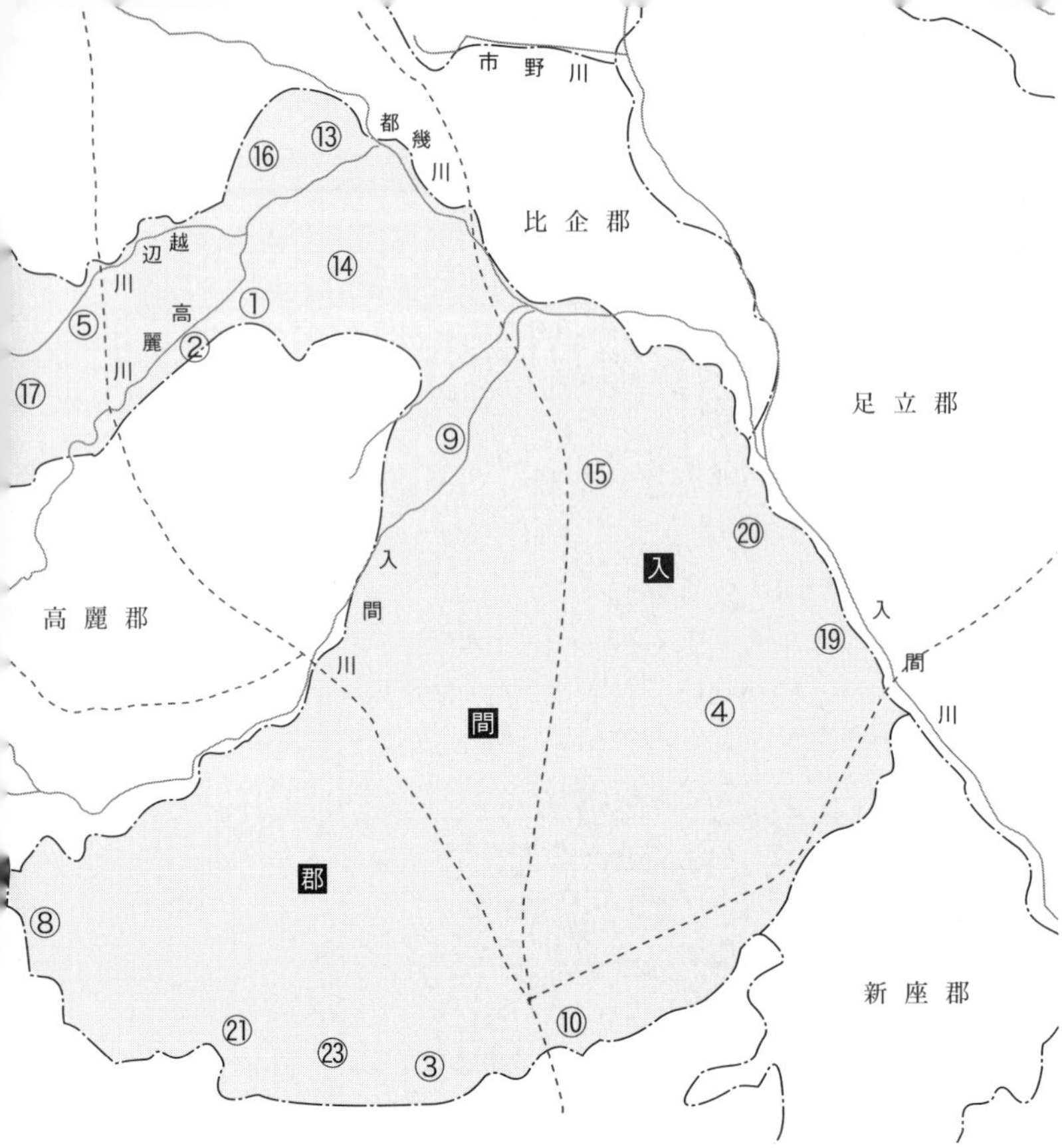

入間郡

奈良時代から見える郡名であるが、七世紀には成立していたと考えられている。武蔵国のほぼ中央部に位置し、西部に秩父山地とその東縁が広がり、北部を入間川の支流越辺川や高麗川が流れ、ほぼ郡の中央部を西から東に流れる入間川（現荒川）が流れを変え、郡の東側を南流する。南部は武蔵野台地があり多摩丘陵に続いている。北は入間川の支流越辺川、南は多摩丘陵にはさまれており、周囲は、東は足立郡・新座郡、南は多摩郡、西は高麗郡・秩父郡、北は比企郡に接していた。奈良時代に西部の地域が高麗郡、南部の地域が新座郡として分離している。

南北朝時代になると入間郡は東西に分けられ、入間川を堺として西北の丘陵地帯を入西郡、東南の平野部を入東郡と称するようになった。入東郡域の入間川流域には河越荘・古尾谷荘が成立するが、公領（郷村）の分布を見ると丘陵地帯の入西郡や入東郡の西部から開発が進んだように思われる。『吾妻鏡』建久四年（一一九三）三月二十五日条に、源頼朝が入間野において狩りをしたことが見えるが、郡域には耕地よりも広大な原野と丘陵地が広がっていたと見られる。

中世の郡域は、およそ現在の川越・所沢・狭山・入間・ふじみ野（元上福岡市・大井町）・富士見・坂戸の各市、三芳・毛呂山・越生の各町と飯能市及び東松山市の一部を加え

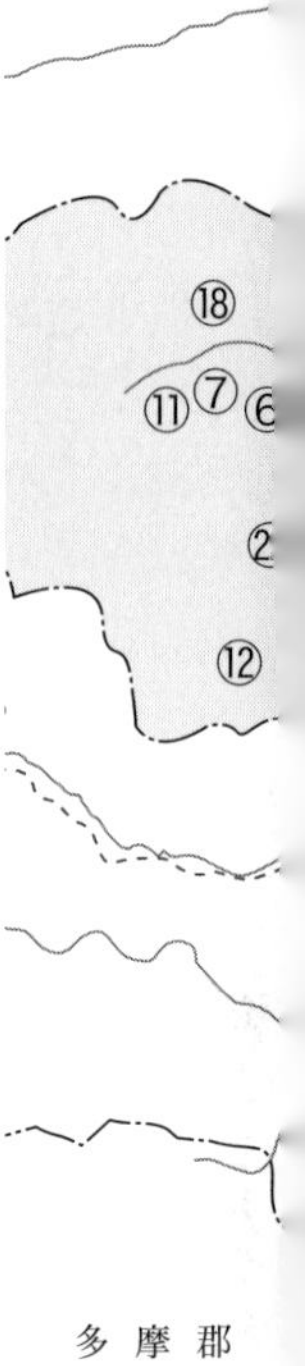

た地域にあたる。

武蔵武士　郡内には平姓秩父一族の河越氏の他、入東郡に村山党（荒幡、大井、金子、久米、須黒、難波田、宮寺、山口の各氏）、入西郡に児玉党（粟生田、浅羽、大類、越生、黒岩、宿谷、小代、鳴瀬、入西の各氏）の武士が多く分布する（別表と地図を参照）。河越氏は郡内一の豪族であり、鎌倉時代初期に、河越重頼が源義経の縁座で没落するが、鎌倉時代中期には次郎流と三郎流が存在し、各々御家人役を勤めている。南北朝時代の河越直重は、軍功により相模国の守護に補されたが、一方婆娑羅大名としても有名であった。

　武蔵武士の史跡としては、**河越館跡**（↓270）には時宗**常楽寺**（↓277）があり、菩提寺**養寿院**（↓276）も残る。村山党の金子氏（**金子家忠館跡**、瑞泉院・高正寺、**金子一族の墓塔**、金子坂、源氏峰と鞍掛、小谷田不動尊）・山口氏（**山口城跡**、菩提寺**瑞岩寺の山口氏の墓塔**）・難波田氏（**難波田氏館跡**）・須黒氏（**宗福寺名号板碑**）、児玉党の浅羽氏（万福寺板碑、**元弘三年銘板碑**）・小代氏（**弘安四年銘板碑**）、毛呂氏（**毛呂氏館跡**、**出雲伊波比神社**）、女影氏（女影氏館跡）、古尾谷氏（善仲寺館跡、**古尾谷八幡神社**）の館跡や関係する寺院・石造物、伝承地も残っている。

中世地名　郡内には、平安時代末期に成立したと推定される河越荘（川越市上戸・鯨井を中心とした一帯）と古尾谷荘（川越市古谷上・古谷本郷一帯）がある。河越荘は河越氏が開発・寄進した荘園で、後白河上皇が永暦元年（一一六〇）に近江国日吉社（滋賀県大津市）を京都東山に勧請した新日吉社に寄進され成立した。荘園名としては南北町時代まで所見するが、以降は河越城（↓271）を中心にとした地域を指すようになり入東郡に含まれた。古尾谷荘は、鎌倉時代に石清水八幡宮領として見える荘園で、源頼朝によって寄進された可能性がある。

　その他、鎌倉時代・南北朝時代には、青木村（坂戸市青木）・粟生田郷（坂戸市粟生田）・浅羽郷（坂戸市浅羽）・厚河郷（坂戸市厚河）・大類（毛呂山町大類）・越生郷上野村（越生町上野）・越生郷大谷村（越生町大谷）・越生郷成瀬村（越生町鳴瀬）・金子郷（入間市金子地区）・小代郷（東松山市正代）・勝呂郷石井村（坂戸市石井）・勝呂郷塚越村（坂戸市塚越）・高坂郷（東松山市高坂）・葛貫（毛呂山町葛貫）・苦林（毛呂山町苦林）・毛呂郷（毛呂山町毛呂本郷一帯）・吉田村（坂戸市上吉田・片柳付近）【以上入西郡】、河越荘犬武郷（川越市鯨井付近）・大井郷（ふじみ野市〈旧大井町〉大井）・久米郷（所沢市久米）・仙波（川越市大仙波・小仙波）・所沢（所沢市所沢一帯）・難波田（富士見市上南畑・下南畑一帯）・宮寺郷（所沢市三ケ島・入間市宮寺一帯）・山口郷（所沢市山口）・横沼郷（坂戸市横沼）【以上入東郡】などの郷・村が見え、金石文や古文書、その他の記録に散見する。

　なお、戦国時代、「河越卅三郷」という河越近辺の諸郷を

名字	出自	名字の地	現在比定地
①粟生田	児玉党	（入西郡）粟生田郷	坂戸市粟生田
②浅羽	児玉党	（入西郡）浅羽郷	坂戸市浅羽
③荒幡	村山党	荒幡	所沢市荒幡
④大井	村山党	（入東郡）大井郷	ふじみ野市（旧大井町）大井
⑤大類	児玉党	（入西郡）大類	入間郡毛呂山町大類
⑥岡崎	児玉党	岡崎	入間郡越生町越生字岡崎
⑦越生	児玉党	（入西郡）越生郷	越生町越生
⑧金子	村山党	金子郷	入間市金子地区（木蓮寺）
⑨河越	平姓秩父氏	河越荘	川越市上戸を中心とした地域
⑩久米	村山党	（入東郡）久米郷	所沢市久米
⑪黒岩	児玉党	黒岩	入間郡越生町黒岩
⑫宿谷	児玉党	宿谷	入間郡毛呂山町宿谷
⑬小代	児玉党	（入西郡）小代	東松山市正代
⑭須黒	村山党	（入西郡）勝呂郷	坂戸市石井・塚越・紺屋一帯
⑮仙波	村山党	（入東郡カ）仙波郷	川越市仙波町
⑯高坂	児玉党・平姓秩父氏	（入西郡）高坂郷	東松山市高坂
⑰葛貫	平姓秩父氏	（入西郡）葛貫	入間郡毛呂山町葛貫
⑱鳴瀬	児玉党	（入西郡）越生郷成瀬村	入間郡越生町成瀬
⑲難破田	村山党	（入東郡）難波田	富士見市上南畑・下南畑
⑳古尾谷	藤原氏	（入東郡）古尾谷荘	川越市古谷上・古谷本郷付近
㉑宮寺	村山党	（入東郡）宮寺郷	入間市宮寺付近
㉒毛呂	藤原南家	（入西郡）毛呂郷	入間郡毛呂山町毛呂本郷
㉓山口	村山党	（入東郡）山口郷	所沢市山口

総称してよんだ名称があり、永禄二年の『小田原衆所領役帳』には、善応寺・多波目（以上坂戸市）・大袋・池辺・豊田・小室・今成之郷・小窪・寺山・上戸・犬竹・鯨井・東明寺・福田・宿立・伊佐沼（以上川越市）などが含まれた。

鎌倉街道　武蔵国の国府（東京都府中市）と上野国国府（群馬県前橋市）を南北に結ぶ鎌倉街道上道は、郡内を南北に貫通する。武蔵国の流通を支えた道であり、この周辺に鎌倉時代・南北朝時代に関わる史跡が点在する。上道のルートは数説あるが、代表的な道筋を見てみよう。上道は、東京都東村山市久米川から所沢市久米に入る。このあたりが**久米川の陣跡**（↓288）である。ここには**将軍塚**や**勢揃橋**という地名や現在徳蔵寺にある元弘青石塔婆所在址がある。街道はさらに北上して、源頼朝が休憩したという新光寺の側を通り、**小手指原古戦場**（↓289）を左手に見て狭山市入曽に着く。この付近は水が不足しており、七曲井（堀兼井ともいう）や逃水という地名が残る。西武新宿線の狭山市駅付近の徳林寺付近（入間市入間川）が足利基氏が陣屋を構えた入間川御所（↓289）の跡地とされる。この付近は入間川の渡河点で宿場もあり交通の要衝であった。付近に木曾義仲の子清水冠者義高を祀る清水八幡神社や新田義貞に関わる八幡社がある。街道は入間川を渡って北上し、智光山公園の西側を通って日高市域に入る。鎌倉街道という交差点を経て川越線高萩駅の南西側一帯が**女影ヶ原古戦場**（高麗群）で、女影宿もあった。上道は東部越生線の西大家駅（坂戸市）の西側を通り、森戸で高麗川を越えて北上し、苦林宿に着く。この付近が**苦林野古戦場**（↓288）で、比企郡鳩山町に入っていく。

明治二十二年（一八八九）の市制町村制施行により、入間郡の町村は川越町・所沢町・豊岡町・越生町など五町四十四村となり、明治二十九年（一八九六）の郡制施行により高麗郡が廃止されて入間郡に編入された。この時比企郡植木村が、大正十年（一九二一）には秩父郡吾野村・名栗村が入間郡に編入され、現在の川越・所沢・飯能・狭山・入間・上福岡・富士見・坂戸・鶴ケ島・日高の各市、大井・三芳・毛呂山・越生の各町、および名栗村がそのおおよその郡域となった。

なお、この地域の武蔵武士の活動を詳しく知るには、左記の市町村史が参考になる。

参考文献

①『川越市史　第二巻中世編』（一九八五年刊）
②『所沢市史　上』（一九九一年刊）
③『飯能市史　通史編』（一九八八年刊）
④『入間市史　通史編』（一九九四年刊）
⑦『富士見市史　通史編上巻』（一九九四年刊）
⑧『坂戸市史　通史編Ⅰ』（一九八六年刊）
⑨『鶴ヶ島町史　原始・古代・中世編』（一九九一年刊）
⑩『大井町史　通史編上巻』（一九八八年刊）
⑪『毛呂山町史』（一九七八年刊）

毛《も》呂《ろ》氏《し》館《やかた》（毛《も》呂《ろ》城《じょう》）跡《あと》

毛呂山町小田谷《こだや》鳳谷六九八

県遺跡。毛呂市街地から日高方面まで展望できる長栄寺《ちょうえいじ》の裏山に、「コ」の字型の土塁と空堀が残存して本郭を形成している。南北朝時代、毛呂季兼《すえかね》がここに城砦を築き、平時は小田谷堀之内の屋敷に住んだという。**毛呂山町立歴史民俗資料館**（毛呂山町大類五三五）では、毛呂氏や町内の中世城館に関する展示が行われている。

竜《りゅう》ケ《が》谷《や》城《じょう》跡《あと》

毛呂山町阿諏訪《あすわ》一五六一―二ほか

県遺跡。戦国期における毛呂氏の詰《つめ》の城とされ、標高約二〇五ｍの小さく険しい山上にあり、山頂の本郭には雷《らい》電《でん》神社が祀られる。大永四年（一五二四）に山内《やまのうち》・扇谷《おうぎがやつ》両上杉氏が攻撃した毛呂城は、この城と考えられる。今は鶴ヶ島ゴルフ倶楽部の中に孤島のように取り残される。麓の雷電神社入口の表示から入り、ゴルフ場の脇道を登ると城跡に至る。

竜ケ谷城跡

斎《さい》藤《とう》氏《し》館《やかた》跡《あと》

毛呂山町岩井字平山一六〇五ほか

県遺跡。室町時代の斎藤美濃守富長《とみなが》と夫人毛呂《もろ》氏及びその子孫の館と伝えられる。中央公民館の西北西三〇〇ｍほどの、畑地と宅地に囲まれた場所にあり、現在も子孫の方が住まわれてバラ園を経営されている。空堀と、特に土塁の残存状況はよく、近くには堀込《ほりごめ》や堀ノ内、馬場などの地名が残る。

田《た》波《わ》目《め》（多《た》和《わ》目《め》）城《じょう》跡《あと》

坂戸市多和目字城山《しろやま》

県遺跡。『小田原衆所領役帳』の記載から、北条氏康の弟で武蔵国小机《こづくえ》城主となった北条氏尭《うじたか》の持ち城であったとも考えられるが、城主については諸説ある。

多和目城跡の遠景

高麗川《こまがわ》を見下ろす城山山頂部（標高一一三m）にあり、市営水道の配水池が置かれる。運動公園の先に解説板があり、その先を登ると城跡がある。一一〇×四五mの単郭の城郭で、最大で約三mの高さの土塁が残る。陣城として築かれたとする説もある。**坂戸市立歴史民俗資料館**（坂戸市石井一八〇〇—六）では、多和目城など市内の中世城郭や板碑に関する展示が見られる。

小代氏館跡《しょうだいしやかたあと》

東松山市正代《しょうだい》字中形二二八ほか

県遺跡。**青蓮寺**《しょうれんじ》（↓275）の周囲に土塁と堀の痕跡をわずかに残す。越辺川《おっぺがわ》を見下ろす台地の南縁、比高五mほどの所に築かれ、規模は東西約二〇〇×南北約二五〇m。市の調査で確認された堀は幅四m、深さ三mほどで、十四世紀前半のものとされる。小代氏は児玉党に属し、入《にゅう》西相行《さいすけゆき》（資行）の次男遠弘《とおひろ》（遠広）が入《にっ》西《さい》郡小代郷を領したことに始まる。鎌倉末期の小代伊重置文《これしげおきぶみ》には、源義平《よしひら》が大蔵《おおくら》合戦の際に「小代ノ岡ノ屋敷」を拠点としていたとあり、これが家人の小代氏に伝えられたのであろう。置文には義平を祀った**御霊**《ごりょう》**神社**（↓276）を崇敬せよともある。

高坂館跡《たかさかやかたあと》

東松山市高坂八三四ほか

県遺跡。高坂台地の北東端部に築かれた、東西一七〇×南北二三〇mを測る単郭式の城郭で、郭の北半にある**高済寺**《こうさいじ》（曹洞宗）に土塁と空堀の一部が顕著に残る。秩父平氏の流れをくむ高坂《たかさか》氏の館跡とされる。しかし、近年行われた高坂館跡南側の高坂弐番町遺跡の調査で、高坂館跡とは重複しない堀や十三〜十四世紀の遺物が出土し、高坂氏の居館はこちらであった可能性が指摘されている。高坂氏は鎌倉末期から記録にあらわれ、南北朝期には高坂氏重《うじしげ》が足利方として、同族の河越直重《なおしげ》を中心とする平一揆《へいいっき》の主力として活躍した。平一揆は鎌倉公方足利基氏のもとでも重用され、氏重も伊豆守護に任じられたが、応安元年（一三六八）に平一揆の乱（↓297）を起こして没落した。その後、応永二十三〜二十四年（一四一六〜一七）の上杉禅秀の乱では白旗一揆が、永禄五年（一五六二）には松山城攻略のために北条氏康が高坂に陣を置いたとの記録があり、高済寺に残る土塁と空堀はその際に陣城として築かれたものとも考えられる。江戸初期には幕臣の加々爪《かがつめ》氏が中世の城館に改修を加えて陣屋を置いた。土塁の一角には**加々爪氏累代の墓**（県旧跡）が残る。

高坂館跡・土塁と空堀

河越館跡復元想像図※20

河越館跡《かわごえやかたあと》

川越市上戸《うわど》一九二一―一ほか

国史跡。十二世紀中頃、河越氏により築かれた。上戸地区は奈良・平安時代から入間郡の役所が置かれた要地で、河越荘の中心であった。以後四〇〇年にわたり居館、寺院、陣所と姿を変えつつ使われてきた。

南北朝時代の応安元年（一三六八）二月、河越直重《なおしげ》が関東管領上杉憲顕《のりあき》に対して挙兵した（平一揆《へいいっき》の乱）。河越氏率いる平一揆と関東管領との関東全体を巻き込んだ戦いとなり、六月に河越館を落とされた平一揆方が敗れ、館や所領は鎌倉府に没収された。その後は、館の持仏堂より発展した時宗常楽寺《じょうらくじ》（→277）、十五世紀末には山内《やまのうち》上杉氏が扇谷《おうぎがやつ》上杉氏の河越城を攻略するために設けた上戸《うわど》陣所が置かれた。

居館は入間川西岸に位置する平坦地にあり、水陸交通の要衝である。河越氏時代の館は、堀を方形に巡らせた南北七五×東西一〇〇m程度の区画がいくつか集

河越館跡・井戸跡と塚状遺構（奥）

まり、まとまって館としての空間を構成したものである。発掘調査によって堀や井戸などの遺構、唐物《からもの》と呼ばれた青磁や白磁、宴や儀式に使われた素焼の皿「カワラケ」、常滑焼《とこなめやき》や漆器の椀、一〇〇基を超える板碑などの遺物が見つかり、当時の暮らしぶりが偲ばれる。板碑は井戸や堀から発見されており、山内上杉氏が館を陣所として整備する際に投棄したものと考えられる。現在は**河越館跡史跡公園**として公開されている。

なお、源義経に嫁いだ河越重頼《しげより》の娘（京姫）は、義経とともに奥州平泉で自害したとされる。館の南にはかつて姫の墓所と伝えられる小さな森があり、「京塚」と称されていた。また、常楽寺山門の左手には重頼と京姫、義経の供養塔とその由来を記した碑が建てられ、京姫伝承を伝えている。

河越《かわごえ》（川越《かわごえ》）城跡《じょうあと》

川越市郭町《くるわまち》一、二丁目

県史跡。初雁城・霧隠城ともいう。城跡は川越台地の北端部にあり、入間川の支流である新河岸川《しんがしがわ》に囲まれている。長禄元年（一四五七）に扇谷《おうぎがやつ》上杉氏の家宰である太田道真《どうしん》・道灌《どうかん》父子によって、古河《こが》公方《くぼう》に対抗する拠点として築城された（『鎌倉大草紙』）。また、太田父子の他、上田・三戸《みと》・荻野谷《おぎのや》氏ら扇谷上杉氏の宿老が、「数年秘曲を尽くして」築いたともいう（『松陰私語《しょういんしご》』）。築城後は上杉持朝《もちとも》が相模からこの地に移り、以後八十年にわたって北武蔵における扇谷上杉氏当主の居城であったが、天文六年（一五三七）、上杉朝定《ともさだ》は北条氏綱《うじつな》によって城を奪われた。これ以降、河越城は小田原北条氏の北武蔵における前進基地となり、氏綱の女婿北条（福島《ふくしま》）綱成《つなしげ》が城将として配された。天文十四年（一五四五）、山内憲政《やまのうちのりまさ》と扇谷朝定の両上杉氏は古河公方足利晴氏《はるうじ》を擁して河越城の奪還を試み、関東一円に号令して綱成が守る河越城を大軍で包囲した。しかし翌年四月、来援した北条氏康《うじやす》に虚を突かれ、両上杉方は朝定をはじめ多くの将兵が討死する大敗を喫した（河越夜戦）。この戦いの結果、北武蔵における北条氏の優位が決定的となった。**東明《とうみょう》寺《じ》**（川越市志多町一三―一）には**河越夜戦の碑**が立つ。

その後、河越城には小田原北条氏の宿老大道寺《だいどうじ》氏が在城した。天正十八年（一五九〇）の豊臣秀吉による小田原攻めでは、大道寺政繁《まさしげ》は上野国の松井田城《まついだ》（群馬県安中市《あんなか》松井田町）を守っていたが、前田利家《としいえ》や上杉景勝《かげかつ》らの北国勢に敗れて降伏した。徳川家康が関東に入部すると河越城（川越城）には家臣の酒井重忠《しげただ》が配され、江戸時代には酒井氏や松平氏・秋元氏など譜代大名が配置されて明治維新を迎えた。

現在の川越城は近世の整備であり、跡地には**本丸御殿（県文化）**などが残り、**川越市立博物館**（川越市郭町二ー一三〇ー一）では川越城の模型などが展示されている。

大堀山館跡《おおほりやまやかたあと》

川越市大字下広谷《しもひろや》字牛原南

県史跡。本応寺別院墓地の東側一帯が館跡で、『新編武蔵国風土記稿』が「下広谷村古跡三ヶ所」と記す城館のうちの一つだが、その他に記録や伝承はない。未整備だが遺構の状態は良く、三重の堀と土塁に囲まれ、神明社がある本郭の北側に帯状の二の郭と三の郭が続く。館跡の北側の小道沿いに解説板がある。発掘調査で、かわらけ、中国製茶入、さいころ等の他に、中世では珍しい木製の臼が本郭の井戸跡から出土した。近年、大堀山館跡をはじめとする周辺の方形囲郭群を、河越城攻防をめぐって築かれた陣城とする見解が示されている。

大堀山館跡・二の郭の土塁と空堀

金子家忠館跡《かねこいえただやかたあと》

入間市木蓮寺《もくれんじ》八七四

金子家忠は保元・平治の乱や源平合戦で活躍した武蔵武士の一人である。木蓮寺公会堂の北側、霊園の一角に**金子氏一族の墓塔（市文化）**（↓283）が立っていて、かつては家忠開基と伝えられる瑞泉院《ずいせんいん》木蓮寺があった。館は南に傾斜した台地上に位置した要害の地に築かれたが、今は宅地化・霊園化されて遺構は残らない。**入間市立博物館**（入間市二本木一〇〇）では家忠に関する展示が見られる。

宮寺氏館跡《みやでらしやかたあと》

入間市宮寺字城腰《しろのごし》四八九

市史跡。宮寺氏は村山党に属し、村山頼家《よりいえ》の次男家平《いえひら》が宮寺の領主となったことに始まる。県道一七九号線沿いの宮寺郵便局のT字路を南に一五〇mほど行くと館跡に着く。現在は**西勝院《さいしょういん》**（入間市宮寺字城腰四八九）の境内となっていて、西側には堀跡と思われる川が流れている。遺構は土塁と空堀が残り、山門を入って右側、閻《えん》魔堂《まどう》の裏の土塁と空堀は状態良く残っている。

山口城跡《やまぐちじょうあと》

所沢市山口一五一七ほか

県旧跡。村山党の山口氏が平安末期に

築いた居館に始まり、鎌倉街道に面する要衝の地にあった。狭山丘陵の南斜面に位置し、現在は山口城趾前交差点のそばに土塁の一部を残すのみだが、発掘調査によって二〇〇×一〇〇mの規模の城郭であることが明らかになった。

　戦国時代になると、山口氏は空堀と土塁を用いた本格的な城郭である**根古屋**《ねごや》**城**《じょう》を築いた。現在の**根古屋城跡**（県史跡）（所沢市勝楽寺四三六ほか）は直下に狭山湖の湖水が迫るが、本来は標高三〇mの山頂部であった。根古屋城跡は東京都水道局の公有地で、見学することはできない。

山口城跡の土塁

滝《たき》の城跡《じょうあと》

所沢市城《しろ》五三七ほか
滝の城址公園

　県史跡。現在は**滝の城址公園**として整備され、本郭跡には**城山神社**《しろやまじんじゃ》が建っている。所沢市南部を流れる柳瀬川《やなせがわ》に沿って、上流から**根古屋城**《ねごやじょう》**・滝の城・柏**《かしわ》**の城**《しろ》（志木市）などで形成される支城網の拠点である。築城者は太田氏や大石氏など諸説あるが定かではない。北条氏照《うじてる》が大石定久の養子に入ると、氏照の居城・滝山城《たきやまじょう》（八王子市高月町）（氏照は後に居城を八王子城に移す）の支城となったが、豊臣秀吉による小田原城攻めで廃城となった。本郭を中心に同心円状に配置された二の郭・三の郭と、北側台地部に大きく張り出した外郭によって構成された雄大な構えで、堀や土塁、物見櫓跡、馬出《うまだし》跡などが残る。**所沢市生涯学習推進センター**（所沢市並木六―四―一）には、滝の城復元模型が展示されている。

難波田《なんばた》氏《し》館跡《やかたあと》

富士見市大字下南畑《しもなんばた》
五九八ほか

　県旧跡。現在は**難波田城公園**として整備され、郭や城門・木橋・水堀の一部が復元され、**難波田城資料館**が併設されている。村山党難波田氏の館跡で、荒川低地の自然堤防上に位置する。難波田氏は扇谷《おうぎがやつ》上杉氏の重臣だったが、河越夜戦後、

難波田城公園の復元された堀と土塁

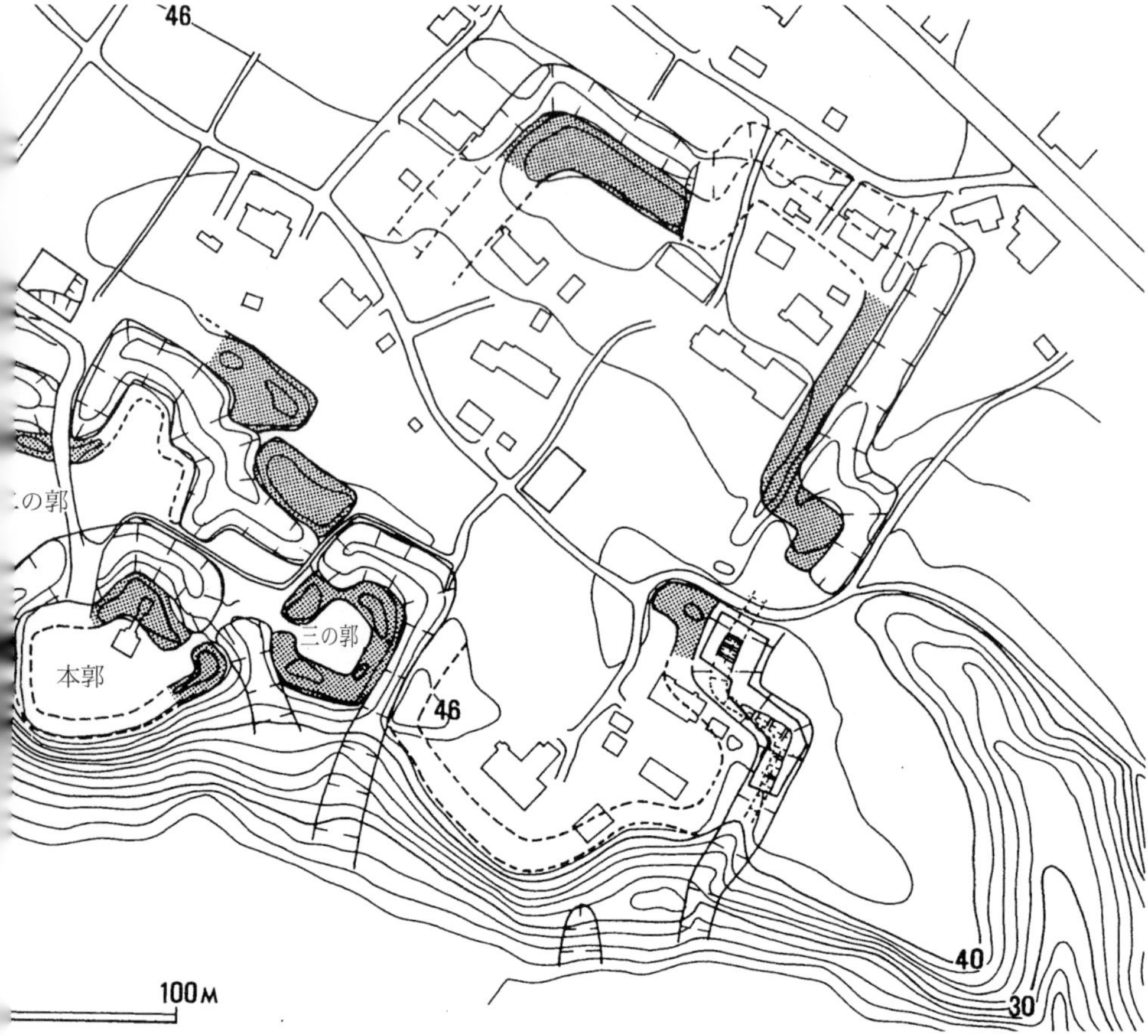

滝の城跡の実測図※21

城は小田原北条氏の支城となり、豊臣秀吉の小田原攻めで廃城となった。『新編武蔵国風土記稿』に城跡の様子が具体的に記され、浅野文庫（広島藩主）や酒井家文庫（小浜《おばま》藩主）には江戸時代の絵図が残る。発掘調査によって絵図と同じく三重の堀を持つ城郭であることや、本郭・二の郭などの郭や建物跡・倉庫跡が確認された。

神社・寺院

法恩寺《ほうおんじ》

越生町越生七〇四

奈良時代に行基が創建し、建久三年（一一九二）に源頼朝が児玉党の越生《おごせ》氏に命じて再興させたという縁起が残る真言宗寺院である。**埼玉県立歴史と民俗の博物館**（さいたま市大宮区高鼻町四―二一九）に貸出中であるが、**釈迦《しゃか》三尊《さんぞん》及び阿難《あなん》迦葉《かしょう》像**（国重文）や**高野《こうや》明神《みょうじん》・丹生明神《にゅうみょうじん》像**などの絵画があり、中世以前に遡ることのできる古寺である。

龍穏寺《りゅうおんじ》

越生町龍ケ谷四五二

永享《えいきょう》年間（一四二九〜一四四一）に、将軍足《あし》

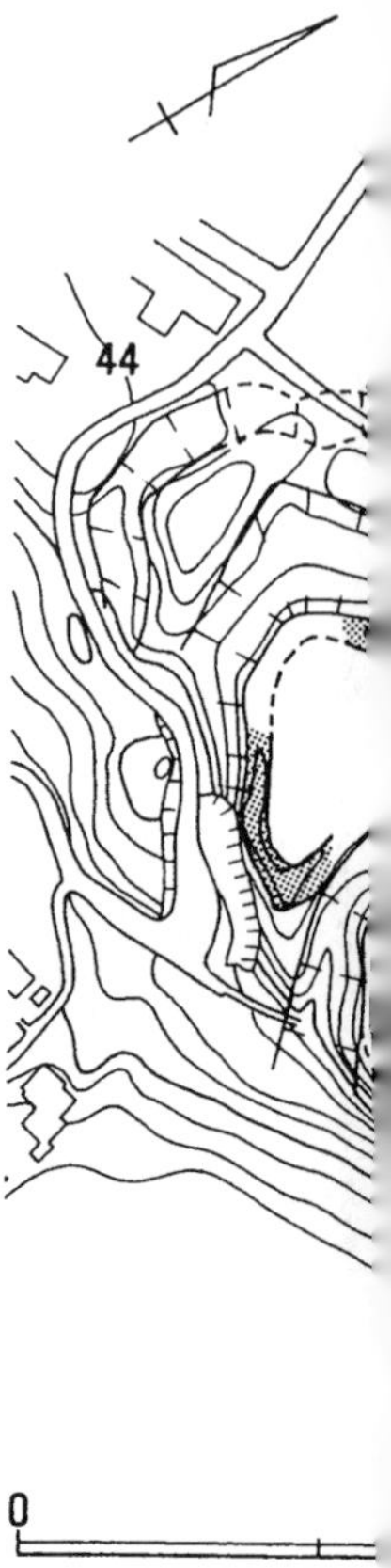

利義教《かがよしのり》が先祖供養と戦死者慰霊のために、扇谷上杉持朝《おうぎがやつうえすぎもちとも》に命じて建立させたという。その後衰微したが、文明四年（一四七二）に太田道真《おおたどうしん》・道灌《どうかん》父子によって伽藍が再興された。境内は景観をよく残し、**太田道真・道灌父子の墓**もある。江戸時代には、大中寺《だいちゅうじ》（栃木県大平町）、総寧寺《そうねいじ》（千葉県市原市）とともに「関三刹《かんさんさつ》」と称された曹洞宗の名刹《めいさつ》である。

出雲伊波比神社《いずもいわいじんじゃ》

毛呂山町岩井二九一五

日本武尊《やまとたけるのみこと》が東国平定の帰途立ち寄り、配下の武日命に命じて創建したとの伝承がある。今に伝わる**流鏑馬神事《やぶさめしんじ》**（県選民）は、前九年の役での源頼義《よりよし》・義家《よしいえ》父子の戦勝に由来するといい、毎年春（三月第三日曜日）と秋（十一月三日）に奉納される。建久《けんきゅう》年間（一一九〇～九九）に、源頼朝は神領を寄進するとともに社殿を檜皮葺《ひわだぶき》にし、畠山重忠も太刀・産衣を寄進したという。毛《も》呂《ろ》氏との関わりも深く、一間社流造の**本殿**（国重文）は、享禄《きょうろく》元年（一五二八）に毛《も》呂顕繁《ろあきしげ》が建立したもので、現在、埼玉県内最古の神社建築である。

三福寺《さんぷくじ》

坂戸市小山二五九

大同《だいどう》元年（八〇六）の開基と伝え、河内源氏の多田満仲《ただみつなか》の伝説を伝える。また、天正十八年（一五九〇）の豊臣秀吉の関東侵攻の時にはこの寺が小田原北条氏方の陣《じん》城《じろ》となり、兵火のために焼失したという。寺宝の**木造薬師如来坐像**（県文化）は鎌倉彫刻、慶派の作風を伝える。

青蓮寺《しょうれんじ》

東松山市正代八六四―一

この辺りは、児玉党入西氏の庶子家である小代《しょうだい》氏の本拠地であり、地名の「正《しょう》代《だい》」もそれに由来する。付近には土塁も残り、発掘の結果、堀跡も確認されている。境内には、小代重俊《しげとし》の供養と一族の結束を図るために建てられた**弘安四年（一二八一）銘板碑**（県文化）（→281）がある。

青蓮寺・本堂

この頃、九州に所領を持つ東国御家人は西国に下向して蒙古襲来に備えることになり、肥後国（熊本県）に地頭職《じとう》を持つ小代氏もこの地を離れることになったため、この板碑を造立したのである。

御霊神社《ごりょうじんじゃ》

東松山市正代八四一

青蓮寺《しょうれんじ》に隣接した地に建つ。由緒では鎌倉権五郎景政《かまくらごんごろうかげまさ》を祀るというが、この地は源義平《よしひら》（悪源太《あくげんた》）の「岡の屋敷」跡とされていることから、「景政」は「義平」の誤りと考えられる。小代氏の祖、児玉弘行《こだまひろゆき》の弟にあたる経行《つねゆき》の娘が義平の乳母《めのと》だったことなどにより、この地に館を構えたものであろう。また、御霊神社崖下の新井家には、初発期の板碑である**寛喜元年（一二二九）銘板碑**（↓281）がある。

世明寿寺《せみょうじゅじ》

東松山市正代七五五一一

比企丘陵の東端、青蓮寺《しょうれんじ》から北東約三〇〇mの所にある曹洞宗寺院である。観音堂には像高一九五cmの**木造千手観音立像**を祀っている。宋風彫刻の特徴を持ち、南北朝時代の制作と推定される。京都の三十三間堂と同じように、観音の眷属《けんぞく》としての**二十八部衆立像**や**風神・雷神立像**も残り、貴重な作例である。本寺は**小代氏館跡**（↓269）から見て艮《うしとら》（北東）の方角にあたり、断定はできないが、鬼門除けとして創建された可能性もある。

養寿院《ようじゅいん》

川越市元町二―一一―一

寛元《かんげん》二年（一二四四）、河越重頼《かわごえしげより》の曾孫経重《つねしげ》の開基という。本堂の奥には**河越重頼の墓**とされる五輪塔がひっそりとたたずんでいる。また、毎夜合戦の音を響かせたという不思議な伝説のある**堀川夜討図**もこの寺に秘蔵され、河越氏と源義経との関係を暗示させる。経重が寄進した**文応元年（一二六〇）銘の銅鐘《どうしょう》（国重文）**には「河肥庄」という文字が刻まれている。拝観はできないが、**川越市立博物館**（川越市郭町二―三〇―一）や**埼玉県立歴史と民俗の博物館**（さいたま市大宮区高鼻町四―二一九）にレプリカがある。この銅鐘は本来は**上戸日枝神社**《うわどひえじんじゃ》（川越市上戸三一六）にあったものである。河越氏が本拠とした河越荘が新日吉《いまひえ》社領であったことにより勧請《かんじょう》された神社である。

養寿院・河越重頼の墓

常楽寺《じょうらくじ》

川越市上戸一九四

河越《かわごえ》氏の持仏堂に始まり、河越氏滅亡後の十四世紀には時宗の道場として栄えたと伝えられ、現在も時宗の寺院である。常楽寺を含む二町（約二二〇m）四方は河越氏の居住した**河越館跡**（**国史跡**）（↓270）であり、西側には土塁も残っている。この付近は、新日吉《いまひえ》社領河越荘の中心地であった。

喜多院《きたいん》

川越市小仙波町一―二〇―一

中世は無量寿寺《むりょうじゅじ》という寺院の一部であった。円仁の伝承も残るが、永仁《えいにん》四年（一二九六）、泉福寺《せんぷくじ》（桶川市）から来山した尊海《そんかい》によって再興された天台宗寺院である。その頃の歴史を垣間見せるのが、**暦《りゃく》応五年《おうごねん》**（一三四二）**銘板碑《めいいたび》**（**県史跡**）（↓282）と**延文三年《えんぶんさんねん》**（一三五八）**銘板碑《めいいたび》**（↓283）である。いずれも二mを超す大きな板碑である。また、本堂内には**正安《しょうあん》二年**（一三〇〇）**銘の銅鐘**（**国重文**）もある。喜多院は、江戸時代に天海が入寺してから隆盛を極め、現在も近世文化財の宝庫である。

古尾谷八幡神社《ふるおやはちまんじんじゃ》

川越市古谷本郷一四〇八―一

貞観《じょうがん》年中（八五九〜八七七）に石清水八幡《いわしみずはちまん》宮《ぐう》から勧請したと伝える。平将門の乱以後衰微していたが、元暦《げんりゃく》元年（一一八四）源頼朝が社殿を造立した。石清水八幡宮領古尾谷荘《ふるおやのしょう》の総鎮守であり、この辺りが古尾谷荘の中心であった。二間社流造《にけんしゃながれづくり》で見世棚造《みせだなづくり》の**旧本殿**（**県文化**）と入母屋《いりもや》

古尾谷八幡神社・旧本殿

造《づくり》の社殿（県文化）は近世建築である。

灌頂院《かんじょういん》

川越市古谷本郷一四二八

かつて**古尾谷八幡神社**（↓277）の別当《べっとう》寺《じ》であった。多くの仏像が伝来し古尾谷《ふるおや》荘《しょう》における仏教の興隆がしのばれる。鎌倉時代の半丈六仏《はんじょうろくぶつ》である**木造薬師如来**《もくぞうやくしにょらい》**坐像**《ざぞう》（県文化）は灌頂院の二〇〇m西北にある川越線の脇の薬師堂に安置されている。**川越市立博物館**（川越市郭町二—三〇—一）にはレプリカもあり見学することができる。

灌頂院・木造薬師如来坐像

八幡神社《はちまんじんじゃ》

狭山市入間川六—一—四

元弘三年（一三三三）、鎌倉攻めに向かう新田義貞《にったよしさだ》が戦勝を祈願したと伝え、境内には義貞が馬をつないだという**駒つなぎの松**も残る。この付近は鎌倉街道の「入間川の渡し」に近い交通の要衝であり、五〇〇mほど西方の国道一六号沿いには、元暦《げんりゃく》元年（一一八四）に源頼朝の命で殺害された木曾義仲《きそよしなか》の子清水義高《しみずよしたか》を祀る**清水**《しみず》**八幡神社**《はちまんじんじゃ》（狭山市入間川三—三五）がある。また、新富士見橋を渡って一km程先の奥州《おうしゅう》道交差点付近には、その義高が討手から逃れるために一時身を隠したという**影隠**《かげかくし》**地蔵**（狭山市柏原六九）も残る。

高倉寺《こうそうじ》

入間市高倉三—三—四

方三間入母屋造《ほうさんげんいりもやづくり》の**観音堂**（国重文）は、江戸時代に長念寺（飯能市白子二八〇）から移築されたものだが、関東地方における室町前期の代表的な禅宗様建築である。

白鬚神社《しらひげじんじゃ》

入間市寺竹八五二

社伝によれば、金子家忠《かねこいえただ》が仁安《にんあん》三年（一一六八）に、居館の鬼門に社殿を造営し、武運長久を祈願したという。家忠から十四代の子孫である金子越中守家定《えっちゅうのかみいえさだ》が、滝川城の北条氏照《ほうじょううじてる》と対陣した時に戦勝を祈願して奉納したと伝える**懸仏**《かけぼとけ》も残り、この時に再建されたものと考えられる。

高倉寺・観音堂

鳩峰八幡神社《はとみねはちまんじんじゃ》

所沢市久米二四二八

延喜《えんぎ》二十一年（九二一）石清水八幡宮から勧請したと伝える。現在の**本殿**（県文化）は、一間社流造《いちげんしゃながれづくり》の見世棚造《みせだなづくり》で、室町時代の建築と思われる。元弘三年（一三三三）新田義貞が鎌倉攻めの戦勝を祈願して立ち寄ったという伝承があり、境内には、兜を掛けた**兜掛《かぶとか》け松**や鎧を置いた所に建立したという**鎧稲荷《よろいいなり》**が残っている。

勝光寺《しょうこうじ》　所沢市山口一四一〇

北条時宗《ほうじょうときむね》が弘安元年《こうあんがんねん》（一二七八）に創建したと伝える臨済宗妙心寺派の古刹《こさつ》。楼門造の山門は、近世建築ながら禅宗様の特徴をよく伝える。

浅間神社《せんげんじんじゃ》　志木市上宗岡四

羽根倉橋《はねくらばし》に近接した地にある。建久《けんきゅう》四年（一一九三）源頼朝が富士の裾野で巻狩をしたときに、宗岡《むねおか》の人々が勢子《せこ》として駆り出されて、その代償として年貢が免除されたので、それを祝って富士浅間神社を祀ったという伝承がある。なお、境内には高さ一〇mほどの**富士塚《ふじづか》**もある。

石造物

延慶三年銘板碑《えんぎょうさんねんめいいたび》　毛呂山町川角《かわかど》一九〇八―二

県文化（板石塔婆および蔵骨器《ぞうこつき》）。埼玉県立毛呂山特別支援学校の西側を走る町道脇の杉林の中にある。延慶三年（一三一〇）銘があり、高さ二九五cm、幅七三cmで、本尊として胎蔵界大日荘厳種子「アーンク」を刻む。蓮座の下には造立の主旨が刻するが、それによると大檀那沙門行真並《ならび》朝妻氏女《うじめ》の現世安穏・後生善処のためという。この板碑は、もと川角字堂山の崇徳寺跡に建立されていたが、移転の折に、地下から蔵骨器として使われた古瀬戸瓶子《へいじ》と水注《すいちゅう》が発見された。その蔵骨器は**毛呂山町歴史民俗資料館**（毛呂山町大類五三五）に保管されている。

延慶三年銘板碑

山根六角塔婆《やまねろっかくとうば》　毛呂山町宿谷《しゅくや》字六角三九一―一

県文化（山根六角塔）。埼玉ゴルフクラブのゴルフ場脇の町道に沿った一段高い所の覆屋《おおいや》に所在する。六枚の石材を六角形に組み、その上下に六角形をした笠石と六個のほぞ穴のある台石で構成したもので、これを石幢《せきどう》と呼ばれる石造物である。ただ、現在は一枚が欠損している。高さは一一五cmで、銘文によると、貞和《じょうわ》二年（一三四六）に発願者の大徳道教が中心となって、すでに亡くなった人と生きている者が悟りの境地に達するためにこの「六角塔婆」を建てたという。造立目的が具体的にわかる事例として貴重である。こうした緑泥片岩《りょくでいへんがん》の石幢は他に、**大聖寺**（小川町）（→194）、**正法寺**（東松山市岩殿）（→198）、**普済寺**（東京都立川市）などに所在する。

徳治《とくじ》二年《にねん》銘板碑《めいいたび》

坂戸市北浅羽一九三 万福寺

県文化（万福寺《まんぷくじ》の板石塔婆《いたいしとうば》）。**万福寺**境内の覆屋《おおいや》に所在する。高さ二一八cm、幅八五cmで主尊に胎蔵界大日如来の種子「アーンク」を刻む。児玉党《こだまとう》浅羽氏《あさばし》の祖有道行成《ありみちゆきなり》の菩提を供養するため、子孫の比丘慧見らが徳治二年（一三〇七）に造立した大型板碑である。主尊の大日如来から浅羽氏が真言宗系の信仰を持っていたことがわかる。付近には「地家」「門田」などの領主館や「大日」など持仏堂に因む地名が残る。

徳治二年銘板碑（拓本）※1

元弘《げんこう》三年《さんねん》銘板碑《めいいたび》

坂戸市仲町一三 永源寺

永源寺境内にある。高さ一二〇cm、幅三一cmで月輪《がちりん》の中に阿弥陀一尊を刻む。小振りであるが二条線の下に額を張り出し、身部を枠線で囲む丁寧な加工をしている。元弘三年（一三三三）五月二十二日銘の左右に「光明真言《こうみょうしんごん》」を梵字で刻む。この日は鎌倉幕府が滅亡した日であり、得宗被官《とくそうひかん》として北条氏に殉じた浅羽一族を供養するために造立された板碑とされる（『坂戸市史』通史編）。

浅羽《あさば》橋場板碑《はしばのいたび》

坂戸市浅羽九九四 大塚古墳

市文化（浅羽橋場の板石塔婆《いたいしとうば》）。浅羽橋場共同墓地内の**大塚古墳**の上に立つ。高さ二三一cm、幅五九cmで、本尊は阿弥陀一尊である。応長二年（一三一二）三月十五日、『観無量寿経《かんむりょうじゅきょう》』の「光明遍照／十方世界／念佛衆生／摂取不捨」の偈《げ》と「結衆三十人／大旦那安倍友吉／並長田守行」を闊達《かったつ》な楷書で刻む。鎌倉時代の念《ねん》仏結衆《ぶつけっしゅう》によって造立された板碑である。この偈は板碑に最も多く採用されるもので、阿弥陀仏の功徳を讃えたものである。

浅羽橋場板碑

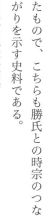

宗福寺《しゅうふくじ》名号《みょうごう》板碑《いたび》

坂戸市石井一九〇五
宗福寺

　市文化（石井宗福寺の板石塔婆《いたいしとうば》）。**宗福寺**の山門左にある柵内に所在する。高さ二八〇cm、幅六九cmで、時宗《じしゅう》系の名号板碑である。碑面に「南無阿弥陀佛」の六字名号、左右に造立の主旨を刻む。それによると文和五年（一三五六）に教覚の三回忌供養のために建てられたことがわかる。この宗福寺は村山党勝《すぐろ》（須黒）氏の館跡に接して建てられており、勝氏と関係の深い寺院だ。近くにある**塚越西光寺住職墓地**にある**貞治《じょうじ》五年**（一三六六）**銘宝《ほう》篋印塔《きょういんとう》**は、勝左衛門入道頼阿が造立したもので、こちらも勝氏との時宗のつながりを示す史料である。

宗福寺名号板碑

弘安四年銘板碑《こうあんよねんめいいたび》

東松山市正代八五一
青蓮寺

　県文化（青蓮寺《しょうれんじ》板石塔婆《いたいしとうば》）。**青蓮寺**（↓275）境内左手の覆屋《おおいや》に所在する。高さ二一三cm、幅六一cmで、造形の見事な大型の板碑である。この地を根拠地とする児玉党《こだまとう》小代氏《しょうだいし》によって建てられた阿弥陀一尊種子の下に六行にわたって造立の主旨を刻む。それによると小代重俊《しげとし》の仁徳を慕って弘安四年（一二八一）に諸衆が合力して建てたことがわかる。小代氏は蒙古襲来に備えて、惣領が肥後国野原《のばらの》荘《しょう》（熊本県荒尾市）に下向するという事態に直面しており、一族の結合を再度強化するねらいが込められていた。もとは台地北側の通称大日堂跡と呼ばれるところにあったといわれている。

弘安四年銘板碑（拓本）※1

寛喜元年銘板碑《かんきがんねんめいいたび》

東松山市正代八三二
新井家

　市文化（阿弥陀一尊板石塔婆《あみだいっそんいたいしとうば》）。**御霊神《ごりょうじん》社《じゃ》**（東松山市正代八四二）（↓276）崖下にある新井家の

寛喜元年銘
板碑（拓本）※1

西方の覆屋《おおいや》があり、そこに六基の板碑が立っている。左から二番目がこの板碑である。戦前の拓本によれば、寛喜元年（一二二九）七月日と判読され、日本で三番目に古い板碑の可能性がある。高さ九六cm、厚さ一八・五cmで、主尊の阿弥陀立像がレリーフで表現されており、高さの割に厚みのある板碑である。下半には「諸教所讃／多在弥陀／故以西方／而為一准」の偈《げ》が刻まれている。天台宗が重んじる教典『摩訶止観《まかしかん》』の一節で、天台浄土思想を背景に造立されたものと推定される。また、この他にも、**仁治二年（一二四一）銘板碑**などがある。

なお、付近の**世明寿寺**《せみょうじゅじ》（→276）にも正和二年（一三一三）銘など八基の板碑がある。この正代地域に初発期板碑が集中していることは、板碑造立と児玉党との関係を示唆している。なお、見学する場合には個人の宅地内なので一声かけてから見学することが望ましい。

建長三年銘板碑《けんちょうさんねんめいいたび》

川越市寺尾六四〇
勝福寺

勝福寺《しょうふくじ》の本堂左方にある阿弥陀堂の手前に立っている。阿弥陀三尊種子の下に「建長三年（一二五一）辛亥三月十八日」の銘があり、下部が欠けているが、高さ一六五cm、幅七一cm、厚さ一四cmの堂々とした板碑である。二条線上の額が張り出し、頭部の山形の角度が鋭く尖った形態が印象的である。この特色をもつ初発期板碑は「尖頂有額板碑《せんちょうゆうがくいたび》」と呼ばれ、飯能市から川越市・ふじみ野市・富士見市・東京都板橋区など、入間川・新河岸《しんがし》川《がわ》流域に分布している。

建長三年銘板碑

暦応五年銘板碑《りゃくおうごねんめいいたび》

川越市小仙波
一―二〇―一 喜多院《きたいん》

県史跡（暦応の古碑）。川越を代表する板碑で、**喜多院**《きたいん》（→277）慈眼堂《じげんどう》の裏手の歴代住職墓地にある。高さ二三二cm、幅六二cm。碑面全体の美しさと世尊寺流《せそんじりゅう》で記された銘文の見事さで、江戸時代の地誌類にも取り上げられている。この板碑は無量寿院二世の寛海法印と心聡法務が中心となって、先師の追善《ついぜん》と自らの逆修《ぎゃくしゅ》のために暦応五年（一三四二）に造立されたものである。碑面中央の上段に「過去」として九人の僧名が追善のために刻まれており、「現在」以下には造立に結衆《けつじゅう》した僧尼名が逆修のため名を連ねている。

延文三年銘板碑《えんぶんさんねんめいいたび》

川越市小仙波一―二〇―一喜多院《きたいん》

市文化（延文の板碑）。喜多院《きたいん》（↓277）慈眼堂《じげんどう》の裏手の歴代住職墓地にある。暦応五年銘板碑に並んで立っている。高さ二七六㎝、幅六九㎝。延文三年（一三五八）銘で本尊は阿弥陀一尊である。阿弥陀種子は暦応五年銘板碑と同じ様式で、山形や二条線などの形態もそっくりである。同じ石工集団による制作であろう。碑面には、僧證厳を始めとする六十人の僧尼名が刻まれている。

延文三年銘板碑

暦応五年銘板碑

金子《かねこ》氏《し》一族《いちぞく》の墓塔《ぼとう》

入間市木蓮寺八七四

市文化（金子氏一族の宝篋印塔《ほうきょういんとう》付位牌）。西東京コスモパーク霊園墓地の左手奥にある覆屋《おおいや》に六基があり、五輪塔や中世と近世の宝篋印塔などの残欠部分で造られ

金子氏一族の墓塔

ている。その右脇には位牌堂がある。この地には、かつて金子氏にかかわる瑞泉《ずいせん》院木蓮寺《いんもくれんじ》があった。瑞泉院の開基である村山党の金子十郎家忠と、その一族を偲んで造立されたものと考えられる。ただし、これらの墓塔が作られたのは江戸時代と考えられる。

建長八年銘板碑《けんちょうはちねんめいいたび》

所沢市山口一三九二
来迎寺《らいこうじ》

市文化（弥陀一尊種子板石塔婆《みだいっそんしゅじいたいしとうば》）。**来迎寺**本堂脇の収蔵庫にある。高さ一五〇cm、幅五八cmの堂々とした板碑である。阿弥陀一尊種子の下に『無量寿経《むりょうじゅきょう》』と『観無量寿経《かんむりょうじゅきょう》』の偈《げ》と「建長八年（一二五六）二月廿三日」銘があり、左下に小さく「左兵衛尉丹治泰家」と刻されている。**円照寺《えんしょうじ》**（入間市野田）の「康元元年（一二五六）十一月廿三日」銘板碑と同じく、母比丘尼《びくに》妙證を供養するために丹党の加治《かじ》泰家《やすいえ》が造立したものである。二つの板碑は造形的に似ているだけでなく、同じ二十三日を供養日としている。なお、建長八年は十月五日に康元と改元されており、同じ年に造立されたことがわかる。

建長八年銘板碑

妙善院五輪塔《みょうぜんいんごりんとう》

所沢市三ケ島三―一四一〇
妙善院

県文化。年号を有する完全な形の五輪塔として貴重である。総高は一一八cm。地輪の左右に「了存順寂／六十二才」「嘉暦四年（一三二九）三月二日」と刻まれている。五輪の各面には、発心門《ほっしんもん》・修行門《しゅぎょうもん》・菩提門《ぼだいもん》・涅槃門《ねはんもん》の五大種子《しゅじ》が、いずれも月輪《がちりん》の中に陰刻されている。

山口氏の墓塔《やまぐちしのぼとう》

所沢市山口四〇八
瑞岩寺《ずいがんじ》

市文化。瑞岩寺の本堂左脇にある覆屋《おおいや》に三基の石塔がある。いずれも五輪塔や宝篋印塔などの残欠部分で造られている。各塔ともに宝篋印塔の基礎部分に銘文があり、特に向かって左側の塔は、一面に「帰実禅門／永徳三癸亥六月十三日」と刻まれ、残りの三面には光明真言が刻まれている。瑞岩寺には永徳三年（一三八三）六月十三日に足利氏満と戦って討死したという、山口城主山口高実《たかざね》の位牌が伝わっており、宝篋印塔にある紀年銘と一致している。この瑞岩寺は山口家継《いえつぐ》を祖とする村山党山口氏の菩提寺である。

建長四年銘板碑《けんちょうよねんめいいたび》

富士見市勝瀬七二三
護国寺《ごこくじ》

市文化（護国寺建長四年板碑）。**護国寺**山門の脇にある。上部の山形が欠損しているが、高さ一八〇cm、幅五八cmという大型板碑である。幅広の額《がく》を作り出し蓮座を持たない初発期板碑の特色を備えている。阿弥陀三尊種子の下に「建長四年（一二五二）十一月八日」「黒□比丘尼」と刻まれている。また、境内には年不詳の大型板碑が二基所在している。この他にも、市内南畑新田の**慈光院跡墓地**に**建長四年銘の大型板碑**がある。いずれも頭部の山形が尖り、幅広の額《がく》をもつ「尖頂有額《せんちょうゆうがく》板碑《いたび》」である。

古道

入間郡には、鎌倉街道遺構に特徴的な掘割状や切通し状の遺構が残り、中世の面影を偲べる地点が各地にある。それらを街道ごとに紹介する。

鎌倉《かまくら》街道《かいどう》上道《かみつみち》遺構《いこう》　毛呂山町・所沢市ほか

所沢市には、**山口城跡**（↓272）西側に街道跡が、また山口小学校西側にわずかに切通し状の遺構がある。東京都東村山市野口町付近で鎌倉街道上道の主要な道から分かれ、小手指原を経て入間市東金子方面へ向かう枝道の遺構であろう。

毛呂山《もろやま》町市場の市場神社東方一〇〇m付近の高麗川から台地に上る地点に切通しがあり、さらに北西に遺構をたどると西大久保字谷ノ中と大林坊の境に掘割状遺構が非常に良好な状態で保存されている。昭和五十六年（一九八一）には発掘調査も行われている。さらに道筋をたどると同町大類《おおるい》（毛呂山町大類五三五）では**毛呂山町歴史民俗資料館**、**川角《かわかど》古墳群**を通り大類グランド西側にかけて掘割状遺構が残る。ほとんど未舗装で、保存状態も良好。この一帯は周囲の景観とともに歴史を感じさせる非常に貴重な地域となっている。

山口小学校西側の切通し状遺構

堀兼道《ほりかねみち》遺構《いこう》　川越市・狭山市・所沢市ほか

所沢市の所沢中学校の東側付近で上道本道から分かれ狭山市堀兼方面へ向かう鎌倉街道は、堀兼道と呼ばれ上道の主要な枝道とみられる。各地に顕著な遺構が残る。

所沢市では県道川越所沢線の北所沢交差点から南側の道路の西側に、切通し状遺構が残る。また、北岩岡から狭山市との境の東電変電所入り口付近まで約一・七kmほどにわたり、街道跡が二本並行している。現在車道となっている道と、その一五～二〇m西側に未舗装で掘割状遺構を残す道が雑木林の中に明瞭に残る。伝承では前者が本道で後者が身分の低い人が通った道といわれる。近年の研究では、この区間の遺構は直線的で、古代の東山道武蔵路と一致していることから、二本の街道は古代官道の東西側溝を利用したものとの説が出されている。しかし、やはり理由は謎である。

狭山市に入ると、堀兼の県道川越入間線の交差点から北方に直進し民家の裏手の山林を通り堀兼中学校西側付近まで古道跡がある。山林の中の四五mほどの長さの窪地は、掘割状の遺構である。さらにその北方加佐志《かざし》の小丘陵上にある老人福祉センターの裏手の山林中には掘割状遺構、丘陵と低地の境界付近には切通しが形成されている。

川越市に入ると、大袋新田の氷川神社から北に坂を下りた辺りの雑木林の藪の中に、長さ八〇mほどの掘割状遺構が残っている。ここから堀兼道は小ヶ谷《おがや》を通り上戸の**河越館跡**（↓270）方面に向かうが、その途中池辺《いけのべ》の**熊野神社**（川越市池辺二六一）の向かって右手奥にある弁天池は**梶原淵**《かじわらぶち》ともよばれている。この地は梶原景時《かじわらかげとき》の領地で、源《みなもとのよりとも》頼朝が那須野で狩をした帰りにこの池で馬を冷やしたので、水底に鞍が一領、池の主となっているという伝承がある。これも堀兼道によって鎌倉とこの地が結ばれていたことを物語っている。鯨井《くじらい》の東洋大学の東側の**市民の森**（川越市鯨井三〇付近）の中にも掘割状遺構が残り、ボランティアグループによって整備され堀兼道の案内板も立てられている。この遺構は道幅一m余りと、他の遺構に比べて狭く、道筋から考えても堀兼道のさらに枝道の可能性もあろう。

梶原淵

その他の枝道の遺構

入間市内には、宮寺・金子・加治氏らの武蔵武士がいたが、彼らの鎌倉への往復の道がそれぞれ鎌倉街道と伝承されている。これらのうち仏子《ぶし》から新久《あらく》への山越えの道は**金子坂**《かねこざか》と呼ばれ、金子家忠《かねこいえただ》と弟近範《ちかのり》が行き来するために開削したと伝えられる。ただし現在の金子坂は大正時代に開削されたもので、それ以前の道は谷底に近い所を通っており、山林中にわずかに切通しの跡が残っている。この坂の東側の小谷田《こやた》の入間市青少年活動センターの北東に**源氏峰**《げんじみね》とよばれる小高い所がある。ここは加治丘陵の東端に位置し、北・東・南三方の眺望が開けており、金子家忠が源氏に仕えた時期、この地域を治める拠点にしたという。また、金子坂と源氏峰への間にある小高い山は**鞍掛山**《くらかけ》といい、家忠が馬を休めるため、いつも同じ場所に鞍を掛けたのでそう呼ばれるようになったといわれている。

渡し場

森戸《もりと》の渡《わた》し

坂戸市森戸

鎌倉街道上道の高麗川の渡河点。現在の森戸橋付近と考えられる。森戸橋の南五〇〇m付近には坂上田村麻呂《さかのうえのたむらまろ》や藤原秀郷（俵藤太《たわらとうた》）の伝承がある**国渭地祇神社**《くにいちぎじんじゃ》（坂戸市森戸六一六）があり、両岸には町屋・市場の地名が分布しており、交通の要所であったことを物語っている。

八丁《はっちょう》の渡《わた》し

狭山市新富士見橋付近

鎌倉街道上道の入間川の渡河点。渡しの正確な位置ははっきりしないが、新富士見橋と昭代橋の間辺りと推定される。周辺は、軍事・経済的に重要な地点であり、それを物語る史跡や伝承が多く残る。右岸の狭山市入間川は入間川宿《いるまがわのしゅく》があり、木曽義仲《きそよしなか》の子で源頼朝の人質となり、鎌倉から逃げる途中入間川原で討たれた清水冠者義高《しみずかじゃよしたか》を祀った**清水八幡神社**《しみずはちまんじんじゃ》（狭山市入間川三―二三五）は新富士見橋のたもと近くにある。また義高が一時身を隠したという**影隠地蔵**《かげかくしじぞう》（狭山市柏原六九）は左岸の狭山市柏原の「奥州道《おうじゅうどう》」交差点付近にある。

影隠し地蔵

羽根倉《はねくら》の渡《わた》し

志木市宗岡羽根倉橋付近

羽根倉道の荒川の渡河点である。対岸のさいたま市桜区大久保には、北条《ほうじょう》泰時《やすとき》の陣屋があり、この地の鷺坂氏が陣屋守となり霞代官に任ぜられていたとの伝承がある。また、隣接した埼玉大学構内の本村《ほんむら》遺跡には、鎌倉期の屋敷跡、鉄の精錬・鍛冶の跡が確認され中国製陶磁器や板碑片などが出土しており、この渡し付近が重要な地点であったことをうかがわせる。

宿

堂山下遺跡《どうやましたいせき》

毛呂山町大類七一七
大類グランド付近

越生川右岸の台地裾部の低地の鎌倉末～室町時代の集落遺跡。この遺跡が**苦**《にが》**林**《ばやし》**宿跡**とみられる。東側に鎌倉街道上道遺構と推定される中世の道路状遺構があり、街道によって規制された方形の屋敷地と屋敷内に立ち並ぶ建物・井戸が確認された。舶載陶磁器や瀬戸・常滑の陶器なども多数出土した。同じく毛呂山町小田谷《こだや》の毛呂宿と宿の長者的存在だったと推定される毛呂氏の関係などとともに、**毛呂山町歴史民俗資料館**（毛呂山町大類五三五）で詳しく知ることができる。

宗岡宿《むねおかじゅく》

志木市宗岡

文明十八～十九年（一四八六～八七）、関東を巡遊した道興准后《どうこうじゅごう》が『廻国雑記』において、霞ヶ関をこえ笹井（現狭山市）に至る途中、「夕けぶりあらそう暮を見せてけりわが家々のむね岡の宿」と詠んでいる。

古戦場

苦林野古戦場《にがばやしのこせんじょう》

毛呂山町大類・苦林付近

毛呂山町大類・苦林の一帯にある。貞治二年（一三六三）に苦林宿の周辺（苦林と大類の周辺地）に布陣した鎌倉公方の足利基氏軍は宇都宮氏の重臣芳賀禅可《はがぜんか》軍と戦い、勝利した。大類には、**大類一号墳**（県史跡）（毛呂山町大類一一三八付近）がある。古墳の前方部には**古戦場碑**と解説板が建つ。後円部には、文化十年（一八一三）に建てられた追悼碑もある。また、古墳の南西約三〇〇mにある**十社神社**（毛呂山町大類字神明台二九）の祭神は、この合戦で戦死した金井新左衛門ほか九名なので、この神社は十首明神《じゅっしゅみょうじん》ともいわれている。

大類一号墳にある苦林野古戦場碑

久米川陣跡《くめがわじんあと》

所沢市久米
東京都東村山市久米川町付近

所沢市久米と東京都東村山市久米川町などにまたがる地域に久米川宿があった。元弘三年（一三三三）五月十二日早朝、新田義貞軍はこの宿に布陣していた鎌倉幕府軍を攻撃し勝利し、幕府軍は南方へ撤退した。柳瀬川に架かる**勢揃橋**《せいぞろいばし》（所沢市久米三〇四付近）は、新田義貞が軍勢を集めた場所という。通称**将軍塚**《しょうぐんづか》（所沢市松が丘一一六二付近）は、**元弘の板碑**（**国重文**）がかつてあったところで、その板碑は現在**徳蔵寺**（東京都東村山市）にある。その後、久米川宿には正平七年（一三五二）の武蔵野合戦では足利尊氏、応永二十四年（一四一七）の上杉禅秀《うえすぎぜんしゅう》の乱では鎌倉公方足利持氏方の上杉（山内）憲基《のりもと》が布陣した。

将軍塚

大袋原古戦場《おおふくろはらこせんじょう》

川越市大袋周辺

川越市の大袋周辺にあたる。享徳の乱に関わる古戦場である。享徳四年（一四五五）五月十四日に古河公方足利成氏《こがくぼうあしかがしげうじ》と関東管領上杉房顕《うえすぎふさあき》の合戦があった。この合戦で成氏方の江戸父子（道景・妙景）が戦死し、上杉方の豊島内匠助の家人が負傷した。

三《み》ツ《つ》木《ぎ》原《はら》古《こ》戦場《せんじょう》

狭山市新狭山三―三

三ツ木公園内に**古戦場碑**（狭山市新狭山三―三）がある。『新編武蔵国風土記稿』によるところの周辺で、元弘三年（一三三三）五月に新田義貞軍と鎌倉幕府軍が合戦をし、結城合戦の際には永享十二年（一四四〇）三月に上《うえ》杉顕定《すぎあきさだ》と結城満朝《ゆうきみつとも》とが合戦をしたという。

鎌倉幕府滅亡後、金子国重がこの地に土着し三ツ木と姓を改めたという。

入間川御所跡《いるまがわごしょあと》

狭山市入間川

徳林寺（狭山市入間川二―三一―二）付近と推定されている。宿場であったこの地に、文和《ぶんな》二年（一三五三）から鎌倉公方足利基氏《あしかがもとうじ》が布陣した。基氏の布陣は九年間と長かったので、基氏は入間川殿とよばれ、その場所は入間川御所とも呼ばれた。上杉禅秀の乱では、応永二十三年（一四一六）十二月に豊島《としま》範泰《のりやす》は足利持氏《もちうじ》方の二階堂下総入道に従い、入間川宿の周辺で上杉禅秀方の上杉憲方《のりかた》（禅秀の子）を破った。新田義貞も元弘三年（一三三三）にこの地に布陣した。このように入間川宿は、南関東と上野・信濃をむすぶ政治的・軍事的要地であった（↓コラム「入間川御所とその戦い」）。

入間川御所跡（徳林寺）

小《こ》手《て》指《さし》原《がはら》古《こ》戦場《せんじょう》

所沢市北野付近

元弘三年（一三三三）五月十一日に新田《にった》義《よし》貞《さだ》軍と鎌倉幕府軍とが初めて合戦をしたのが、この一帯だったという。この合戦は互角の戦いで、夕刻には新田軍は入間川岸、幕府軍は久米川宿まで退いた。北野中学校の近くに**古戦場碑**（所沢市北野二―一―二）がある。古戦場碑の近くにある**白旗塚**は、新田義貞が源氏の白旗を立てた塚だという。また、義貞が合戦前に倒幕の誓詞をしたという**誓詞橋《せいし》**（所沢市北野三北野新町二）が、現在交差点名として残っている。その後、建武二年（一三三五）の中先代《なかせんだい》の乱の際に北条時行《ほうじょうときゆき》軍と足利直義《あしかがただよし》軍が合戦をした。また、観応

小手指原古戦場

三年（一三五二）の足利尊氏《たかうじ》軍と新田義宗《よしむね》軍とが戦った武蔵野合戦の合戦場の一つでもある。

金井《かねい》ヶ《が》原《はら》古《こ》戦場《せんじょう》

所沢市林二―八七付近

所沢商業高校付近を中心とした林・三ヶ島一帯で、観応三年（一三五二）に足利尊氏軍と新田義宗軍が合戦をしたという。三ヶ島にある**箙《えびら》の梅《うめ》伝承地**（所沢市三ヶ島一―一〇二付近）は、武蔵野合戦の際に足利方の饗庭《あえば》命《みょう》鶴丸《つるまる》の一軍が、この地でとった梅の花を箙に付け戦ったという。

箙の梅

産業

伊《い》佐《さ》沼《ぬま》

川越市伊佐沼・古谷上

入間川の河跡の泥沼を、文和年間（一三五二～五六）古尾谷城主の家臣伊佐某が灌漑用の溜め池として整備したもの。

織《おり》部《べ》塚《づか》

ふじみ野市大井一二四九付近
大井高校南東

室町時代に大井地域の開発に携わった大井四人衆の一人、新井《あらい》織部《おりべ》の墓と伝える。新井氏の祖は横山党である。

織部塚

その他

堀兼《ほりかね》ノ《の》井《い》

狭山市堀兼二二二〇
堀兼神社内

県旧跡。平安時代からの名所で、歌枕としても知られる。西行法師は「汲みてしる人もあらなむおのづからほりかねの井の底の心を」（「山家集」）と詠んでいる。

堀兼ノ井

漏斗状《ろうと》の井戸で、最大直径八m、深さ一・五mほど。「堀兼」とは、武蔵野台地では地下水層が深く、井戸を「堀り兼ね」たことに由来するという。部分的な不透水層の宙水を利用した。堀兼ノ井の伝承地は他にも数カ所ある。この地域の同形態の井戸として、**おいど**（ふじみ野市大井一―二付近）と称する大井戸がある。発掘調査をもとに井戸が復元されている。大井の地名の由来といわれる。**七曲井**《ななまがりのい》**（県史跡）**（狭山市北入曾一三六六常泉寺内）は、最大直径二六m、深さ一〇m程の巨大な漏斗状の凹地《おうち》。発掘調査では平安期の須恵器、鎌倉期の板碑等が出土している。

霞ヶ関《かすみがせき》

平安時代から歌枕として詠まれている。伝説では日本武尊《やまとたけるのみこと》が蝦夷に備えて設けたもので、雲霞《うんか》を隔てる地であったことからつけられたという。東国の名所として知られる。南北朝期には「徒らに名をのみとめてあづま路の霞の関も春ぞくれぬる（読み人しらず）」（「新拾遺和歌集」）などと詠われている。比定地は東京都多摩市関戸が有力だが、入間郡内では川越市霞ヶ関は入間郡衙《ぐんが》跡と推定される霞ヶ関遺跡や**河越館跡**（↓270）に近く、東に入間川、西に鎌倉街道と交通の要地であった。また、狭山市柏原・上広瀬の境付近の霞ヶ関の比定地がある。付近の鎌倉街道上に交差点名として現在も残る「奥州道《おうじゅうどう》」の由来として、昔この地に厳しい関所があり、逃れた武士がここで惨殺されたため「往生道《おうじょうどう》」とよばれたことによるとの伝承がある。

新田義貞の鎌倉攻め

元弘三年（一三三三）五月、鎌倉幕府は、新田義貞が率いる大軍に本拠地の鎌倉を攻められて滅亡した。この新田義貞による鎌倉攻めは、おおよそ以下のような経緯をたどって推移したと考えられている。

五月七日、後醍醐天皇に共鳴した足利尊氏が、幕府の出先機関である六波羅探題を京都から放逐すると、それに呼応するかのように、五月八日、関東で新田義貞が蜂起した。義貞は、鎌倉幕府が上野国の世良田に有徳銭を賦課したのに抵抗し、徴税にやって来た使者を斬首したのを発端として、討幕を決意して生品神社で旗揚げしたのである。義貞の軍勢は、八幡荘を経由して鎌倉街道上道に出ると、周辺の武士を次々と糾合しながら、鎌倉を目指して街道を南下し始めた。武蔵国の児玉や菅谷を通過して、五月九日には将軍沢郷の付近に宿営したとみられる。

五月十日、笛吹峠を越えた義貞軍は、**入間川宿**（↓289）の徳林寺（狭山市入間川二―二三―一）付近まで軍を進めた。一方、義貞の蜂起を知った鎌倉では、追討軍を鎌倉街道上道に向けて派遣して、五月十日には入間川の手前まで軍を進めた。こうして、義貞軍と幕府軍が入間川を挟んで睨み合う格好となったのである。

五月十一日、義貞軍は入間川を渡河して、迎撃する幕府軍と小手指原において激突した。これが小手指原の合戦である。三十回以上の応酬がくり返されて、双方に数百騎の死者が出る消耗戦となったが、ついに決着がつかないまま日没を迎えた。その晩は、義貞軍が入間川宿に、幕府軍が**久米川宿**（↓288）に、それぞれ後退して陣を敷いた。

五月十二日、早朝から義貞軍が攻勢を仕掛けて、久米川にいた幕府軍を一気に襲撃した。これが久米川の合戦である。劣勢となった幕府軍は、ひとまず分倍河原まで撤退して、鎌倉からの援軍の到着を待った。また、この日、上野国の世良田で足利千寿王（後の義詮）が蜂起して、義貞の後を追うようにして鎌倉街道上道を南下している。この軍勢は、やがて義貞軍と合流して連合軍を形成し、討幕軍の勢いをさらに加速させたと推測される。

ただし、五月十四日、鎌倉から分倍河原に十万の援軍が到着しており、幕府軍の側にも十分な戦力が整いつつあった。

こうして、五月十五日と十六日の二度にわたって、分倍河原を舞台とした合戦が行われた。これが分倍河原の合戦である。十五日の合戦は幕府軍に軍配が上がり、敗れた義貞軍は掘兼に向けて退却した。幕府軍はあえて深追いしなかったが、その晩、三浦大多和義勝が相模国の軍勢を率いて義貞軍に寝返っており、これが情勢を変える契機となったらしい。これに前後して足利千寿王が加わったことも、倒幕勢力を後押しする力になったことだろう。続く十六日の合戦では、勢いを盛り返した義貞軍が幕府軍を押し返しており、この勝利が戦局を決定づける要因となった。義貞軍は、武蔵国府を掌握して、幕府の支配系統を断ち切ったのである。これ以降、武蔵武士の大半は、義貞軍に加勢するようになったと考えられる。

五月十七日、関戸に逗留して態勢を整えた義貞軍は、軍勢を三手に分けて、鎌倉の極楽寺坂・化粧坂・巨福呂坂の三方向へ向けて進発した。五月十八日、鎌倉を包囲した義貞軍によって、一進一退の攻防戦がくり広げられた。幕府軍は、堅固な切通しで敵の侵入を阻んだが、海岸の稲村ヶ崎において義貞軍の突破を許しており、五月十九日には極楽寺坂や由比浜の一帯まで戦場が広がった。義貞軍は、五月二十一日にも干潮を利用して、稲村ヶ崎から鎌倉中への突入を成功させた。鎌倉中の各地で必死の防戦が続けられたが、もはや幕府軍の劣勢は誰の目にも明らかだった。

そして運命の五月二十二日、葛西谷の東勝寺に立て籠もった北条高時は、一族もろとも自害して壮絶な最期を遂げた。入間市の円照寺には、この日の紀年銘を刻んだ板碑が残っており、丹党の加治家貞が北条氏の滅亡に殉じて亡くなったことを伝えている（**円照寺板碑群↓307**）。こうして、約百五十年に及んだ鎌倉幕府の歴史は幕を閉じたのである。

ちなみに、この新田義貞の鎌倉攻めは、伝説の世界にも大きな波紋を残している。たとえば、所沢市の**小手指原古戦場**（**↓289**）には、義貞が源氏の白旗を立てたという**白旗塚**や、討幕の誓詞を捧げたという**誓詞橋**（**↓289**）がある。また、狭山市の**八幡神社**（**↓278**）には、義貞が戦勝を祈願したという伝承や、**駒つなぎの松**などの由緒が残っている。さらに、所沢市の**鳩峰八幡神社**（**↓278**）にも、義貞が戦勝を祈願したという伝承があり、**兜掛け松**や**鎧稲荷**などが残されている。このように、義貞の鎌倉攻めにまつわる伝説は、寺社や地名などに関連して、さまざまな形で現存している。

もちろん、こうした伝説のすべてが歴史的な事実だったという確証はない。しかし、それらの分布を調べてみると、基本的には鎌倉街道上道に沿って展開しており、伝説が醸成された背景に、ある共通した条件があったことが想像できる。すなわち、新田義貞が、武蔵武士を結集して鎌倉街道を駆け抜けた姿は、沿道の人々に鮮烈な印象を残しており、それが地域の伝説として語り継がれる素地になったのではないだろうか。

（山野龍太郎）

参考文献

細川重男『鎌倉幕府の滅亡』（吉川弘文館、二〇一一年）
峰岸純夫『新田義貞』（吉川弘文館、二〇〇五年）
山本隆志『新田義貞――関東を落すことは子細なし』（ミネルヴァ書房、二〇〇五年）

入間川御所《いるまがわごしょ》とその戦い

鎌倉街道上道《かみつみち》は上野《こうずけ》や北武蔵から武蔵府中を経て鎌倉に至る最短ルートであり、南北朝期には各所で合戦が繰り返された。このような臨戦状態のもと、鎌倉公方足利基氏《あしかがもとうじ》が上道沿いの要地に置いた陣所が入間川御所（埼玉県狭山市）である。

貞和《じょうわ》五年（一三四九）に観応《かんのう》の擾乱《じょうらん》が勃発すると、足利尊氏《たかうじ》は鎌倉の嫡男義詮《よしあきら》を京都に呼び戻し、代わって三男基氏《もとうじ》（亀《かめ》若丸《わかまる》・十歳）を鎌倉に派遣した。関東執事の上杉憲顕《うえすぎのりあき》と高師《こうのもろ》冬《ふゆ》は留任したが、足利直義《ただよし》方の憲顕は尊氏・高師直《こうのもろなお》方の師冬を攻めて自害に追い込んだ。一方、政敵師直を滅ぼした直義は、京都を出奔して鎌倉の憲顕に迎えられた。これに対し、尊氏は観応二年（一三五一）十二月に駿河の薩埵山《さったやま》（静岡市清水区）で直義方を破って鎌倉に入り、直義は降伏した。翌年二月に直義は急死し、南朝方と結んで再起を図った憲顕も、一連の武蔵野合戦に敗れて没落した。

文和《ぶんな》二年（一三五三）七月、尊氏は上洛するにあたり、基氏と関東執事に任じた畠山国清《はたけやまくにきよ》に入間川在陣を命じ、下野の宇都《うつの》宮氏綱《みやうじつな》を上野・越後守護に、武蔵の河越直重《かわごえなおしげ》を相模守護とした。畠山・宇都宮・河越の三氏は薩埵山の戦いに勲功があり、基氏の入間川在陣とあわせて、上野・越後方面の上杉憲顕や南朝方の新田《にった》氏（義貞《よしさだ》の遺児義興《よしおき》・義宗《よしむね》ら）に対する備えであった。この鎌倉府の体制を「薩埵山体制」と称する。基氏の在陣は九年に及び、基氏は「入間川殿」、居館は「入間川御所」「入間川御陣」と称された。御所の警固は河越氏や高《たか》坂《さか》氏ら武蔵平一揆《むさしへいいっき》の武士などが、結番《けちばん》に従って一ヶ月交替で務めた。

ところが、延文《えんぶん》三年（一三五八）の尊氏死去を機に、成長した基氏と執事国清の間で齟齬が生じ始める。翌年、国清は将軍義詮の南朝討伐支援のため、東国勢を率いて上洛した。だが、この遠征は幕府内部の対立・抗争によって挫折し、無断で帰国する東国武士もあらわれた。国清が彼らの所領を没収したため、康安《こうあん》元年（一三六一）に東国武士千余人が盟約して国清罷免を要求し、基氏は「此者《このもの》ドモニ背《そむか》レナバ、東国ハ一日モ無為《ぶい》ナルマジ」（『太平記』）として国清を更迭した。貞治元年（一三六二）、国清が領国の伊豆で反乱を起こすと、基氏は八月に出陣してこれを鎮圧して国清を追放した。その後、基氏は鎌倉に入り、入間川御所には嫡男の氏満《うじみつ》（金王丸《こんのうまる》・四歳）を置いた。

貞治《じょうじ》二年（一三六三）、基氏は新たな関東管領（かつての関東執事）に上杉憲顕を任じようとした。尊氏の死後、義詮・基氏兄弟は越後に逼塞していた憲顕を復権させたのである。憲顕は越後・上野守護に返り咲いたが、鎌倉に向かう途中で、これに不満な宇都宮氏綱の重臣芳賀禅可《はがぜんか》（高名《たかな》）の待ち伏せを受けた。基氏は出陣して芳賀軍を苦林野《にがばやしの》（毛呂山町大類・川角）と岩殿《いわどの》山《やま》（東松山市岩殿）で撃退し、さらに進んで氏綱を降伏させた。足利基氏塁跡（↓193）はこの時に基氏が築いた陣城とされる。この頃、河越直重も相模守護を更迭されて薩埵山体制は崩壊し、上杉憲顕の復権や南朝方の衰退もあって、入間川御所（↓289）の存在意義は失われたとされる。これ以降、鎌倉公方を関東管領上杉氏が補佐する鎌倉府の体制が確立した。

　入間川御所の所在地としては徳林寺《とくりんじ》付近が有力である。この地は鎌倉街道上道の入間川渡河点を見下ろす段丘上の要害で、近くには「根曲輪《ねくるわ》」「柵《くね》の内」といった城郭関連地名が残る。また、『新編武蔵国風土記稿』に見える「上宿」「中宿」「下宿」など入間川宿の関連地名の比定地でもある。『太平記』に畠山国清に謀殺された新田義興の怨霊が、入間川在陣中の基氏のもとに雷火を落とし、「入間川ノ在家三百余宇、堂舎・仏閣数十箇所、一時ニ灰塵《かいじん》ト成リニケリ」とあるのも、入間川御所の所在地を考える上での傍証となるであろう。入間川御所が構えられた時期の東国は臨戦態勢にあり、多くの東国武士が一ヶ月交替で御所を警固した。したがって、徳林寺以外に伝わる入間川御所伝承地も、御所に結番した武士たちの陣所や出城と考え、入間川御所を広範囲にわたってとらえることもできる。北東約九kmには河越氏の館（河越館）（↓270）もあった。南北朝の争乱や観応の擾乱などによって関東武士達の勢力分布も激変した中で、基氏の入間川布陣は河越氏ら平一揆がその勢力圏に基氏を推戴したことを意味するものでもあった。

（山野井功夫）

参考文献

『新編埼玉県史　通史編2　中世』（一九八八年）
『狭山市史通史編Ⅰ』（一九九六年）
落合義明「中世東国の陣と芸能」（『日本歴史』六一七号・一九九九年）
田代脩『武蔵武士と戦乱の時代』（さきたま出版会・二〇〇九年）
峰岸純夫『足利尊氏と直義　京の夢、鎌倉の夢』（吉川弘文館・二〇〇九年）

①旧黒須村内に「大将陣」と呼ばれる地籍がある。
②『新編武蔵国風土記稿』に「今ここに御所号の遺構あるをもて考ふるにこの所入間河を隔て、南は入間河村に対せし地なれば、延文の頃、足利氏の入間河陣営と見えたるは此所ならんか」とある。
③中央中学校付近に「殿山」という地名がある。

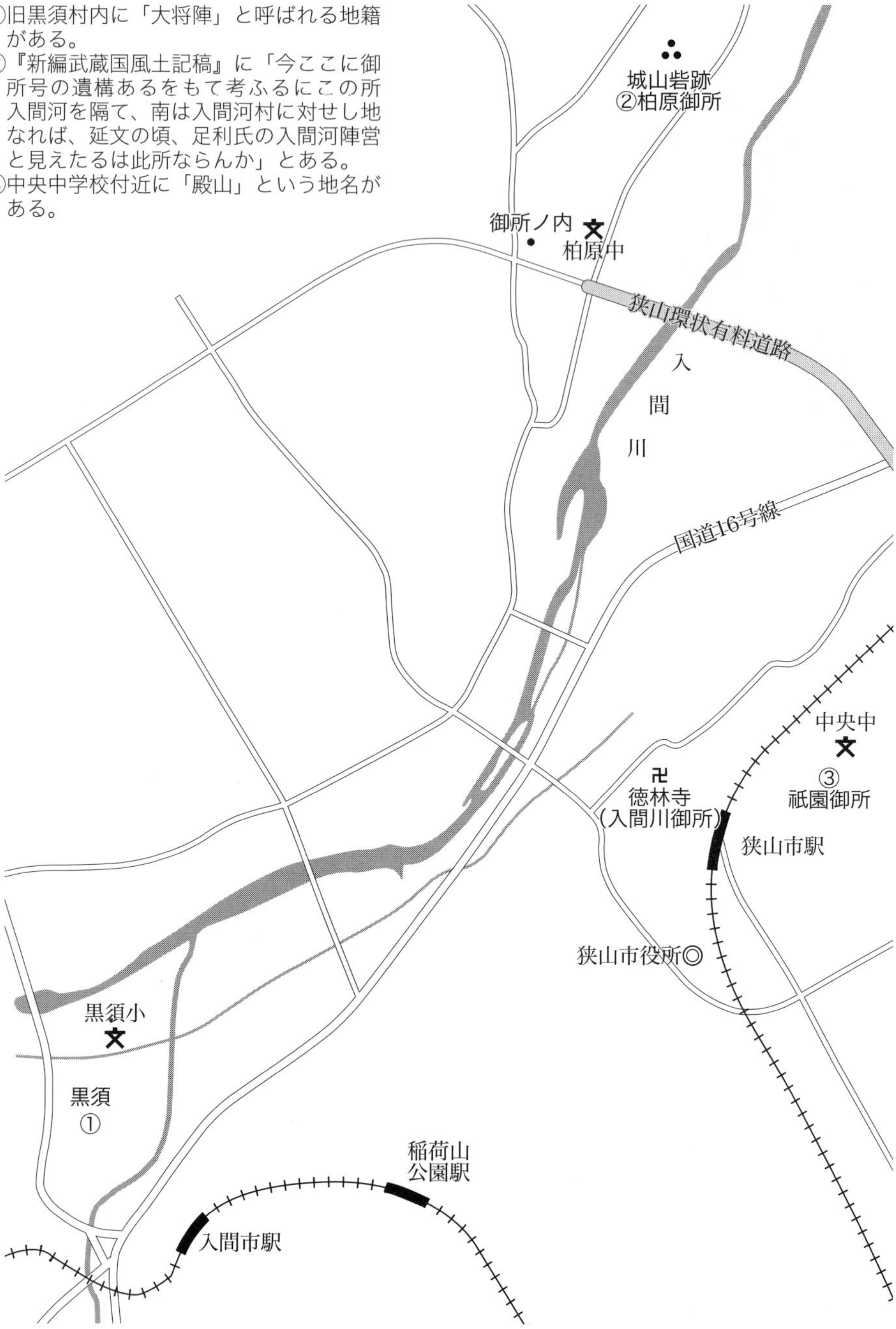

入間川御所（徳林寺）及び付近の伝承地

武蔵武士と平一揆

一揆の時代　一揆とは、特定の問題の解決や目的達成のために結ばれた集団で、中世には農民だけではなく、地域の国人の間でも広く結ばれた。特に南北朝期、国人の間で結ばれた一揆は軍事力として武蔵国の中でも重要な役割を果たした。ここでは南北朝期の鎌倉府を支えた一揆の一つ、平一揆を取り上げて紹介したい（平一揆の主な活動は略年表を参照）。

平一揆の構成　平一揆とは、武蔵、相模、伊豆各国の平氏姓が中心となって結成した一揆である。『源威集』には、「平一揆ニハ高坂・江戸・古屋・土肥・土屋」と平一揆の一部が記されている。この面々は、高坂氏や江戸氏といった秩父平氏や土屋氏や土肥氏といった相模平氏、更に平一揆の中心を担ったといわれる河越氏の近くに拠点を持つ古屋（古尾谷）氏が見られ、一つに括ることは出来ない。このように、実際の平一揆は平氏といっても武蔵、相模を中心とした様々な平氏がおり、更に地縁によって一揆に参加している一族もいたことが分かる。

そして、平一揆の大きな特徴は薩埵山《さったやま》体制下に相模守護となった河越直重《なおしげ》、武蔵守護となった高坂氏重《たかさかうじしげ》といった武蔵の有力な国人が一揆に加わっていたということである。

平一揆の活躍　平一揆の活躍が見られるのは、文和元年（正平七年、一三五二）閏二月に起きた武蔵野合戦が初めてである。この合戦は、足利尊氏《たかうじ》に対して南朝勢力の新田義宗《よしむね》・義興《よしおき》（新田義貞の遺児）と観応《かんのう》の擾乱《じょうらん》によって足利直義《ただよし》方として離反した上杉憲顕《のりあき》が反尊氏勢力として蜂起し、起きた合戦である。新田義宗は鎌倉街道上道《かみつみち》を南下して鎌倉へ進撃したため、北朝方は鎌倉を発って矢口（東京都稲城市矢野口）に陣を移し、両軍は街道の要衝である関戸（多摩市）や人見原（府中市）、金井原（小金井市）、小手指原《こてさしはら》（埼玉県所沢市）などで合戦を繰り広げたのである。この一連の合戦では両陣営に多くの武蔵武士が加わっていたが、北朝方の中心として尊氏を支えたのが平一揆を中心とした一揆なのである。『太平記』の中には「先陣ハ平一揆三万余、小手《コテ》ノ袋・四幅袴《ヨノハカマ》・笠符《カサジルシ》ニ至ルマデ一色《イッシキ》ニ皆赤カリケレバ、殊更燿《カガヤイ》テゾ見ヘタリケル」とあり、華やかな出で立ちで先陣を務める姿が描かれている。

一連の合戦は攻防の末に北朝方が勝ち、新田義宗、上杉憲顕らの勢力は関東を追われたため、尊氏の関東支配の強化につながったのである。

武蔵野合戦の勝利によって関東の反対勢力を一掃した足利尊氏は、文和二年（正平八年）（一三五三）七月、上洛した。その際尊氏は息子の鎌倉公方基氏《もとうじ》に武蔵国入間川（埼玉県狭山市）に在陣することを命じ、上野・越後方面の上杉氏や南朝方の新田氏に対して備えた。「入間川御所」と呼ばれたこの陣は九年間にわたって続き、平一揆の面々も結番によって御所の警固を勤めたのである。このように、平一揆は基氏の手足となって活動したのである。

その後、南朝勢力駆逐のために鎌倉府の執事畠山国清が上洛する時には平一揆の一部も従い、西国で転戦を重ねる。しかし、国清と足利基氏との関係が悪化すると、康安二年（正平十七年、一三六二）十一月、基氏は国清を討つために兵を送り、特に平一揆は真っ先に派遣された。この他にも、上杉憲顕の復権に反対した下野国守護代芳賀禅可《はがぜんか》（高名）が憲顕を襲撃したことに端を発する岩殿山《いわどのやま》合戦（埼玉県東松山市岩殿など）でも、鎌倉公方基氏に従い禅可の軍勢を退けている。

話は少し逸れるが、合戦以外にも平一揆の面々が武蔵国で活動していたことがうかがえるのが、両使遵行《りょうしじゅんぎょう》の使節である。両使遵行とは、国の守護（武蔵国の場合は侍所）の命令により合戦によって没収された闕所地《けっしょち》や係争地となった土地の打ち渡しなどを実際に現地に赴いて執行する使節であり、平一揆の一部の面々が両使遵行を行っている例が散見される。平一揆の面々は、合戦以外にも鎌倉府の体制も支えていたのである。

このように、将軍や鎌倉公方は平一揆に対して有力な軍事力として期待をかけ、一揆側もその期待に応えて活躍していったのである。

平一揆の最期　貞治六年（正平二十二年）（一三六七）四月、鎌倉公方基氏が病没した。この出来事から平一揆と鎌倉府との関係が変わっていく。基氏の跡を継いだのはまだ幼い嫡子金王丸（後の氏満）で、後見役はかつて薩埵山体制下で追放され、やがて復権した関東管領家の上杉憲顕であった。上杉氏の復権は平一揆にとっては大きな障害となっていたようで、基氏を失った翌年の応安元年（正平二十三年）正月に上杉憲顕が上洛すると、翌月五日には平一揆河越直重の本拠である河越氏館（川越市上戸）で挙兵した（平一揆の乱）。対する憲顕は鎌倉へ戻り、金王丸を擁して軍勢を遣わした。平一揆はしだいに追い詰められ、六月十七日には総攻撃を受けて乱は鎮圧された。その後、憲顕は平一揆に加担した宇都宮氏綱《うつのみやうじつな》を攻め、一揆の主要なメンバーは没落した。

平一揆の最期の地となった河越氏館は現在、国指定史跡として公開され遺構を見学することができる。館跡の発掘調査では、焼けて赤く変色した瓦が発見されており、平一揆の乱で館が火災した際の痕跡とされ、合戦の激しさをうかがうことができる。

平一揆が活躍した時代は鎌倉府が関東での支配を強固にし、やがて上杉氏が関東管領として大きな影響力を持つに至る、鎌倉府体制の確立期であった。こうした時代の流れ中、平一揆は鎌倉府との関係の中で活躍し、やがて姿を消したのであった。

（北爪寛之）

参考文献

小国浩寿『鎌倉府体制と東国』（吉川弘文館、二〇〇一年九月）
田代脩『武蔵武士と戦乱の時代――中世の北武蔵』（さきたま出版会、二〇〇九年一月）
峰岸純夫『中世の合戦と城郭』（高志書院、二〇〇九年五月）

略年表

年月	出来事
文和元年（正平七年、一三五二）一月	※観応の擾乱が終結する
〃　閏二月	平一揆、武蔵野合戦に参加する
文和二年（正平八年、一三五三）	足利基氏、入間川御所を構築し、平一揆も在番する
延文三年（正平十三年、一三五八）四月	※足利尊氏、病没する
延文四年（正平十四年、一三五九）十月	畠山国清、大軍を率いて上洛し、平一揆も従軍する
康安二年（正平十七年、一三六二）十一月	平一揆、畠山国清の乱に参加、鎌倉府側に付く
貞治二年（正平十八年、一三六三）八月	平一揆、岩殿山合戦に参加する
貞治六年（正平二十二年、一三六七）四月	※足利基氏が病没し、嫡男の金王丸が鎌倉公方に就任する
応安元年（正平二十三年、一三六八）三月	平一揆の乱が起きる
〃　六月	平一揆の乱が鎮圧される

高麗郡

奈良時代の霊亀二年（七一六）五月、入間郡の一部に高麗人を移し、高麗郡が設置された。郡衙《ぐんが》の所在地は高麗郷（日高市高麗本郷）で、高麗王若光の子孫が郡司を継承したと考えられている。

武蔵国のほぼ中央部、外秩父丘陵地帯に位置する。周囲は、北・東は入間郡、南は多摩郡、西は秩父郡と接していたが、隣接する入間郡、秩父郡との間の郡境がしばしば変動した。

中世の郡域は、ほぼ現在の鶴ヶ島市・日高市・飯能市（旧名栗村を除く）と入間市、川越市、狭山市の各一部が含まれた。

地形は、西部はほとんど秩父山地とその山麓台地（高麗丘陵と加治丘陵）からなり、秩父郡名栗（旧名栗村）を水源とする名栗川（入間川の上流）や関東平野との境をなす高麗川が東流し、河岸段丘が発達している。東部は坂戸台地の中央部とその南に入間台地があり、南は入間川を境として入間郡に接する。

武蔵武士　郡内には、高麗王若光の子孫とされる高麗氏の他、丹党と児玉党が盤踞《ばんきょ》していた（別表と地図参照）。高麗氏は、若光を祀る**高麗神社**（↓305）の宮司を代々継承した。丹党は秩父郡を本拠に外秩父山地を越えて進出してきたと推定される。加治氏に関わる**智観寺板碑群**（↓306）や**円照寺板碑群**（↓307）やその一族中山氏に関わる**中山家範館跡**（↓303）、**智観寺**（↓303）、**加治神社**（↓304）などの史跡が残る。

中世地名　郡内で鎌倉時代から見える地名に吾那（吾野・我

名字	出自	名字の地	現在比定地
①青木	丹党	青木	飯能市青木
②大河原	児玉党	大河原	飯能市大河原
③女影	（未詳）	女影	日高市女影
④加治	丹党	加治郷	飯能市下加治・中居付近
⑤柏原	丹党	柏原郷	狭山市柏原
⑥高麗	高麗王子孫・丹党	高麗郷	日高市高麗本郷
⑦中山	丹党	中山	飯能市中山
⑧野田	丹党	野田	入間市野田
⑨判乃	丹党	飯能	飯能市飯能

野とも書いた。秩父郡とする史料もある。飯能市吾野・長沢一帯）・加治郷（飯能市下加治・中居付近）や柏原（狭山市柏原）があり、柏原は鋳物業が盛んであった。南北町時代に見える地名に笠幡（川越市笠幡）・野田（入間市野田）などがあり、室町時代に見える地名に広瀬郷大谷沢村（日高市大谷沢）・広瀬郷（狭山市広瀬地区）・佐西郷（狭山市笹井）がある。これらは入間川の左岸に位置する。

戦国時代に見える地名は、上戸（川越市上戸）・鯨井（川越市鯨井）・的場（川越市的場）・吉田郷（川越市吉田）などの入間川左岸の地名があるが、上戸には河越氏の館跡（常楽寺）があり、小畔川を境に入間郡であった可能性もある。その他、臑折《すねおり》（鶴ヶ島市脚折）・藤金（鶴ヶ島市藤金）・馬引沢（日高市馬引沢）・女影（日高市女影）・鹿山（日高市鹿山）・楡木（日高市楡木）・平沢郷（日高市北平沢・南平沢）・横手村（日高市横手）・川崎（飯能市川崎）・白子村（飯能市川崎）・長沢村（飯能市長沢）・長田村（飯能市永田）が見え、高麗川や名栗川（入間川上流）に沿って開発が進んだ様子がわかる。

鎌倉街道　鎌倉街道上道は、入間川に架かる新富士見橋の北側（八丁の渡）（↓287）を越えて高麗郡に入る。北上する上道は、影隠地蔵、狭山工業団地、智光山公園の西側を経て日高市域に入る。上道は北西に向かい、大谷沢の北の交差点（鎌倉街道）を経て女影に入る。ここは女影氏の名字の地で、宿もあり、建武二年（一三三五）の中先代の乱の時の古戦場（**女影ヶ原古戦場**）（↓308）でもある。上道はさらに北上し、鶴ヶ島市町屋を経て森戸橋付近で高麗川を渡り、毛呂山町（入間郡）に入り、苦林に向かう。

一方、東村山付近で上道から分岐した秩父道は、入間市駅付近から西に向かい、飯能を経て、入間川沿いを上流に向かう。

明治二十二年（一八八九）の市制町村制施行により、高麗郡内の町村は飯能町をはじめ一町十五村となったが、明治二十九年（一八九六）の郡制施行により高麗郡は廃止され、郡域は入間郡に含まれた。

なお、この地域の武蔵武士の活動を詳しく知るには、左記の市町村史が参考になる。

参考文献

①『飯能市史　通史編』（一九八八年刊）
②『入間市史　通史編』（一九九四年刊）
③『狭山市史　通史編一』（一九九六年刊）
④『日高市史　通史編』（二〇〇三年刊）
⑤『鶴ヶ島町史　通史編』（一九八七年刊）
⑥『川越市史　第二巻』（一九八五年刊）

城館・城郭

中山家範館跡《なかやまいえのりやかたあと》

飯能市中山四九六—一ほか

県旧跡。**智観寺**（↓303）の北東約一〇〇mの住宅地の中に石碑と解説板が建ち、わずかに土塁と空堀の一部を残す。中山氏は丹党の出身で、鎌倉時代の加治家季《かじいえすえ》の頃に中山に住み、中山を名乗るようになったという。家範は北条氏照《うじてる》に属し、豊臣秀吉の小田原攻めの際に八王子城で戦死したが、その奮戦ぶりは敵味方の称賛を浴びた。子の信吉《のぶよし》は水戸藩付《つけ》家老となり、徳川光圀《みつくに》を二代藩主に推挙したことで知られる。なお、**国立歴史民俗博物館**（千葉県佐倉市城内町一一七）に展示されている中世の武士の館の模型は、この中山家範館跡に地形や立地の範をとり、絵巻物や各地の遺跡の発掘調査の成果も取り入れて製作されたものである。

中山家範館跡の土塁と空堀

城山砦跡《しろやまとりであと》

狭山市柏原二二三四六—二

県遺跡。柏原城《かしわばらじょう》・上杉城ともいう。天文十四〜十五年（一五四五〜四六）の河越城攻防戦の際、山内《やまのうち》上杉憲政《のりまさ》によって築かれた陣城と伝えられる。また、『狭山市史』はこの城を足利基氏《もとうじ》の**入間川御所**（↓289）を守る城郭の一つである可能性もあげる。いるまがわ大橋を渡って左折し、柏原東バス停から北西方向にみて、住宅街の裏手の丘が城跡である。入間川左岸、比高約一〇mの台地縁辺部に位置し、台地の屈曲部を掘り切って築城されている。土塁と空堀がよく残っており、大規模な土塁の構築は、小田原北条氏による改修をうかがわせる。

城山砦跡・本郭と二の郭間の堀切

神社・寺院

智観寺《ちかんじ》

飯能市中山五二〇

元慶《がんぎょう》年間（八七七〜八八五）に丹党の祖で

ある丹治武信《たんじたけのぶ》によって創建されたと伝えられる。丹党の加治《かじ》氏とその末裔《まつえい》である中山氏の菩提寺であった。**智観寺板碑群**（県文化）（→306）があり、現在は他の寺宝とともに宝物殿に所蔵されて、毎年十月の最終日曜日に拝観することができる。なお、境内には水戸藩祖徳川頼房《とくがわよりふさ》の養育係で付家老《つけがろう》も務めた**中山信吉《なかやまのぶよし》墓**（県史跡）など、中山氏代々の墓がある。

加治《かじ》神社《じんじゃ》

飯能市中山七一六

智観寺《ちかんじ》から東へ五〇〇mのところに鎮座している。かつてこの地にあった聖天《しょうでん》社《しゃ》を改称したものだが、その時に智観寺の近くにあった天神社も合祀したという。天文十五年（一五四六）上杉方に属して河越夜戦に敗れた中山家勝《なかやまいえかつ》（信吉の祖父）がこの地に戻る時に天神の加護があったという伝承も残る。

福徳寺《ふくとくじ》

飯能市虎秀《こしゅう》七一

鎌倉末期に建立された**阿弥陀堂**（国重文）は、和様宝形造《わようほうぎょうづくり》の建築で、屋根の流麗な曲線は一見の価値がある。堂内には、鎌倉末期の善光寺式の**鉄造阿弥陀三尊像**（県文化）も安置されているが、こちらは非公開である。

福徳寺・阿弥陀堂

長光寺《ちょうこうじ》

飯能市下直竹《しもなおたけ》一〇五六

貞治《じょうじ》五年（一三六六）創建といい、猪俣党の岡部氏との関係が深く、各伽藍《がらん》には「丸にはね十字」の岡部氏の家紋がある。**惣門《そうもん》**（県文化）・山門・中雀門《ちゅうじゃくもん》・本堂《ほんどう》（県文化）が一直線に並ぶ典型的な曹洞宗伽藍配置である。寺宝の正和《しょうわ》二年（一三一三）銘の**雲版《うんばん》**（国重文）は形が美しく損傷もない名品である。雲版とは、寺院内で法要《ほうよう》や食事の合図として打ち鳴らされた仏具である。拝観はできないが、レプリカが**飯能市郷土館**（飯能市飯能二五八一一）で見られる。なお、同館では文化財マップを配布しており、書籍の販売等も行っている。

長光寺・惣門

征矢神社《そやじんじゃ》

飯能市征矢町二六一一

日本武尊《やまとたけるのみこと》が東国平定の際、この地に千束《ぞく》の征矢を飾って戦勝を祈願したという伝承がある。天慶《てんぎょう》三年（九四〇）、平将《たいらのまさ》門《かど》追討のために下向した源経基《みなもとのつねもと》（六孫《ろくそん》王《のう》）が、この旧跡を述懐して、日本武尊と誉田別尊《ほんだわけのみこと》を合祀して神社を創建したという。なお、「征矢」とは鋭い鏃《やじり》をもつ実戦用の矢のことである。

征矢神社

聖天院《しょうでんいん》

日高市新堀《にいぼり》九九〇

古代の高麗郡設置にゆかりの深い寺院で、七世紀後半、高句麗《こうくり》の滅亡とともに渡来した高麗王若光《こまのこきしじゃっこう》の死後、侍念僧勝楽《しょうらく》、若光の子聖雲《しょううん》や孫弘仁《こうにん》によって建立された。若光の墓など古代の史跡で知られているが、中世の文化財も残り、文応《ぶんおう》二年（一二六一）銘の**梵鐘《ぼんしょう》（国重文）**や応仁《おうにん》二年（一四六八）銘の**聖天院応仁鰐口《しょうでんいんおうにんわにぐち》（県文化）**がある。鰐口は見学できないが、鋳物師《いもじ》物部季重《もののべのすえしげ》作の梵鐘は、本堂の前隅に架けられている。

高麗神社《こまじんじゃ》

日高市新堀八三三

聖天院から三〇〇mほど北にある。聖天院と同様に高麗氏とのゆかりが深く、現宮司《ぐうじ》は六十代目である。二十七代の高《こ》麗《ま》豊純《ほうじゅん》は源頼朝の弟阿野全成《あのぜんじょう》の孫を妻に迎えており、豊純の弟照了《しょうりょう》は、源範頼《のりより》の子である慈光寺別当源昭《じこうじべっとうげんしょう》の弟子となるなど、源氏との関わりも深い。その頃に御家人に加えられたのであろうか。**本殿（県文化）**は室町後期の建築で、檜皮葺《ひわだぶき》の一間社流造《いっけんしゃながれづくり》である。境内には高麗宮司家が居住した慶長《けいちょう》元年（一五九六）に建てられた**高麗家住宅《こまけじゅうたく》（国重文）**も残る。

聖天院・本堂

智観寺板碑群《ちかんじいたびぐん》

飯能市中山五二〇
智観寺

県文化（智観寺板石塔婆）。**智観寺**の宝蔵庫に収められており、毎年十月の最終月曜日に一般公開されている。それぞれ仁治二年（一二四一）、仁治三年（一二四二）、永仁六年（一二九八）の銘が刻まれており、三基とも鎌倉時代の立派な板碑である。智観寺は、平安時代に丹党の丹治武信《たんじたけのぶ》が創建した寺院といわれており、これらの板碑も、丹党の加治氏に関係したものである。仁治二年の板碑は、亡母の供養のために建立されたものであり、仁治三年の板碑は、二俣川の合戦で畠山重忠に討たれた加治家季の三十八年忌にあたって建立されたものである。両者は、ともに高さ約一三〇cm、幅は約五〇cmで、形式や大きさが共通するので、同一石工によって作られたものと推定される。つまり、この二基の板碑は、加治家季の息子（助季）が、父母を供養するために建立したものと考えられる。このように、智観寺の板碑は、加治氏の歴史を知る上で欠かせない史料である。

智観寺板碑群

願成寺板碑群《がんじょうじいたびぐん》

飯能市川寺六八五―一
願成寺

市文化（願成寺板石塔婆）。入間川の崖上に位置する**願成寺**の墓地に覆屋《おおいや》があり、そのなかに七基の板碑が並んでいる。右端にある板碑は、高さ一三四cm、幅四一cmで、建長五年（一二五三）十一月十二日の銘がある。紀年銘のあるものを年代順に列挙すると、建長五年、正嘉二年（一二五八）、康安二年（一三六二）、貞和五年（一三六六）、永徳二年（一三八二）となり、鎌倉期から南北朝期にかけて造立された板碑群であることがわかる。これらを比較すれば、板碑が時代によってどのように変化したのかを感じとることができるだろう。

正和三年銘板碑《しょうわさんねんめいいたび》

日高市原宿一〇三

市文化（四本木《しほんぎ》の板石塔婆）。板仏《いたぼとけ》の交差点から西へ進んだ六差路の脇に所在する。少し高いところに地蔵と並んで立っており、人々の往来を見守っているような存在感がある。高さ二八〇cm、幅六七cmという大きさで、日高市で最大の板碑である。上部には阿弥陀一尊の種子が刻まれており、その下には正和三年（一三一四）八月八日の銘がある。銘文によれば、二十二名の僧を中心として、人々が結縁して造立した供養塔とみられる。また、「板仏《いたぼとけ》」という交差点の名称も、この板

正和三年銘板碑（拓本）※1

阿弥陀三尊種子板碑（拓本）※11

碑に由来する地名であり、地域の人々から信仰を集めていた様子を垣間見ることができる。

高正《こうしょう》寺《じ》板碑群《いたびぐん》

入間市仏子一五一一　高正寺

市文化（高正寺の板碑）。**高正寺**の本堂に向かって左手にある覆屋《おおいや》に五基の板碑が並んでいる。右から二番目のものは、高さ二五五cm、幅六七cmで、入間市で最大の板碑である。剥離が激しいが、寛元四年（一二四六）正月二十日の銘があったという記録があり、市内で最古の板碑だったことになる。また、右から四番目のものは、高さ二二四cm、幅五五cmで、建長二年（一二五〇）七月二十九日の銘があり、紀年銘が確認できる板碑としては市内で最古のものである。高正寺は、金子十郎家忠の弟にあたる親範の菩提寺であり、これらの板碑の造立にも金子氏が関係していたと考えられる。

円照《えんしょう》寺《じ》板碑群《いたびぐん》

入間市野田一五八　円照寺

国文化（板碑　附　板碑五基）。**円照寺**境内の収蔵庫に保管されており、毎月二十一日に公開されている。円照寺は丹党の加治氏が創建した寺院であり、一連の板碑も加治氏に関係したものである。左から六番目の板碑は、高さ一三七cm、幅四一cmで、元弘三年（一三三三）五月二十二日の紀年銘と、「道峯禅門」という人名が刻まれている。この日付は、新田義貞の鎌倉攻めによって鎌倉幕府が滅亡した日であり、「道峯禅門」とは、加治家貞のことである。加治氏は、北条高時らと運命をともにして、鎌倉で討死したと考えられる。左右に刻まれる偈は、「臨剣頌」と呼ばれるもので、北条氏らに支持された中国僧の無学祖元が、かつて中国福建《ふっけん》省音州の能仁寺で元の兵に首を刎ねられそうになったときに唱えた句である。また康元元年（一二五六）十一月二十三日の銘がある板碑は、加治泰家が母の追善供養のために建立したもので、来迎寺（所沢市山口）にある建長八年銘板碑と同様の性格を持っている。それ以外の板碑も、鎌倉期から室町期までの紀年銘があり、やはり加治氏に関係したものと考えられる。

古道

井上神社《いのうえじんじゃ》と鎌倉峠《かまくらとうげ》の古道

飯能市井上

国道二九九号線から分かれて、高麗川の対岸の**井上神社**（通称おたかねさま）（飯能市井上三四九）の左側の古道は鎌倉峠まで掘割状遺構が続く。峠は岩盤を二mほど切り崩した、鎌倉七口の切通を思わせる見事な切通になっている。地名もそこに由来するのではないか、と想像したくなる。

久須美《くすみ》の古道

飯能市久須美

鎌倉街道秩父道、飯能市から県道飯能下名栗線沿いのルートでは、久須美に入ったところで、県道から左に分かれる。川岸の急斜面の肩に箱薬研状に掘られた古道が続いていたと推定できる。久須美バス停付近から川岸に向かい、民家の裏手、入間川に合流する小沢に下る坂に、箱薬研状遺構であった事を示す谷側の「壁」が残っている。

第二《だいに》小畔川《こあぜかわ》付近

日高市大谷沢

大谷沢《おやざわ》の第二小畔川を横切るあたりはかつて見事な切り通し遺構が残っていたが、現在は舗装拡幅されている。日高市教育委員会による**鎌倉街道上道碑**と鎌倉街道についての案内板があり、地元では今も「鎌倉街道」と呼んでいる。

女影《おなかげ》付近

日高市女影

大谷沢から**霞野《かすみの》神社**（日高市女影四四四）に至る女影地区の古道は、すっかり舗装されているが、切通や道幅などから鎌倉街道上道遺構であることがわかる。

こま武蔵台団地《むさしだいだんち》 榎田緑地《えのきだりょくち》内の遺構

日高市久保・横手

団地の造成に伴う事前調査によれば、山沿いに古道があった。この古道は鎌倉街道秩父道遺構とされる。団地内の古道は消滅しているが、団地の北側斜面の久保と横手の境界付近の緑地内に、一〇〇mほど掘割状遺構が残っている。

加治《かじ》丘陵《きゅうりょう》の滝山《たきやま》古道《こどう》

入間市西三ツ木から飯能市阿須

金子神社（入間市西三ツ木三三）から加治丘陵の尾根上を進んで飯能市阿須《あず》に至る古道は、『新編武蔵国風土記稿』に「滝山古海道」とある道と考えられ、掘割状の遺構が続いている。滝山古海道とは、戦国時代の小田原北条氏の支城滝山城（八王子市丹下）と結ぶ道としての名称だが、秩父道・慈光寺道にもつながることから、戦国時代以前から存在していた可能性がある。遺構は駿河台大学の敷地で消えているが、この周辺は「さいたま緑のトラスト」として保全されており、古道の雰囲気を豊かに残している。

古戦場

女影《おなかげ》ヶ原《がはら》古戦場《こせんじょう》

日高市女影

建武二年（一三三五）、中先代の乱の際、北条時行《ほうじょうときゆき》軍と足利直義《あしかがただよし》軍がこの一帯で戦ったという。**霞野神社**（日高市女影原四四五）境内に案内の標示がある。なお、観応三年（一三五二）に足利尊氏軍と新田義宗軍が合

女影ヶ原古戦場碑

戦をした「高麗原」はこの女影ヶ原付近と考えられる。

女影は入間川宿と苦林《にがばやし》宿の中間に位置し、女影宿《おなかげ》があった。この宿は鎌倉期の宿駅である。現在、女影の交差点（県道川越日高線）の北側周辺に、「宿東・宿西」という小字名があるので、この付近に女影宿があった可能性がある。

その他

本郷《ほんごう》大六天《だいろくてん》青石塔婆《あおいしとうば》と樫樹

飯能市飯能三三〇—一

市史跡。飯能市立西中学校の南に樹齢八〇〇年の白樫の大木がある。その根元に食い込んで立っている二基の板碑は、磨滅して造立年代などは不明だが、鎌倉時代のものと推定され、畠山重忠《はたけやましげただ》の墓と伝えられている。重忠が二俣川《ふたまたがわ》（神奈川県横浜市）で討死した後、遺骸を秩父に移す途中、急坂にかかると車が動かなくなり、重忠の霊が留まりたいのであろうと思い、ここに葬ったといわれている。

本郷大六天青石塔婆と樫樹

見返《みかえ》り坂《ざか》と多峰主山《とうのすやま》

飯能市飯能

天覧山《てんらんざん》から多峰主山《とうのすやま》への登り坂は**見返り坂**と呼ばれている。この坂は源義経《みなもとのよしつね》の母常盤御前《ときわごぜん》が多峰主山に登った時、風景の見事さに振り返りながら登ったのでこの名が付いたという。付近に自生する**見返り坂の飯能ササ（県天然）**（飯能市飯能一九一—一）も、「ヨシダケ」といわれ、常盤御前が夢のように過ぎ去った我が世の春を思い出し、「源氏再び栄えるならこの枝よし竹になれ」と言って、突いてきた竹杖を地に立てたものが根付いて、一面の竹林になったといわれている。また、多峰主山には「常盤が丘」「常盤平」とよばれている場所がある。現在、「見返り坂」や「多峰主山」などについての案内の標示がある。

見返り坂

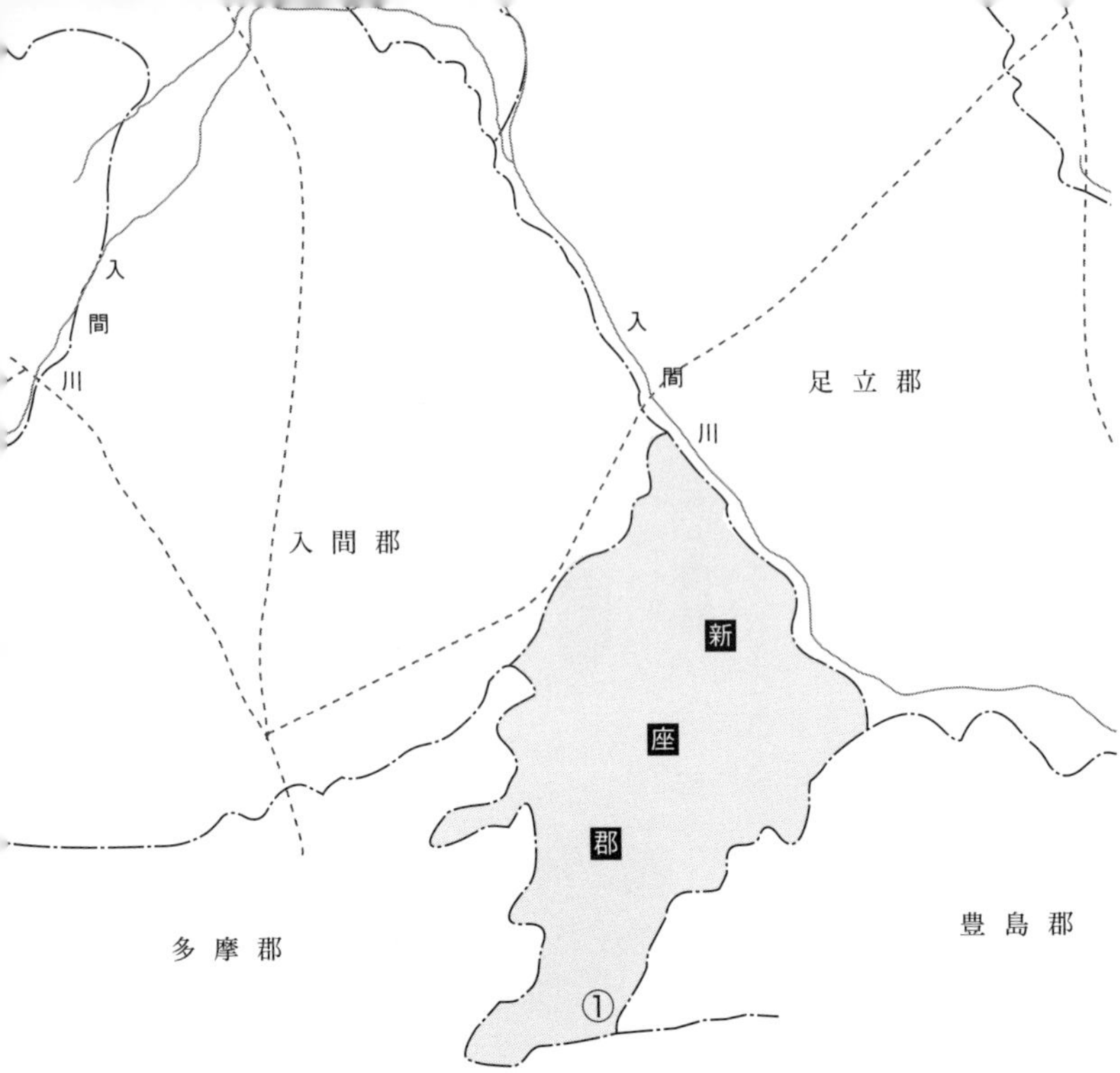

新座郡

奈良時代の天平宝字二年（七五八）八月、新羅人を入間郡の一部に移住させ新座郡が設置された（『続日本紀』）。その後、平安時代の『延喜式』には、「新座郡」と見え、新羅郡から新座郡へ名称の転化が行われたと考えられている。新倉郡とも書いた。

武蔵国の中央、やや東寄りに位置する。ほぼ、北西は柳瀬川を挟んで入間郡、東は荒川（旧入間川）を挟んで足立郡、南は豊島郡、西は多摩郡に接している。

西部から南部にかけては、武蔵野台地に続く野火止台地上にあり、北側を柳瀬川が、南部を黒目川が流れ、この両川によって作られた低地があり、東部には東側を流れる荒川とその支流白子川に沿った低地がある。郡域は、志木市の一部（江戸時代初期の館村）、朝霞市・和光市・新座市一帯にあたる。

武蔵武士　鎌倉時代郡内には片山郷（新座市片山）を名字の地とする片山氏がいた（別表と地図を参照）。「片山系図」によると、伊予平大納言康忠の子孫と伝え、承久の乱後、勲功賞として片山広忠が丹波国和智荘地頭職を与えられ、その子孫は西遷して移住し、南北町時代には北朝方として活躍した。

中世地名　郡内で鎌倉時代から見える郷名に大和田郷（新座市大和田付近）があり、郷内に普光明寺があった。室町時代には中目満願寺（和光市新倉カ）が見え、戦国時代に見える地名に野火止（新座市野火止）、白子郷（和光市白子）、新倉（和光市新倉）、野寺（新座市野寺）、浜崎（朝霞市浜崎）、膝折の里（朝

名字	出自	名字の地	現在比定地
①片山	平姓	片山郷	新座市片山

霞市膝折）などがある。

　このうち白子郷は、白子里・白子上郷・白子原などとも見え、長享二年（一四八八）太田道真の詩歌会に臨むため河越に向かった万里集九は、ここで一泊したという（『梅花無尽蔵』）。また、文明十八年（一四八六）冬、大塚の十玉坊（川越市大塚）に滞在してこの付近を歴訪した道興は、野火止の塚（平林寺境内に残る）、野寺（鐘の名所）、浜崎、膝折の里（膝折の市があった）を訪れている。

鎌倉街道　郡の北辺を所沢から羽根倉の渡しを抜けて、与野から大宮に向かう羽根倉道が通り、大和田の普光明寺などにその遺構が残っている。戦国時代、この街道沿いに、大和田宿があった。

　江戸時代にいたり、享保二年（一七一七）に郡名の訓を定めて以降、「にいくら」の訓みを「にいざ」に改めたという（『新編武蔵国風土記稿』）。明治二十二年（一八八九）の市制町村制施行により、新座郡は志木町・大和田町をはじめ二町六村となった。明治二十四年榑橋村が東京府北豊島郡に編入され、同二十九年の郡制施行により新座郡は廃止され、郡域は北足立郡に含まれた。

　なお、この地域の武蔵武士の活動を詳しく知るには、左記の市町村史が参考になる。

参考文献

①『朝霞市史　通史編』（一九八九年刊）
②『和光市史　通史編　上巻』（一九八六年刊）
③『志木市史　通史編　上』（一九九〇年刊）
④『新座市史　第五巻　通史編』（一九八七年刊）

岡《おか》の城山《しろやま》（岡城跡《おかじょうあと》）

朝霞市岡字城戸《きど》三八二
城山《しろやま》公園

県遺跡。現在は**城山公園**として整備され、特に桜の名所として親しまれている。『新編武蔵国風土記稿』は太田道灌《どうかん》の持城と記すが、発掘調査の結果では戦国時代に築かれたとされる。『新編武蔵国風土記稿』はまた、この地が永禄年間（一五五八〜七〇）には道灌の曾孫にあたる太田康《やす》資《すけ》の所領であったことから、康資に関連した城郭とも推定しているが、築城者・居城者ともにはっきりしたことはわからない。なお、康資は永禄年間、小田原北条氏に叛旗をひるがえしたものの、失敗して逃亡している。城は入間川低地に臨む舌状《ぜつじょう》台地上にあり、その下を黒目川が流れる。比高は一〇mほどで、名前のとおり岡のように見える。典型的な連郭式の平山城で、規模はそれほど大きくないが、本郭と二の郭や空堀・土塁など遺構の遺存状態は良好で、中世城郭の姿を今によく伝えている。本郭と二の郭の間にある堀切は上幅約二〇m、深さ二・五mに掘られ、堀底は現状で三mの幅を測る。本郭の南には一段と高く造られた八×八m程の出郭状の突出部があり、櫓台《やぐらだい》と見られる。

岡の城山の土塁跡

法台寺《ほうだいじ》

新座市道場一—一〇—一三

現在は浄土宗であるが、延慶《えんぎょう》三年（一三一〇）に、一遍《いっぺん》の弟子で「遊行二世《ゆぎょうにせい》」と呼ばれた真教《しんきょう》によって開かれた時宗の

法台寺・本堂

道場であった。地名の「道場《どうじょう》」はここから来ている。一遍に師事した真教は全国を遊行して一〇〇を超える道場を開き、時宗教団の基礎を確立した。法台寺にも**木造《もくぞう》他阿《たあ》真教《しんきょう》上人《しょうにん》坐像《ざぞう》**（**県文化**）が安置されている。拝観には事前連絡が必要である（info@hodaiji.or.jp）。また、境内の収蔵庫には、時宗の特色を示す「南無阿弥陀仏」六字名号板碑を含む**法台寺板碑群**（↓314）がある。また、近隣には**新座市立歴史民俗資料館**（新座市片山一―二一―二五）があり、弘安《こうあん》三年（一二八〇）将軍家（惟康親王）政所下文（片山文書）のレプリカも見られる。

満行寺《まんぎょうじ》

新座市野寺《のでら》二―一五―一七

真言宗智山派の寺院。かつて、平安時代の歌人、在原業平《ありわらのなりひら》が「武蔵野の野寺《のでら》の鐘《かね》の声《こえ》聞けば遠近《おちこち》人ぞ道いそぐらむ」と歌い、室町時代の道興准后《どうこうじゅごう》が「音に聞《きく》野寺を問えば跡《あと》ふりてこたふる鐘《かね》もなき夕哉《ゆうべかな》」と歌った「野寺の鐘」とはこの満行寺の鐘とされる。ただし、現在の銅鐘は昭和に入ってから鋳造されたものである。満行寺や法台寺を含むこの地域は、中世の片山郷であった。

満行寺・銅鐘

武野神社《たけしのじんじゃ》

新座市野寺三―一二四四

満行寺に隣接した地にある。明治時代に近隣の五つの神社が旧八幡神社に合祀され、武蔵野の「武」と野寺の「野」から「武野神社」となった。旧八幡神社には、源義家が奥州に赴く際に戦勝を祈願したとの伝承が残る。

平林寺《へいりんじ》

新座市野火止《のびどめ》三―一―一

国の天然記念物にも指定されている広大な境内林に囲まれた臨済宗妙心寺派《りんざいしゅうみょうしんじは》の名刹《めいさつ》である。永和《えいわ》元年（一三七五）太田氏によって岩槻に建立《こんりゅう》されたが、寛文《かんぶん》三年（一六六三）、松平信綱《まつだいらのぶつな》の遺志により、子の輝綱《てるつな》が現在地に移した。**惣門《そうもん》・三門《さんもん》・仏殿《ぶつでん》・中門《ちゅうもん》**（**県文化**）を一直線上に配置する典型的な禅宗的伽藍配置《ぜんしゅうてきがらんはいち》であるが、いずれも移転後の建立である。ここに移転する前に平林寺があった。さいたま市岩槻区には今も「平林寺」という地名が残るが、すでに寺院はなく、梨畑の一角に立つ一基の石碑（さいたま市岩槻区平林寺九二五）が往時を偲ぶのみである。

東圓寺《とうえんじ》

朝霞市岡二―八―九二

真言宗智山派の寺院。収蔵庫に、境内から発掘された文永五年（一二六八）銘の板碑をはじめとする**東圓寺板碑群**（↓316）があり見学できる。境内には、五大明《ごだいみょう》王《おう》や三十六童子《さんじゅうろくどうじ》、四国八十八箇所を模した「松光山《しょうこうざん》八十八箇所」などの石仏も多い。また、近接した**朝霞市博物館**（朝霞市岡二―七―二二）には、同寺所蔵の仲津姫《なかつひめ》とされる女神坐像のレプリカもある。受付で「朝霞市文化財案内」地図を配布している。

東圓寺・山門

一乗院《いちじょういん》

朝霞市膝折町一―一六―一七

真言宗智山派の寺院。境内の墓地斜面から出土した**一乗院板碑群**（↓315）が収蔵庫に所蔵されており見学できる。小型のものが大部分であるが、一箇所から大量に出土する例は珍しい。本寺は、室町時代にこの地に移り住んだ丹党の高麗《こま》氏による創建と伝えられている。

一乗院・山門

石造物

文明十八年銘板碑《ぶんめいじゅうはちねんめいいたび》

志木市柏町三―二五八五　舘氷川神社

市有民（舘氷川神社の図像板碑）。**舘氷川神社**の本殿内に保存されているため、見学することはできない。文明十八年（一四八六）十月二十三日の銘が残っている。高さ一〇七cm、幅三〇cmで、志木市では唯一の画像板碑である。上部にある「正八幡大神」という文字は、江戸時代の中期に後彫されたもので、かつては城山八幡社の御神体だったという。人名は削られているが、わずかに中央に「夜念仏供《やねぶつく》養《よう》」という文字が残っており、もとは念仏供養のために建立されたとみられる。

法台寺板碑群《ほうだいじいたびぐん》

新座市道場一―一〇―一三　法台寺

県文化（法台寺板石塔婆）。**法台寺**（↓312）の境内を入った左手に十一基の板碑が並んでいる。時宗の特色を持つ名号のものが九基、種子のものが二基あり、造立年代は正和二年（一三一三）から至徳元年（一三八四）に及んでいる。なお「致得元年」という紀年銘の板碑もあるが、これは私年号であり、至徳元年（一三八四）のことを指している。

石造地蔵菩薩坐像《せきぞうじぞうぼさつざぞう》

新座市馬場三—三—二　稲荷会館

市有民。**稲荷会館**に安置されている。石造の地蔵菩薩で、文安三年（一四四六）の銘が刻まれている。高さ四四cm、幅三〇cmで、材質は砂岩である。月待行事の講中によって造立されたことがわかる。

正安三年銘板碑《しょうあんさんねんめいいたび》

朝霞市根岸台

県文化（板石塔婆）。『新編武蔵国風土記稿』によれば、名主助右衛門の屋敷にあった「台の堂山」と呼ばれる裏山から出土したという。このうち二基の板碑には、正安三年（一三〇一）の銘があり、変形不動種子《しゅじ》曼荼羅《まんだら》と梵字の変形五輪塔が刻まれている。二基とも同じ形式であることから、夫婦で同時に造立したものと考えられる。高さは、完形の板碑が一五六cmで、下部の欠失した板碑が一二七cmである。この「台の堂山」からは、これ以外にも約四〇〇基の破片を含む板碑が見つかっており、中世墓地との関連が考えられる。なお個人蔵のため、見学を希望する場合、朝霞市教育委員会生涯学習課文化財係（048-463-1111）に事前連絡する必要がある。

一乗院板碑群《いちじょういんいたびぐん》

朝霞市膝折町一—一六—一七　一乗院

市文化（板石塔婆）。**一乗院**（↓314）の境内に一九〇基にのぼる大量の板碑が収

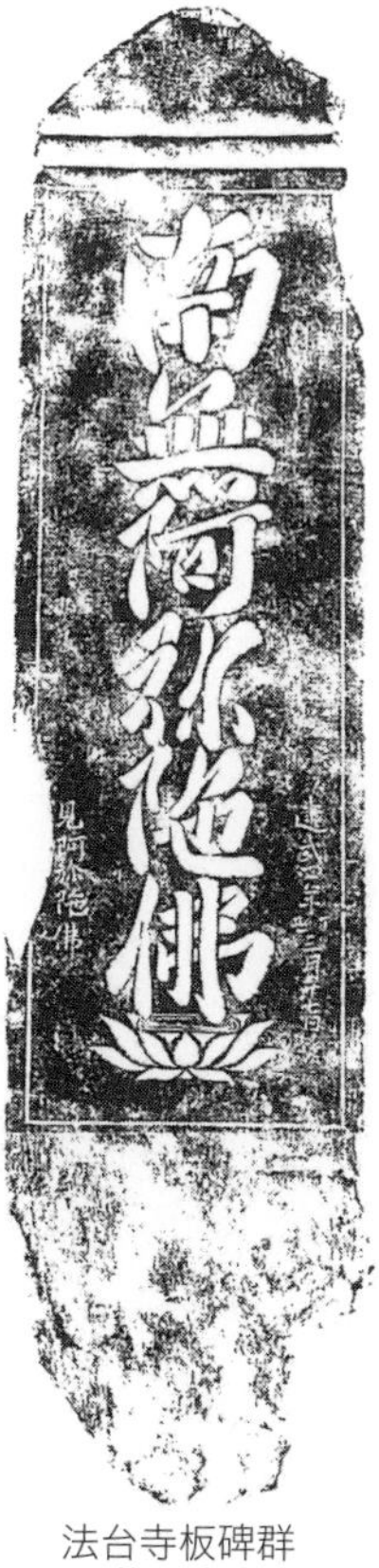

法台寺板碑群（拓本）※1

文明十八年銘板碑（拓本）※1

石造地蔵菩薩坐像（拓本）※22

文永五年銘板碑（拓本）

蔵されている。境内の墓地斜面から出土したもので、造立年代は元徳二年（一三三〇）から文明十二年（一四八〇）に及んでいる。この一乗院は、丹党の高麗《こま》氏が南北朝期に創建した寺院と伝えられており、これらの板碑の造立にも高麗氏が関わっていたことが想像される。

東圓《とうえん》寺《じ》板《いた》碑《び》群《ぐん》

朝霞市岡二―八―九二 東圓寺

市文化（板石塔婆）。**東圓寺**（↓313）の境内に二四基の板碑が所蔵されている。なかでも文永五年（一二六八）の板碑は、一九六cmの高さがあり、朝霞市で最古・最大のものである。現在では、種子の部分と年号の部分とに大きく分断しているが、基部には溝状痕が残っており、古墳の石棺材を転用していることがわかる。年号の部分には「文永五年卯月十六日」の銘と光明《こうみょう》遍照《へんじょう》偈《げ》が刻まれている。この地域の領主だったという秀郷流藤原氏の広沢氏によって造立されたと考えられている。

古道

普《ふ》光明《こうみょう》寺内遺構

新座市大和田四丁目

普光明寺（新座市大和田四―一三―三〇）内に鎌倉街道（羽《は》根《ね》倉《くら》道）の土手状遺構が残っている。そこから数ヶ所途切れるが、住宅地の中を、道幅二間（約四ｍ）ほどの道が、県道川越新座線の北側、ほぼ台地の崖の下に沿って志木市立第二小学校の南側あたりまで明確にたどれる。この地域の鎌倉街道については**志木市立郷土資料館**（志木市中宗岡三―一―二）で詳しく知ることができる。

東圓寺文永板碑のほぞ溝

人名解説
地名解説

◆人名解説

足利持氏《あしかがもちうじ》　応永五年（一三九八）～永享十一年（一四三九）

室町中期の武将。父は第三代鎌倉公方《くぼう》足利満兼《みつかね》。第四代鎌倉公方。応永二十三年に起きた上杉禅秀《ぜんしゅう》の乱では、一時期劣勢に立たされ駿河《するが》国に逃れたが、幕府の援軍を得て禅秀を自害させた。その後も出兵を繰り返して関東管領《かんれい》上杉憲実《のりざね》や東国諸将と対立し、さらには室町将軍足利義教《よしのり》と対立した。永享十年、義教は諸将に持氏討伐を命じ、その結果持氏軍の多くが離反、持氏は永安寺《えいあんじ》（神奈川県鎌倉市）で自害させられた（永享の乱）。古河公方足利成氏《しげうじ》（持氏の子）が建立した供養塔が**龍興寺**（↓230）にある。

足利基氏《あしかがもとうじ》　暦応三年（一三四〇）～貞治六年（一三六七）

南北朝初期の武将。父は室町幕府初代将軍足利尊氏《たかうじ》。初代鎌倉公方。笙《しょう》の相伝をうけ和歌を嗜《たしな》む教養人でもあった。観《かん》応《のう》の擾乱《じょうらん》では関東を転戦し、文和二年（一三五三）から九年間、**入間川御所**（↓289）に在陣している。その後、基氏が上杉憲顕（↓319）を関東管領《かんれい》・越後国守護に任じ、宇都宮氏綱《うじつな》は守護を追われた。それに腹を立てた一族の芳賀氏（↓328）は挙兵し、基氏は鎌倉街道上道の**苦林野**《にがばやしの》（↓288）で激戦ののち勝利している。東国における鎌倉府《かまくらふ》支配の礎を築いた人物と言えよう。

足立遠元《あだちとおもと》　生没年未詳

鎌倉初期の武士。父遠兼《とおかね》の時代に足立郡司を継承したという。平治の乱では源義朝方についている。金子家忠（↓322）が奮戦のあまり、弓矢も太刀も尽きてしまい、遠元に太刀はないかと頼んだが、遠元自身も予備がないため、郎等《ろうとう》の太刀を渡したという。源頼朝挙兵時には、すぐに駆けつけ本領足立郡を安堵されている。頼朝が公文所《くもんじょ》を開設した際、遠元は寄人《よりうど》に選任されている。京下りの吏僚《りりょう》出身が多い中、文筆にも長《た》けていたのだろうか。鎌倉では武人というより、文人としての活躍が目立つ宿老であった。また源頼家の独裁を阻止するために生まれた十三人合議制にも参加している。遠元の居館は、**三ツ木城跡**（↓249）とも伝えられている。

安保実光《あぼさねみつ》　?～承久三年（一二二一）

鎌倉初期の武士。丹《たん》党安保氏の祖。賀美郡安保郷を名字の地とする。一の谷の戦いでは、源範頼（↓332）に従軍し、その後奥州合戦でも活躍している。承久《じょうきゅう》の乱では鎌倉から上洛し、宇治川の戦いにおいて一族三人とともに討死した。孫娘は北条泰時（↓331）の妻となり、時実《ときざね》を産んでいる。また居館（**安保氏館跡**↓90）は、近年発掘が行われ、掘立《ほったて》柱建物跡や堀などが見つかっている。居館の近くには**阿保神社**（↓92）があり、**吉祥院**（↓91）は実光の中興と伝える。

安保光泰《あぼみつやす》　生没年未詳

南北朝初期の武士。父は経泰《つねやす》。賀美郡安保郷を名字の地とする。建武二年（一三三五）八月に中先代の乱（北条高時の子時行が鎌倉幕府再興のために起こした乱。信濃国で挙兵し、鎌倉街道を通り鎌倉を目指し一時は鎌倉を奪還した）が起きた際、足利尊氏《たかうじ》に従って先駆《さきが》けの高名を挙げている。翌年足利直義《ただよし》から居館（安保氏館跡）のある安保郷など各地の所領を安堵されている。

猪俣範綱《いのまたのりつな》　生没年未詳

鎌倉初期の武士。猪俣党。那珂郡猪俣（美里町）を名字の地とする。範綱は通称小平六と称し、保元・平治の乱では源義朝に従って活躍している。一の谷の戦いでは、大力として知られる越中前司平盛俊と一騎打ちとなり、討ち取った。建久年間の源頼朝の二度の上洛に供奉している。現在猪俣では、毎年八月十五日に、猪俣の百八燈が行われ、**高台院**（↓131）には、範綱の墓がある。

上杉憲顕《うえすぎのりあき》　徳治元年（一三〇六）～応安元年（一三六八）

南北朝期の武将。関東管領。憲房の三男で、山内《やまのうち》上杉氏の祖。建武三年（一三三六）正月に家督を継承。関東において高師《もろ》冬《ふゆ》とともに、足利義詮《よしあきら》や鎌倉公方初代足利基氏《もとうじ》（↓318）を補佐した。観応《かんのう》の擾乱《じょうらん》では足利直義《ただよし》派として師冬を自害させたが、尊氏に敗れ、数年の間、北国で逼塞《ひっそく》することを余儀なくされた。その後、鎌倉公方基氏の要請により関東管領に返り咲いた。応安元年、憲顕が第二代鎌倉公方氏満《うじみつ》の名代として上洛している間に、**河越館**（↓270）の河越直重（↓323）ら平一揆が挙兵したため、憲顕は急遽《きゅうきょ》関東に戻ってこれを鎮圧した。これを最後に憲顕はその生涯を閉じた。上杉氏は、憲顕の父憲房《のりふさ》の兄であった重顕《しげあき》がすでに扇谷《おうぎがやつ》上杉氏の祖となっていたが、多くは憲顕の兄弟あるいは子息の代から分かれている。長兄重能《しげよし》が宅間《たくま》上杉氏（四男重兼が継承）、次兄憲藤《のりふじ》が犬懸《いぬがけ》・四条上杉氏となり、さらに憲顕の六男憲英《ふさ》が庁鼻和《こばなわ》上杉氏、七男憲栄《のりよし》が越後上杉氏として展開した。なお、庁鼻和上杉憲英が創建した**国済寺**《こくさいじ》（↓149）は庁鼻和城跡とされている。

上田朝直《うえだともなお》　永正十二年（一五一六）～天正十年（一五八二）

戦国期の武将。法名は安（案）独斎宗調。父は扇谷《おうぎがやつ》上杉氏の家臣であった。天文十六年（一五四七）、朝直は松山城（↓214）主になると、敵対していた小田原北条氏に従った。同時代の史料には見えないが、北条氏に**青山城**（↓188）などの守備も命じられ、さらには慈光寺攻めでは**大築城《おおづくじょう》**（↓189）を築いたという。また、永禄初期、上杉勢に松山を攻略された際、家臣の守る**安戸城**（↓112）に退いたとの伝承が残っている。家臣はほかに**羽尾城**（↓193）の山崎若狭守がいたとされる。天正十年、**浄蓮寺**（↓116）に葬られた。

栄朝《えいちょう》　長寛三年（一一六五）～寛元五年（一二四七）

鎌倉時代の臨済宗の僧。上野国の出身で、臨済宗の開祖、栄西に学び印可《いんか》を授かる。建久八年（一一九七）に**慈光寺**（↓195）の塔頭として**霊山院《りょうぜんいん》**（↓196）を創建し、また承久三年（一二二一）には徳川氏の始祖、新田義季《よしすえ》に招かれて世良田《せらだ》に長楽寺を開く等、関東に禅を広めた。

大串重親《おおくししげちか》　生没年未詳

鎌倉初期の武士。横山党。吉見郡大串郷（吉見町↓337）を名字の地とする。畠山重忠（↓329）の烏帽子《えぼし》子である。宇治川の戦いで重親は、渡河中に馬を失い泳いでいた。、重忠はそれを見て重親を助けて、対岸まで投げてやった。そこで重親は、先陣の名乗りを上げたので、敵味方双方から大笑いされたという。奥州合戦では、重忠に従って先陣をつとめた五騎のうちの一人で、阿津賀志山《あつかしやま》の戦いでは、藤原泰衡《やすひら》の異母兄西木戸国衡《くにひら》を討ち取った。

太田道灌《おおたどうかん》　永享四年（一四三二）～文明十八年（一四八六）

室町後期の武将。扇谷《おうぎがやつ》上杉氏の家宰《かさい》。道灌は法名。実名は資長《すけなが》とも持資《もちすけ》とも。道真《どうしん》（実名は資清《すけきよ》とされる）の子。康正元年（一四五五）に家督を継ぎ、足利成氏《しげうじ》方と戦った。主家ではない山内《やまのうち》上杉氏の家宰の家督継承問題にも奔走して中城（↓187）を訪れたとされるなど、優れた政治家であった。鎌倉街道などを利用して各地を転戦した武将であったため、**三貫清水緑地**（↓257）、**八雲神社**（↓232）のように様々な地域で後生顕彰されることとなる。築城家・文人としても著名で、山吹の逸話はよく知られていよう。また、自ら築いた江戸城に和歌集の八代集・十三代集等を所蔵した。**河越城**（↓271）も彼が築いた（『松陰私語』）が、一方で築城伝承も生まれ、**岩付城**（↓226）や**岡の城山**（↓312）は近年彼の築城が疑われている。文明八年末、**鉢形城**（↓168）の長尾景春《ながおかげはる》（↓328）が乱を起こしたため同城を攻撃し、同十二年には彼の逃亡先の**熊倉城**（↓114）も攻め落とし、景春を下総古河《こが》へ追い遣《や》った。同十八年七月二十六日、道灌は主君定正《さだまさ》によって暗殺されたが、その原因は彼の力が強くなりすぎたことを定正が恐れて殺したとも、扇谷《おうぎがやつ》上杉氏の力を弱めるために山内上杉顕定《あきさだ》が定正をそそのかしたとも伝えられている。洞昌院《とうしょういん》（神奈川県伊勢原市）に葬られたとされるが、**龍穏寺**（↓274）にも墓がある。

岡部忠澄《おかべただすみ》　生没年未詳

鎌倉初期の武士。猪俣党。忠澄の祖父忠綱の代から岡部（深谷市）に居住し、岡部を名字としている。忠澄は、「平家物語」巻九「忠度最期」に、岡部六弥太《ろくやた》として登場することで知られる。一の谷の戦いで、平氏方が敗北濃厚となり退却する途中、平忠度《ただのり》（清盛弟、藤原俊成《としなり》に師事し歌人としても著名）は忠澄と遭遇する。二人は組み合いとなり、忠度の怪力と太刀さばきで忠澄は危機に陥った。そこへ忠澄郎等《ろうとう》が駆けつけて、忠度の右腕を切り落とした。死を覚悟した忠度が、西を向いて念仏を唱えた直後、忠澄が首を落とした。忠澄は箙《えびら》の歌を見て、討ち取った人物が忠度であることを知り、大《だい》音声《おんじょう》で忠度を討ったことを知らせると、敵味方ともに忠度を惜しんだという。忠澄の居館は**普済寺**（↓139）周辺にあったといわれる。近くの**岡部六弥太忠澄墓**（↓142）には、父行忠夫妻など六基の五輪塔があり、**清心寺**（↓138）には、**平忠度供養塔**（↓142）が残る。

小山義政《おやまよしまさ》　?〜永徳二年（一三八二）

南北朝期の武将。父は小山氏政。下野国守護。**太田荘鷲宮神社**（↓231）に太刀を奉納するなど尊崇し、小山朝政（鎌倉時代の有力御家人）の持仏《じぶつ》薬師如来を祀《まつ》った**徳性寺**（↓231）を建立している。康暦二年（一三八〇）、宇都宮基綱《もとつな》との争いが鎌倉府への謀叛と見なされ、鎌倉公方《くぼう》足利氏満《うじみつ》は討伐軍を派遣した。義政は祇園《ぎおん》城・鷲《わし》城（ともに栃木県小山市）に籠もり戦った（小山義政の乱）。いったん降伏するが、策動を繰り返し結局自刃している。

加治家貞《かじいえさだ》　?〜正慶二年（一三三三）

鎌倉末期の武士。丹《たん》党。加治氏は高麗郡加治郷（飯能市中山から入間市元加治付近↓340）を名字の地とする。元弘三年（一三三三）新田義貞（↓328）は、上野国で挙兵し鎌倉を目指した。家貞は迎撃のため幕府軍の一員として入間川に出陣し、新田軍と戦っている。**円照寺板碑群**（↓307）中の一基には、家貞の法名「道峯禅門」が刻まれ、家貞の供養塔といわれている。じれには無学祖元の偈《げ》が刻まれ、加治氏の禅宗への帰依と知識の高さがうかがわれる。

加治家季《かじいえすえ》　?〜元久二年（一二〇五）

鎌倉初期の武士。丹党《たん》。加治氏は高麗郡加治郷（飯能市中山から入間市元加治付近↓340）を名字の地とする。「吾妻鏡《あづまかがみ》」では「宗季」と表記されている。建久元年（一一九〇）、源頼朝の上洛に先陣随兵として供奉《ぐぶ》した。元久二年、二俣川の戦いで、北条氏に従って畠山重忠（↓329）と戦い討死した。**金窪城**（↓90）を築城したといわれる。

金子家忠《かねこいえただ》　保延四年（一一三八）〜建保四年（一二一六）

鎌倉初期の武士。村山党。入間郡金子郷（入間市↓340）を名字の地とする。初陣《ういじん》の保元の乱では、鬼神といわれた高間《たかま》兄弟を討ち取り、平治の乱では、源義平に従い平清盛邸を攻撃した。そのときの足立遠元（↓318）とのエピソードは著名。源頼朝挙兵後、当初平家方に属し三浦氏を攻めたが、のち頼朝に帰順し、屋島の戦いなどで活躍した。**居館**（↓272）は入間市瑞泉院**木蓮寺**（廃寺）にあり、居館の鬼門に**白髭神社**（↓283）を建立している。近くには金子氏一族の墓塔（↓278）もある。

河越重頼《かわごえしげより》　?〜文治二年（一一八六）カ

鎌倉初期の武士。平姓秩父氏族。祖父は秩父重隆《しげたか》。重頼は、後白河法皇《ほうおう》が建立した新日吉《いまひえ》神社に河越の所領を寄進し、河越荘（↓340）として立荘した際に、河越氏を称した。源頼朝が挙兵した時には、畠山氏とともに平氏方として戦っていたが、その後頼朝に帰順した。重頼の妻は、源頼朝の乳母《めのと》比企《ひき》尼の次女である。頼朝は重頼を信頼し、長男頼家の乳母として重頼の妻を召し出している。また、重頼の娘は、頼朝のすすめで源義経に嫁しており、このとき頼朝自ら媒酌《ばいしゃく》した。しかし、頼朝と義経が不和になると、義経の縁者という理由で所領を没収され、まもなく嫡子重房《しげふさ》とともに殺害されたようである。重頼の墓と伝える五輪塔が養寿院（↓276）にある。一方義経の妻となった重頼の娘は、義経の逃避行に同行し、奥州平泉で自害したとされている。河越氏の居館は、**河越館跡**（↓270）であり、河越荘の中心地である。

河越直重《かわごえなおしげ》　生没年未詳

南北朝期の武士。南北朝期の関東では、地縁的な結合によるさまざまな一揆が構成された。平一揆は武蔵国と相模国の平氏を母体とする同族的性格の強い一揆であった。平一揆の中心にいたのが、当時相模国守護の直重と伊豆国守護高坂氏重（↓326）である。応安元年（一三六八）、平一揆は、相模国守護を解任された直重の待遇など、さまざまな理由から蜂起した（平一揆の乱）。しかし鎌倉幕府により**河越館**（↓270）を落とされ没落した。

久下直光《くげなおみつ》　生没年未詳

鎌倉初期の武士。私市《きさい》党。久下郷（熊谷市）を名字の地とする。熊谷直実（↓323）の伯父《おじ》。直光は源頼朝挙兵前の京都大番役《おおばんやく》に、直実を代官として在京させている。久下郷は直実所領の熊谷郷（熊谷市↓341）と隣接しており、境相論が起きるものの、直光は頼朝の御前対決で勝訴した。建久二年（一一九一）に建立した**東竹院**（↓158）には、宝篋印塔《ほうきょういんとう》や五輪塔が残る。

熊谷直実《くまがいなおざね》　永治元年（一一四一）～承元元年（一二〇七）カ

鎌倉初期の武士。父は直貞、母は久下直光（↓323）の妹。**熊谷館**（↓158）で生まれたとされる。源頼朝挙兵前は、直光の代官として京都大番役《おおばんやく》をつとめたが、同輩から軽視されたため、その後直接平知盛《とももり》に仕えたという。石橋山の戦いののち頼朝に従い、常陸佐竹氏の金砂城《かなさじょう》攻めに参加し、戦功をあげた。直実のエピソードとして著名なのは、「平家物語」に載る平敦盛《あつもり》の最期であろう。直実は、子息直家と同年齢ぐらいの敦盛の首を討ったことから、発心《ほっしん》したとされる。その後、直光の所領との境相論で、御前対決を行った際、直実の意見が採り上げられず、敗訴濃厚となり怒って退席し出家・逐電《ちくでん》してしまう。出家後は、法然《ほうねん》（浄土宗開祖）に帰依し蓮生《れんせい》と称した。承元元年、**村岡市《むらおかのいち》**（↓161）に二月八日の往生を予告する高札《こうさつ》を建てたが果たせず、九月四日と改めて宣言し、今度は予告通り同日に没したという（コラム↓163）。「吾妻鏡」には承元二年九月十四日に没したと書かれている。

斎藤実盛《さいとうさねもり》　?～寿永二年（一一八三）

平安末期の武士。保元・平治の乱では、源義朝に従い活躍した。その後平宗盛《むねもり》に仕え、長井荘（熊谷市↓344）に下向した。富士川《ふじかわ》の戦い前夜、総大将平維盛《これもり》に東国と西国武士の戦い方の違いを語った話は有名である。倶利伽羅《くりから》峠の戦いで敗れたあと、木曽義仲を迎撃した際、主君宗盛に錦の直垂《ひたたれ》の着用を願い出て許され、宗盛から拝領した甲冑を着け、白髪を染めて大将として出陣し討死した。この話は「平家物語」をはじめ、謡曲《ようきょく》・人形浄瑠璃《じょうるり》・歌舞伎《かぶき》などで語り継がれている。**歓喜院**（↓150）は実盛の創建と伝える。

坂上田村麻呂《さかのうえたむらまろ》　天平宝字二年（七五八）～弘仁二年（八一一）

平安初期の武官。渡来系。父は恵美押勝《えみのおしかつ》の乱で活躍した苅田麻呂《かりたまろ》。数回の蝦夷《えみし》征討に従軍。さらに、桓武天皇に軍事の才能を認められ、延暦十六年（七九七）征夷大将軍となり、俘囚《ふしゅう》の長であるアテルイを降伏させた。すぐれた武才と人格を持つ模範的武将であったため、後世の武士の尊崇を受け、征夷大将軍の職名が武門最高の栄誉となった。東松山市**正法寺**（↓198）の再建神話や嵐山町**鎌形神社**（↓196）の創建神話がある。

渋川義鏡《しぶかわよしかね》　生没年未詳

室町期の武将。父は義俊。渋川氏は上野《こうづけ》国渋川荘を本拠地とした。長禄元年（一四五七）、幕府は古河公方《くぼう》足利成氏《しげうじ》を討つため、将軍義政の弟政知《まさとも》を公方として（堀越《ほりごえ》公方）、義鏡をその補佐役として下向させた。義鏡は下向後、南北朝期から渋川氏にゆかりのある蕨に**蕨城**（↓250）を築城したという。その後、文明九年（一四四七）太田道灌（↓320）に従い長尾景春（↓328）を破った際、武勲を挙げたという。

庄家長《しょういえなが》　生没年未詳

鎌倉初期の武士。児玉党。元暦元年（一一八四）の一の谷の戦いでは、源範頼軍に属して戦い、須磨ノ浦海岸で平重衡《しげひら》を捕らえている（「吾妻鏡《あづまかがみ》」では梶原景時《かげとき》と「家国」が捕らえたとし、「平家物語」では梶原景季《かげすえ》と庄高家が捕らえたと記される）。しかし、この戦いで子息頼家（依家）が戦死してしまう。家長の妻妙清禅尼は頼家の菩提を弔うために**宥勝寺**（↓98）を建立した。

松陰《しょういん》　永享八年（一四三六）～永正十五年（一五一八）

室町・戦国時代の僧。上野国長楽寺《ちょうらくじ》住持。晩年武蔵国五十子の増国寺《ぞうこくじ》に閑居し、そこで執筆された『松陰私語《しょういんしご》』（別名『五十子記《いかっこのき》』）は、享徳の乱を新田岩松家の顧問僧として生き抜いた回想録で、この乱の基本史料である。

小代重俊《しょうだいしげとし》　生没年未詳

鎌倉中期の武士。児玉党。小代郷（東松山市正代↓342）を名字の地とする。宝治《ほうじ》合戦の勲功として肥後《ひご》国野原荘（熊本県荒尾市・長洲町）の地頭職を与えられた。文永八年（一二七一）、蒙古《もうこ》に対する防衛のため肥後に下向するよう幕府に命じられた（同十二年には子息重康下向の明証がある）。東松山市正代には**館跡**（↓269）の一部が残り、**青蓮寺**（↓275）には、重俊の供養などのために建てられた**板碑**（↓281）がある。

信尊《しんそん》　生没年不詳

鎌倉時代の天台宗の僧。比叡山で灯明院承瑜《とうみょういんじょうゆ》に学び、恵心流の天台の奥義を究める。その後、川田谷《かわたや》の東叡山**泉福寺**（↓251）に止住し、寛元年間（一二四三―四六）には談義所《だんぎじょ》を開いたという。弟子には優れた人材を輩出し、著作に関東天台の口伝法門を伝える『川田谷十九通』がある。

仙覚《せんがく》　建仁三年（一二〇三）～？

鎌倉前期の文化人。「万葉集」の研究に取り組み、比企郡麻師宇郷（小川町増尾）で「万葉集註釈」を著《あらわ》した。本格的な万葉集注釈書としては最初のもので、現在でも評価が高い。中城跡（↓187）付近に住居があったとされ、顕彰碑（↓209）がある。

尊海《そんかい》　建長五年（一二五三）～元弘二年（一三三二）

鎌倉時代の天台宗の僧。足立郡の出身で、信尊（↓325）に師事して出家。**慈光寺**（↓195）の住持を務め、比叡山の心賀に師事した後に帰郷する。永仁四年（一二九四）、伏見天皇の勅許を得て川越仙波の無量寿寺を再興、次いで正安三年（一三〇一）に仏地院《ぶっちいん》を開き、関東天台の本山となす。

他阿真教《たあしんきょう》　嘉禎三年（一二三七）～文保三年（一三一九）

鎌倉時代後期の時宗の僧。時宗の二祖で、正しくは多阿弥陀仏と称する。浄土宗の僧であったが、建治三年（一二七七）に一遍の門下となり、一遍に従って諸国を遊行した。師の没後も教化事業を継承し、宗門をまとめて時宗を教団化した。『遊行上人縁起絵巻』では永仁六年（一二九八）、武蔵国村岡にて病床につき臨終を覚悟したとある。県内では川越市東明寺、行田市阿弥陀寺など、他阿の開創と伝える寺が多い。

平将門《たいらのまさかど》　?～天慶三年（九四〇）

平安中期の武将。桓武平氏。関白藤原忠平に仕えた。下総国猿島《さしま》・豊田を本拠地とした。承平元年（九三一）、伯父《おじ》平良兼《よしかね》と対立し、その後常陸国・下総国・上総国と一族内の戦いが拡大した。天慶元年、武蔵国司《こくし》と同国足立郡司《ぐんじ》武蔵武芝《たけしば》との紛争調停に失敗し、武蔵介《すけ》源経基《つねもと》に謀叛として訴えられた。同二年、常陸国の土豪《どごう》藤原玄明《はるあき》と国守《こくしゅ》の争いに介入し、常陸国府《こくふ》を焼き払った。この行動が、国家への反乱とみなされた。その後、将門は関東を制し新皇《しんのう》と称し、関東の自立をはかった。同三年朝廷は、将門を討った者に恩賞を与えるとの官符を下したため、下野《しもつけ》の豪族藤原秀郷《ひでさと》（↓330）や従兄弟《いとこ》の平貞《さだ》盛《もり》らは、将門を急襲し討ち取った。これらの経緯は「将門《しょうもん》記《き》」に詳しい。将門の死後、さまざまな説話や伝承が誕生し、本書にも将門伝承が多く登場している。とくに秩父郡には多く将門伝承（↓127）が残されている。

高坂氏重《たかさかうじしげ》　生没年未詳

南北朝期の武士。入間郡高坂郷（東松山市）を名字の地とする。笙《しょう》の相伝をうけ和歌を嗜《たしな》む教養人でもあった。南北朝期の関東では、地縁的な結合によるさまざまな一揆が構成された。平一揆は武蔵国と相模国の平氏を母体とする同族的性格の強い一気で、当時相模国守護の河越直重（↓323）と伊豆国守護氏重が中心となっていた。応安元年（一三六八）、平一揆は、相模国守護を解任された直重の待遇などの理由から蜂起した（平一揆の乱）。しかし鎌倉府軍により**河越館**（↓270）を落とされ没落した。

秩父重綱《ちちぶしげつな》　生没年未詳

平安時代末期の武士。父は武綱《たけつな》。妻は児玉党の有三郎経行《ありさぶろうつねゆき》の女。通称は秩父権守・秩父出羽権守（『吾妻鏡』）、下野権守（「桓武平氏諸流系図」等）。秩父氏は、祖父武基《たけもと》のとき、秩父牧の管理者である別当に就任したとされ、現在の秩父市下吉田に**秩父氏館跡**（↓114）がある。武基は前九年の役の際、源頼義・義家父子に従って戦ったと伝え、その子武綱は後三年の役の際、源義家に従軍しており、河内源氏との関わりは深かった。秩父氏は、代々**椋神社**《むくじんじゃ》（↓118）を尊崇し、孫の畠山重能《しげよし》は、畠山に**井椋神社**《いくらじんじゃ》（↓170）を勧請している。重綱は、鎌倉街道上道に沿った**平澤寺**《へいたくじ》（↓197）を氏寺として菅谷付近に進出したと考えられ、同寺跡から出土した鋳銅経筒銘の銘文にある「平朝臣茲縄」は重綱と推定されている。重綱は妻の兄弟平太行重、平四郎行高を養子とし秩父氏を継がせた。子に太郎重弘、二郎重隆、三郎重遠、四郎重継等がおり、子孫は各々畠山氏、河越氏、高山氏、江戸氏として展開した。なお、『吾妻鏡』によれば、重綱から以降代々武蔵国留守所総検校職を継承したとされるが、明確ではない。

中条家長《ちゅうじょういえなが》　永万元年（一一六五）～嘉禎二年（一二三六）

鎌倉前期の武士。**常光院**《じょうこういん》（↓228）に本拠を構えていたが、普段は鎌倉に居住していたとみられる。横山党の義勝房成尋《ぎしょうぼうじょうじん》の息子だったが、八田知家《はったともいえ》の養子になって、宿老として幕府政治に参画した。嘉禄元年（一二二五）には幕府の評定衆に任命されて、『御成敗式目《ごせいばいしきもく》』の制定にも携わっている。承久の乱後、尾張国の守護職を獲得して、子孫は京都で検非違使《けびいし》や六波羅評定衆として活躍した。嘉禎二年（一二三六）に七十二歳で死去した。

勅使河原直重《てしがわらなおしげ》　?～延元元年（一三三六）

鎌倉末期の武士。丹《たん》党。勅使河原（上里町）を名字の地とする。足利尊氏《たかうじ》は、中先代の乱後に上洛して京都を攻めた。南朝方新田義貞（↓328）に従った直重は、京都を守備するが敗れてしまった。直重と子の貞直、直重の弟光重は「不義の逆臣」（「太平記」）には従えぬと、鳥羽の羅城門《らじょうもん》付近で割腹《かっぷく》したという。直重の祖父有直が建立した**大光寺**（↓91）には、彼らの墓と伝える大光寺板碑（↓92）が残る。

道興《どうこう》　?～文亀元年（一五〇一）

戦国期の天台宗の僧。父は近衛房嗣。園城寺長吏、聖護院《しょうごいん》門跡、熊野三山・新熊野検校。寛正六年（一四六五）准三后に補せられ、道興准后とも称される。文明十八年（一四八六）から翌長享元年にかけて東国を巡るなど、全国の聖跡や名所旧跡を巡歴している。この背景には、熊野の修験組織を固める目的があったと推定される。『廻国雑記《かいこくざっき》』は、東国を巡った際の旅行記で、各地での感動をまとめた詩歌集でもある。道興は上野国から武蔵国に入るが、岡部原（本庄市）から村君（羽生市）など各地を巡歴した。本書では、入間郡**宗岡宿**（↓287）、新座郡**満行寺**（↓313）を取り上げている。

長尾景仲《ながおかげなか》　嘉慶二年（一三八八）～寛正四年（一四六三）

室町期の武将。山内《やまのうち》上杉氏家宰《かさい》。十四歳で白井《しろい》（群馬県渋川市）長尾氏の家督を継承した。上杉禅秀《ぜんしゅう》の乱以降、関東の合戦を戦い抜き、特に結城《ゆうき》合戦では軍事的要地でもある村岡（↓161・347）で陣を張り、一色《いっしき》伊予守を破っている。宝徳二年（一四五〇）、扇谷《おうぎがやつ》上杉氏の家宰太田道真《どうしん》（実名は資清《すけきよ》とされる）とともに江ノ島合戦を起こし、関東公方足利成氏《しげうじ》に叛旗を翻《ひるがえ》そうとしたが、失敗。その後、山内上杉憲忠《のりただ》を関東管領に就《つ》け、享徳《きょうとく》の乱で成氏によって憲忠が殺された後、憲忠の弟房顕《ふさあき》を擁立して、**騎西《きさい》城**（↓225）をはじめ関東各地を転戦した。成氏が古河に拠点を移してからは武蔵国**五十子《いかっこ》**（↓104）に陣を構え、成氏に対峙《たいじ》した。

長尾景春《ながおかげはる》　嘉吉三年（一四四三）～永正十一年（一五一四）

室町後期の武将。山内《やまのうち》上杉氏の家宰《かさい》。白井《しろい》（群馬県渋川市）長尾氏の当主。景信の子。文明五年（一四七三）の父の死にあたり、関東管領上杉顕定《あきさだ》は家宰職を景春に与えず、景信の弟忠景《ただかげ》を家宰とした。そのため景春は顕定に反乱を企て、同七年に**鉢形城**（↓168）に入り、翌年末、**五十子《いかっこ》**に展開していた顕定の陣を襲った（長尾景春の乱）。反乱当初は優位に立っていたものの、扇谷《おうぎがやつ》上杉氏の家宰太田道灌《どうかん》（↓320）の活躍により景春方は徐々に劣勢となり、鉢形から秩父郡へと後退し、**塩沢城**（↓113）、さらに**熊倉城**（↓114）に退くに至った。文明十二年に同城も陥落し、景春は足利成氏《しげうじ》のもとに逃れたが、同十八年の道灌謀殺をきっかけに扇谷方として活動を始め、伊勢宗瑞《そうずい》（一般に北条早雲として知られる）とも連携しながら合戦を展開した。明応五年（一四九六）段階では山内方と戦っており、その後景春は顕定と和睦するも、永正六年（一五〇九）には再び顕定に叛旗を翻している。永正八年には甲斐から武蔵に攻め込んでおり、翌年正月には駿河にいたとされる。

新田義貞《にったよしさだ》　正安三年（一三〇一）～延元三年（一三三八）

鎌倉末～南北朝期の武将。清和源氏。上野《こうづけ》国新田荘を本拠地とした。正慶二年（一三三三）、幕府軍として楠木正成《まさしげ》が立て籠もる千早《ちはや》城攻めに参加するが、途中で帰国する。その後護良《もりよし》親王の令旨《りょうじ》を得て上野国で挙兵した。鎌倉街道上道を南下し一路鎌倉を目指した。途中**小手指原《こてさしがはら》**（↓289）・**久米川《くめがわ》**（↓288）、分倍河原《ぶばいがわら》（東京都府中市）で幕府軍を破り、北条高時らを追い詰め自害させた。鎌倉幕府滅亡の立役者である。建《けん》武《む》政権では後醍醐《ごだいご》天皇の信任を得るも、足利尊氏と対立するようになっていく。建武二年（一三三五）、箱根竹ノ下の戦いで尊氏に大敗を喫するが、その後上洛して一時的とは言え、尊氏を九州に追い落とした。再び力を盛り返した尊氏と摂津《せっつ》国湊川《みなとがわ》・生田の森（兵庫県神戸市）で戦い、楠木正成は戦死を遂げる。義貞は越前国金ヶ崎城（福井県敦賀市）へ向かい再起を図るが、同国藤島（福井市）で戦死した（**コラム↓292**）。

芳賀禅可《はがぜんか》　？～応安五年（一三七二）

南北朝期の下野の武将。実名は高名《たかな》。芳賀氏は宇都宮氏と姻戚関係を結んでいた一族。観応二年（一三五一）宇都宮氏綱《うじつな》は、薩埵山《さったやま》合戦の勲功で上野国・越後国守護に、禅可の子高家・高貞はその守護代となった。しかし貞治元年（一三六二）、足利基氏《もとうじ》（→318）は突然氏綱の越後守護職を取り上げ、関東管領《かんれい》上杉憲顕《うえすぎのりあき》（→319）に与えてしまった。これに激怒した芳賀氏一族は**岩殿山**（→193）・**苦林野**（→288）で、基氏の軍勢と戦い敗れている。

畠山重忠《はたけやましげただ》　長寛二年（一一六四）～元久二年（一二〇五）

鎌倉初期の武士。平姓秩父氏。父は畠山荘司重能《しげよし》。**菅谷館**（→190）に居を構えていたとされ、周辺には重忠や平姓秩父氏にまつわる史跡が多数存在する。源頼朝挙兵時には、平氏方として三浦氏を攻め三浦義明を自害させたが、頼朝が武蔵に入国した際に帰順した。その後、源頼朝の鎌倉入りに先陣をつとめ、宇治川の合戦では木曽義仲軍と戦うなど、重忠の武勇は頼朝の篤い信頼を得ている。また源頼家の独裁を阻止するために生まれた十三人合議制にも参加した。しかし、北条時政の後妻牧の方の讒言《ざんげん》により、重忠が謀叛を企てたと疑われる。重忠は菅谷から鎌倉に行く途中、二俣川（神奈川県横浜市）で討たれた。現在でも重忠が著名なのは、その人となりがわかるエピソードが残されているからであろう。鵯《ひよどり》越《ごえ》で馬を背負って降りたといわれる大力の伝説のほかに、静御前が鶴岡八幡宮で舞を舞った際、銅拍子を演奏したことや、今様《いまよう》を謡《うた》った話も伝えられ、教養人であったことでも知られている（コラム→176）。

榛沢成清《はんざわなりきよ》　?～元久二年（一二〇五）

鎌倉初期の武士。丹《たん》党。榛沢郷（深谷市岡部）を名字の地とする。畠山重忠（→329）の郎等《ろうとう》でもあった。文治五年（一一八九）の奥州合戦の際、成清は阿津賀志山《あつかしやま》の戦いで先陣の重忠に抜け駆けする三浦義村らを見咎《みとが》め、彼らを阻止するよう重忠に強く進言した。しかし重忠は、先陣の自分が向かわないうちの合戦は全て自分の勲功となり、義村らを妨げるのは自分一人の賞を願っていることになると述べ、成清の諫言を受け入れなかった。成清は二俣川の戦いで、重忠に殉じて討死したという。

万里集九《ばんりしゅうきゅう》　正長元年（一四二八）～?

「ばんりしゅうく」とも読む。室町期の文化人。近江国の人。もとは臨済宗の僧侶。文明十七年（一四八五）、太田道灌《おおたどうかん》（→320）に招かれて下向した。関東を離れる際には、**鉢形城**（→168）に立ち寄っている。彼が編んだ漢詩文集「梅花無尽蔵《ばいかむじんぞう》」は、創作の由来や動機などが記され、武蔵国を含めた当時の状況を知ることが出来る貴重な歴史史料でもある。

比企能員《ひきよしかず》　?〜建仁三年（一二〇三）

鎌倉初期の武士。源頼朝の乳母《めのと》比企《ひき》尼の甥。比企尼は、頼朝が伊豆に流罪になっていた約二十年間、夫比企掃部允《かもんのじょう》（遠《とお》宗《むね》カ）とともに比企郡に下向し、頼朝の生活を支えていたという。頼朝は鎌倉に入ってから比企尼を呼び寄せ、比企氏は現在の妙本寺（神奈川県鎌倉市）に屋敷を構えた。北条政子はここで頼家を出産している。能員の妻は頼家の乳母に選ばれ、能員の娘若狭局《わかさのつぼね》は、頼家室となり一幡を生んでいる。頼朝は比企氏を頼りにしていたと言えよう。頼家が将軍に就任した後、比企氏は頼家の外戚《がいせき》として力を伸ばし、北条氏と対立した。「吾妻鏡《あづまかがみ》」によれば、頼家が危篤に陥った際、北条氏は頼家の弟千幡（実朝）と一幡に遺領を分与することとした。この決定に不満を持った能員は、病床の頼家に訴え、時政追討の許諾を得るが、北条方に知られてしまい、逆に殺害されてしまう。比企氏の一族は小御所（一幡の在所）に立て籠もるが、北条氏などに攻められ滅亡した（比企氏の乱）。**正法寺**（→198）は能員が再興したと伝え、**宗吾寺**（→199）は若狭局が建立した寺だったという。

人見光行《ひとみみつゆき》　弘長元年（一二六一）〜正慶二年（一三三三）

鎌倉末期の武士。猪俣党。法名恩阿《おんあ》。人見郷（深谷市）を名字の地とした。正慶二年、鎌倉幕府軍の一員として楠木正《まさ》成《しげ》が籠もる赤坂城攻めに参戦している。天王寺の鳥居に辞世《じせい》の句を書きつけた翌日、赤坂城へ向かい、壮絶な死を遂げた（「太平記」）。**一乗寺**（→138）には、**人見氏累代の墓**（→141）とされる板碑《いたび》や五輪塔が残る。

藤田能国《ふじたよしくに》　生没年未詳

鎌倉前期の武士。猪俣党。藤田（寄居町）を名字の地とした。元暦元年（一一八四）の一の谷の戦いで父行康が討死して名跡《みょうせき》を継ぎ、建久三年（一一九二）に、源頼朝から弓馬の芸に長《た》けているとして、父の勲功賞跡を安堵された。承久《じょうきゅう》の乱の際、敗北した後鳥羽院が下した院宣《いんぜん》について、北条泰時（→331）が誰に読ませればよいか尋ねたところ、「文博士」であるとして能国が推挙され、院宣を読んで面目を施した。

藤原秀郷《ふじわらのひでさと》　生没年未詳

平安中期の豪族。延喜十六年（九一六）、下野国で勢威を奮い流罪を科せられた。天慶三年（九四〇）の平将門（↓326）の乱では、下野掾《しもつけのじょう》・押領使《おうりょうし》として、平貞盛《さだもり》とともに将門を討った。この功により中央進出の道を開き、同時に北関東の軍事基盤を固めたと言える。秀郷は軍略に長《た》けていたといわれ、鎌倉初期には、東国の弓馬の芸の祖として仰がれた。子孫には奥州藤原氏や小山氏、下河辺氏などがいる。また俵藤太の通称でも知られ、大ムカデを退治したという伝承は著名である。

北条氏邦《ほうじょううじくに》　天文十年（一五四一）あるいは同十二年〜慶長二年（一五九七）

戦国期の武将。小田原城主北条氏康《うじやす》の四男。**天神山**（↓110）・**鉢形**（↓168）両城の城主。通称新太郎。安房守。天文十八年頃、天神山城主藤田泰邦《やすくに》（系図類には康邦とも）が北条氏に援軍を要請した。これを受けて北条氏は徐々に北武蔵へ侵攻を始め、永禄元年（一五五八）に氏邦と泰邦の娘との婚姻が成立し、氏邦は藤田家の家督を継承して、領国化の徹底を図った。泰邦は、彼の没する弘治元年（一五五五）以前に要害山城（↓170）を築いたとされ、同城にはのちに氏邦の家臣金尾が入ったと伝える。永禄七年以降、朱印状等を発給しながら鉢形の領支配を始め、藤田氏の拠点・**花園城**（↓136）・**雉岡城**（↓97）・**虎ケ岡城**（↓98）を支城としていった。両神神社（↓117）に隣接する法養寺薬師堂の木造十二神像から、彼の家臣としての岩田・本郷等を確認できる。同十二年、北条・上杉の同盟である越相同盟《えっそうどうめい》では交渉役として奔走し、同盟の破綻《はたん》後の天正期には、北条氏の上野《こうづけ》進出において中心的役割を果たした。天正十八年（一五九〇）の小田原合戦では鉢形（↓168）に籠城したが、前田利家らの攻撃を受けて開城降伏。**正龍寺**（↓140）に入って出家した後、加賀の前田利家に従って金沢に移り、さらに能登国七尾にて没した。

北条泰時《ほうじょうやすとき》　寿永二年（一一八三）〜仁治三年（一二四二）

鎌倉幕府執権。桓武平氏。父は義時。武蔵守。安保実光（↓318）の孫娘を妻とする。承久《じょうきゅう》の乱の際、叔父《おじ》時房と上洛して京方を破り、その後も在京して戦後処理にあたった（初代六波羅探題）。元仁元年（一二二四）、父義時死没後、執権に就任する。評定衆の設置、『御成敗式目《ごせいばいしきもく》』の制定など執権政治を確立している。清廉《せいれん》な政治姿勢は、のちの時代に至るまで公武双方から称賛を受けた。また、さいたま市緑区の**氷川女体神社**（↓254）に北条氏の家紋である三鱗《みつうろこ》紋の太刀を奉納している。

本田近常《ほんだちかつね》　?〜元久二年（一二〇五）

鎌倉初期の武士。本田郷（深谷市）を名字の地とする。畠山重忠（↓329）の郎等《ろうとう》であった。重忠に従い、元暦元年（一一八四）の宇治川の戦い・一の谷の戦いや、文治五年（一一八九）の奥州合戦で戦っている。元久二年の二俣川の戦いでは、重忠に殉じて討死したという。**畠山館跡**（↓172）の近くに**本田城跡**（↓170）が残る。**鷲窟山観音院**（↓124）のエピソードから、親常が弓の名手であったことがうかがえる。

源範頼《みなもとののりより》　?〜建久四年（一一九三）

鎌倉初期の武将。清和源氏。父は源義朝、頼朝・義経の異母兄弟。遠江国蒲御厨《かばのみくりや》（静岡県浜松市）生まれのため蒲冠者《かばのかじゃ》と呼ばれる。頼朝の命により、一方の大将軍《だいしょうぐん》として山陽道を進み、九州まで出兵して戦っている。建久四年、兄頼朝に謀叛を疑われ伊豆に流罪となる。吉見町の**息障院**（↓215）に館を構えていたとされるが、北本市にも**館跡**（↓249）や**石戸蒲ザクラ**（↓260）が伝わる。子孫は吉見氏を称したという。

源義家《みなもとのよしいえ》　長暦三年（一〇三九）〜嘉承元年（一一〇六）

平安後期の武将。清和源氏。父は頼義《よりよし》。石清水八幡宮で元服し八幡太郎と号する。前九年合戦・後三年合戦では、鎮圧のため東北まで下向した。これらの戦いで、東国武士との強固な主従関係を作り上げ、のちの鎌倉幕府成立に大きく寄与した。関東広域に伝承が残るが、本書の中では、義家が奥州に向かう途中に通った道（↓236・237）、立ち寄った神社（↓233）、戦勝祈願した寺社（↓99・100・101・232・313）がある。

源義仲《みなもとのよしなか》　仁平四年（一一五四）〜元暦元年（一一八四）

平安末期の武将。清和源氏。木曽冠者《かじゃ》と称される。父は頼朝の叔父義賢《よしかた》。義賢は、本拠地上野国《こうづけ》から南下し、秩父重隆《しげたか》の養君《やしないぎみ》（養い育てる貴人の子）として**大蔵館**（↓190）を居館とした。その後、鎌倉から北上して勢力を伸ばす源義朝（頼朝父）・重隆の甥畠山重能《しげよし》と対立する。久寿二年（一一五五）、義朝の長男義平は大蔵館を攻め、義賢を殺害した（大蔵合戦）。近くには**源義賢墓**（↓202）もある。義仲は大蔵館で生まれており、**鎌形八幡宮**（↓196）には産湯の清水が残る。大蔵合戦の際には、斎藤実盛（↓323）の計らいで信濃国の木曽谷に逃れたという。治承四年（一一八〇）挙兵し、寿永二年には、倶利伽《くりか》羅《ら》峠の戦いで平氏軍に大勝し、入京する。しかし、追討宣旨により出兵した源範頼（↓332）・義経軍に敗れ、近江国粟津（滋賀県大津市）で討死した。その間、義仲は子の義高を鎌倉に送り、頼朝の娘大姫《おおひめ》と婚約を結んでいた。しかし、義仲を討った頼朝は、報復を恐れ義高殺害を命じた。義高は信濃へ向けて逃げる途中、**入間川原**（↓287）で討たれた。

物部重光《もののべしげみつ》　生没年不詳

鎌倉時代中期の鋳物師《いもじ》。大和権守。本拠地は相模国飯山郷（神奈川県厚木市）寛元《かんげん》三年（一二四五）ときがわ町**慈光寺**（→195）の梵鐘を鋳造し、建長《けんちょう》七年（一二五五）鎌倉建長寺の梵鐘を鋳造している。物部姓の鋳物師は寛元三年から延文《えんぶん》元年（一三五六）まで八人が確認され、知られている梵鐘は二〇口（失亡を含む）を数え、その活躍は群を抜いている。鎌倉長谷の大仏鋳造に際して丹治《たんじ》・広階《ひろしな》・大中臣《おおなかとみ》姓の鋳物師たちと河内《かわうち》（大阪府）から東国に来たと考えられる高度の技術集団である。しかも建長寺・称名寺・円覚寺などの梵鐘に関わっていることから鎌倉幕府の中枢と結びついた特別な存在であったと考えられている。

物部季重《もののべすえしげ》　生没年不詳

鎌倉時代中期の鋳物師。文応《ぶんおう》二年（一二六一）日高市**聖天院**（→305）の梵鐘を鋳造し、文永元年（一二六四）鎌倉市長谷寺の梵鐘を鋳造している。重光についで名を残す物部姓の鋳物師である。

毛呂季綱《もろすえつな》　生没年未詳

鎌倉初期の武士。毛呂郷（毛呂町）を名字の地とする。父は豊後守毛呂季光。源頼朝が伊豆に配流中、流浪していた頼朝の下部《しもべ》に扶持《ふち》を与え、頼朝のもとに送り届けたことがあった。建久四年（一一九三）、頼朝はこのことに感謝して、季綱に「武蔵国泉・勝田」を安堵したという。泉（滑川町和泉）には、**泉福寺**（→197）があり、毛呂氏との関わりが推定されている。

日本武尊《やまとたけるのみこと》

『古事記』・『日本書紀』に描かれた古代伝説上の英雄。『古事記』では「倭建命」と記す。父景行《けいこう》天皇の命により、西方の熊襲《くまそ》を征討し、さらに東方の蝦夷《えみし》征討、いわゆる東征を行ったが、帰途伊勢で亡くなり、白鳥となって飛び去ったという。日本武尊の東征は困難を極めたため、この東征に関わる伝説が東国各地に残ることとなった。なお、日本武尊は実在の人物というよりも、大和政権の東西平定の物語りとして、複数の英雄を統合した架空の人物とみられる。

良応《りょうおう》　生没年不詳

妻沼歓喜院に伝わる享保十七年（一七三二）の略縁起では、長井荘に住した斉藤実盛の子、斉藤六真長と伝える。阿請坊良応と名乗り、建久四年（一一九三）、源頼朝の聖天宮参詣の際に聖天山**歓喜院**（↓150）の造営を許されたとされる。ただし、江戸期の縁起以外にはその名を残さず、謎の多い僧である。

良心《りょうしん》　?～正和三年（一三一四）

鎌倉後期の僧侶。父は藤田行重。字は持阿。**善導寺**（↓140）の開山で、浄土宗藤田派の拠点寺院となっていく。武蔵国から下総国・上野国へと精力的に教線を拡大し、多くの著作を残した。

◆地名解説

吾那郷《あがな》

吾野・我野とも書いた。高麗郡のうち。保名・村名としても見えるが、広域地名としても用いられたようで、秩父郡内としても見える。平安時代末期以来は児玉党越生氏に代々伝えられた所領で、『法恩寺年譜』によれば、越生有弘《おごせありひろ》から子の有高に、有高から有直などに相伝《そうでん》されたことが確認できる。元亨四年（一三二四）十月の造営料木注文（秩父神社文書）によれば、「吾那郷分」として、秩父神社造営のための料木（柱・垂木ほかの木材）が割り当てられている。南北朝時代末期には越生氏の支配下から離れ、浅羽氏に相伝されていた。飯能市吾野を中心に長沢を含む高麗川上流一帯に比定される。

阿久原牧《あぐはら》

児玉郡のうち。承平三年（九三三）四月二日の太政官符《だじょうかんぷ》（『政事要略』（京都の太政官から出された公文書））によって勅旨牧とされた朱雀院領の秩父牧は、「秩父郡石田牧　一処　児玉郡阿久原牧　一処」から構成されていた。児玉党の祖有道維行が牧の別当となり、児玉郡内に児玉党の一族が盤踞することになった。維行にまつわる**駒形神社**（→98）、**有氏神社**（→101）が残る。応永二十五年（一四一八）三月二十八日の鎌倉公方足利持氏御教書（安保文書）によると、阿久原郷が安保宗繁・満春らの所領であったことがわかる。江戸時代に上・下阿久原村に分村、旧神泉村上阿久原・下阿久原となる。阿久原牧跡には立野・番場・馬出・政所・白馬背・駒形などの牧に関わる字名が残っている（コラム→33）。

安保郷《あぼ》

阿保とも書いた。賀美郡のうち。丹党安保氏の名字の地。**安保氏館跡**（→90）が神川町元阿保に残る。平安時代末期から安保氏が開発を進めた地である。初見は、鎌倉時代の寛喜三年（一二三一）八月二十一日の鎌倉将軍家下文（八坂神社文書）で、安保信員が「武蔵国賀美郡安保郷内別所村」の地頭職に任じられている。その後安保郷は安保氏に代々伝えられ、南北朝時代建武三年（一三三六）十二月十一日の足利直義下文（安保文書）では、家督を継いだ安保光泰（→319）に「安保郷内屋敷・在家」などが安堵《あんど》（領有権を公認すること）されている。神川町元阿保付近に比定される。

甘粕《あまかす》

甘糟・天粕とも書いた。那珂郡のうち。文字史料としては、戦国時代の永禄八年（一五六五）五月日の成田氏長判物（町田文書）から見える地名であるが、平安時代末期、猪俣党の河勾野政基の弟家基が、当地に住して甘糟七郎と称しており、南に接する猪俣と同様に古くからの地名であった。家基の子甘糟野次郎広忠は、平家追討のため西海に赴くことを進んで申請したとして、元暦元年（一一八四）八月十八日、当地に賦課される万雑事（年貢以外の雑税）を免除されている。美里町甘粕に比定される。

猪俣《いのまた》村

那珂郡のうち。文字史料としては、戦国時代の天正十六年（一五八八）四月吉日の年紀を有する鰐口から見える村名であるが、横山党の横山時資の子時範が当地に居住して猪俣野兵衛尉と称しており、北に接する甘粕と同様に古くからの地名であった。猪俣小平六範綱（↓319）は、保元の乱の際源義朝に従って白河殿を攻め、平治の乱では源義平に従って待賢門付近で平重盛と戦い、西海における源平合戦でも活躍した。地内には、猪俣範綱の居館と伝える**猪俣小平六館跡**や、猪俣氏の居城と伝える猪俣城跡（↓131）がある。また、猪俣氏の創建とされる松久山明王寺（高台院）には、猪俣範綱の墓や九基の五輪塔がある（↓131）。美里町猪俣に比定される。

石田《いわた》牧

秩父郡のうち。平安時代に見える牧名。承平三年（九三三）四月二日の太政官符（『政事要略』（京都の太政官から出された公文書））によって勅旨牧とされた秩父牧は、秩父郡**石田牧**と児玉郡**阿久原牧**（↓105）とで構成されており、毎年八月十三日に二十疋の貢馬を献上することと定められている。比定地は、皆野町下田野から長瀞町岩田にかけての荒川沿岸一帯と推定されている。長瀞町岩田付近は、中世には岩田郷と称されて丹党岩田氏の名字の地となった。応永年間には、安保氏の所領となり（安保文書）、戦国時代には地内に**天神山城**（↓110）が築かれた。

大河土《おおかわどの》御厨《みくりや》

大河戸とも書いた。埼玉・足立両郡のうち。中川右岸の沖積地に位置する。初見は、『吾妻鏡』元暦元年（一一八四）正月三日条で、源頼朝が当御厨を伊勢神宮に寄進しており、「在武蔵国崎西・足立両郡内」とある。もと源氏が領したところで、はじめは伊勢神宮の供物（神前に供える贄《にえ》）を採取する場所として設定された地域と推定される。平治の乱後、平家領となっていた。建久三年（一一九二）十二月二十八日、鎌倉幕府は当御厨の正税官物等を免除し、所済を増加させた。同五年六月三十日には、当御厨と伊豆宮の神人《じにん》（神社で神事や雑役を奉仕した下級神職や寄人《よりゅうど》）との喧嘩が起きた。伊豆宮は**久伊豆《ひさいず》神社**（↓263）のことであり、北側に広がる大田荘内に分布する。両者の境界をめぐる争いのひとつであった可能性がある。建保元年（一二一三）の和田合戦後、山内政宣の所領であった当御厨内八条郷（八潮市八条）が、恩賞として葛西重清に宛行《あてが》われている。地頭は渋江五郎光衡であった。この八条郷は、野与党八条氏の名字の地であり、光衡は八条氏の祖と考えられる。なお、松伏町に大字大川戸が残り、地内に大河土氏の館跡や神明社があり、当御厨の遺称地とも考えられる。但し、大川戸は現在大落古利根川の左岸、江戸川の右岸に位置しており、中世には下総国であった可能性もある。

大串郷《おおくし》

吉見郡のうち。市野川左岸の低地に位置する。横山党大串氏の本拠地。畠山重忠の烏帽子子《えぼしご》（元服の時に烏帽子をかぶせる親を烏帽子親といい、その子の事を烏帽子子という）で門客《もんかく》（譜代の家臣ではない家来）とされる大串次郎重親（↓320）は著名。初見は、建久七年（一一九六）二月日の年紀のある銅鏡（東京国立博物館所蔵）銘で、「武州吉見郡大串郷住人藤原氏」とある。この鏡は明治三十四年（一九〇一）に東松山市下野本にある利仁神社境内の経塚から出土した。文献上は以降戦国時代まで所見がなく、永禄二年（一五五九）の「小田原衆所領役帳」に江戸衆中条出羽守の所領として「八貫四百文　吉見郡　大串内北分」などと見える。吉見町大串を中心に付近の江綱・上銀谷・下銀谷一帯に比定される。

大窪郷《おおくぼ》

大久保郷とも書いた。足立郡のうち。初見は、南北町時代の観応元年（一三五〇）八月九日の高師直書下（守護代薬師寺二郎右衛門尉宛、安保文書）で、大窪郷（寺岡兵衛入道跡）が安保忠実に宛行われている。観応の擾乱で足利尊氏方について活躍した恩賞と考えられる。応安二年（一三六九）七月二十八日の大窪郷地頭方三分一方田畠注文（正木文書）が残っており、これによると「八郎次郎名」「彦五郎入道名」「光仙在家」「すたれの在家」「平内次郎名」「孫次郎名」「五郎二郎入道名」「五郎二郎うけれう在家」「平三次郎入道名」「いけ上正阿ミた仏うけれう」「さうねん在家」などの名・在家や「五日市庭」「さなやき」「しらくハ（さいたま市桜区白鍬）」「つかもと（さいたま市桜区塚本）」「つちハし」「中や」「ほりの内」「まとは」が見え、郷内の社寺として諏訪大明神・普門寺・阿弥陀堂・長福寺などがあったことが確認できる。室町時代の応永三年（一三九六）には当郷領家職は足立郡馬室郷・荏原郡六郷保の郷司職とともに関東管領上杉憲忠に相伝されている（上杉家文書）。さいたま市桜区上大久保・下大久保・大久保領家付近一帯に比定される。

大倉《おおくら》

大蔵とも書いた。比企郡のうち。都幾川右岸、低地・河岸段丘・岩殿丘陵に位置する。『吾妻鏡』治承四年（一一八〇）九月七日条によれば、久寿二年（一一五五）八月、甥の源義平に攻められ、大倉館において源義賢が討ち死にした。大倉館は、秩父重隆の居館で、義賢は養君《やしないぎみ》（養育している貴人の子）として迎えられていた。『曽我物語』には「大倉・児玉の宿」が見え、当地は鎌倉街道上道の宿場であった。地内には、**源義賢の墓**（↓202）、**大蔵館跡**（↓190）の他、宝治三年（一二四九）造立の銅造阿弥陀如来像および両脇侍立像や時宗板碑のある**向徳寺**（↓196）がある。嵐山町大蔵に比定される。

大田荘《おおたのしょう》

埼玉郡のうち。『和名類聚鈔』に見える埼玉郡大田郷を中心として荘園化したところという。およそ中世埼玉郡の北半分が荘域であった。成立は平安時代末期と推定される。秀郷流藤原氏の流れを汲む大田氏の名字の地で、寄進者は大田氏と考えられる。荘園名の初見は、『吾妻鏡』文治四年（一一八八）六月四日条で、八条院領荘園のひとつとして見える。当時、文書等が失われ、平家の時代に勝手な沙汰もあり、先例が失われていた。鎌倉時代には関東御領（将軍家領）として幕府政所の支配下に置かれ、建久五年（一一九四）十一月には、当荘の堤の修固について明年三月以前に終わらせるよう命じている。寛喜二年（一二三〇）、北条泰時家の公文所《くもんじょ》（公文書を管理した所）は、当荘内荒野の新開を計画し、奉行に得宗被官の尾藤道然を命じており、北条氏領となっていた。荘内の**鷲宮明神**（↓231）は大田荘の総鎮守とされ、幕府の崇敬が篤く、建久四年十一月十八日や承元三年（一二〇九）二月十日には鷲宮宝殿での怪異が報告されている。春日部市・さいたま市岩槻区・久喜市・加須市・羽生市・宮代町・白岡町などにまたがる地域に比定される。

大宮《おおみや》郷

秩父郡のうち。秩父盆地の中心で、秩父地方の総鎮守とも称された**秩父神社**（↓118）が所在する。『和名類聚鈔』秩父郡中村郷の後身と考えられている。平姓秩父氏は、秩父牧の別当となって吉田郷に移り、さらに、鎌倉街道上道に沿った畠山、大蔵、菅谷へ進出した。嘉禎元年（一二三五）九月、落雷によって焼失した秩父神社を再興した時の古文書（秩父神社文書）が残る。それによると、丹党中村氏が社殿再興に活躍している。正和三年（一三一四）三月十八日、秩父神社は秩父妙見宮の名で再興され、遷宮祭が行われた。

越生《おごせ》郷

入間郡（入西郡）のうち。越辺川《おっぺがわ》上流域に位置する。当郷は児玉党越生氏の名字の地で越生氏に相伝された。初見は、承元二年（一二〇八）三月十三日の関東下知状写（『法恩寺年譜』）で、越生有弘から有道への越生郷の譲与が認められている。以降、越生郷地頭職は越生氏が代々継承していった。正和元年（一三一二）七月二十八日の狩野貞親知行宛行状（『萩藩閥閲録』三）で、貞親は、石見国（島根県）加志岐別府五分の一と越生光氏の所領「越生郷内岡崎村田畠在家等」と交換している。郷内の**法恩寺**（↓274）は、建久三年（一一九二）に越生家行を奉行として堂塔伽藍を再興した寺院で、将軍家の祈祷寺であった（『法恩寺年譜』）。観応三年（一三五二）七月二日、足利尊氏は「入西郡内越生郷（越生馬太郎跡）地頭職」等を勲功賞として別府幸実に宛行っている（『古今消息集』）。室町時代、郷内には是永《これなが》名・恒弘《つねひろ》名・則次《のりつぐ》名などの名《みょう》（**コラム↓34**）があり、岡崎・成瀬・上谷《かみやつ》・谷賀俣・如意《ねおい》・大谷・上野・鹿《かの》下《した》・高房・箕輪田・窪田等の村も確認でき、これらは近世村の小名に引き継がれた。越生町一帯に比定される。

小島《おじま》郷

児玉郡のうち。『和名類聚鈔』に見える賀美郡小島郷の遺称地とされる。丹党小島氏の名字の地。榛沢成房の弟重光が居住し小島四郎と称したという。小島氏館跡が低地に面した台地上にある（『埼玉の館城跡』）。初見は、戦国時代天正十一年（一五八三）九月二十三日の北条氏邦印判状（吉田文書）で、「小嶋台」と見える。本庄市小島、小島一〜六丁目、小島南一〜四丁目付近に比定される。

小見野《おみの》

小美野・小美濃とも書いた。比企郡のうち。市野川右岸に位置する。児玉党小見野氏の名字の地で、平安時代末期からの地名であった。文字史料としての地名の初見は戦国時代で、永禄十年（一五六七）七月十九日の太田氏資書状（武州文書）である。川島町の北東部、上小見野・下小見野付近に比定される。

加治《かじ》郷

高麗郡のうち。治承五年（一一八一）十一月、源頼朝は加治郷の郷司職に新田義重を補任《ぶにん》（任命する）しており、以降子孫に伝領された。文永五年（一二六八）頃その子孫である岩松氏の所領であったことが確認できる（由良文書）。加治郷は、丹党加治氏の名字の地であり、加治家季（→322）、加治家貞が著名。また、文和元年（一三五二）に挙兵した新田軍にも加治豊後守の名が見える（『太平記』）。現在の飯能市の中央部付近一帯に比定される。

柏原《かしわばら》郷

高麗郡のうち。入間川左岸の段丘上に位置する。柏原郷は、丹党柏原氏の名字の地で、文治五年（一一八九）の奥州合戦の際、畠山重忠に従った武士のなかに柏原太郎が見える。寛喜二年（一二三〇）八月十三日、長沼宗政は柏原郷等の所領を嫡子時宗に譲っている（皆川文書）。室町時代以降、当地に住した鋳物師の活動が盛んになった。

金子《かねこ》郷

入間郡（入西郡）のうち。霞川流域の平地・丘陵・台地に位置する。初見は、『吾妻鏡』寛喜二年（一二三〇）六月十一日条で、「金子郷」に雹まじりの雨が降っている。当郷は、村山党金子氏の名字の地で、村山頼任の孫家範が金子六郎と称したのに始まる。家範の子家忠（→322）は、保元の乱が初陣で、以降平治の乱、屋島の合戦などで活躍。建久元年（一一九〇）・同六年の源頼朝の上洛にも供奉した。家忠は、金子丘陵の台地上端に菩提寺木蓮寺を創建し、その傍らに**居館**（→272）を構えた。弘安五年（一二八二）七月十六日の将軍家政所下文（金子文書）では、金子頼広に対し、亡父広綱の遺言に任せて、金子郷等を領知することを認めている。南北町時代の永和五年二月十六日の金子家重譲状写（『萩藩閥閲録』）では、孫いぬそうに当郷を譲与しており、金子氏に相伝されていたことが確認できる。入間市西部、金子・東金子地区の一帯に比定される。

河越《かわごえ》荘

河肥とも書いた。入間郡のうち。入間川の沖積平野と武蔵野台地の北東部に位置する。永暦元年（一一六〇）十月、後白河院が京都に日吉《ひえ》社を勧請した新日吉社《いまひえしゃ》の社領である。勧請後、武蔵国の知行国主《ちぎょうこくじゅ》であった平清盛の仲立ちで寄進されたのであろう。当荘は、平姓秩父氏の一族河越氏の名字の地で、河越氏が開発、寄進した荘園である。『吾妻鏡』文治二年（一一八六）七月二十八日条によると、「新日吉社領武蔵国河肥庄地頭」の年貢対捍《ねんぐたいかん》（年貢納入を拒否）があり、後白河院の院宣《いんぜん》（院の仰せを奉じた文書）が鎌倉に発せられ、それに対して源頼朝が請文を出している。以降、新日吉社領、室町院領として相伝された。入間川の左岸には、**河越館跡**（↓270）があり、鎌倉時代中期には、入間川右岸の武蔵野台地に進出し、河越経重によって養寿院が創建されている。文応元年（一二六〇）十一月二十二日の年紀がある**養寿院**（↓276）鐘銘には「武蔵国河肥庄、新日吉山王宮」と見える。

熊谷郷《くまがい》

大里郡のうち。荒川右岸に位置した。熊谷氏の名字の地。室町時代の応永年間まで熊谷氏に相伝されたことが確認できる。建久二年（一一九一）三月一日の熊谷蓮生（直実↓323）譲状（熊谷家文書）には、先祖相伝の所領として熊谷郷の四至《しいし》境《ざかい》（東西南北の境）が記されており、西は村岡との境の大道（鎌倉街道）が通っており、交通の要衝であった。四至のうち東は現在の曙町付近、南は村岡、西は鎌倉街道が通る荒川大橋付近と推定される。領家は鶴岡八幡宮で、地頭熊谷氏が領主鶴岡八幡宮に一定額の年貢を請け負う地頭請所であった。郷内には恒正名があり、西熊谷と称されている。

小泉郷《こいずみ》

男衾郡、のち大里郡のうち。元徳三年（一三三一）七月十二日の小泉郷田在家注文が初見で、男衾郡内とされる。郷内の在家は大道（鎌倉街道）を挟んで、東に十六軒、西に十一軒の計二十七軒、田二町六反があった。当郷は翌年三月、由良景長妻紀氏によって上野国の長楽寺（群馬県太田市）に寄進された（長楽寺文書）。南北朝時代から室町時代にかけては岩松氏の支配下に置かれた。正長元年（一四二八）八月十九日、鎌倉公方足利持氏は「武蔵国大里郡大江・小泉郷参分壱方各半分」を金陸寺に寄進している（円覚寺文書）。このように、正長年間を境に、所属する郡名に変化が見られ、この頃に郡界（郡と郡と境）の変更があった可能性が高い。旧大里村（現熊谷市）小泉を中心とする付近に比定される。

児玉荘《こだま》

小玉とも書いた。児玉郡のうち。児玉党児玉氏の名字の地。初見は、『玉葉』安元元年（一一七五）十一月十四日条で、「上野国高山御厨、訴申児玉庄濫行事」とあるが、詳細は不明。児玉氏は、源平合戦や承久の乱などで活躍した。日蓮に帰依した児玉時国の建てた東光山**玉蓮寺**（↓99）境内は、児玉氏の館跡の内であると伝える。室町時代には、「小玉村」と村名で見え、鎌倉円覚寺の塔頭黄梅院の寺領であった（黄梅院文書）。本庄市児玉町一帯に比定される。

佐《さ》々《さ》目《め》郷

足立郡のうち。鎌倉時代から見える郷名。正応六年（一二九三）六月二十七日、鎌倉幕府は佐々目郷地頭職を鶴岡八幡宮（神奈川県鎌倉市）に寄進し、建武二年（一三三五）八月二十七日、足利尊氏が同郷領家職を同じく鶴岡八幡宮に寄進したことで、一円が鶴岡八幡宮領となった（『鶴岡八幡宮寺供僧次第』）。室町時代の佐々目郷の状況については『鶴岡事書日記』に記されており、在地の農民の動き（政所・八幡宮との紛争など）が見られて興味深い。郷域は明確ではないが、禰宜橋（戸田市下笹目）・美女木（戸田市美女木）・沼影（さいたま市南区沼影）・水深（さいたま市南区辻）・法華垣内（蕨市）などの地名や文中にみえる寺社名、氷川宮（さいたま市南区内谷）（↓253）・新八幡宮（戸田市美女木）（↓254）・観音堂（さいたま市南区沼影）などから、戸田市北部・さいたま市南区・蕨市の一部にまたがる地域に比定される。

小《しょう》代《だい》郷

勝代とも書いた。入間郡（入西郡）のうち。越辺川と都幾川にはさまれた低地と高坂台地の東端に位置する。当郷は、児玉党小代氏の名字の地である。鎌倉時代末期の作成と考えられる小代宗妙（伊重）置文写によると、久寿二年（一一五五）に起きた大蔵合戦の時、源義平は当地に御屋形を造り、そこから出陣したという。郷名の初見は、承元四年（一二一〇）三月二十九日の沙弥行蓮（小代行平）譲状で、小代行平が「入西郡内勝代郷村々」、すなわち吉田村・南赤尾村・越辺村や屋敷を養子俊平に譲っている（小代文書）。郷内には**小代氏館跡**（↓269）や仁治二年（一二四一）銘板石、青蓮寺境内には弘安四年（一二八一）の年紀のある青蓮寺**板石塔婆**（↓281）がある。坂戸市上吉田・赤尾及び東松山市正代の一帯に比定される。

菅《すが》谷《や》

須賀谷とも書いた。比企郡のうち。都幾川左岸の東松山台地に位置する。初見は、『吾妻鏡』文治三年（一一八七）十一月十五日条で、畠山重忠の館として「武蔵国菅谷館」（↓190）と見える。元久二年（一二〇五）六月、鎌倉に誘い出された重忠が出発したのも「小衾郡菅谷館」であった。但し、当地は比企郡内であり、おそらく男衾郡畠山と混同したものと考えられる。この館の西側と東側には、都幾川対岸の大蔵から北上する鎌倉街道上道と推定される遺構（↓207）が見られ、交通・軍事上の要衝であった。下って、文明九年（一四七七）には、太田道灌の子資康によって当地の旧城が再興されている（『松陰私語』・雲頂庵文書）。嵐山町菅谷に比定される。

春原荘《すんのはら》

大里郡のうち。貞応三年（一二二四）正月二十九日の新田尼譲状が初見で、本荘内に万吉郷《まげち》が含まれた（正木文書）。この時、万吉郷は新田義兼の妻新田尼から孫の岩松時兼に譲渡され、以降岩松氏に相伝された。岩松氏は南北朝時代以降、鎌倉公方に従い、新田氏が滅亡した後は、新田氏の惣領職をも獲得したが、応永二十三年（一四一六）の上杉禅秀の乱で禅秀方として没落した。そのため所領は大幅に削減された。当荘名は江戸時代の春野原村に継承された。荒川右岸一帯の熊谷市万吉・村岡から旧江南町成沢・樋春・押切にかけての地に比定される。

中条《ちゅうじょう》保

幡羅郡のうち。横山党中条氏の名字の地である。中条家長（↓327）は、八田《はった》知家《ともいえ》の養子となり、一の谷の戦いや奥州合戦で活躍し、建久元年（一一九〇）の源頼朝の上洛に供奉した。嘉禄元年（一二二五）評定衆となり、御成敗式目の制定にも参画した。中条時家は、建長四年（一二五二）七月五日、中条保内の水越郷古政所南深町を上野国長楽寺に寄進している（長楽寺文書）。地内には、中条氏の館跡（常光院）（↓228）が残る。熊谷市の北東部、上中条を中心とした一帯に比定される。

手墓《てばか》村

榛沢郡滝瀬郷のうち。保元の乱で、猪俣党の手墓ノ七郎が源義朝に従っており、その名字の地と推定される。文永五年（一二六八）五月三十日の注記のある岩松持国本領所々注文が初見（正木文書）。以降、岩松氏の所領であった。南北町時代、一時安保信濃入道が拝領したが、貞治二年（一三六三）五月二十八日の鎌倉公方足利基氏御判御教書で「武蔵国榛沢郡滝瀬郷内下手墓村」が岩松直国に宛行われている（正木文書）。深谷市大字上手計・下手計付近に比定される。

戸守《ともり》郷

比企郡のうち。都幾川と越辺《おっぺ》川が合流してできた自然堤防上とその後背地に位置する。初見は、貞治四年（一三六五）十月日の高坂重家陳状案（高文書）で、当郷の支配を巡って、高坂重家と高常珍との間で相論が起きていたことがわかる。結果、当郷は高坂重家に安堵されるが、応安元年（一三六八）に起きた平一揆の乱で高坂氏は没落し、当郷は没収された。同年七月、鎌倉公方足利氏満は、当郷を下野国鑁阿寺に、四季大般若経転読料所として寄進した（鑁阿寺文書）。以降、鑁阿寺による代官支配が続くが、十五世紀中頃に起きた用水相論や、その折りの郷中談合など在地農民の動向が見られる地域である。川島町戸守に比定される。

長井《ながい》荘

幡羅郡のうち。利根川右岸の平野部に位置する。平安時代末期には平家領荘園で、仁安年中、平清盛の命により、越前国の武士斎藤実盛（↓323）が荘司として下向した。『吾妻鏡』建保元年（一二一三）五月七日条によると、和田義盛滅亡後、勲功の賞として安達時長に与えられた。北辺を利根川が流れ、武蔵国と上野国の境界に位置する交通の要所で、荘内に**長井の渡し**（↓154）があった。南北町時代の永徳二年（一三八二）四月二十日の長谷河親資軍忠状（江田文書）に「同五月十三日長井吉見御陣令宿直」とあり、鎌倉公方足利氏満が小山義政を討った時、当地の陣中でも宿直をつとめたことが述べられている。地内の**歓喜院**（↓150）は、斎藤実盛の子良応が創建したという。荘域は、熊谷市の旧妻沼町を中心とした利根川右岸の一帯に比定される。

長浜《ながはま》郷

賀美郡のうち。丹党安保氏の一族長浜氏の名字の地。平安時代末期から長浜氏が開発を進めたところである。初見は、文永三年（一二六六）十二月十一日の関東下知状（税所文書）で、「武蔵国賀美郡長浜郷内赤洲村」が税所氏の所領であった。南北朝時代観応二年（一三五一）九月二十一日の鎌倉公方足利基氏寄進状（長楽寺文書）では、上野国世良田の長楽寺に「武蔵国賀美郡内長浜郷、安保中務丞跡事」を寄進している。上里町大字長浜・神川町大字四軒在家の付近に比定される。

成田《なりた》郷

埼玉郡（埼西郡）のうち。郷名の初見は、正中二年（一三二五）十二月六日の沙弥信阿（安保行員）譲状案（八坂神社文書）で、「なりたの郷地頭くんしゝき（郡司職）・はこた（箱田）の村・ひらと（平戸）の村」が嫡子基員に譲られている。成田郷は、藤原北家の流れを汲む成田氏の名字の地であるが、安保行員の母方の祖母が成田家資の女であり、成田氏から婚姻関係を通して安保氏に相伝されている。鎌倉幕府滅亡後の建武三年（一三三六）には基員の軍忠《ぐんちゅう》（軍功）が認められ、斯波家長によって「本領武蔵国成田郷内闕所等」が安堵されている。嘉暦三年（一三二八）十二月二十一日の僧審省寄進状（円覚寺文書）で、「武蔵国崎西郡成田郷内西谷田六段事」と見え、成田六郎入道女子から僧審省の手を経て建長寺正続院に寄進されている。室町時代の応永五年（一三九八）九月吉日の年紀のある龍淵寺火鈴には「武蔵州崎西郡成田郷大平山龍淵禅寺常住」と見えている（史料銘記）。地内には**成田氏館跡**（↓224）・成田家時建立の**龍淵寺**（↓229）などがある。熊谷市上之を中心に、同市箱田・平戸一帯に比定される。

新里《にいさと》

児玉郡のうち。丹党新里氏の名字の地である。地内には鎌倉時代の館跡という岡部屋敷がある。初見は永仁三年（一二九五）八月十五日の年紀のある**光明寺**（↓99）所蔵の銅造阿弥陀如来立像の銘文で「武州児玉新里　矢庭光寺」と見える。神川町新里に比定される。

畠山《はたけやま》

男衾郡のうち。荒川中流右岸の河岸段丘上に位置する。畠山氏の名字の地である。秩父重綱の孫重能が当地に居住し、畠山氏を名乗っており、平安時代末期にさかのぼる古い地名である。地形や景観から牧であったと考えられる。『平家物語』には畠山荘司と見えるが、荘司としては『吾妻鏡』には見えない。地名としての初見は、室町時代で、寛正二年（一四六一）二月吉日の年紀のある鰐口で「武州男衾郡畠山」とある（『武蔵史料銘記集』）。重能の子重忠（↓329）は、源頼朝に重用され、源平合戦や奥州合戦で活躍、先陣をつとめた。地内には、畠山重忠館跡や、重能が勧請したとされる**井椋神社**（↓170）や、重忠が再興したと伝える満福寺がある。深谷市（旧川本町）畠山に比定される。

鳩谷郷《はとがい》

鳩井とも書いた。足立郡のうち。大宮台地の東南端とそれに続く旧入間川の沖積地に位置する。鳩谷氏の名字の地。『吾妻鏡』寛元元年（一二四三）三月十二日条によると、鳩谷重元が鳩谷地頭職をめぐる訴訟で再審議を求めている。下って、文永九年（一二七二）正月十六日の僧良忠譲状（光明寺文書）では「鳩井郷」にある免田が弟子の良暁に譲られているが、この免田は前武蔵守北条経時の極楽往生を願って寄進されたものであり、鳩谷郷は北条氏一門の所領となっていた。郷域は川口市（鳩ケ谷市）桜町・本町・坂下町・里付近の一帯に比定される。

人見郷《ひとみ》

榛沢郡のうち。唐沢川左岸の台地上に位置する。猪俣党人見氏の名字の地で、平安時代末期からの地名である。元弘三年（一三三三）、人見光行は幕府軍の一員として河内国赤坂城攻めに加わり、討死した。初見は、貞治二年（一三六三）五月十六日の鎌倉公方足利基氏寄進状案で、「武蔵国榛沢郡人見郷内　安保余五郎跡」などが右大将家（源頼朝）法華堂に寄進されている（法華堂文書）。深谷市人見付近に比定される。

蛭河郷《ひるかわ》

児玉郡のうち。児玉党蛭河氏の名字の地である。地名の初見は室町時代であるが、早くから開けた地であった。応永二十五年（一四一八）三月二十八日の鎌倉公方足利持氏御教書（安保文書）によれば、「児玉郡蛭河郷内田畠在家」に対する本庄左衛門入道らの押領を停止し、安保氏に沙汰付するよう命じており、この頃には安保氏の所領になっていた。本庄市児玉町蛭川に比定される。

古尾谷荘《ふるおや》

古尾屋・古谷とも書いた。入間郡（入東郡）のうち。入間川・荒川右岸の低地に位置する。当荘は、藤原姓古尾谷氏の名字の地で、『吾妻鏡』や『太平記』に古尾谷氏が散見する。石清水八幡宮領。荘内には、貞観年間（八五九〜七七）に京都の石清水八幡宮を勧請したと伝える。**古尾谷八幡神社**（古尾谷荘の総鎮守）（↓277）がある。元暦元年（一一八四）源頼朝が社殿を造立した。初見は、承元四年（一二一〇）十一月二十七日の武蔵国古尾谷荘年貢運上注文案（「諸尊道場観集」紙背文書）で、「八幡宮御領古尾谷御庄」とある。貞永元年（一二三二）六月二十九日の関東御教書によれば、当荘の預所内藤盛時に対し、安居頭役を対捍（怠らず）せずに勤仕するよう命じている（「榊葉集」）。しかし、盛時の対捍は続いたようで、翌天福元年（一二三三）五月には所司らが石清水八幡宮に訴えている（石清水文書）。川越市大字古谷上・古谷本郷付近に比定される。

別府郷《べっぷ》

別符とも書いた。幡羅郡のうち。荒川と利根川の中間に位置する。横山党別府氏の名字の地である。平安時代末期の別府行隆の代から室町時代にかけて別府氏に相伝された所領で、古い地名である。寛元元年（一二四三）六月二十三日の将軍家政所下文（光明寺松井家文書）が初見で、「武蔵国幡羅郡別府郷内枝本名并中里村」が別府行忠に安堵されている。当郷は、のちに東・西に分かれた。東別府には、**東別府神社**（別府城跡）（↓148）や**香林寺**（東別府館跡）（↓148）がある。一方、西別府には平安時代と推定される城館跡（**西別府館跡**）（↓149）が残り、地内安楽寺には**別府氏墓**（↓149）がある。熊谷市東別府・西別府に比定される。

村岡《むらおか》

大里郡のうち。鎌倉期から見える地名である。地名は、小高い丘が多数あったという意味の「群れ岡」の転訛という。野与党村岡氏の名字の地。建久二年（一一九〇）三月一日の熊谷蓮生（直実）譲状が初見（熊谷文書）。村岡は、熊谷郷の西堺に接していた。桓武平氏村岡五郎良文や、その子村岡忠頼が知られ、忠頼の子孫は秩父氏を称した。平安時代のものと推定される村尾館があり、地内の観音堂には文永十年（一二七三）の年紀のある板碑（**茶臼塚板碑**）（↓160）が残る。『法然上人絵伝』によれば、建永元年（一二〇六）、熊谷直実は当地の市に札を立てて、翌年八月に念仏往生することを宣言したという。南北町時代になると、下河辺合戦の前線基地となり（高幡不動胎内文書）、永徳二年（一三八二）の小山義政の乱、応永三年（一三九六）の小山若犬丸の乱でも前線基地となった（↓161）。熊谷市村岡に比定される。

矢古宇郷《やこう》

谷古宇とも書いた。足立郡のうち。鎌倉時代から見える郷名。綾瀬川右岸の沖積地に位置する。鎌倉時代の横山党矢古宇氏のものと思われる館跡がある。承久三年（一二二一）八月二日の関東安堵下知状（鶴岡八幡宮文書）によると、幕府は承久の乱の戦勝祈願のために「矢古宇郷」を鶴岡八幡宮（神奈川県鎌倉市）に寄進しており、宝治元年（一二四七）には当郷の別当得分が鶴岡八幡宮の読経料にあてられている。草加市・川口市を含む一帯と推定される。

横瀬郷《よこぜ》

秩父郡のうち。南北朝時代から見える郷名。武甲山の東北山麓に位置する。丹党横瀬氏の本拠地であり、平安時代末期まで遡ることができる。地名は暦応三年（一三四〇）正月二十四日と同年八月二十二日の安保光阿（光泰）譲状（安保文書）に見え、安保光泰（↓319）から嫡子泰規に譲渡されており、安保氏の所領であった。戦国時代末期には北条氏邦（↓331）が当地を支配し、御岳城・根古屋城を築いたという。地内には、関口館跡（南北朝時代）・古御岳城跡（室町時代）・**根古屋城跡**（戦国時代）（→116）などの城館跡がある。横瀬町に比定される。

吉田郷《よしだごう》

秩父郡のうち。平安時代末期から見える郷名。吉田川・赤平川・太田部川流域の山間地に位置する。桓武平氏の秩父氏が、秩父牧の別当となり、当郷に移り、秩父氏館跡（**吉田館**）（→114）に居住した。重綱の時、当郷を養子（妻の弟）に譲り、鎌倉街道上道に沿った菅谷付近に移ったと考えられる。走湯山所領目録（醍醐寺三宝院文書）によると、治承三年（一一七九）十二月二十八日、源頼朝は「武蔵　吉田郷」を伊豆山神社（静岡県熱海市）に寄進している。応永六年（一三九九）の密厳院領関東知行地注文（醍醐寺三宝院文書）にも「走湯山領関東知行地注文

武州　吉田三ケ村　野中村」とある。戦国時代には上吉田・下吉田に分かれ、鉢形城主北条氏邦（→331）の支配下にあった。秩父市上吉田・下吉田付近に比定される。

見学コース

史跡見学コースを作るために

はじめに――モデルコースとオリジナルコース

本書を手にして、様々な史跡を見学する時に、どのようなコースで回ったらよいのかと悩まれることもあろうかと思います。そこで、見学モデルコースを六コースほど提示しました。ただし、史跡見学はオリエンテーリングとは違って、その通りに回らなければならないということはありません。あくまでも目安にしていただければと思っています。

また、史跡見学の面白さの一つはコース作りにもあります。モデルコースを参考にしてご自分で見学コースを作ることをおすすめします。ここでは、その手順や下調べの方法などについてまとめました。自分だけのオリジナルコースで史跡見学を大いに楽しんでください。

コースづくりの手順

①何を見学するのか？　どう見学するのか？――エリアかテーマか

史跡見学は、大きく分けて二通りの方法があります。一つは、あるエリア（地域）を決めてそこにある史跡を「何でも見てやろう」という方法です。この場合、そのエリアを徒歩で回るのがよいかもしれません。自転車の場合はあるかもしれませんが、自動車を使うと見落としてしまうことも多いのであまりすすめられません。

もう一つは、あるテーマ（主題）を決めて見学する方法です。テーマとは、例えば、本書で分類した「城館・城郭」「神社・寺院」「石造物」「古道」「渡し場」「古戦場」などで、エリアをこえて見学することになります。また、例えば畠山重忠など特定の人物などに関連する史跡を見学するという方法もあるでしょう。こうしたテーマを決めて見学する場合は、遠隔地を移動することも多いので、徒歩や自転車ではなかなか難しいので、自動車がおすすめということになります。

②どこにあるのか？――地図を活用して見学地の確認

何を見学するかが決まったら、次は所在地の確認です。本書で場所を確認し、地図上で史跡の場所に印を付けます。そして、地図の縮尺から各史跡間の距離を調べ、当日の交通手段を踏まえ、昼食や休憩のことなども考えながら回る順番を考えます。回る順番はいくつか考えて比較検討してみるといいでしょう。

また、実際に行ってみると、史跡の標示がないことや、標示はあってもそこから先の道順を案内板がないこともあります。そこで、地図で調べる時に、目的地周辺のバス停、コンビニエンスストア、ガソリンスタンド、病院などの目安となる施設等をチェックしておくとよいと思います。ですから、地図については、こうした情報をなるべく多く掲載しているものを購入するのが良いでしょう。大きな書店には何種類か置いてあると思いますが、例えば、昭文社の都市地図シリーズがおすすめです。

③見学先は受入ＯＫか？――事前のアポイント

史跡は、いつでも見学できるものばかりではありません。例えば、仏像を拝観する場合は寺院に必ず事前連絡をする必要があります。当然、寺院ですから法事が営まれることも多く、そういう時間帯は拝観はできないのが普通です。先にコースを作ってしまってもその通りには回れません。ですから、先ず、そうした見学先にアポイントを取り、訪問する時間を確定してから、他の見学地を決めていくと良いでしょう。事前のアポイントが必要な史跡については本書に書いてありますので、参照してください。

また、博物館や資料館などには、事前のアポイントは必要ありませんが、その日が休館日の場合もあります。こうした施設は土曜日や日曜日は開館しており、月曜日に休館というところが多いようですが、必ずしも全ての館がそういうわけではなく、また開館時間も各館によって異なりますので、その辺も事前に確認しておく必要があります。

④再び交通手段のことなど――プラスアルファの留意点

鉄道やバスなどを利用して見学する場合には、インターネット等で、事前にそれぞれの発着時間を調べておきましょう。一日の本数が少ない場合も多く、コース作りのためには必須です。また、史跡には、公共の交通機関で行きにくいところもありますので、タクシー会社の電話番号も調べておくと便利です。

これに対して、自動車は効率的に回れる利点もありますが、渋滞等もあるので、余裕を見て時間設定をしてください。また、駐車場については、博物館や寺社などにはありますが、全ての見学地にあるわけではありません。迷惑駐車には気をつけましょう。また、冬季は、特に山間部で道路が凍結することがありますので、この辺も注意が必要です。

また、道が整備されていないこともあります。特に城郭の踏査は軽登山と変わりませんから、靴などそれに応じた準備が必要です。こうした所にはマムシやスズメバチなどもいますので、夏場は避けて冬季に行くのがよいでしょう。

見学を充実させるための下調べ

①インターネットの活用

県や市町村のホームページでは文化財についての情報を紹介しています。また、寺社が開設したホームページ、史跡めぐりファンなど個人が開設したホームページもありますので、下調べには便利です。また、地図についても、例えば「マピオン」や「Googleマップ」などインターネット上の地図もあり、こちらも活用できます。

②博物館・郷土資料館の活用

博物館や郷土資料館ではホームページを開設しているほか、参考図書等を販売していることも多いので、事前に入手しておくと非常に便利です。地図は無料で頒布している場合も多いようです。購入方法等について、ホームページで案内していない場合は直接問い合わせてみましょう。

また、さらに詳しい情報を知りたい場合には、書面で問い合わせをする方法もあります。この場合、書面とともに返信用の切手を貼った封筒を同封するとよいでしょう。博物館や郷土資料館のほか、県や各市町村の文化財担当の係（教育委員会や生涯学習課など）に問い合わせをする方法もあります。

③図書館の活用

図書館で見学の下調べを行う方法もあります。埼玉県内の史跡などを調べる場合は、埼玉県立浦和図書館（さいたま市浦和区高砂三―一―二二）（電話048-829-2821）と埼玉県立熊谷図書館（熊谷市箱田五―六―一）（電話048-523-6291）をおすすめします。両館には参考図書室があり、埼玉県史や各市町村史、文化財についての書籍や地図、各市町村の地図なども架蔵しています。これらを、パソコンで検索できるようになっており、「市町村名」・「地名」、「文化財」・「史跡」、「観光」・「地図」などのキーワードを組み合わせて検索すると、該当する書籍名や地図名を一覧することができます。書籍や地図の必要な部分をコピーすることもできますが、地図の複写については制限があります。担当職員が常駐していますので、問い合わせをすることが最善です。開館日や開館時間をご確認の上、ご利用ください。

史跡見学の心得

①史跡や文化財を大切に

史跡や文化財は、一度失ってしまえば取り返せないものです。今、私たちが見学できるのも先人が守り伝えてくださったからです。見学に際しては、私たちもまた後世に守り伝えていくという気持ちで、史跡や文化財に接してきたいものです。それが、歴史を愛する人たちの務めではないでしょうか。

史跡や文化財は、手で触れないことが原則です。板碑などの石造物の場合についても、動かしたり、安易に拓本をとることは避けてください。また、たとえ破片でも貴重な史料ですので、大切に扱う必要があります。

②今も「信仰の対象」——宗教施設の「文化財」

神社や寺院の場合、今も信仰が生きています。私たちが「史跡」としている場所は、また「信仰の場」でもあります。ご自分の信仰の有無とは別に、その点を配慮して真摯な態度で拝観する必要があるでしょう。

また、堂内にある仏像や石造物を拝観する場合には、事前の問い合わせが必要です。写真撮影を希望する場合、また懐中電灯等を用いる場合も同様です。文化財の維持はとても大変なことですから、お願いして拝観した場合、謝金をお渡しするのが通例です。その際「ご供物として、ご仏前（ご神前）にお供え下さい」などの言葉を添えるとよいでしょう。

③その土地の方々との出会い

史跡見学の楽しみの一つは、それを守る方々との出会いにあります。お坊さんや神主さんのほかに、その土地で暮らしている方々も史跡を守って来たと言えます。昨今は難しい時代ですので、用心されてしまうこともあるでしょうが、お会いしたらこちらから挨拶して来意を説明するとよいでしょう。興味深く聞いてくださることもありますし、場合によっては、目的地までの近道や、その史跡にまつわる伝承などの貴重な情報を教えてもらえることもあります。

おわりに――本書の活用法

実際にそれぞれの史跡に行ってみると、様々な疑問が生じると思いますが、これらについては本書「史跡の見方」を参照してください。また、ここでは見学コースを作る上での本書の利用法についてご紹介いたしましたが、実際に見学された後に本書をもう一度読まれるとまた新しい発見があるはずです。

大蔵合戦の故地をめぐる

大蔵周辺の史跡

歩く距離…約3km
出発…武蔵嵐山駅（東武東上線）
終点…武蔵嵐山駅（東武東上線）

コースのねらいと留意点

久寿二年（一一五五）八月大蔵合戦があり、源義朝の長子義平によって源義賢や秩父重隆らが討たれました。この合戦の舞台となった大蔵は、都幾川《ときがわ》の渡河点にあり、右岸台地上にある大蔵神社を中心に、古道、集落遺跡、事件に関わる史跡、板碑があります。このコースは、短距離で歩きやすく、初心者向けのコースです。また、都幾川左岸には埼玉県立嵐山史跡の博物館と菅谷館跡もあり、義賢の子義仲ゆかりの史跡なども、足をのばせば、追加で見学することができます。

武蔵嵐山駅前に食事処があるが、コンビニはありません。見学のお勧め時期は桜花の時期で、学校橋から西へ都幾川右岸沿いの堤上に約二kmほどにわたり約二五〇本の桜があります。

◎アクセスについて…周辺のタクシーは、「観光タクシー」（電話・0120-07-9989）。

武蔵嵐山駅西口

東武東上線

ときがわ町路線バス。せせらぎバスセンター行き。

約1.4㎞・5分

バスの運行数は一時間に約一本。イーグルバス（電話・0120-119641）。武蔵嵐山駅構内にトイレあり。駅近くに食事ができる店が数軒あり。

女性会館前バス停

約0.3㎞・5分

①埼玉県立嵐山史跡の博物館と菅谷館跡（→191）

嵐山町菅谷七三二ほか

畠山重忠が館を構えたといい、館跡に銅像がある。

博物館には駐車場、館内にトイレ、飲料水の自動販売機あり。（電話・0493-62-5896）。博物館から国道二五四号線バイパスを東京（南東）方面に約五〇〇ｍの交差点を右折。蛇坂と呼ばれる坂を下り、都幾川に架かる学校橋を渡って約八〇ｍで右折（左の坂を上がると向徳寺方面）。約四〇〇ｍ進めば、右手前方の畑の中に、行司免遺跡の解説標示と井戸跡を囲う屋根が見える。

約1.1㎞・20分

蛇坂の途中に、鎌倉街道上道の切通状遺構（→207）がある。学校橋の南に、休憩所と公衆トイレあり。学校橋から西へ都幾川沿いの堤上に約二㎞ほど約二五〇本の桜があり、その側を歩くことができる。

②行司免遺跡（↓209）

約0.6km・10分

遺跡から南へ約四〇〇mの県道一七二号を左折し、約二〇〇m東へ進むと、大蔵神社の入り口に着く。

神社の前に、大蔵神社前バス停あり。

嵐山町大蔵字行司免

都幾川の河岸段丘上にある平安から室町時代までの大きな集落跡で、市場のような集落だという説もある。

③大蔵館跡（↓190）

約0.3km・5分

大蔵神社前から東へ約二〇〇mの交差点（源義賢墓の案内標示あり）を右折。南へ約五〇m進み左折、さらに五〇mほど行くと、源義賢墓への入り口（鳥居）に着く。

途中、大蔵館跡の土塁跡を見ることができる。解説標示あり。

嵐山町大蔵五二二ほか

現在の大蔵神社。神社の周囲に高い土塁、空堀がある。

④源義賢墓（↓202）

約0.4km・7分

信号機まで戻り、約二〇〇m北上。左折すれば向徳寺。

交差点から向徳寺までの一帯が大蔵宿（↓208）。

嵐山町大蔵六六

比企丘陵でとれる凝灰岩製で、県内で古い形式の五輪塔。墓の南約一〇〇mに義仲・義高を祀る供養塔もある。

⑤向徳寺（↓196）

約0.3km・5分

寺入り口の道まで戻り右折。南へ進むとバス停がある。

嵐山町大蔵六三五

寺の門前に覆屋があり、そのなかに十九基の板碑がある。それらの高さ・幅・年号・名号などの解説板があり、各板碑を比較すると面白い。

大蔵バス停

約2.7km・10分

武蔵嵐山駅行き。バスの運行数は一時間に約一本。イーグルバス（電話・0120-119641）。

その他

◎他におすすめは?……源義仲ゆかりの鎌形八幡神社（↓196）や班渓寺（↓196）を見学するのも良い。学校橋から西へ都幾川沿いの堤上堤を約二・三kmを西へ歩くと槻川橋があり、この近くに「嵐山渓谷天然温泉重忠の湯健康センター平成楼」（電話・0493-62-1188）があります。見学後に、温泉で一休みできます。平成楼から武蔵嵐山駅までの送迎バスが出ています。

史跡配置マップ

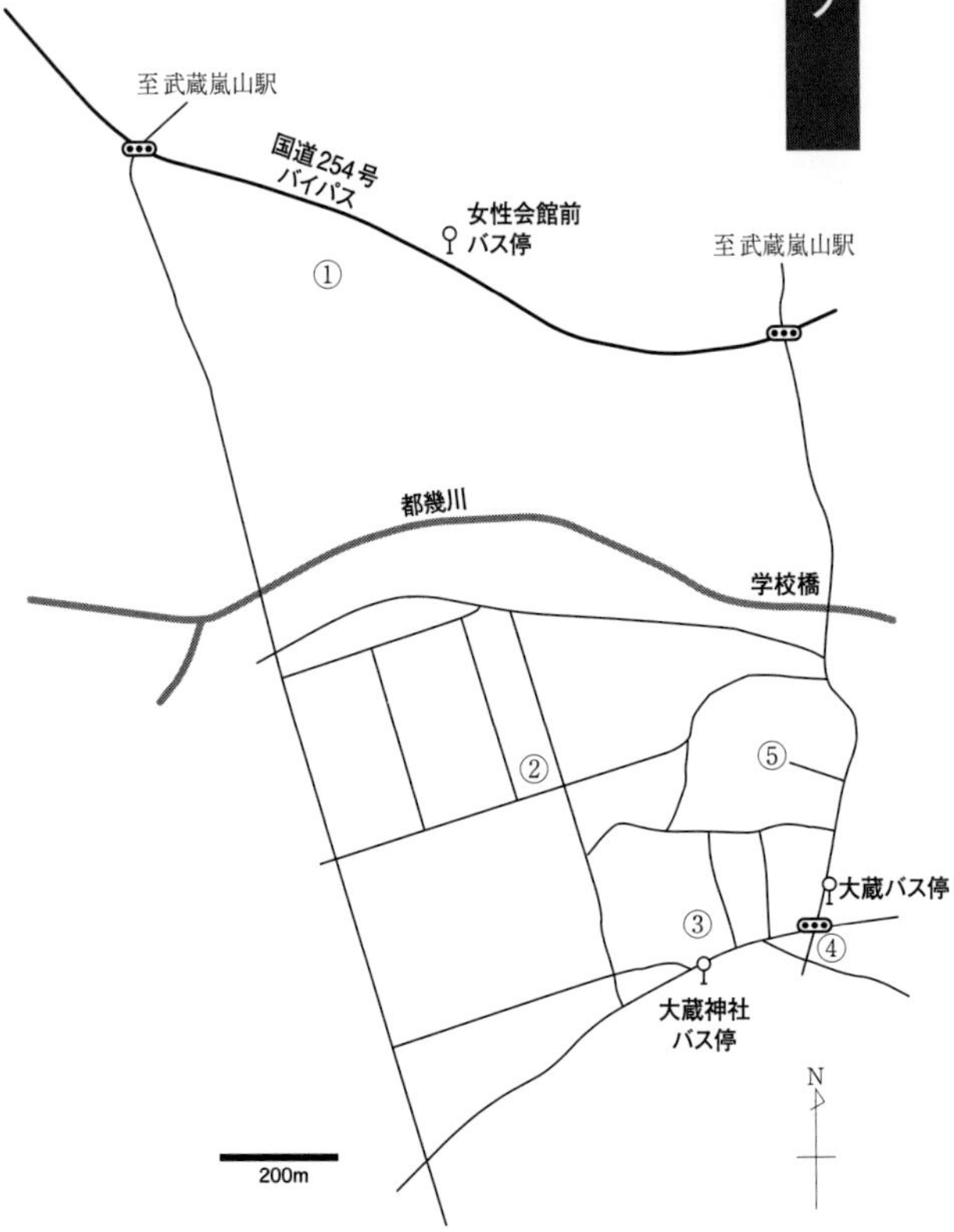

大型板碑の残る鎌倉街道上道を歩く

毛呂山町歴史民俗資料館とその周辺の史跡

歩く距離…約5.2km
出発…川角駅（東武越生線）
終点…坂戸駅（東武越生線）

コースのねらいと留意点

鎌倉街道上道の周辺には、集落遺跡、古戦場、大型板碑などの史跡が形成されました。集落遺跡は、越辺川の渡河点にできた苦林宿であり、貞治二年（一三六三）にはこの一帯が戦場の舞台にもなりました。また、二九五cmの大型板碑も残されています。このコースは短距離で歩きやすく、初心者にもお勧めコースです。コース上には、食事ができる施設がないので注意して下さい。

◎アクセスについて…毛呂山町歴史民俗資料館から東毛呂駅、武州長瀬駅、川角駅行きなどの毛呂山町内循環バス「もろバス」がありますが、運行は月曜日から金曜日まで、運行数が非常に少ないので注意して下さい。問い合わせは、毛呂山町役場企画財政課（電話・049-295-2112）。周辺のタクシーは、「毛呂山タクシー」（電話・049-294-0232）。

見学コース

川角駅

東武越生線

約1.7㎞・30分

川角駅構内にトイレあり。駅前に飲料水の自動販売機あり。駅改札口から北へ約一〇〇m行くと、二股の道があり、右手の道を進む(左手の道、約二〇〇mのところにコンビニあり)。道なりに約九〇〇m行くと、県道一一四号との信号機のある交差点がある(この交差点を右折すると、コンビニあり)。この交差点を左折し、西へ約四〇〇m行くと右手に狭い道があり、その道の入り口に「鎌倉街道まで四〇〇m」という標示がある。この狭い道を行くと、鎌倉街道上道遺構の解説標示がある。

①鎌倉街道上道遺構 (↓285)

毛呂山町西大久保・市場

掘割状遺構が遺る。歩行できる道は、大類グランドまで続く。

約0.8㎞・15分

遺構から北へ約六〇〇mほど雑木林の中を進むと(この道も鎌倉街道上道)、県道三九号線に出る。ここを右折し、約二〇〇m先に毛呂山町歴史民俗資料館がある(電話・049-295-8282)。

☑ 道が未舗装の部分あり。雨天の歩行には注意。

②毛呂山町歴史民俗資料館

毛呂山町大類五三五

毛呂氏や中世の館跡の展示に注目。堂山下遺跡出土の遺物も展示。無料で文化財散策マップを頒布している。

約0.1㎞・2分

トイレ、駐車場あり。休館日は月曜日。資料館敷地内の北入り口を左折し約一〇〇m進み、突き当たる南北に通る道が鎌倉街道上道で、右折し北へ林の中へと向かう。案内標示あり。

③鎌倉街道上道遺構（↓285）

毛呂山町大類・川角

道が未舗装の部分あり。雨天の歩行には注意。

林の中の未舗装道路が鎌倉街道上道で、掘割状遺構がある。大類グランウドまで続く。

約0.4㎞・7分

大類グランド入り口まで、北へ進む。

道が未舗装の部分あり。雨天の歩行には注意。

④堂山下遺跡（↓287）

毛呂山町大類七一七大類グラウンド付近

大類グラウンド内に、飲料水の自動販売機、トイレ、駐車場あり。

堂山下遺跡は中世の集落で、大類グランド内に、遺跡についての遺構分布図など紹介する解説標示あり。

約0.4㎞・7分

大類グランド入り口を左折し、南へ向かい、毛呂山養護学校の西側を通ると、右手に板碑の案内表示と細い道がある。この細い道を行くと、延慶三年銘板碑がある。

⑤延慶三年銘板碑（↓279）

毛呂山町川角一九〇八―二

元は、この近くにある崇徳寺跡に所在した。移転の際に、板碑の下から蔵骨器が見つかった。蔵骨器は歴史民俗資料館で展示している。

約1.2㎞・20分

道にある案内表示まで戻り、道を渡ると林の中を通る東へ向かう未舗装の道（その北側が崇徳寺跡）に入り、鎌倉街道上道を横切り、北へ向かって、約七〇〇m行くと、突き当たる道がある。ここを右折し、約一〇〇mで左手に細い道がある。この細い道を約三〇〇m進むと、左手に十社神社がある。

道が未舗装の部分あり。雨天の歩行には注意。

⑥十社神社（↓288）

毛呂山町大類字神明台二一九

約0.4㎞・7分

神社前の道を約一五〇m東に進むと、左手に稲荷神社があり、道に突き当たる。ここを左折し、北へ約二五〇m行くと、左手に古戦場碑がある大類一号古墳がある。

⑦古戦場碑（↓288）

毛呂山町大類二二三八付近　大類一号古墳

約0.2km・4分

古戦場碑前の道を北へ向かうと、県道一七一号に突き当たり、その側に善能寺バス停がある。

善能寺バス停

約4.3km・20分

坂戸駅行き。バスの運行数は一時間に約一本。川越観光バス（電話・0493-56-2001）

坂戸駅前北口

東武東上線

その他

◎**他のおすすめは？**…東毛呂駅から西約七〇〇mにある流鏑馬で有名な**出雲伊波比神社**（↓275）に足をのばすのも良い。鎌倉街道上道を楽しみたい方は、東武越生線西大家駅から**国渭地祇神社**（↓287）の西にある道を、約七〇〇m進むと**森戸橋**（↓287）があります。橋を渡り、約九〇〇mほど北へ進むと県道一一四号にでて（ここまでの道が鎌倉街道上道）、左折して西へ約五〇〇m進むと、「鎌倉街道まで四〇〇m」という右折の標示があります。

史跡配置マップ

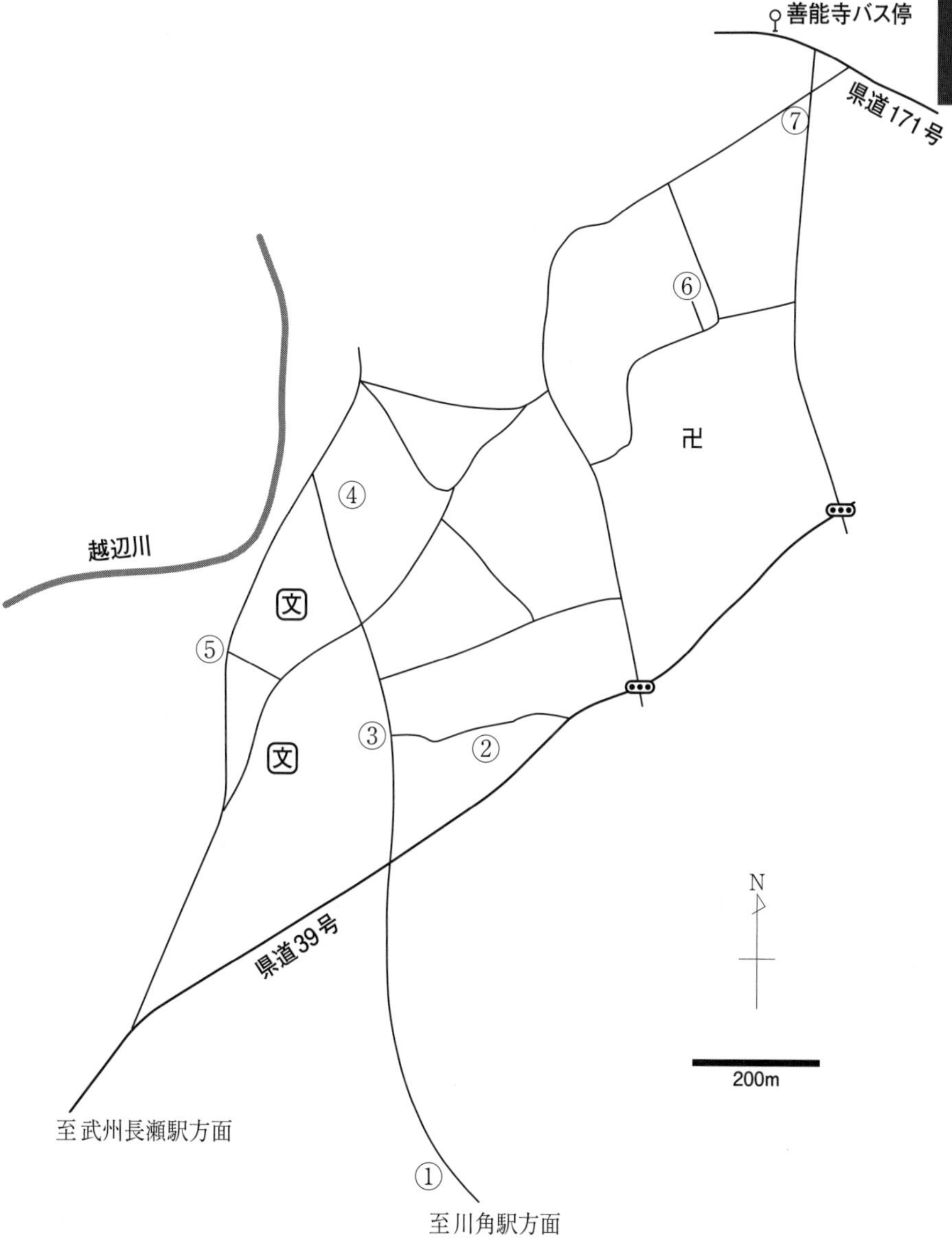
善能寺バス停
県道171号
⑦
⑥
卍
越辺川
④
文
⑤
文
③
②
県道39号
N
200m
至武州長瀬駅方面
①
至川角駅方面

武蔵武士の館跡を訪ねる

別府・玉井・奈良氏とその史跡

歩く距離…約3.7km
出発…籠原駅（JR高崎線）
終点…熊谷駅（JR高崎線）、または籠原駅（JR高崎線）

コースのねらいと留意点

平安時代末期の武士成田助隆の四子は、成田、別府、奈良、玉井を名乗り、のちに「成田四家《よんけ》」と呼ばれました。現在、荒川の扇状地に地名として残っています。そのうち、別府氏及び玉井氏の史跡が、近接していることが確認できます。また、奈良氏の史跡も近くにあります。このコースは、高低差もなく、歩きやすいコースです。コース上に食堂や蕎麦屋があります。見学のお勧め時期は桜花の時期で、玉井神社前にある運動公園の桜は見応えがあります。コースの途中に、飲料水の自動販売機はあります。

◎アクセスについて…籠原駅周辺のタクシーは、「熊谷構内タクシー」（電話・0120-66-0607）。

籠原駅南口

JR高崎線

熊谷市内循環バス。妻沼方面行きグライダー号。

約2.5㎞・10分

☑運行数が非常に少ないので注意。問い合わせは秩父鉄道観光バス株式会社（電話048-526-3115）。籠原駅南口駅前にトイレ、飲料水の自動販売機あり。籠原駅北口駅前にパン屋あり。

安楽寺入口バス停

バス停から県道二七六号を北へ進むと、原酒店の手前にある西へ向かう狭い道がある。この道に入り、西に約三〇〇m進むと西別府館跡に着く。

約0.4㎞・7分

①西別府館跡 （↓149）

熊谷市西別府二一五二―一ほか

県道二七六号まで戻り、原酒店の北側に東へ向かう細い道がある。この道に入り、道沿いに別府保育園があり、これを過ぎると、安楽寺に着く。

石碑がある。

約0.4㎞・7分

②安楽寺 （↓149）

熊谷市西別府二〇四四

安楽寺の東にある道を南に約一〇〇m進み、最初の交差点で左折。この道を約六〇〇m東へ進む（山田屋酒店前を通過）と、左手に東別府神社参道前の石碑があり、参道に入る。駐車場あり。

周囲を睥睨する高さ二mの藤原頼重板碑は、南北朝時代の特色を示している。

約0.7㎞・15分

③別府城跡（↓148）

熊谷市東別府字北郭七七七　東別府神社

周囲を歩いてみると、虎口など、中世城館の原形を確認できる。

約0.4km・7分

東別府神社参道前の石碑まで戻り、東へ約二〇〇m向かうと、香林寺への道が左手にある。

④別府氏館跡（↓148）

熊谷市東別府字中郭七九九　香林寺

香林寺境内に駐車場、トイレあり。香林寺入り口の道を南へ一〇〇m進むと交差点があり、左折し東へ向かう。約三〇〇m進むと、もちだ食堂が右手にあり、食堂から南へ向かう道があり、約二〇〇m進むと玉井神社への参道が右手にある。

墓地内に、後世につくられた別府義重墓、同清重墓がある。

約0.7km・15分

⑤玉井神社（↓150）

熊谷市玉井一八八八

境内に駐車場あり。神社の参道入り口まで戻り、南へ六〇m進むと道に突き当たる。この道を右折し、少し進むと玉井寺の入り口に着く。

この辺りは、荒川の扇状地の末端で、神社には地名の由来となった「玉の井」伝説がある。

約0.2km・4分

⑥玉井四郎の墓（↓150）

熊谷市玉井一八八八　玉井寺

玉井神社前の道を東へ約二〇〇m進むと、突き当たりの道がある。ここを左折し、最初の交差点で右折し、少し進む（浅見精肉店前を通過）と、県道三五九号との交差点がある。この交差点を右折し、南へ約五〇〇m進むと（コンビニ前や蕎麦屋前を通過）、石丸病院前に着く。病院の南側にバス停がある。

源義朝に従って戦功をあげた玉井四郎の墓がある。

約0.9km・18分

石丸病院前バス停

熊谷行き・約5㎞・25分
籠原行き・約2㎞・10分

熊谷駅行きと籠原駅行きの運行があり、運行数は一時間に各二本程度。国際十王交通バス（電話・048-521-3560）。

熊谷駅・籠原駅

JR高崎線

その他

◎他におすすめは？……玉井寺から東に約八〇〇ｍにある、「成田四家」のうちの奈良氏に関わる**妙音寺**（↓150）を見学することもできます。県道三五九号を東へ進み、国道一七号深谷バイパスの「玉井（北）」交差点を横断し進むと、たかしの森クリニックがあります。この病院の北約二〇〇ｍに妙音寺があります。

熊谷駅南口から約二〇〇ｍに熊谷市立文化センター（電話・048-525-4551）があります。この三階に市内の歴史等を紹介する美術展示室に足をのばすのも良い。

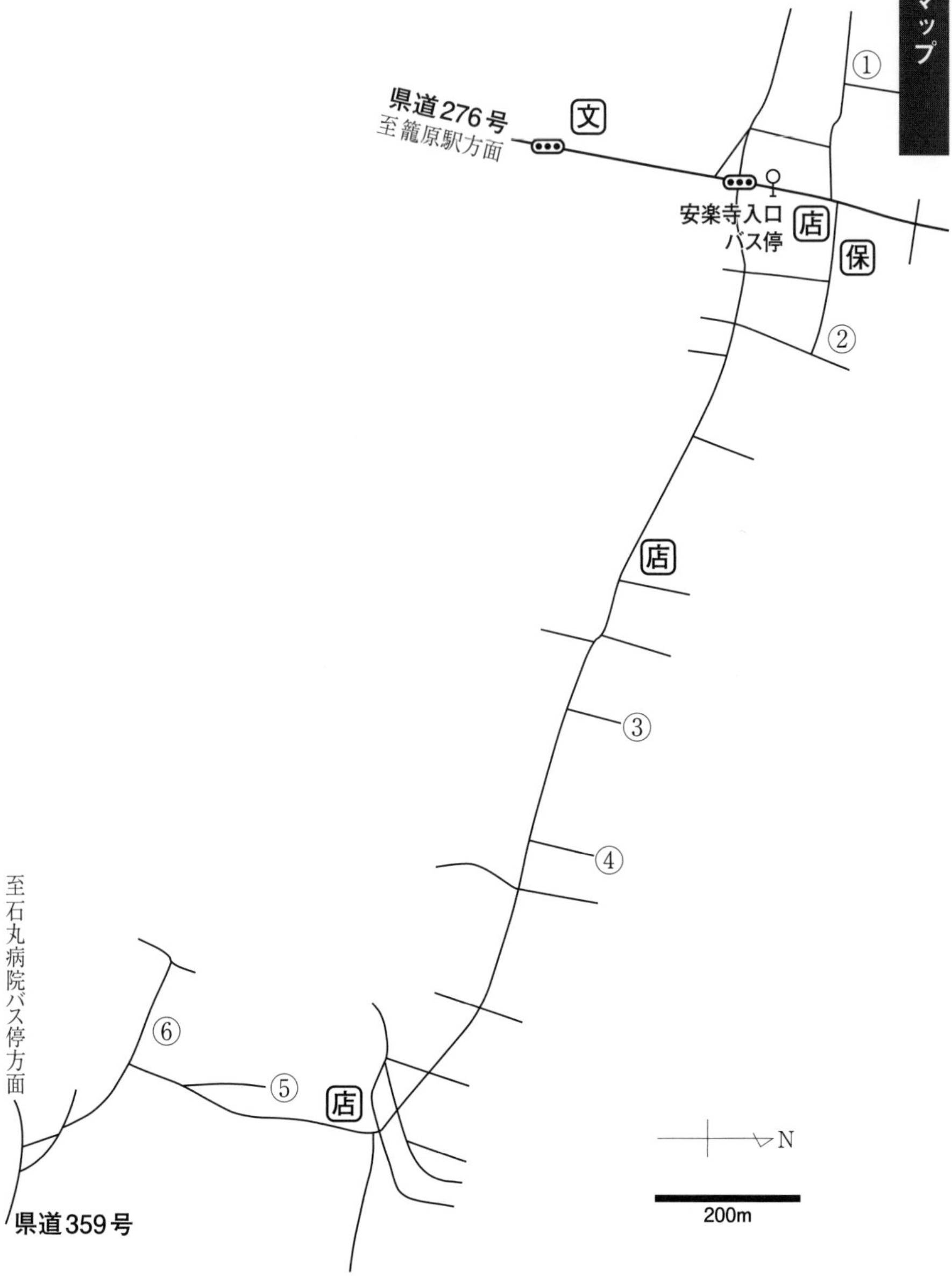
①
県道276号
至籠原駅方面
文
安楽寺入口
バス停
店
保
②
店
③
④
至石丸病院バス停方面
⑥
⑤
店
N
200m
県道359号

畠山重忠主従のゆかりの地をまわる

畠山重忠、榛沢成清と本田近常の史跡

走行距離…約33km
出発…舟附稲荷神社（深谷市榛沢二〇四―一付近）
終点…埼玉県立嵐山史跡の博物館と菅谷館跡（嵐山町菅谷七三二ほか）

コースのねらいと留意点

武蔵武士を代表する畠山重忠には、榛沢成清と本田近常という二人の郎党がおり、現在の荒川を挟んで、北に成清、南に重忠と近常の主要な史跡があります。三人の史跡を中心に自動車を利用して見学する中距離的なコースです。

食事は移動の途中ということになってしまうでしょう。適宜設定してください。今回のコースでは、交通量の多い道路を移動していますので、食事ができる施設やコンビニエンスストア等もあります。

榛沢交差点から西約五〇〇mのところに大寄八幡神社（深谷市榛沢二五六―一）がある。この神社の東側の道を北へ約四〇〇m進むと舟附稲荷神社に着く。最寄りのＩＣは関越自動車道の本庄児玉ＩＣ。

①舟附稲荷神社（↓104）

深谷市榛沢二〇四―一付近

鎌倉街道の渡し場があったとの言い伝えがあり、榛沢氏の本拠地に渡河点があった。

駐車場なし。県道三五二号を西へ向かい、上越新幹線の高架をくぐった先にある交差点を左折、南へ進む。約三〇〇m先の交差点を左折し、約二〇〇m東へ進むと東光寺に着く。

約1.5㎞・8分

②東光寺（↓139）

深谷市後榛沢三七六―一

榛沢成清が源頼朝の許しを得て建立した寺。

駐車場あり。東光寺の東側にある道を南へ向かう。約二〇〇m先の交差点を左折し、一五〇mほど先の突き当たりを右折。約一〇〇m進み、右折すると成清大明神に着く。

約0.5㎞・4分

③成清大明神（↓144）

深谷市後榛沢四三七

榛沢成清の供養塔があり、その側に遺骨が葬られた塚がある。

成清大明神から南へ約八〇〇mほど先の突き当たりを左折。約二・二㎞先でぶつかる県道八六号を右折し、南へ向かう。針ヶ谷中交差点を左折し、県道七五号を進む。人見交差点を右折、国道一四〇号（別名秩父街道）との田中交差点で右折、武川交差点で左折、荒川に架かる植松橋を渡る。その先の最初の信号機のある交差点で右折し、約一㎞進むと満福寺に着く。

約13㎞・30分

④満福寺

約0.3km・5分

駐車場あり。満福寺から北へ向かう。

深谷市畠山九三一―一

畠山重忠が再興した寺と云い、重忠の位牌や守本尊（等身大）、重忠廟がある。

⑤鶯の瀬公園と井椋神社（↓170）

約0.8km・5分

駐車場、公衆トイレあり。鶯の瀬公園から西へ進み、約三〇〇m先にある交差点を左折（右折すると荒川に架かる重忠橋がある）。そこから約五〇〇m南へ進むと畠山重忠公史跡公園に着く。

深谷市畠山九四二

鶯の瀬は、畠山重忠と榛沢成清との関係が伝えられる史跡。鶯の瀬公園に隣接する井椋神社は、秩父氏が代々信仰してきた椋神社を勧請したもの。

⑥畠山重忠公史跡公園（↓172）

約2.7km・10分

駐車場、公衆トイレあり。史跡公園の東側を南下、県道八一号との交差点を左折し、江南町方面へ向かう。本畠駐在所交差点を右折し、県道六九号を一kmほど南へ進み、信号機のある交差点を右折。そこから西へ約二〇〇mで本田城跡付近に着く。城跡の解説標示（上本田公会堂の東二〇〇m）を目印にするとよい。

深谷市畠山五二〇

畠山重忠の館跡と伝わる。父重能や重忠の墓、産湯の井戸がある。公園内には愛馬を背負う重忠像もある。

⑦本田城跡（↓170）

約12km・30分

県道六九号まで戻り、嵐山町方面へ向かう。古里交差点で右折、県道一一号を西へ進み、高谷交差点で左折。国道二五四号（小川バイパス）を東京方面へ向かう。平沢交差点で右折すれば、約四〇〇mで平沢寺跡に着く。

深谷市川本本田字西上本田五〇三二ほか

本田家母屋の裏手に本田近常旧蹟の碑がある。

⑧平澤寺跡（↓197）

嵐山町平沢九七七

『吾妻鏡』にみえる寺で、この地から出土した経筒に、畠山

約1.8km・8分

駐車場あり。国道二五四号の平沢交差点まで戻り、右折。東京方面へ向かう。国道沿いに埼玉県立嵐山史跡の博物館と菅谷館跡がある（電話・0493-62-5896）。関越自動車道までのアクセスは、東松山ＩＣまたは嵐山小川ＩＣが便利。

重忠の曾祖父秩父重綱の銘文が見える。

⑨埼玉県立 嵐山史跡の博物館と菅谷館跡（→191）

嵐山町菅谷七三二ほか

駐車場、博物館内にトイレ、飲料水の自動販売機あり。

畠山重忠が館を構えたといい、館跡に銅像がある。

その他

◎**他におすすめは？**…**成清大明神**から**満福寺**までの間には、昌福寺の**上杉房憲・憲盛墓**（→140）、**一乗寺**（→138）などに立ち寄ることもできます。また、畠山重忠公史跡公園から平澤寺跡までの間では、**杉山城跡**（→191）、**伊勢根普済寺東地区遺構**（→206）など、多くの史跡があります。

史跡配置マップ

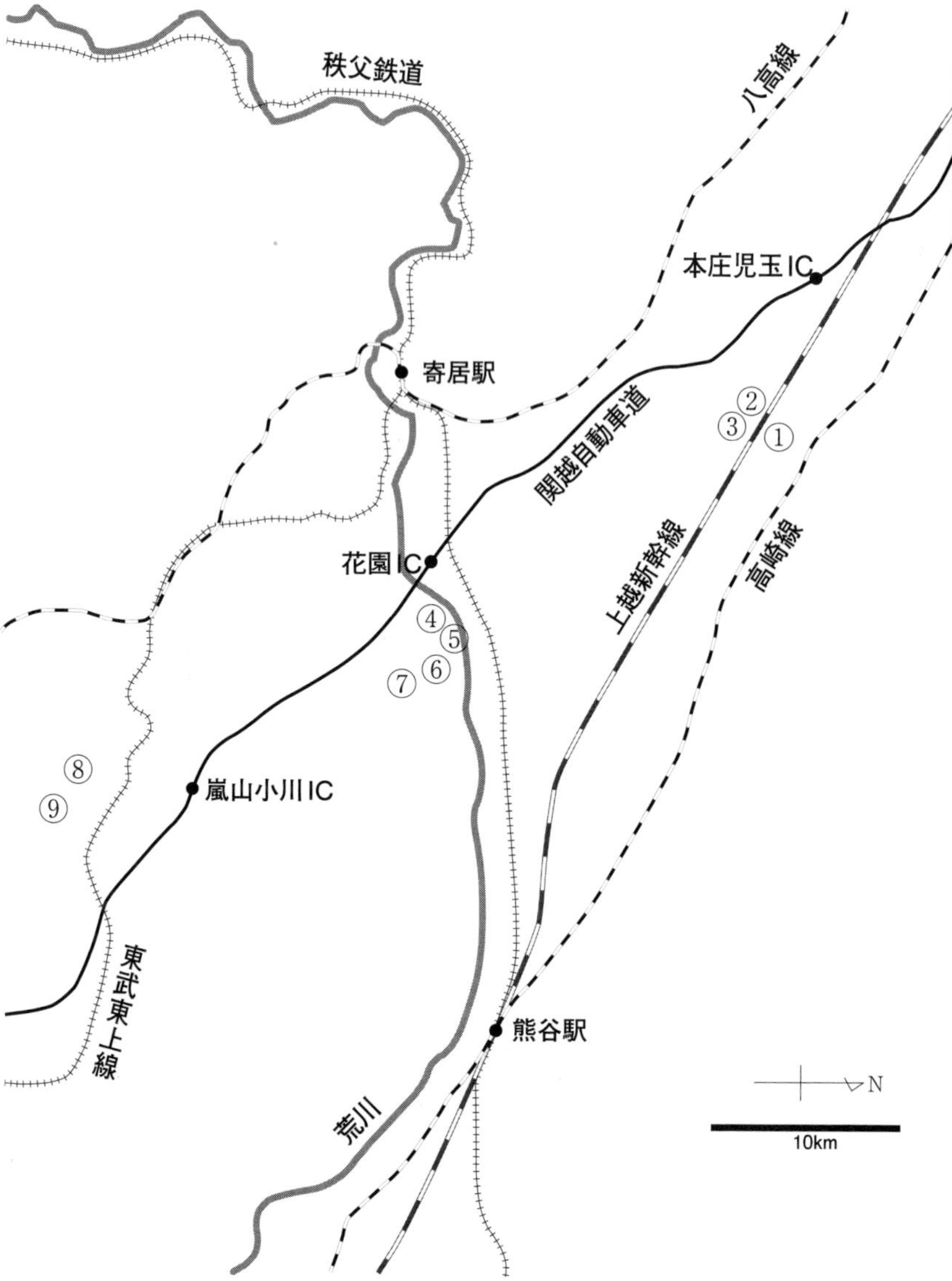
秩父鉄道
八高線
本庄児玉IC
寄居駅
関越自動車道
②
③
①
上越新幹線
高崎線
花園IC
④
⑤
⑥
⑦
⑧
⑨
嵐山小川IC
東武東上線
熊谷駅
荒川
N
10km

比企・入間郡の石造物と出会う

国重文宝篋印塔と多彩な板碑

走行距離…約50km
出発…光福寺（東松山市岡四九八）
終点…大塚古墳（坂戸市浅羽九九四）

コースのねらいと留意点

現在の東松山市・坂戸市には、国重文宝篋印塔をはじめ、県内有数の大きさをほこる板碑、蒙古襲来などに関わる板碑、名号板碑、武士名が刻まれた板碑などがあります。多彩な板碑を、自動車を利用して見学する少し距離の長いコースです。食事は移動の途中ということになってしまうでしょう。適宜設定してください。今回のコースでは、交通量の多い道路を移動していますので、食事ができる施設やコンビニエンスストア等もあります。

光福寺には国道四〇七号で向かうのが便利。国道沿いにある「東松山病院前バス停」付近の北東へ向かう道に入り、そこから約四〇〇mのところに光福寺がある。高速道路からのアクセスは、関越自動車道の東松山ＩＣが便利。

約11km・20分

①光福寺宝篋印塔と阿弥陀来迎画像板碑 (→205)

東松山市岡四九八 光福寺

駐車場、トイレあり。国道四〇七号で、東松山市の中心部へ向かう。東平交差点で右折、国道四〇七号を南下し、上野本交差点を右折。国道二五四号バイパスのきじやま交差点を右折した約四〇〇m先に青鳥城跡解説標示がある。そこから北上し、西方面に左折、突き当たりを右折すると、青鳥城跡板碑に到着する。

関西形式の宝篋印塔は、国の重要文化財。美術的な価値が高い画像板碑は必見。

約0.6km・4分

②青鳥城跡 (→193)

東松山市石橋城山二一〇四ほか

青鳥城跡解説標示まで戻り、約五〇m南下。左手に関越自動車道をくぐる東へ向かう道がある。その道を一〇〇mほど進み、左折した先の池端に、胎蔵界大日如来種子板碑がある。

刻まれた光明遍照偈は武蔵国の代表的なもの。

約5km・10分

③胎蔵界大日如来種子板碑 (→204)

東松山市石橋一三三五

きじやま交差点まで戻り、左折。国道二五四バイパスを東松山ＩＣ方面へ向かう。インター前交差点で右折し、関越自動車道沿いの道を南下。葛袋交差点で右折し、県道四一号を西方面に向かう。神戸公会堂前を通過し、突き当たりを右折。その先の上神戸バス停付近

県内でも屈指の大きさをほこる。虎御石とも。

の交差点を左折すると、妙昌寺へ到着する。

④貞和二年銘題目板碑（↓206）

東松山市神戸一一二一・妙昌寺

日蓮宗の板碑だが書体が髭題目でなく、格調の高い楷書で刻まれた非常に珍しい板碑。

駐車場、トイレあり。県道四一号まで戻り、葛袋交差点を右折。関越自動車道沿いの道を南へ進む。米山大橋（北）交差点で右折し、約三〇〇m先の西本橋交差点を右折、県道二一二号を西へ進む。こども動物自然公園交差点を右折、約八〇〇m先の岩殿会館近くに阿弥陀堂跡板碑がある。

約8㎞・15分

⑤阿弥陀堂跡板碑（↓204）

東松山市岩殿一〇四三・阿弥陀堂跡

多数の人名が刻まれた典型的な南北朝期の板碑。

駐車スペースあり。こども動物自然公園交差点まで戻り、左折。県道二一二号を東へ進む。高坂神社（東）交差点を右折し、南へ約四〇〇mの信号機を目印に左折。東へ約五〇〇m進むと青蓮寺に着く。小代氏館跡（↓269）も近い。

約5㎞・10分

⑥弘安四年銘板碑（↓281）

東松山市正代八六四―一・青蓮寺

蒙古襲来に備え、小代氏一族が結束強化のために建てた板碑。

駐車場あり。青蓮寺東南約三〇〇mにある御霊神社の前にある道を、東へ約二〇〇m進むと新井家の寛喜元年銘板碑がある。

約0.4㎞・6分

⑦寛喜元年銘板碑（↓281）

東松山市正代八三二

日本で三番目に古いともされる板碑。天台浄土思想を背景に造立されたもの。

国道四〇七号まで戻り、坂戸市内へ向かう。越辺川に架かる高坂橋を越え、高坂橋交差点で左折。県道二五六号を東へ進む。その先の石井下宿交差点の付近に宗福寺がある。

約5㎞・10分

⑧宗福寺名号板碑（↓281）

坂戸市石井一九〇五・宗福寺

駐車場あり。石井下宿交差点から県道七四号を坂戸市中心部に向かう。元町交差点を右折。県道三九号を約三㎞進み、越辺川に架かる石今橋へ向かう交差点を右折し北上。その先の石今橋（南）交差点を左折、その先約七〇〇mで万福寺に着く。バスでアクセスする場合は、北浅羽バス停が近い。

時宗に帰依した勝《すぐろ》氏と関係がある板碑。文和五年に建てられたもの。

約7㎞・13分

⑨万福寺の徳治二年銘板碑（↓280）

坂戸市北浅羽一九三・万福寺

県道三九号の元町交差点まで戻り、右折。県道七四号を日高市方面へ向かう。約二・五㎞先にある大塚古墳の上に、浅羽橋場板碑が建っている。

浅羽氏が建てた板碑。主尊が大日如来であることから、浅羽氏が真言宗系の信仰を持っていたことがわかる。

約8㎞・15分

⑩浅羽橋場板碑（↓280）

坂戸市北浅羽九九四・大塚古墳

鎌倉時代の武士名が刻まれた大型板碑。

その他

◎他におすすめは？…少し足を延ばせば、山根六角塔婆（↓279）、正和三年銘板碑（↓306）を見学することもできます。

史跡配置マップ

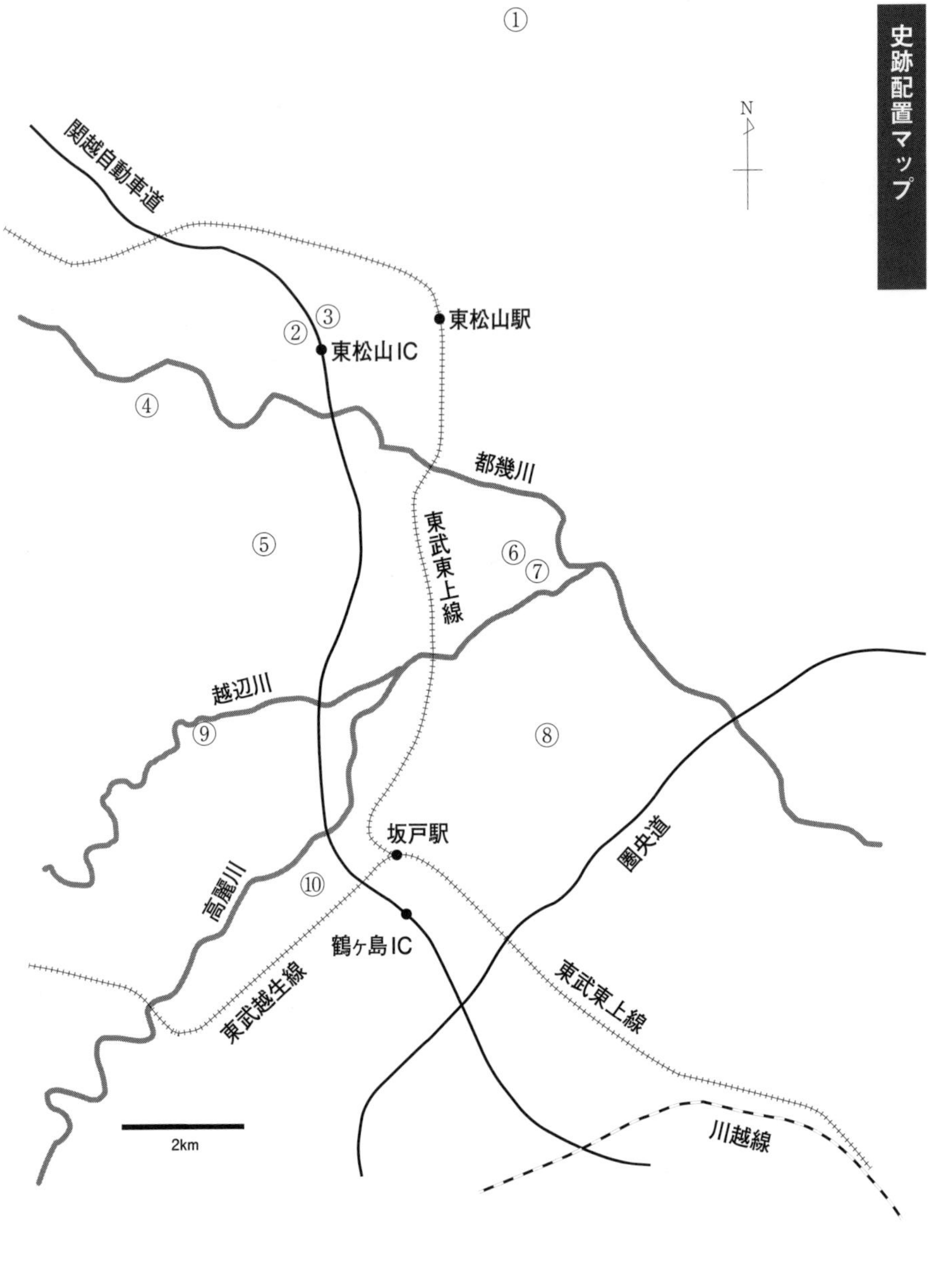

①
N
関越自動車道
③
②
東松山駅
東松山IC
④
都幾川
⑤
東武東上線
⑥
⑦
越辺川
⑨
⑧
坂戸駅
圏央道
高麗川
⑩
鶴ヶ島IC
東武越生線
東武東上線
川越線
2km

武蔵武士の阿弥陀信仰に触れる

重要文化財の阿弥陀如来と中世武士肖像彫刻の拝観

走行距離…約65km
出発…保寧寺（加須市日出安一二八六）
終点…泉福寺（桶川市川田谷二〇一二）

コースのねらいと留意点

重要文化財の阿弥陀如来像四躯と中世武士の肖像彫刻を拝観するコースです。自動車で長い距離を移動し、しかも五ヶ所も回るのでかなり厳しい日程になります。体力に自信がない方や、一ヶ寺をゆっくり拝観したいという方は思い切って絞り込みましょう。

また、仏像を拝観する場合は各寺院に事前連絡をする必要があります。その時に伺う時間を伝えますが、先方の都合もあるので、相談して決めることになります。

なお、食事は移動の途中ということになってしまうでしょう。適宜設定してください。今回のコースでは、交通量の多い道路を移動していますので、食事ができる施設やコンビニエンスストア等もあります。

保寧寺は加須市（旧騎西町）にあり、騎西城や玉敷神社からも近い。国道一二二号と平行する県道一五一号沿い。「正能」と「日出安」のいずれからも七〇〇mほどのところにある。

①保寧寺 （↓229）

加須市日出安一一八六

約15km・30分

駐車場あり。県道三八号などで鴻巣市に移動。鴻巣市「本町」で右折。県道一六四号（旧中山道）を熊谷方面に直進。「加美」のY字路を左に直進してJR高崎線を渡る。県道三六五号を直進して「宮前」を左折。県道七六号に入り約一・五km直進し、「糠田」を右折すれば、約二〇〇mで放光寺に到着。

「糠田」で右折すると放光寺裏に出るので注意。荒川堤防沿いの狭い道を回って放光寺の正面に回る必要がある。

阿弥陀如来《あみだにょらい》及び両脇侍像《りょうわきじ》　鎌倉時代の阿弥陀三尊像《あみださんぞん》。国重文。建久七年（一一九六）宗慶《そうけい》作との銘文あり。宗慶は運慶・快慶と兄弟弟子であり、慶派仏師《けいはぶっし》の作風に触れることができる。

②放光寺 （↓251）

鴻巣市糠田一四三九

約9km・20分

駐車場あり。県道二七一号で荒川を渡り吉見町に移動。「（ふれあい）広場入口」で左折して県道三四五号に入り、東松山市「古凍」へ。国道二五四号との交差点の手前が等覚院。

等覚院の場所を示す「重要文化財阿弥陀如来」の標示あり。ただし、右折路は狭いので注意。

安達藤九郎盛長《あだちとうくろうもりなが》坐像　中世肖像彫刻として貴重な作例。県文化。安達盛長は源頼朝の側近として知られる。僧体《そうたい》に造られており、仏教に帰依《きえ》する中世武士の姿を感じ取ることができる。本堂内には、他に阿弥陀如来坐像や地《じ》蔵菩薩《ぞうぼさつ》坐像もある。

③等覚院（↓198）

東松山市古凍五三六―一

約26km・50分

駐車場あり。国道二五四号で寄居・小川方面に移動。東松山IC付近の「インター前」で右折して県道四七号に入り、滑川町へ。森林公園駅の高架を過ぎたら「羽尾南」を左折。そのまま六kmほど直進すると「泉福寺」の標示がある交差点（信号機）を左折。約二kmで泉福寺に到着。

「泉福寺」の標示とともに「埼玉森林病院」「いづみケアセンター」の標示もあって、こちらの方が目立つ。左折して埼玉森林病院を過ぎると約一・四kmで高台に阿弥陀堂と墓地が見えてくるので、泉福寺と分かる。無住の寺院なので拝観依頼は滑川町教育委員会へ（電話・0493-56-6907）。

阿弥陀如来坐像　鎌倉時代の阿弥陀如来像。国重文。建長五年（一二五三）の修復銘あり。作風に前代平安末期の定朝《じょうちょう》様を残すので、鎌倉様式の保寧寺像と比較するのもよい。

④八幡山泉福寺（↓197）

滑川町和泉一六八一

約15km・30分

駐車場あり。国道二五四号まで戻り、川越方面に移動。川島町「南園部」で左折し県道七四号で桶川方面へ。「山ケ谷戸」を左折して荒川を渡り、桶川市「川田谷」を右折して一・四kmほどで東叡山泉福寺（桶川市）に到着。目の前は荒川。対岸は本田エアポートである。

東叡山泉福寺への入口に標示がなく分かりづらい。「いずみの家」の脇の道を通って入っていき、そこを抜けると境内である。

阿弥陀如来坐像及び観音《かんのん》菩薩《ぼさつ》・勢至《せいし》菩薩《ぼさつ》立像　鎌倉時代の阿弥陀三尊像。国重文及び県文化。建長六年（一二五四）の修復銘あり。修復の仏師は等覚院像と同一人物と思われ、興味深い。なお、境内には文永七年板碑なども残る。この地はかつて毛呂《もろ》氏の所領であり、館跡と推定される場所も近い。

⑤東叡山泉福寺 （↓251）

桶川市川田谷二〇一二

阿弥陀如来坐像　鎌倉時代の阿弥陀如来像。国重文。弘長二年（一二六二）制作の銘文あり。比叡山より来山した信尊《しんそん》による中興の時期にあたる。伽藍《がらん》も立派であり、本堂のほか阿弥陀堂・山門《さんもん》・鐘楼《しょうろう》なども残る。山門には龍の彫刻や石造仁王像がある。

その他

◎他におすすめの仏像は？…国重文では毛利《もうり》氏ゆかりの**天洲寺《てんしゅうじ》木造聖徳太子立像**（↓229）は毎年二月二十二日のみ拝観できます。また、**慈光寺《じこうじ》**（↓195）宝物殿には数多くの仏像がありここも必見です。

◎レプリカも…実物ではありませんが、精巧なレプリカでも仏像を楽しめます。国重文では、埼玉県立歴史と民俗の博物館に**常楽院《じょうらくいん》木造軍荼利《ぐんだり》明王《みょうおう》立像**（※展示日注意）、宮代町郷土資料館に**西光院《さいこういん》**（↓232）木造阿弥陀如来及両脇侍像のレプリカがあります。そのほか、例えば久喜市立郷土資料館では**鷲宮神社《わしのみやじんじゃ》**（↓231）の本地仏《ほんじぶつ》だった**木造釈迦如来《しゃかにょらい》坐像**、川越市立博物館では半丈六《はんじょうろく》の**灌頂院《かんじょういん》薬師如来《やくしにょらい》坐像**（↓278）など特色ある仏像のレプリカが見学できます。こうした施設の予約は必要ありませんので、寺院と組み合わせてコース設定するのもよいでしょう。

◎仏像以外も…阿弥陀堂建築では、**広徳寺《こうとくじ》**（↓199）大御堂、**福徳寺《ふくとくじ》**（↓304）阿弥陀堂はいずれも国重文であり、必見です。また、**正法寺《しょうぼうじ》**（↓198）観音堂の谷を隔てた阿弥陀堂墓地はかつての浄土庭園のたたずまいを残しています。

史跡配置マップ

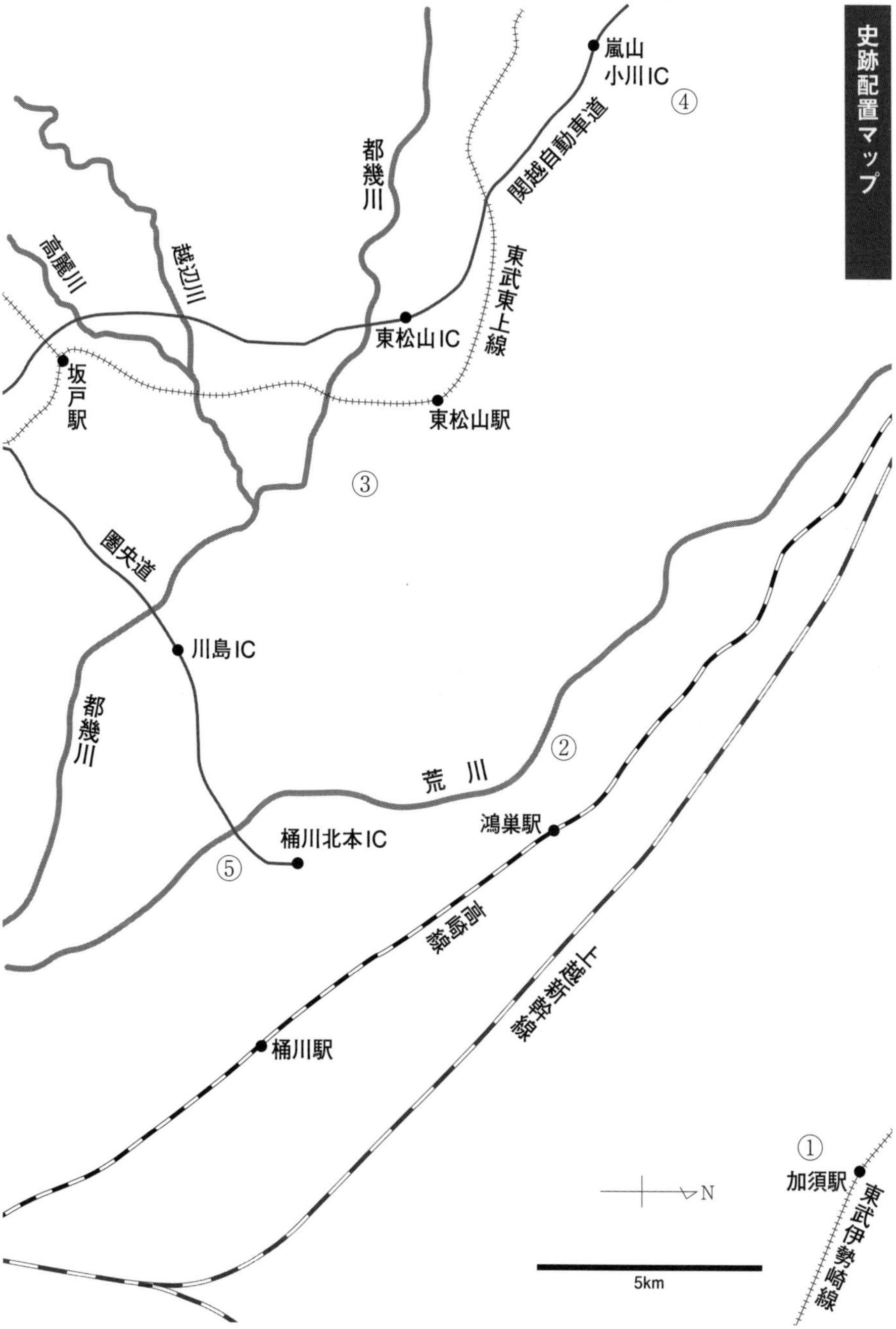
嵐山
小川IC
④
関越自動車道
都幾川
東武東上線
越辺川
高麗川
東松山IC
坂戸駅
東松山駅
③
圏央道
川島IC
都幾川
②
荒　川
鴻巣駅
桶川北本IC
⑤
高崎線
上越新幹線
桶川駅
①
加須駅
東武伊勢崎線
N
5km

収録史跡一覧

・本書に立項した「城郭（跡）」「神社」「寺院」「石像物」などの史跡を市町村別に配列した。
・立項史跡の別称は、（　）で示した。
・立項はされていないが、関連史跡として紹介されている「城郭（跡）」「石像物」に関しては、その紹介記事を含む項目に付加して記載した。
・配列順は、市町村・史跡名いずれも五十音順とした。

あとがき

菊池紳一を中心にした北条氏研究会の仲間達との交遊は学生時代にはじまる。毎夏全国の中世史跡を探訪する研修旅行も、これまで三十年以上続けてきた。出会った頃のことを思えば、吹きこぼれるような懐かしさにつつまれる。この研究会が「武蔵武士」を一つのテーマとして取り上げてから十年余になる。以来埼玉県内を中心に、コツコツと史跡を歩いてきた。史跡に立って、中世武蔵に生きた人々の人生に思いを馳せれば、興味は尽きない。

本書は、十年余にわたって埼玉県内の中世史跡を歩いた成果である。残された伝承や地名をもとに史跡を求めて回った。私たちには、およそ知りうるほとんどの史跡に立ったという自負がある。もともと北条氏研究会は文献史学を中心とするが、残念ながら中世の武蔵武士に関する史料はほとんど無い。だからこそ史料の中に埋没することよりも、現地に立って考えることを実践してきたのである。文字だけではわからないさまざまな事が現場に立つことで生まれてくることを期待して歩いてきたのである。

平成十二年五月、東京スカイツリーが完成したが、武蔵一円を見渡せることにちなんだ六三四メートルの高さの電波塔が完成した二年後に、私たちの十年余の成果である『武蔵武士を歩く――重忠・直実のふるさと埼玉の史跡』を上梓できたことは感慨深い。東日本大震災、原発事故。領土問題に揺れる日中関係・日韓関係と私たちを取り巻く環境は厳しい。だからこそ、そんな時代だからこそ地に足をつけて先人の知恵に学ぶべきなのだと思う。歴史を学ぶ意味はそこにある。

ところで埼玉県民は他県民と比べ県民性の希薄さを指摘されている。県民としての帰属意識もまた希薄である。さすがに「ださいたま」なる語を聞くことは無くなったが、かと言って他県に誇る我が県は、というものを胸張って言おうとすると躊躇せざるをえない。そんな埼玉県には武蔵武士がいた。潔さ、直情、強固な一族の結びつき、新たな時代のパイオニア、開拓者のイメージで語られる武蔵武士が、この郷土に生きていたのである。決して時代の主役では無かったかもしれないが、しっかりと脇役として武士の世を担った郷土の先人として、共感できる人々ではないだろうか。埼玉県民のアイデンティティー探しに、武蔵武士は多くのヒントを与えてくれると思う。

板東三十三箇所の札所が成立したのは、鎌倉時代だと言われる。武蔵武士が活動していた時代、武蔵武士に関係する寺々が選ばれたのは間違いない。僭越ながら本書が新しい巡礼の地を示すことができたとしたら大変うれしいことである。

最後になるが、本書を担当された勉誠出版編集部の方々には、休日返上でお付き合いいただいたことや原稿の下読みをしていただいたことなど、さまざまお世話になった。感謝の意を表したい。

平成二十六年師走吉日池田悦雄
菊池紳一

◆図版転載元一覧

本書を作成するにあたって、使用した図版の転載元ないし提供元を以下に一覧する。
行頭の番号は、本文に掲載した図版キャプション末尾、「※番号」を示す。

1…埼玉県立歴史資料館編『埼玉県板石塔婆調査報告書』（埼玉県教育委員会・一九八一年）
2…埼玉県立嵐山史跡の博物館「国指定史跡　比企城館史跡群」パンフレット
3…浜松市生活文化部生涯学習課編『北遠の城』（天竜区魅力ある区づくり事業実行委員会・二〇〇九年）
4…『戦国の堅城――築城から読み解く戦略と戦術』（学習研究社・二〇〇四年）
5…『図説　歴史散歩事典』（山川出版社・一九七九年）
6…石丸正運編『文化財を楽しむために――鑑賞の手引』（淡交社・一九八七年）
7…小林剛・松本楢重編集／解説『日本彫刻美術――彫刻入門』（永野鹿鳴荘・一九〇〇年）
8…宮元健次著『すぐわかる図説日本の仏像』（東京美術・二〇〇三年）
9…吉原浩人著『ものがたり甲斐善光寺』（戎光祥出版・二〇〇三年）
10…国史大辞典編集委員会『国史大辞典』（吉川弘文館・一九七九～一九九七年）
11…川越市立博物館『中世びとの祈り』企画展図録（一九九九年）
12…梅沢太久夫著『城郭資料集成　中世北武蔵の城』（岩田書院・二〇〇三年）
13…寄居町教育委員会より提供
14…ウェブサイト「畠山重忠辞典」（http://www.city.fukaya.saitama.jp/web_sigetada_jiten/）
15…行田市郷土博物館より提供
16…幸手市教育委員会　生涯学習課市史編さん室編『幸手市史　通史編Ⅰ』（幸手市教育委員会・二〇〇二年）
17…北本市教育委員会市史編纂室編『北本市板碑調査報告書』（北本市教育委員会・一九九六年）
18…埼玉県編『新編埼玉県史　資料編9』（埼玉県・一九八六年）
19…西角井正慶著『古代祭祀と文学』（中央公論社・一九六六年）
20…川越市立博物館『よみがえる川越館跡』企画展図録（二〇一〇年）
21…埼玉県立歴史資料館編『埼玉の中世城館跡』（埼玉県教育委員会・一九八八年）
22…新座市教育委員会著『新座市史調査報告書　4　新座の金石文』（新座市・一九八二年）

◆執筆者

池田悦雄	埼玉県立坂戸西高等学校教諭
磯川いづみ	坂出市史編さん委員会編さん調査委員
磯野治司	日本考古学協会員
菊池紳一	聖心女子大学大学院兼任講師 国士舘大学兼任講師 埼玉県立文書館編集企画委員
北爪寛之	八潮市立資料館臨時職員
川島孝一	香取神宮史誌編纂委員
川島優美子	松栄学園高等学校講師
下山　忍	埼玉県立越谷北高等学校長
塚本洋司	公益財団法人前田育徳会職員
中西望介	北条氏研究会会員
山野龍太郎	専修大学附属高等学校非常勤講師
山野井功夫	埼玉県立浦和西高等学校教諭

◆協力者

秋山哲雄	国士舘大学准教授
甲斐玄洋	佐伯市教育委員会学芸員
遠山久也	東京都立一橋高等学校通信制教諭
永井　晋	神奈川県立歴史博物館専門学芸員
三枝清一	埼玉県立浦和東高等学校教諭

武蔵武士《むさしぶし》を歩《ある》く
重忠・直実のふるさと　埼玉の史跡

2015年1月20日　初版発行

編　者　北条氏研究会

発行者　池嶋洋次

発行所　勉誠出版株式会社

〒101-0051　東京都千代田区神田神保町 3-10-2
TEL：(03)5215-9021(代)　FAX：(03)5215-9025

〈出版詳細情報〉 http://bensei.jp

印　刷　シナノ
製　本　シナノ

ISBN978-4-585-22100-5　C0021

人名・氏族名等索引

【あ】

【い】

【う】

【え】

【お】

【か】

【き】

【く】

【け】

【こ】

【さ】

【し】

【す】

【せ】

【そ】

【た】

【ち】

【つ】

【て】

【と】

【な】

【に】

【の】

【は】

【ひ】

【ふ】

【や】

【ゆ】

【よ】

【ら】

【り】

【れ】

【ろ】

【わ】